本书由冼为坚学术研究基金资助出版

清初古文三家年谱

李婵娟 著

中国出版集团
世界图书出版公司
广州·上海·西安·北京

图书在版编目(CIP)数据

清初古文三家年谱 / 李婵娟著. —广州：世界图书出版广东有限公司, 2012.1
　　ISBN 978-7-5100-4130-3

Ⅰ.①清… Ⅱ.①李… Ⅲ.①侯方域(1618～1654)—年谱 ②魏禧(1624～1680)—年谱 ③汪琬(1624～1691)—年谱 Ⅳ.①K825.6

中国版本图书馆 CIP 数据核字(2011)第 278989 号

书　　　名	清初古文三家年谱
责任编辑	孔令钢　肖爽爽　王　红
出版发行	世界图书出版广东有限公司
地　　　址	广州市新港西路大江冲 25 号
编辑邮箱	sjxscb@163.com
印　　　刷	武汉三新大洋数字出版技术有限公司
规　　　格	710mm×1000mm　1/16
印　　　张	16.25
字　　　数	260 千
版　　　次	2013 年 1 月第 1 版　2013 年 1 月第 2 次印刷
ISBN	978-7-5100-4130-3/K・0131
定　　　价	49.00 元

版权所有，翻印必究

目　录

前　言 ·· 001
  第一节　概　述 ·· 001
  第二节　侯方域生平交游及思想探微 ································ 003
  第三节　魏禧生平交游及思想探微 ·································· 010
  第四节　汪琬生平交游及思想探微 ·································· 016
  第五节　清初古文三家的文学创作与清初文坛格局 ···················· 021

凡　例 ·· 028

侯方域传略 ·· 030

魏禧传略 ·· 038

汪琬传略 ·· 046

清初古文三家合谱 ·· 053

参考文献 ·· 237

后　记 ·· 256

前　言

第一节　概　述

　　清初古文三家，又称"国朝三家"，即侯方域、魏禧、汪琬三位明清之际的散文家，因其古文被宋荦合编为《国朝三家文钞》而得名。清代文人对清初古文三家的评价甚高。宋荦曾说："三君际其时，尤为杰出，后先相望，四五十年间，卓然而以古文鸣其家。"四库馆臣曰："古文一脉，自明代肤滥于七子，纤佻于三袁，至启、祯而极敝。国初风气还淳，一时学者始复讲唐、宋以来之矩矱。而琬与宁都魏禧、商丘侯方域称为最工。"《四库全书总目》作为清代官方最权威的书目提要，这一评价无疑巩固了清初古文三家的地位。

　　关于清初古文三家的年谱，前人已分别做过相关编撰。目前所见到的年谱，多系清代后期与民国时所编撰。其中内容最为详尽的是温聚民所编的《魏叔子年谱》（1936年出版），全文约7.3万字。该谱据魏氏兄弟诗文集及相关人物文集资料辑成，记录谱主生平、家事较详，也大量征引了谱主和相关友人的诗文及论述，惜其对谱主的交游情况考证不够。其次是汪琬年谱，有其子汪筠编的《钝翁年谱》、赵经达编的《汪尧峰先生年谱》（民国间刻本）、清人顾希喆编的《汪尧峰先生行状》和清人汪敬源编的《续修文清公年谱》。汪筠谱甚为简略，全谱以干支纪年，仅简略记录了谱主的重要仕历、家事。赵经达谱较汪筠谱充实，在一定程度上反映出谱主的交游、诗文撰述等情况。汪敬源所编年谱最为详备，谱前录有《文清公本传》、《先正事略》、《墓志铭》、《四库全书目录提要》、《五百名贤祠像传赞》等资料。是谱叙录谱主家事、仕职、交游等，征引的学术、诗文著作也甚详，惜其事迹遗漏较多。关于侯方域年谱，其裔孙侯洵编有《壮悔堂年谱》一卷，记事简略，事迹遗载甚多。该谱仅是谱主生平大事的粗略记载，对其交游及著述涉及甚少。

　　新时期对清初古文三家年谱的重新考订编撰甚少，目前所见到的只有谢桂荣、吴玲编撰的《侯方域年谱》，附于王树林撰《侯方域集校笺》一书。该年谱对侯方域家世、生平、交游考证稍详，对部分诗文也作了系年。虽然从总体看，该年谱仍然较为简略，但这种不断挖掘历史真相、追求学术完美的精神值得我们敬佩。这期间，还有一些相关的史实考证散见于各类学术期刊。如廖玉蕙《论侯方域其人其文》、王树林《侯方域民族气节重议》、扈耕田《侯方域事迹考辨》等论文,考证也甚为精当。

受各种因素的制约,清初古文三家年谱的内容稍嫌简略单一,很少涉及三家的思想主张,也缺乏一定的历史观照。相对于清初古文三家在明末清初文坛上的影响来说,前人编写的年谱已经远远不能适应对其乃至清初文学研究的需要,重新编写三大家年谱,也就具有了一定的意义。

清初古文三家都生活在明末清初这同一时代,其年代极为相近。魏禧和汪琬同岁,二者卒年前后相隔仅十年。侯方域长魏、汪六岁,且卒于魏、汪二人之前。另外,清初古文三家这一组合比较特殊,与一般的文学流派或文学团体不同。他们生活在不同的地区,侯方域是河南商丘人,魏禧是江西宁都人,汪琬是江苏长洲人。他们的社交圈子也很不一样:侯方域出生于明代官宦之家,与之结交者,多是年轻气盛、骋才纵情的前朝"遗少",如与其并称为"明末四公子"的方以智、陈贞慧、冒辟疆等;魏禧是宁都望族,其兄弟三人在当地颇受众人敬重,与之交游者,多是忠烈隐逸之士,如与其并称为"易堂九子"的李腾蛟、邱维屏、林时益等;汪琬出生于明末书香之家,后仕于清朝,为官清廉,虽最终归隐,但与其过从甚密的,多是仕清的官吏,如王士禛、陈敬廷、刘体仁等。可以说,清初古文三家代表了明末清初这一特定历史时期的三个重要的社会阶层。此外,三家的创作风格也各有特色,其作品代表了当时文坛的三种文风。邵长蘅曾说:"侯氏以气胜,魏氏以力胜,汪氏以法胜。"《四库全书总目》也评论三人:"方域才人之文;禧策士之文;琬儒者之文。"

梁启超先生在《中国历史研究法·年谱及其作法》中曾提到:"从前有许多人同在一个环境,同做一种事业,与其替他们各做一种年谱,不如并成一部,可以节省了许多笔墨和读者的精神。""这是最有趣味,最合方法的事情。"清初古文三家同在一个时代,同样致力于古文的创作,虽然所代表的社会阶层不同,其文章风格和创作思想也不同,但将三家熔于一炉,合为一编,不仅可以减少篇幅,还有利于编者客观公正地叙述,避免个人的偏好。清初古文三家这一研究对象身份特殊,将他们三人合做一部年谱,在三大家的相互对照中,读者能更清楚地了解这一时期不同社会阶层、不同地域文学群体的思想特点与创作风气。此外,三家的交游非常广泛,年谱将对清初古文三家的师承、交游等作比较详实的考述,师友中对三大家思想性格、文学观点有所影响的来往书札及议论,也将详加征引、说明(长篇诗文则择要录入,不作全引)。且年谱将以出生或去世年份为准,列出与三大家交游可考者的生平简况(与三大家关系密切或有重要影响者稍详),充分展现三大家思想形成的社会土壤及时代思潮,这也能为研究其友人的生平思想提供一定的资料借鉴。

章培恒先生曾在《新编明人年谱丛刊·序》中说:"要了解一个时代,既需要宏观的探讨,也必须有微观的研究;而在我看来,年谱正是进行微观研究的重要组成部分之一。"笔者期望《清初古文三家年谱》这样资料性的基础研究,能够对准确认识、评价处于明末清初政治变革与思潮变异中的古文三家提供一定的帮助,更希望年谱的撰写能为探寻明末清初这一特定历史时期的整体社会风貌和文学思潮提供一定的借鉴资料,为推动清代文学的研究不断走向深入尽一份微薄之力。

第二节 侯方域生平交游及思想探微

侯方域位居清初古文三家之首,也是"明末四公子"之一。他性格豪迈不羁,文章、气节均名震一时。《商丘县志》云:"文之恢奇雄健,中州数百年以来,一人而已。"[1]研究侯方域的生平交游及其人格精神之形成,有助于我们更准确地认识和评价其文学创作。

一、侯方域的家学师承及早期性格之形成

侯方域出生于明末仕宦之家,可谓"家世清流,门阀显贵"[2]。祖父侯执蒲为明万历二十六年(1598)进士,官至太常寺卿,颇有惠政。父侯恂中万历四十四(1616)年进士,曾任兵部侍郎、户部尚书,又提拔过明末大将左良玉、史可法等人,是明末政坛颇有影响的人物。叔父侯恪中万历四十七年(1619)进士,官至南京国子监祭酒,亦可谓权倾一时。三叔侯忄亦以太常荫胄入南雍,才名籍甚。

富贵显赫的家世使侯方域早年即显示出恃才傲物、率性疏狂的个性锋芒,同时也造就了他慷慨大方、任侠豪爽的风范。他"遇人不肯平面视,然一语合,辄吐出肝肺,誉之不容口。振友之厄,能不吝千金。"[3]"人有一善,即在孤寒,未尝不奖激推引,与之均礼。其尤贤者,则屈己下之,唯恐不得所欲,宁易为人所可及。"[4]侠义大度的性格使侯方域遍结海内诸贤。明崇祯十二年(1639)应试南京之际,侯方域与陈贞慧、方以智、冒襄、张自烈、李雯、吴应箕、夏允彝等复社、几社名士结交,"一时文章、气节、经济之誉争归朝宗焉"[5]。

侯方域自幼随父生活于官所和军营,对于纷繁复杂的政事战乱感受深切,拥有洞悉时势、辨别贤佞的眼光和才能。侯方域十七岁时即代父起草《屯田奏议》,"言之剀切似宣公,文之峭洁似冢令"[6],充分显示了雄才大略。其后他在南京应试时

---

[1] 《商丘县志》卷九《文苑·侯方域传》,中州古籍出版社1989年版,第346页。
[2] 《商丘县志》卷九《文苑·侯方域传》,中州古籍出版社1989年版,第345页。
[3] 邵长蘅:《青门剩稿》卷六《侯方域传》,《四库全书存目丛书补编》,集部第248册,齐鲁书社2001年版,第197页。
[4] 田兰芳:《侯朝宗先生传》,《清代传记丛刊·综录类》第181册,明文书局1985年版,第481页。
[5] 贾开宗:《侯方域本传》,《四库禁毁丛书》集部第51册,北京出版社2000年版,第409页。
[6] 侯方域:《壮悔堂文集》卷四《代司徒公屯田奏议》后附,《四库禁毁丛书》集部第51册,北京出版社2000年版,第490页。

所作的论策文及其他论用人得失、论寇边、论吏治、论百姓等文章，"晓畅精详，皆素所谙练，与耳食者异"①。面对内忧外患，侯方域深切盼望能荡尽风烟、澄清天下。少时随父军中，侯方域就多次向父献言献策，论事立议无不深中肯綮。侯方域为逃离阉党缉捕躲入史可法军中，曾随高杰军北征，亲历抗清战场，图有所为。可惜乱世之中尚未大展其才，侯方域竟抑郁而殁。

明末政坛上，宦官与大臣、言官与阁臣、在野与在朝，各种矛盾纷繁复杂，其中最突出的就是东林党与阉党的纷争。侯家历代与东林党关系密切。侯方域祖父执蒲、父恂、叔恪均为东林党人，他们清刚方正，因与阉党交锋而相继遭到罢黜。明天启初，侯执蒲任太常卿，因上书弹劾魏忠贤而遭到阉党忌恨，最终罢归。天启元年（1621），侯恂因上疏追论移宫事及"红丸案"；又上疏论救大司寇王纪，阉党群邪为之侧目，最终也于天启四年（1624）削籍回里。侯恪在修《神宗实录》及《光宗实录》时，对魏忠贤所作恶事，据实直书，其时魏党擅权，人或危之，恪曰："史职惟有直书耳，顾南、董何人哉！"②父辈们不畏权奸的耿直品格对侯方域产生了潜移默化的影响，而魏党倒行逆施、党同伐异的丑恶行径更令他深恶痛绝。因而应试南京时，侯方域很自然地与复社诸子同仇敌忾，痛斥魏阉，还与陈贞慧、吴应箕发起一场"数十百人，鸣鼓而攻"的声势浩大的驱阮运动。当然，此事也为侯方域坎坷的一生埋下祸根。阮大铖自此对侯方域衔恨入骨，明崇祯十六年（1643），阮大铖诬陷侯方域招左良玉军为内应；其得势后，又大肆搜捕侯方域，多次欲置之死地。此后很长一段时间，侯方域均辗转飘泊，与阉党权奸进行殊死周旋。

显赫的家世对侯方域性格气质及政治人格的形成影响甚大，而家学师承对侯方域文化人格的形成也意义深远。侯方域自小受叔父侯恪的影响颇深。侯恪在削籍归里之际，曾勉励门生说"但愿异日诸生作好人，不愿诸生作好官"③，充分体现了漠视名利、以德为重的高尚品格。在叔父品格的感染下，侯方域也形成了忧愤时政、讽喻现实的儒家人格。这在其所作的诸多揭露社会现实的作品如《书周仲驭集后》、《马伶传》等文中均有体现。再者，侯方域曾师从倪元璐和周凤翔。倪元璐为人耿直不阿，曾为东林辨诬，雅负时望。其为文亦多关注兴亡治乱。周凤翔为官清正，胸怀民瘼，心系天下。其激论天下事，"言论慷慨，帝为悚听"④。在任南京国子监司业时，"边腹交閧，兵食两绌。凤翔谓：'宜发内帑以收人心，不宜搜括民财以空国计。'"⑤甲申之变，北京陷落后，周凤翔赴哭恸绝，自尽殉国。师长辈的清操劲节，无疑对侯方域胸怀家国、拯世救民的文化人格的形成有着重要影响。

---

① 彭宾：《四忆堂诗集序》，《四库禁毁丛书》集部第51册，北京出版社2000年版，第611页。
② 《商丘县志》卷八《侯恪传》，中州古籍出版社1989年版，第292页。
③ 《商丘县志》卷八《侯恪传》，中州古籍出版社1989年版，第292页。
④ 《明史》卷二百六十六《周凤翔传》，中华书局1974年版，第6859页。
⑤ 《浙江通志》卷一百六十四《周凤翔传》，《四库全书》，第523册，第390页。

二、侯方域的交游及文学活动

侯方域博学多才,豪迈任侠,一生交游广泛。少年时即与里中隽异吴伯裔、吴伯胤、刘伯愚、徐作霖、贾开宗等结交,十七岁随父官居北京时,又与陈子龙、夏允彝、彭宾、吴伟业等定交。二十二岁应试南京时,与吴应箕、陈贞慧、方以智、冒襄、张自烈等人结识,并与复社诸子大举国门广业之社。归里之后,又偕昆弟辈及里中诸子结社雪苑,与四方声气相应和。广泛的交游对他思想和文风的成熟产生了重要影响。

1. 侯方域与雪苑社

明清之际,文人结社蔚然成风。明崇祯十三年(1640)春,侯方域在商丘正式组织雪苑社,一时声震东南,以致"胜流云集,问讯往来,交错于道,南方之才士中原莫不闻,中原之才士南方莫不识也"[①]。关于雪苑社之成立,雪苑后劲宋荦《侯朝宗》诗云:"江南复社兴,陈夏维领袖。应社起雪苑,遥托芝兰臭。"[②]并自注曰:"雪苑社亦号应社。"其《漫堂年谱》卷一亦云:"里中旧有雪苑社,以应江南复社,故名。"[③]可知,雪苑社之成立与复社、应社之关系颇大。目前学界已有观点认为雪苑社之成立确是受到复社和应社之影响。如扈耕田先生《雪苑社与复社关系考辨》就认为:"雪苑社先后参加了复社之南京大会与江北应社,其成员之众,历时之长在复社北方各分社皆首屈一指,是复社在北方最主要最活跃的分支。"[④]因此,雪苑社抨击时政,激扬文字,在文学风貌、政治倾向和思想渊源上都与江南文人志士保持一致。而雪苑社领袖侯方域,其创作主张无疑为雪苑社的成长起到了推波助澜的作用,雪苑诸子的文学思想及社团活动实践又促进了侯方域文学思想的进一步成熟。

雪苑社以侯方域为领袖,前期主要成员有贾开宗、吴伯裔、吴伯胤、徐作霖、刘伯愚等人。他们有着一致的文学主张,即文宗韩、欧,诗宗杜甫。在创作风格上,他们也颇为相近:皆古雅澹泊,能以气谊自尚。由于朝廷腐败、奸佞当道,雪苑诸子济世的政治理想不得实现,只能将其打入文学创作之中。因而这一时期雪苑诸子的创作愤世哀时,真气纵横,基调激昂,极类魏晋风度。而雪苑诸子为人均豪傲疏狂、睥睨世俗。宋荦《雪园五哀诗·徐来玉》曾云:"雪园诸君子,高旷慕晋人。侯、贾千载士,恒遭乡里嗔。"[⑤]从侯方域《贾生传》中所描绘的落魄潦倒而又狂放不羁的贾开宗这一形象,我们也可窥见一斑。明崇祯十五年(1642),李自成攻破商丘,侯氏一门二十余人死于战乱,社友刘伯愚、徐作霖、张渭和吴氏兄弟皆抗争不屈而罹难,

---

① 宋荦:《漫堂年谱》卷一,《续修四库全书》第554册,上海古籍出版社1995年版,第179页。
② 宋荦:《雪园五哀诗·侯朝宗》,《绵津山人诗集》卷十七,《四库全书存目丛书》集部第225册,第536页。
③ 宋荦:《漫堂年谱》卷一,《续修四库全书》第554册,上海古籍出版社1995年版,第179页。
④ 扈耕田:《雪苑社与复社关系考辨》,载《南京师范大学学报》2005年第5期,第148—151页。
⑤ 宋荦:《绵津山人诗集》卷十七,《四库全书存目丛书》集部第225册,第538页。

侯方域亦流落江南,雪苑社被迫解散。

清顺治二年(1645),政局初定,侯方域返里,次年贾开宗亦归。二人与徐作肃及其侄徐世琛"相见欷歔,言及雪园旧事,流连者久之"。① 顺治四年(1647),宿儒徐邻唐加入,又二年,宋荦随父归里,诸子"相与左之右之,朝夕而切磨之"②。又二年,"雪苑六子社"再度成立,"古文则准之唐宋八家,今文则准之考亭之章句"③,往复辩论,声望再起。雪苑社后期的主要成员除侯方域、贾开宗外,徐作肃及侄徐世琛、徐邻唐、宋荦均为后起之秀。其时参与社事活动的还有侯方岳、侯方岩、宋炘、陈宗石等人。随着明朝的倾覆及南明弘光、隆武、绍武诸小朝廷及大顺、大西政权的相继灭亡,雪苑诸子的政治理想彻底破灭,其创作也以苍凉哀怨代替了壮烈慷慨,以情思的表现取代了壮心的抒发,笼罩上了一层浓郁、苍凉、迷茫的色彩。他们追求艺术的精微,文风渐趋琐屑淡远,与现实社会日渐疏离。

雪苑社友的文风取向与思想变化对侯方域的影响颇大。侯方域前期的文章真气淋漓,才情四溢,虽然大部分文章辞藻华丽且内容单薄,却也具有风流潇洒、不可一世之气。如其《答田中丞书》、《癸未去金陵日与阮光禄书》等,均可体现其高度自信、镇定自若、狂放不羁又不失儒雅的性格。而在与雪苑诸子日夕酬唱、交流思想之后,侯方域后期的思想发生了很大转变,甚至"大毁其向文"(徐作肃《偶更堂文集》卷上《壮悔堂文集序》),为文逐渐转向学习归有光及唐宋派,其风格也日益深沉含蓄。特别是在经历了雪苑社的荣衰和政局的动荡之后,侯方域日益认识到政治的无情和现实的残酷,其文学作品处处蕴涵不平之志,饱含家国兴亡之感,散发着深沉的人生感慨。如其后期所作的《赠江伶序》、《郑氏东园记》、《管夫人画竹记》等文就充满了世事无常和兴亡变迁之感。同时,侯方域还主张文章应尚用,能寄托忠君报国之思想,明确兴亡治乱之道理,不再只崇尚单薄的才情。如他赞扬杜甫"以忠义自持,一饭一吟不忘君父"④,又称"少陵一集而古今天下治乱兴亡,离合存没莫不毕具,岂仅仅一咏一吟足以尽风雅也。"⑤

2. 侯方域与东南名士

侯方域除与里中诸子结社雪苑之外,还结识了许多东南文友,尤其是与当时影响深远的复社、几社等重要人物交往密切,并积极参与了复社、几社的社事活动。明崇祯七年(1634),侯方域随父官居北京,与前来应试的陈子龙、夏允彝、彭宾、吴伟业等人定交。彭宾、夏允彝、陈子龙均为云间派诗人,亦为几社重要成员,文章、气节均名重一时。陈子龙曾有诗赠侯方域云:"春风宛转下平台,有客横江尺素来。雪苑旧闻司马赋,云间今愧士龙才。东州评鹭琅玕重,中土愁惊鼓角哀。历难公卿

---

① 侯方域:《雪园六子社序》,《壮悔堂文集·遗稿》,《四库禁毁丛书》,集部第51册,第597页。
② 侯方域:《雪园六子社序》,《壮悔堂文集·遗稿》,《四库禁毁丛书》,集部第51册,第597页。
③ 徐作肃:《偶更堂集》,上海古籍出版社1982年版,第48页。
④ 侯方域:《戴黄门诗序》,《壮悔堂文集》卷二,《四库禁毁丛书》集部第51册,第443页。
⑤ 侯方域:《陈其年诗序》,《壮悔堂文集》卷二,《四库禁毁丛书》集部第51册,第445页。

年少事,汉家宣室为君开。"①可见其对方域的推重。吴伟业也称赞侯方域"仪观伟然,雄怀顾盼"②。崇祯十年(1637),侯方域到北京探望系狱的父亲,再与夏允彝、陈子龙等相聚并论诗邸次之中。是年秋,几社名士周立勋来游商丘,与侯方域定交,馆于侯氏,并与梁园诸子争雄长。明崇祯十二年(1639),侯方域应试南京,与复社重要人物吴应箕、陈贞慧及方以智、冒襄、张自烈、姜垓、徐孚远等人定交,与诸人日夕诗酒酬唱并大举国门广业之社。吴应箕赠侯方域诗云:"我来秦淮五月终,于时佳士已云集。就中朝宗最年少,四海心知但一揖。文章诗赋无不工,下笔雷合风雨翕……"③对侯方域也颇为推重。明崇祯十三年(1640),侯方域因落第家居,主持雪苑社事,但仍与东南名士保持书信往来。明崇祯十五(1642)年,商丘陷落,雪苑社友吴伯裔、吴伯胤、徐作霖、张渭、刘伯愚等被杀,侯门死难二十余人,侯方域流落江南,再与陈贞慧、陈维崧、彭宾等名士往来酬唱,感叹时事。

侯方域与东南名士的交往不仅仅表现在论诗赠文,在政治风云的斡旋之中,他也被卷了进来,并与东南名士同生死、共患难。崇祯十六年(1643),侯方域代父作《为司徒公与宁南侯书》劝阻左良玉东下,被阮大铖诬为左兵内应。为躲避阮大铖的搜捕,侯方域避难宜兴。次年九月,侯方域再到南京,正遇吴应箕避难欲出南京。时金坛好友周镳及陈贞慧被逮,侯方域遂与吴应箕约会于燕子矶,商量谋救之策。后侯方域出钱财打点锦衣卫,并求援于练国事,贞慧方得免。是年,侯方域亦往依扬州史可法,得以免祸。顺治二年(1645),侯方域至宜兴探望妻儿,在陈贞慧家被逮,后因兵乱才得以逃生。同在这一年,周镳死于狱中,吴应箕以参加义军被捕死,夏允彝、刘宗周、顾杲等均以兵败自杀。昔日好友渐次遇难,侯方域亦带着灰黯的心情归里。顺治三年(1646),侯方域寄诗陈贞慧,与之相约终隐。其诗云:"悲风从天来,桑榆催短颢。烈士重暮年,收之正复好。种我彭泽田,八口有余稻。富贵如时序,成功不自保。愿言寄遐心,平楚为三岛。"④

顺治九年(1652)是侯方域交游生涯中的一个高峰,也是影响他思想转变的极其关键的一年。该年九月,侯方域携带其《壮悔堂文集》、《四忆堂诗集》渡江南游,寄寓陈贞慧家,前后辗转于江阴、无锡、苏州、嘉兴等地,前后拜访了任源祥、姜垓、顾宸、蒋鸣玉、彭宾、彭舜龄、练贞吉、曹溶、沈季友等友人。他还贻书吴伟业谈论出处之道,劝其勿事新朝,并与张自烈相约立言以成不朽。此番南游,天翻地覆,物是人非,一股复杂的难以言喻的历史兴亡感和人生苍凉感冲击着侯方域的心扉,令他激动不安,叹息不已。昔日好友,或坚决抗清、以身殉国;或拒绝征召、削发为僧;或藏身草野、隐居终老,这种坚持气节、不改初衷的精神让侯方域万分感佩;家国的兴

---

① 陈子龙:《归德侯朝宗书来盛称我土人士之美兼慨世事,诗以酬之》,《湘真阁稿》卷五,《续修四库全书》第1388册,第250—251页。
② 吴伟业:《冒辟疆五十寿序》,《梅村家藏稿》卷三十六,《续修四库全书》第1396册,第212页。
③ 吴应箕:《我来行赠侯朝宗》,《楼山堂集》卷二十三,《续修四库全书》第1388册,第620页。
④ 侯方域:《寄陈子山中》,《四忆堂诗集》卷三,《四库禁毁丛书》集部第51册,第644页。

亡沧桑、人生的喜怒无常又让侯方域在淋漓迸发的激情之余，陷入了沉痛的反思。然而国家衰颓如潮退之迅疾且无以挽回，自负雄才大略的侯方域最终也只能作痛楚的叹息。

三、顺治八年乡试与侯方域晚年复杂心态

清顺治八年(1651)秋，侯方域参加河南乡试，为忌者所沮斥，列于副榜。这一事件成为人们评价其气节人格的一个焦点，历来被争论不休。其中主要有两种看法，一是认为侯方域此次应试乃逼不得已而为之，如黄宗羲认为"先生之应试，固迫于势，先生自是亦颓丧不堪。"[1]徐世昌《晚晴簃诗汇》也认为"辛卯入试，已拟置解首，为忌者所沮。然朝宗特以全门户，俯首从有司，得失非所计也。"[2]李敏修《中州先哲传》卷二十三《文苑·侯方域传》记载侯方域顺治八年中副榜，实因未完卷也。这就暗含着侯方域不愿仕清，又被逼应试，因而故意不完成试卷的意思。另一种观点则认为此次应试是侯方域自愿，是其投降变节的一种表现。解放初期，受当时阶级分析方法的影响，持此种观点的人甚多。如《从侯朝宗变节说起》[3]、《从"煞风景"的侯朝宗说起》[4]、《也谈侯方域的失节》[5]等文章即认为侯方域此番应试有关民族气节的大是大非，含糊不得。

近年来多有学者撰文论及此事，观点各说不一，但与之前的论说相比，更多了一些人性化的考虑。其中有两篇论文值得注意。一是王树林先生的《侯方域民族气节重议》[6]。该论文认为以封建时代对异代文人的评价标准来看，侯方域在明季只是一介白衣秀才，身不受国恩，名不录仕籍，入清参加乡试，不存在气节问题。且侯方域虽然认为白衣秀才参加新朝的乡试，甚至出仕为官，不存在失节问题，但他并不愿意参加清朝的考试，更不愿做新朝的官。顺治八年乡试是侯氏在强大的政治压力下，为保全父亲，在忠孝不能两全的情况下所作的违心选择。这次乡试，表面看是向新朝屈服，实际是一次消极迂回的抗争，他以不把试卷做完的方式，拒绝了与清朝的合作。另一篇论文则是亶耕田先生的《侯方域晚年心态与顺治八年乡试》[7]。这篇论文从分析侯方域晚年的心态入手，认为当侯方域尽管存在着仕与隐、明与清之间的痛苦抉择，但最终还是仕与清占据了上风。因此，侯方域参加乡试不是被迫，而是自愿。该论文认为侯方域参加顺治八年乡试，并非是一个孤立、偶然的事件，而是与宋权顺治六年归里、方域顺治七年接受荐举、顺治七年开始新

---

[1] 黄宗羲：《侯朝宗先生》，《清代传记丛刊·综录类》第26册，明文书局1985年版，第598—599页。
[2] 徐世昌：《晚晴簃诗汇》卷十二，《续修四库全书》第1629册，第249页。
[3] 饮水：《从侯朝宗变节说起》，见《新民报晚刊》，1956年9月29日。
[4] 张毕来：《从"煞风景"的侯朝宗说起》，见《光明日报》，1962年6月28日。
[5] 秋耘：《也谈侯方域的失节》，见《广西日报》，1962年11月13日。
[6] 王树林：《侯方域民族气节重议》，载《南通师范学院学报》2002年第2期，第103—107页。
[7] 亶耕田：《侯方域晚年心态与顺治八年乡试》，载《扬州大学学报》2005年第5期，第83—86页。

一轮的制艺创作并力求"准之于考亭章句"、顺治八年组织雪苑社以"辅助菁莪之化"、乡试前后和清廷官员频繁交往等互相联系,互为因果,密不可分。而这些都表现出侯方域积极谋求入仕的态度。扈耕田认为,侯方域参加乡试是自愿,并非被迫。

其实,不管侯方域参加顺治八年乡试是自愿还是被迫,这都充分反映了其后期复杂、矛盾的心态。侯方域前期的思想是积极的、入世的,他的狂放不羁、豪迈自信在其前期的作品中得到充分体现,此点前文已有论述。但当我们把目光转向其后期的作品时,就会发现,其风格已与前期迥然不同。虽然他前期的豪迈之气还偶有闪现,但文中反映出的更多的是痛苦、矛盾和无所适从。他赞扬友人出世,如在《与方密之书》中称方以智出家乃得其所,《与槁木大师书》也颇为羡慕槁木大师舍弃名利富贵的勇气,而他自己又舍不得离开尘世;他钦佩陈子龙、吴应箕、夏允彝等好友的抗清义举与慷慨气节,并作文沉痛哀悼,自己却不能愤然反抗,而是苟活于世;他虽怀念故国,满腔江山之恨、禾黍之悲,却又不泯仕进之心,希翼在清朝能有所作为;他虽大力挞伐投降变节之士,如在《咏史诗》中,对孔光、刘歆屈事新莽大加讽刺,在《管夫人画竹记》中对仕元的赵孟頫语多嘲讽,自己却最终应试清廷;他念念不忘宋末遗民郑思肖,自己却向清吏三省都抚献上《剿抚十议》……总之,侯方域后期陷于理智与情感、思想与行动、理想与现实的矛盾之中无法自拔,以至后来沉溺于深重的追悔之中郁郁而终。

侯方域后期的思想是复杂的,难以言表的,而其悔恨亦含有多重意蕴。至于侯方域到底悔什么,我们可以联系其《壮悔堂记》及其前后的思想变迁猜度一二。《壮悔堂记》云:"君子之自处也谦,而其接物也恭,所以蓄德也。况余少遭党禁,又历戎马间,而乃傲倪若是。然则坎壈而几杀其身,夫岂为不幸哉?"从文意中可以看出,侯方域认为自己"傲倪若是",实乃不合君子之德。此处的傲倪,除了指高傲疏狂之外,很可能还包含自己过于自负、嫉恶如仇的性格,甚至还可能包括自己建功立业的雄心抱负,因为这类性格、抱负在乱世中带给他的不是成功与快慰,而是"坎壈而几杀其身"的痛苦。一直以气节为重的侯方域,最终屈身应举、苟活于清朝,也正是他不愿轻易舍弃仕进之理想的结果。而这些带给他的是世人的非议、人生的空幻感及自己更深重的矛盾和痛苦。这种"悔",已经超越了生活中的具体事件,如应试与否之类,而是他反思一生言行的结果,是他晚年的人生状态,更是他对整个人生历程的总结性的哲学思考。从这种意义上看,侯方域后来作《与吴骏公书》劝阻吴伟业出仕清廷,作《与宋牧仲书》劝阻宋荦出而结交天下贵人,以至与张自烈相约终隐,均是基于历经坎坷之后对人生的认识。此外,从侯方域晚年所作的一篇《字晓儿说》,我们可以清晰地看到他此刻的人生态度。侯方域为其子侯晓取字"彦室",并在文中解释说:"室于应事,故省为;省为,故安于拙。室于处人,故寡合;寡合,故全其朴。"侯方域要儿子"省为"、"安拙"、"寡合"、"全朴",这些告诫与他早年的豪放不羁、遍交天下贤士等性格、经历恰好相反,正是他总结自身经验教训而得出的深刻的人生体验与哲学思考。

第三节　魏禧生平交游及思想探微

魏禧,江西宁都人,为"宁都三魏"之一,也是当时名振一时的"易堂九子"的核心人物。魏禧自小体弱多病,但其精神却相当健旺。他虽为一介布衣,却一生都在为国计民生奔走呼告。明亡后,他虽隐居于翠微峰,却仍心系民生社稷,为文著述均提倡经世致用。他忠于明朝,反抗清廷,晚年却为民请命而屈交清吏。魏禧的一生都在生与死、仕与隐、明与清、个人清誉与民族存亡的矛盾中艰难抉择,他的生存困境与复杂心态正是清初遗民群体生存状态和思想心态的缩影。

一、魏禧的家学师承及性格之形成

魏禧出生于一个民族意识十分浓厚的家庭。父亲魏兆凤,为人忠孝,乐善好施,气节高尚。明崇祯年间,魏兆凤被推举为孝友廉洁,后又被征聘为师儒,兆凤"以时方重资格,朝廷多党人,虽出,志不得行,俱不就。"[①]甲申之变后,兆凤率诸子号哭,竟日不食,后隐于翠微峰,剪发为头陀以终。父辈的影响和诸多儒家经典著作的熏陶,使魏禧拥有了异常牢固的"卑四夷尊华夏"的思想。明崇祯十七年(1644),崇祯帝殉国,魏禧悲痛难忍,日往公庭哭祭,曾谋与曾庭遴起义兵勤王,后因李自成军队溃散而不果。清康熙十七年(1678),魏禧被荐举博学鸿儒科,他固以疾辞,表现出强烈的不合作立场。

魏禧十岁开始学习制举文,十一岁即补邑弟子员,十四岁时从学于同里杨文彩,深得杨文彩的赏识。明崇祯十四年(1641),魏禧应诸生试,受到考官郭都贤的赞赏,并被拔置为第一。郭都贤为官清廉,黜贪墨,奖循良,冰霜凛凛,人不敢干以私。魏禧对他心怀天下民生、关注家国命运的精神极为推重,称赞他"抱道履德二十年,闲所著述之文,与所交友造就之士,必有伟论奇人足以震天下之聋聩,开后世之太平者。"[②]在父辈及师长们潜移默化的影响下,魏禧亦时刻以人民生计为念,为其深受压迫之苦极表同情。二十二岁时,魏禧曾作《限田策》、《救荒策》等文,希冀能解救人民疾苦。此外,魏禧还极力为解除民瘼而奔走呼告,从其《赠黄书思北游序》、《赠宋员外榷关赣州序》、《答翟韩城书》等文中可显见其欲解脱人民于困厄的不懈努力。

1644 年的甲申之变使魏禧的仕进理想化为泡影,也使他认识到科举制业乃

---

① 杨文彩:《魏征君传》,《宁都三魏全集》集首,《四库禁毁丛书》第 4 册,第 6 页。
② 魏禧:《上郭天门老师书》,《魏叔子文集外篇》卷六,中华书局 2003 年版,第 267 页。

"浮词失意,诡言贼理"①。二十四岁时,魏禧弃去科举,始从姐夫邱维屏研习古文,从此走上了另一条治学之路。邱维屏"性高简率穆,读书多妙悟"②,其古文极为时人推崇。在邱维屏的悉心指导下,魏禧的古文创作水平得到迅猛提高,思想也日趋成熟、完善。另外,在邱维屏的苦心劝导下,魏禧学到许多为人交友之道,性格也由年轻时的自大轻狂变得谦和恭逊。他对邱维屏的教诲极为感佩,曾自言道:"窃叹易堂训正以来,直言无讳,以苦口生我,未有如先生之隐发曲中、无有遁情者。"③后来魏禧出外游历,声名鹊起,广交天下贤豪,在一定程度上正得益于这种善于自省、温和恭良的性格。

二、魏禧的交游活动及思想历程

在易代之际,魏禧面临着种种生存困境和考验。他由隐逸易堂到走出深山,由阴结豪杰、意图恢复前朝到隐忍屈和、经营后世的生存轨迹充分展现了一名典型明遗民的坚韧与通达。他一生的交游及生活大致可分为三个阶段:

1. 清康熙元年之前:隐逸易堂,结交里中志士

明亡前,作为一名热血青年,魏禧"窃比近贤,谓当出入夏彝仲、陈卧子、黄蕴生之间"。④ 他关心国事,喜谈兵戎,并积极参加科考,希望能实现自己保国安民的理想。明朝的灭亡使魏禧惨遭家国之痛,他入清后的种种表现体现出一名典型遗民的孤傲与狂狷。

大力褒扬抗清志士。明亡后,魏禧在创作中热情褒扬抗清志士。他屡屡对江天一、金声、蔡懋德等殉国志士表示深沉的哀悼和怀念。明将杨廷麟在江西沦陷时投水殉国,被营卒临时葬于城外,魏禧多次亲往其丧身之地,探寻故冢,祭慰英灵。甚至对那些勇于死节的妇女,魏禧也表现出无比的敬意。他曾为不愿受清兵凌辱而自刎的烈妇作诔:"妇既烈止,义从如水。人智也生,妇智也死。"⑤

废弃儒服,放弃科举。儒服不仅是儒士身份和地位的象征,更是儒家伦理文化和明代政治的象征。因此,明亡之后,放弃儒衣儒冠,即表示"不承认这个新政权,不再与闻新朝政治,在新的朝代里自我边缘化"。⑥ 魏禧废弃儒服、放弃科学,不仅是表明排斥清政权的立场,更是对亡国之痛的反省与追悔。他对明朝的文化、思想、政治进行了激烈的痛苦的批评。他指出科举之业"至今日而滥极,浮词失意,诡

---

① 魏禧:《内篇一集自叙》,《魏叔子文集外篇》卷八,中华书局 2003 年版,第 377 页。
② 《道光宁都直隶州志》卷二十二,《中国地方志集成·江西府县志辑》第 80 册,江苏古籍出版社 1996 年版,第 422—423 页。
③ 《道光宁都直隶州志》卷二十二,《中国地方志集成·江西府县志辑》第 80 册,江苏古籍出版社 1996 年版,第 422—423 页。
④ 魏禧:《与温伯芳》,《魏叔子文集外篇》卷七,中华书局 2003 年版,第 302 页。
⑤ 魏禧:《叶烈妇诔》,《魏叔子诗集》卷一,中华书局 2003 年版,第 1207 页。
⑥ 王汎森:《晚明清初思想十论》,复旦大学出版社 2004 年版,第 199 页。

言贼理"①,并将甲申之变归罪于科举。他还公开批驳八股文之弊端,主张废除八股文而代之以论策。这些观点在当时无疑起到了一种振聋发聩的作用,体现出一种来自明亡的激奋与悲怆。

隐居易堂,提倡实学。清顺治三年(1646),魏禧与魏祥、魏礼、邱维屏等九人隐于宁都翠微峰,著文论学,体现出卓然自贞的遗民风范。魏禧虽隐身山林,却没有遗忘家国。他说"士君子生际今日,欲全身致用,必不能遗世独立"(《答陈元孝》),"虽伏处岩穴,犹将任天下之责。"(《郑礼部集叙》)他极力提倡经世实学并身体力行。如他提出了改良科举、限田、革除阉宦三项变法主张,并编撰《救荒策》一文,希冀能解除民瘼。另外,魏禧还撰写了《左传经世》、《兵法》、《兵迹》、《兵谋》等书,希望能探寻其成败得失之由。针对理学的虚伪及明末浮夸文风的流弊,魏禧提出文章应有用于世,甚至希望用文章来"正人心之惑溺,而救国家之衰败",使"文之至者,当如稻粱可以食天下之饥,布帛可以衣天下之寒,下为来学所禀承,上为兴王所取法。"(《上郭天门老师书》)

终顺治一朝,魏禧均坚守遗民气节,遁迹宁都翠微峰,并通过弃儒服、弃科举、不入城等不合作的姿态来表达对清廷的仇视与激愤。这期间魏禧交游的范围拘囿于江西省境内,其结交的友人并不多,除易堂诸子外,只有程山学派、髻山学派的主要代表人,且与他们的交往也仅限于学术思想的交流。从魏禧这一时期的行为特征来看,基本上是个仇清的隐逸者。

2. 清康熙元年至康熙十二年:游历江浙,图谋恢复

在隐居近二十年之后,魏禧意识到长年僻居深山会封己自小。因此从清康熙元年(1662)开始,魏禧数游江浙,广交江南遗民高士及奇伟非常之人,声名鹊起,以致"海内所推一二耆旧大鳌之老,争识面引为忘年交,士无识不识皆知有宁都魏叔子"②。

明亡之后,遗民往往以"不入城市"作为拒绝新朝的姿态,魏禧却一再有东南之行,且公然辩护自己在城市中的流连③。这种反常举动的背后,实际上隐藏着阴结豪杰、反清复明的不可言明的意图。我们只要认真品味魏禧的文字,就可以体会到这种心志。他说:"士生今日,所可为当为者,正非一端。虽文驾班、马,诗驱李、杜,尚是第二层三层事。"既然经世文章并不是魏禧所追求的最重要的事情,那么他所推崇的第一层事究竟是什么? 答案不言自明。魏禧曾撰写《大铁椎传》一文,描绘了一位勇斗响马贼的奇人。学者胡守仁认为,魏禧此文"殆寓有深意者,其欲为故国报仇之心隐约见之矣。"④此外,我们从魏禧给陈恭尹的一封书简中也可以窥探

---

① 魏禧:《内篇一集自叙》,《魏叔子文集外篇》卷八,中华书局2003年版,第377页。
② 彭士望:《魏叔子五十一序》,《耻躬堂文钞》卷七,见《四库禁毁书丛刊》集部第52册,北京出版社2000年版,第126页。
③ 参看拙文《清初明遗民魏禧的生存抉择及心态探微》,载《江西社会科学》2008年第9期,第153页。
④ 胡守仁:《魏叔子文集·前言》,中华书局2003年版,第4页。

其反清心志。参与过抗清斗争的陈恭尹在南明亡后意志消沉,中止了一切反清活动,潜心读书。魏禧特作《答陈元孝书》与他谈论立身出处之道,并希望他能走出户庭,重新振作起来,其用心显而易见。清康熙年间魏禧阴结豪杰、反清复明的表现大致如下:

探访忠烈名士。明遗民大凡都有谒陵或哭陵的经历。如顾炎武一生五谒孝陵、六谒思陵,屈大均在明亡后曾奠祀袁崇焕的陵墓。同样,魏禧初游江南,就到扬州梅花岭拜谒史可法墓,到金陵雨花台怀古伤悼,以示不忘前朝。他还广交江南名士,极力褒扬他们不忘明朝、耻事清廷的忠贞气节。他称赞江南隐士汪沨和徐枋说:"武林汪魏美飞鸿千仞,吴门徐昭法寒冰百尺,人不可得近,况得而狎玩之乎?"(《与徐昭法书》)对恽日初的忠贞志行,他也极为赞赏:"以正人心之惑溺,而救国家之败,此非可以文章求也。"(《恽逊庵先生文集序》)此外,魏禧还提醒大家要始终保持遗民的忠节。他曾劝诫与仕清官吏交往亲密的方以智"昭濯既往,显示将来,以不虚二十年出妻屏子之素节。"(《与木大师书》)

阴结豪侠志士。魏禧曾一再表示欲于"行伍屠沽"中物色"非常之人"。他说:"当天下之变,任天下难事,必有倜傥非常之人好义而轻其身者,毅然自奋于毁誉利害之外,然后其事可济。"(《赠王孝成叙》)他认为真正能独行于乱世的豪杰志士"往往崛出于通都大邑穷乡僻壤之间"(《答杨友石书》)。因此,他屡次游走于当时反清最为激烈的江浙之地,在乡壤山林中物色豪杰志士。借出游以联络声气、图谋恢复可以说是易堂之人的重大任务之一。如魏际瑞说:"豪杰之士能为人所不能为"(《魏伯子文集》卷三《续师说》),彭士望也孜孜于寻访"一旦处事变之穷",能"倜傥画策、定非常,解纷难,互相持于不败者"(《耻躬堂文钞》卷五《送王若先南游叙》)。当然,奔走四方、连结豪杰是明清之际很多遗民的共同姿态,不独易堂诸子为然。如颜元、李因笃、顾炎武、归庄、孙奇逢等遗民均曾远游他方,结交豪杰志士。

探访卓荦少年。寻求卓荦少年是魏禧游历江南的另一个重要任务。他认为"任天下难事,当天下之变,非少年血气雄刚不足胜任。"(《答南丰李作谋书》)在游历江浙十多年的时间里,魏禧结交了李元慈、甘京、李作谋、吴正名等青年才俊。其中,魏禧与熊颐的交往颇值得注意。熊颐早年曾有终隐深山之志,魏禧与之结识后,向他表述了自己出山漫游的初衷,并希望他能追随其后。在魏禧忧心家国思想的影响下,熊颐走出山林,亲到翠微峰师从魏禧研习经世致用之学,并贬服毁容游四方。

综上可见,魏禧有反清复明的强烈的愿望并曾为这种理想奋勇奔走。当然,在其团结遗民、探访志士的实践背后充满了艰难与悽怆。在游历江南之初,魏禧的心胸气魄是很大的。但在社会现实的切身体验中,魏禧日益认识到恢复之事的不易。首先,魏禧结识的很多遗民虽能坚守气节,但或因年老体弱、苦于自保,已无力关心世事;或因饱受清廷的摧残与打击,日益消沉。特别是至亲好友的日益衰老甚至逝去,令他倍感悲凉与无助。其次,魏禧以布衣身份去结交天下贤士,其所处境遇是非常艰难的。从他"不知故国几男子,剩有乾坤一腐儒"(《魏叔子诗集》卷七)的哀叹中,可以显见其悲苦与无奈。另外,随着清朝统治的日益稳定,汉族地主知识分子的反抗情绪逐渐缓和,魏禧寻求"少年卓荦之人"的努力也日渐化为泡影。他不得不慨叹"士生斯世,阳气孤微,如败柱朽楹,榱栋欲下……"(《复徐叔亨》)充满了孤军奋战、后继乏人的悲凉。

3. 清康熙十二年之后:经营后世、屈交清吏

十几年的游历之后,魏禧救济天下的豪情有了衰退的迹象。他说:"知人不易,富贵功名不可倖,而向之厚自期待者盖妄也。"(《送歙县鲍生北游叙》)他甚至再度产生了归隐的想法。康熙十二年(1673),魏禧重病复发,加上好友姜垛、归庄逝世的噩耗传来,魏禧心情极度低落。他写信与兄魏祥、弟魏礼相约"促膝相守以终余年"(《祭伯兄文》)。此后魏禧深居山中,不再进城。但与大多遗民不同的是,魏禧虽然消沉,却没有陷入绝望。经过三年的深思熟虑,他寻找到另一条生存之路,再出山林,体现出隐忍屈和、经营后世的睿智与通达。

最明显的表现是魏禧将授徒与著述作为自己的最后归宿。著述原乃士人日常之事,授徒也为其常操之业。但在明清鼎革之际,这些活动对于魏禧来说却具有了不平常的意义。可以说,授徒与著述是魏禧反清实践无望之后的一种抒发悲愤、激扬志节的重要的表达方式,是他认定的一种经营后世的重要途径。他说:"为今之计,但当酌古准今,俟之其人,庶几火尽薪传,身死无恨","所经营者在天下后世之远。"(《与袁公白》)

魏禧晚年的确培育出了很多豪杰之士,其中尤以梁份和颜李学派的重要人物王源最为杰出。康熙十六年(1677),魏禧避兵庐陵山中,"(梁)份褐衣水行日夜百十里,就区画大事"。[①] 康熙十九年(1680),魏禧南游江浙,特带梁份同行并引荐他结识梅文鼎、甘京等江南名士。梁份晚年只身出外游历,考察山川形势,探访古今成败得失,并著成《西陲今略》一书,就是受到魏禧实学思想的启发。王源也曾坦言魏禧对他的重要影响:"易堂魏叔子先生其言大与愚见合,故生平议论,间窃易堂余绪,而酷喜谈兵,讲究伯王大略,物色天下伟人奇士而交之。"[②] 魏禧还热心推引王源与同抱济世理想的顾祖禹结识,可谓煞费苦心。后来王源游历京师,声名大盛,魏禧一再提醒他要务实求学,忌浮戒傲。这种警策与勉励无疑促成了王源思想的成熟。

在授徒的同时,魏禧对自己的著述进行了整理,并两次付梓江南。同时,他积极拜访朱彝尊、顾祖禹、李清、徐乾学、梅文鼎、陆廷抡等江南学人。他称赞陆廷抡

---

① 梁份:《怀葛堂文集》,《四库全书存目丛书》第236册,齐鲁书社1995年版,第182页。
② 王源:《与李中孚先生书》,《居业堂文集》卷七,《续修四库全书》第1418册,上海古籍出版社1995年版,第155页。

文"论必关乎世道,法必取裁于古人,为今文章士所不易得"(《陆悬圃文叙》),评价李清的《南北史合注》为"天下不可少之书"(《南北史合注序》),并将之与梅文鼎的《历法通考》、顾祖禹的《读史方舆纪要》誉为三大奇书,希望这些书能尽快刊布,为天下所用。

  魏禧睿智与通达的另一个表现是与仕清官吏的交往。素以遗民气节著称的魏禧在青年时期对权贵的态度是非常冷淡的,史料记载他:"束身砥行,读书论古,公卿贵人慕名愿见,弗往,独与沉沦穷约者游"①,他也曾自称:"吾不乐近贵人,耻为世之名士"(《寄门人赖韦书》),而晚年竟与折节仕清的官吏论交,并与之关系密切,这是颇不寻常的。况且魏禧对这种交结官吏的行迹,竟然毫不掩饰,并在其文中公然记载,这也是要承受很大压力的。可见,在权衡甄别之际,魏禧已不再关注一己清誉,个人的政治操守也不再是他择友的障碍。

  赵园先生认为:"(明遗民)不欲放弃儒者使命承当,坚持其所认为的职志者,其于鼎革后继续关心民生利病,以兴利除弊为己任,是顺理成章的事"②,而"当着以其经世之才用于地方事务时,遗民自难以回避或也无意于回避与当道的交涉。"③魏禧与仕清官吏的交往,就是建立在对民生利病所共有的关怀的基础上的。如他对"语民生困苦必蹙额而忧"(《赠宋员外榷关赣州序》)的宋荦十分敬仰,希望他能将民生状况告诸朝廷,助人民摆脱困厄;他希望徐乾学能"进德修业以图利天下之生民"(《徐健庵春坊五十叙》);希望赣州巡抚丁炜能"以温柔敦厚之教治吾赣,兴利彰善"(《问山诗集叙》)。由此可知,魏禧此时对清廷的态度已由先前的强烈对抗转变为理性的屈和。当然,这种屈和绝不是对清廷的降服与妥协,而是魏禧反清举动无望之后的一种折衷,是对民族复兴理想的一种隐曲的保留。正因如此,魏禧才数次毅然拒绝了清廷博学鸿儒科的诏举;也正因如此,魏禧晚年虽疾病缠身,却仍为理想四处奔波,直至生命的最后一刻。

  清初明遗民的生存状态及情感特征是非常复杂的。他们或致力于恢复明室并为之献身;或隐居山林、避祸苟全;或祝发为僧、变服为道;或家居不仕、混迹市井;或聚众授学、悉心著述。在魏禧身上却体现出多种现象的交叉,这正是其独特性与代表性意义之所在。魏禧对民族气节的热情宣扬,对复国理想的执著追求,对实学思想的极力倡导,无不体现出一名典范遗民的忠贞、坚韧与通达。正如清人尚镕所言:"(禧)以经济有用之文学,显天下百余年",其"见道之宏,持节之固,育材之多,能使当时之贤士君子生死无异词"④。

---

 ①《道光宁都直隶州志》卷二十二《魏禧传》,《中国地方志集成·江西府县志辑》第80册,江苏古籍出版社1996年版,第423页。
 ②赵园:《明清之际士大夫研究》,北京大学出版社1999年版,第325页。
 ③赵园:《明清之际士大夫研究》,北京大学出版社1999年版,第326页。
 ④郭绍虞:《中国历代文论选》第三册,上海古籍出版社1980年版,第313—314页。

第四节　汪琬生平交游及思想探微

汪琬生于明天启四年(1624)，卒于清康熙二十九年(1690)，以古文名播海内外，是清初文风向盛世文风过渡的重要一环。与侯方域、魏禧不同的是，汪琬仕官清廷，与之结交的，亦多是仕清文人。但他仕途并不顺达，一生先后三次出仕，两度辞官归隐，其间还遭遇一次罢官。仕途的沉浮给其身世增添了一些神秘的色彩。

一、汪琬家世生平综述

汪氏自唐宋以来即为徽州大族，明初始迁居江苏苏州。其曾祖汪禧为万历丙子举人，留心经世之学，尤长于天官地理，吴中谈地理者俱推服之不衰。叔祖汪起凤，明万历辛丑进士，历任揭阳知县、工部郎中、江西右参政按察使、广东左右布政使。因忤逆魏忠贤而被罢官。后官复原职，分巡海内道，卒于任所。祖父汪起鹤，廪例太学生，其性严整，为学嗜古文辞，所作时义典丽有则。其父汪膺童年即喜为诗，其文华赡详整，为士林传诵。

汪琬自小就受到良好的教育，尤其深受中国传统儒学思想的熏陶，"学而优则仕"的思想深植于心。《钝翁续稿》卷五十六《先府君事略》曾有这样一段记载：汪琬六岁始入小学，尝夜侍父母饮。其父元御公忽然询问他，长大后欲富乎？欲贵乎？汪琬以贵对。其父问何故，汪琬率尔曰："贵则富可期也。"汪琬十岁即学制举文，十一岁时，其父逝世，汪琬及两个弟弟与母亲相依为命，生活异常艰难。十二岁时，汪琬从舅父徐汧学习制科业，十六岁时，因诗文出众，深受舅父赏识，经常被邀请参加文会。十八岁，汪琬因家贫出为塾师。清顺治十一年(1654)，汪琬三十一岁，中举人，次年中进士，走上了典型的封建士子科举仕进、光宗耀祖的正途。

但汪琬一生清苦，仕途并不得意。清顺治十二年(1655)，汪琬以二甲得通政，随即告假南归。是年，其女慧姑殇于痘，因家贫典质衣服、簪珥以敛用。其后不久，次子汪蘅亦中寒疾，于次年春季夭折。其心境之凄苦可想而知。清顺治十五年(1658)，三十五岁的汪琬赴京谒选，得任户部福建司主事。从此汪琬任职北京，在官场浮沉十三年。他先后任北京大通桥分司、刑部郎中、户部主事。其间妻袁宜人因寒疾而卒，汪琬凄然堕泪，并作悼亡诗十二章。清顺治十八年(1661)秋，奏销案起，汪琬受到牵连，罢官南归，后左迁北城兵马司指挥。清康熙五年(1666)，汪琬复升户部主事。康熙九年(1670)，汪琬以病乞归，还苏州归隐。康熙十八年(1679)，汪琬被荐举博学鸿词，授翰林院编修，入史馆纂修《明史》。汪琬在史馆仅六十日，撰史稿一百七十五篇，即称病闭门读书。康熙十九年(1680)，汪琬以病乞归，次年得旨南归。后一直隐于尧峰山著述读书。康熙二十三年(1684)十月，康熙帝南巡至无锡,汪琬至浒墅关迎驾。康熙帝特赐御书一轴。康熙二十九年(1690),汪琬终老尧峰山庄,享年六十七岁。

二、汪琬的交游及其思想性格

汪琬身世凄苦,仕途坎坷,但他一生交友颇多,与众多文人雅士的诗酒唱和可以说是他人生中最大的收获与乐趣,这也对他的思想生活和文学创作产生了重要的影响。

汪琬甫逾弱冠即与吴中隐士陈均宁、侯涵相交。明亡后,陈均宁"即弃诸生,隐居东郊外娄江之上。"①侯涵则退隐苏州,研习诗文,究心性命之学。陈均宁、侯涵的隐逸思想多少对汪琬产生了一定的影响。二十七岁时,汪琬始与当时的文坛名流交游。是年,太仓吴伟业及长洲宋德宜等人于嘉兴南湖举行十郡大社,汪琬与吴伟业、宋实颖、尤侗等十子结盟于此。后汪琬又与宋实颖、尤侗、计东等举慎交社,七郡文人归之。是时汪琬文誉渐著,文友益多,其诗则"厚于神理而严于格调,汉魏盛唐而下不肯杂一字,补吴音之不逮,未必非风雅之一助也"②。

清顺治十二年(1655),汪琬中进士,并拜谒会试司考官徐必远先生,问为学之要。在徐必远的教诲下,汪琬开始真正钻研六经及宋代诸子的义理之学,这与入仕前的应试学习截然不同,其学业进入一个新的阶段。顺治十五年(1658),汪琬赴京谒选,得户部福建司主事。是年与王士禛、刘体仁、梁熙、程可则、邹祗谟、吴雯等结识。诸人日夕往来,诗酒唱和,度过了一段快意的时光。顺治十六年(1659),董玉虬、陈廷敬、叶方蔼、彭孙遹等也来北京,龚鼎孳合诸人祖席赋诗,联为巨轴。是时,汪琬文名甚著,四方贤士大夫多以求得其文为贵。康熙六年(1667),汪琬升任户部山西司主事,与王士禛、程可则、刘体仁、梁熙、董玉虬、李湘北、陈廷敬等人再为文社,相互磨砺。通过与众多文人的交往与唱和,汪琬诗文大有长进,名声更为昭著。王士禛曾云:"康熙初,士人挟诗文游京师,必谒龚端毅鼎孳公,次即谒长洲汪苕文琬、颖川刘公勇体仁及予三人。"③与北京友人的宴饮唱和、诗文娱兴可以说是汪琬一生中最得意、最难忘的记忆,尤其是汪琬因诗文超群而备受推崇,这使他获得了心灵上的莫大安慰与满足。④

在汪琬众多的朋友之中,有一位友人特别值得提出,那就是声名显赫、主盟清初文坛五十余年的文学泰斗王士禛。他与汪琬在性格、经历、境遇和人生态度上各有不同,但在长达三十多年的交往之中,二人却能够惺惺相惜,相互包容、勉励,彼此的生活与创作也因此受到了重要的影响。清顺治十五年(1658),汪琬赴京谒选,

---

① 汪琬:《吴逸民传序》,《尧峰文钞》文卷二十七,四部丛刊初编本,第235页。
② 赵经达:《汪尧峰年谱》,赵氏又满楼刊本,1925年,第7页。
③ 王士禛:《带经堂诗话》卷二七,《续修四库全书》第1699册,第181页。
④ 汪琬:《诰封王母张宜人墓志铭》,《尧峰文钞》卷十九,四部丛刊初编本,第192页。

被授户部福建司主事,是年王士禛也来京应试,得观政兵部,二人遂结识并成为密友,常以诗文相唱和。汪琬曾撰《说铃》一书,主要记录了在北京的见闻,其间涉及王士禛的记录约占全书的四分之一,笔意间时时流露出二人相交的惬意和友好。随着交往日益密切,汪、王二人成为肝胆相照的知己。王士禛谒选得扬州府推官后,担心吏务繁忙而影响创作,汪琬则勉之曰:"吾见王子之才必加优,其薄牒必加少,国中之盗贼亦必加衰止,如是而不能为诗,吾不信也。"[1]汪琬分司大通桥后,因官职卑微,友朋过从甚少,加之疾病缠身,心情极度悒郁,王士禛则常去其官邸看望、陪伴。顺治十八年(1661),汪琬因奏销案罢官南归,途经王士禛扬州任所,王士禛赠鹤汪琬,并以"人必清于鹤而后可以相鹤"[2]之语来劝慰汪琬不必太在意宦海的得失与沉浮。康熙八年(1669),王士禛奉使淮南榷清江浦,携眷南下。次年,汪琬亦辞官回家。此后二人一南一北,只能以书信、诗文的方式保持联系。但有趣的是,二人均从对方身上找到了自己未实现的那部分理想。王士禛时常在诗文中流露出对汪琬隐逸生活的羡慕,如他一直称自己本无宦情,最终向往的是"焚香扫地"的读书生活。在汪琬隐居尧峰之后,王士禛还作《寄汪苕文尧峰隐居四首》以寄之。其中有一首诗云:"欲访天随子,来过角里村。五湖正秋色,一棹到闲门。林屋探仙迹,咸池问水源。嗒然白云外,相对坐闻猿。"[3]诗中充分体现了对隐居江南、幽然世外的富足生活的无限向往。汪琬一生仕途坎坷,颇有壮志未酬之恨,但好友王士禛官运亨通使他多少有了安慰与寄托。可能正是因为理想的互补使得他们的友情经历了种种考验,始终不渝。康熙十七年(1678),王士禛改官翰林侍读,汪琬亦因应征博学鸿词而进京,二人分别八年之后,又得以相见。此番重遇,二人均欣喜万分,诗文唱和亦更为频繁。但此次相聚随着汪琬的再次辞官而告结束。此后二人再未见面,只是偶尔借书信寄答彼此的思念之情,感叹光阴之易逝。汪王二人的交往,无论是诗文的相互切磋,还是彼此的善意戏谑,都促进了二人诗文创作的进步和成熟。尤其是王士禛通过与汪琬的交往,结交了更多的江南友人,扩大了其社交网络,也使他增加了对江南的了解和认识,从而产生了一生渴望实现而又未能实现的渔洋山归隐情结[4]。

汪琬的交友并非一帆风顺。由于性格的耿直狷介及固执偏狭,汪琬与叶燮、归庄、阎若璩等人竟因言语冲突而结为仇怨。

清康熙十七年(1678),汪琬与阎若璩因应征博学鸿词遇于北京。当时汪琬著成《五服考异》,阎若璩指出其中数处缺失,汪琬大怒,与之反复辨难,二人遂成仇隙。后阎若璩还特意撰有《汪文摘谬》一书,专门指摘汪琬之错误。汪琬晚年告病

---

[1] 汪琬:《赠王贻上序》,《钝翁类稿》卷二十四,《四库全书存目丛书》集部第227册,第614页。
[2] 王士禛:《赠鹤歌与汪苕文》,《阮亭诗选》卷十七,康熙元年盛符升刊本,第17页。
[3] 王士禛:《寄汪苕文尧峰隐居四首》,《精华录》卷八,《四库全书》第1315册,第432页。
[4] 参见宋莉媛《论王士禛与汪琬的交往》,载《榆林学院学报》2006年第1期,第65—66页。

归家,迁居尧峰山麓之城西草堂,以教授为生。当时叶燮亦罢官,授徒于吴县之横山。二人因学术上的观点不一而互相诋毁,两家门下士也各持师说互不相让。归庄曾校正《震川文集》四十卷,汪琬寓书归庄,指出其中多处错误,稍有讥诮之意,后渐至诟厉。归庄性亦傲慢,素不肯屈人下,于是书信往来之间,二人难免口舌之争,甚至愈演愈烈,在当时引起轩然大波。后汪琬请友人周汉绍出来调解,此事才得以了结。汪琬虽性格狷介,不肯轻易服人,但胸无城府,且善于改过,最终还是得到诸人谅解。在汪琬逝世之后,叶燮曾说:"吾向不满汪氏文,亦为其名太高,意气太盛,故麻列其失,非为汪氏学竟谬熬圣人也。今汪没,谁讥弹吾文者;吾少一诤友矣。"①并将前所摘汪文短处悉焚毁。阎若璩也说:"汪氏琬临殁,删其稿为《尧峰文钞》。戴晟西洮购以示我。读之,颇有幽冥之中负此良友之感。"②与叶燮、阎若璩这些诤友的交往可以说是汪琬交友史上别有意味的一笔。

三、两度仕而又隐的复杂心态

汪琬一生先后两度仕而又隐,令人颇为费解。据史料记载,他历任刑部郎中、户部主事、北城兵司马指挥、翰林院编修,不论任何职,均勤勉敬业,赢得上下一致的膺服和爱戴。那么究竟是什么原因促使他一而再地告退归隐呢?

汪琬三十二岁考中进士,三十五岁时得授户部司主事。因理想初步实现,加上在北京又结识诸多志同道合的友人,汪琬是时心境颇为开朗。但好景不长,是年冬汪琬即被分司大通桥,公务繁忙,日夜奔走,难得片刻清闲。这使习惯于优雅、从容、安闲生活的他,感到极度不适,厌烦之感顿生。加上此时疾病缠身,朋友往来甚少,汪琬心情极度悒郁,曾经一度产生过辞官的想法。清顺治十八年(1661),汪琬受江南奏销案之牵连被谪北城兵马司,整天生活在市井陋巷,成天与三教九流、贩夫走卒打交道,这与清新、高雅、超凡脱俗的文人士大夫的生活追求相去更远;与他在故乡苏州读书授徒时清闲、恬静的生活反差很大,甚至格格不入。汪琬对此职更为厌恶,但迫于生计,不得不委身于此,并时常自我安慰云:"以视文忠见逐有司、不得已而偃息桄榔之下者,相距岂不远哉?"③在汪琬仕途不顺的同时,家庭的不幸也如影随形。在他为官北京期间,夫人袁氏去世,三个女儿也相继夭亡。由于公务缠身,路途遥远,他未能赶回家见妻儿最后一面,此事令他歉疚万分。加之当年曾与他诗酒唱和的朋友,包括许多年龄比他小的,如王士禛、宋荦、陈廷敬等,此时都官运亨通。这无疑给了他更大的打击,使他心灰意冷,归隐的想法更加坚决。他明确表示:"宦海不耐羊肠恶,归去宁烦马角生。"④康熙九年(1670),汪琬以病乞归,隐

---

① 李元度:《叶横山先生事略》,《国朝先正事略》卷三十八,《续修四库全书》第539册,第74页。
② 张穆:《阎潜丘先生年谱》,《续修四库全书》第554册,第357页。
③ 汪琬:《容安轩记》,《尧峰文钞》文卷二十二,四部丛刊初编本,第209页。
④ 汪琬:《将到浒墅有作》,《尧峰文钞》诗卷五,四部丛刊初编本,第54页。

居于尧峰山,闭户著书,历时九年。归隐之后,远离官场的险恶与芜杂,汪琬的心情异常轻松舒畅。他在《小像自赞》中云:"吏事幸直,文材迂疏。仕学俱拙,愧君子儒。晚而勇退,山泽之臞。穿穴经传,辟彼蠹鱼。舒纸濡墨,敢曰著书。信心与手,聊用自娱。风雨晦冥,键户以居。人或不堪,我心则愉。"①在他隐居尧峰两年之后,曾有人劝他出山。汪琬毅然拒绝,并作《反招隐辞》以表明心志,其文云:"叹凤皇之在笯兮,与骐麟之受轭,曾不如山中之闑寂兮,又何羡乎组绂。攀桂树兮幽复,幽聊延伫兮杂嬉游。吁嗟乎山中兮,孰云不可以久留。"②可见他对自己的辞官归隐感到非常满意与庆幸。

　　康熙十七年(1678),清廷诏举博学鸿儒,以求收罗天下贤隽奇才、异能之士。汪琬也在被举之列。面对应举还是不应举这个两难的问题,汪琬作了一系列诗作以言明自己的心志:"久忘笺传语云何,蚕谱农书记忆多。腰了一镰肩一笠,只应赴个力田科"(《闻荐举诏言志六首》);"此翁渐被时贤识,悔不从前换姓名"(《闻荐举诏言志六首》);"偶沾薄禄入风尘,竟绊浮名阻隐伦。万事思量都是错,他生莫见宰官身"(《杂兴》)。从大量诗作来看,汪琬是极不情愿再蹈宦海的。他的再仕实在是出人意料。入史馆后,当时的总编汤斌欲荐汪琬为《明史》副总裁,汪琬力谢之,且曰:"愿与公同其退,不愿与公同其进也。"③他还在《与客谈有感》诗中写道:"党部声名久属虚,雨云翻覆太纷如。幸然不入平津阁,赖有江都老仲舒。"这样的言语表述与其实际行为似乎格格不入,也颇令人费解。但我们只要联系他的实际生活,便可以看出,汪琬此番应诏,实在是出于无奈:家境窘迫,而素来清高孤傲的汪琬对"借贷"一事是羞于启齿的。因此汪琬赴任六十日,撰史稿一百七十五篇,攒得微薄俸钱,便称疾闭门读书了。次年,汪琬再次以病乞归,并作《请告》诗六首以明志。当然,汪琬此次出仕时间之短,还有一些别的原因。汪琬在《请告》诗中云:"筋力蹉跎肺气衰,膏肓竖子去还来。行年自分无官禄,冯仗东归厌此灾。"④他竟然将此次出仕视作一场灾难,可以想见其内心的失望与悔恨。那么汪琬因何而恨,又因何而悔呢?汪琬在辞官南归途中曾作有《将抵家三首》,其诗云:"几多朝士擅文雄,谁复留情记此翁。老夫去官君勿讶,时贤方重黑头公";"知识相逢话旧余,数行清泪落衣裾。不须惜我头衔小,已被虚名暗折除。"由诗意我们可隐见汪琬此次赴京,因自身年事已高(当时汪琬已五十五岁),且文坛新人辈出,不再如往日般受到重视。这使他感到万分失落。加之汪琬性格刚直急狷,难免与人结怨,受人排挤。出仕原非本意,而仕途生活又令他如此难堪,在悔恨交加之际,尽早结束这段颇不愉快的仕宦生活,自然就在情理之中了。

---

① 汪琬:《小像自赞(并序)》,《尧峰文钞》文卷三十七,四部丛刊初编本,第300页。
② 汪琬:《反招隐辞》,《尧峰文钞》文卷一,四部丛刊初编本,第91页。
③ 汪琬:《工部尚书充经筵讲官汤公墓志铭》,《尧峰文钞》文卷十四,四部丛刊初编本,第164页。
④ 汪琬:《请告六首》,《尧峰文钞》诗卷九,四部丛刊初编本,第81页。

纵观汪琬的一生,浮沉交错,起落不定。他的青年时代,清兵已定鼎北京,虽然战火遍及全国,但苏州一隅并没有直接受到战争的伤害,且由于当时清廷施行了一系列安抚政策,民族矛盾已日益缓和,仕清之举也不再受到强烈的指责,汪琬的出仕可以说是无可厚非的。而他的归隐同样也没有丝毫反抗清廷的意味。他在人生选择上的反反复复,实际上体现了其内心的矛盾和无奈。一方面,他从小就希望通过出仕来实现富裕,光耀门庭;另一方面,他又极端厌恶官场的喧嚣与纷争,怀念故乡清闲与自由的生活。此外,他也深知自己耿直狷急的性格和孱弱的身体不宜久留官场。但迫于生计,他又不得不隐而又仕,直至晚年才得以真正解脱,顺应本愿,陶养性情,最终成为苏州著名的隐逸文人。

第五节　清初古文三家的文学创作与清初文坛格局

清初古文三家以迥异的创作风格成为清初多样化文坛的典型代表,其扭转、改造文风的努力和文道合一的创作追求促成了清初经世文风的形成,直接影响清初文坛的格局变化和清代散文的走向,甚至在一定程度上为桐城文派的形成开辟了路径。

一、清初古文三家与清初多样化文坛

清初古文三家侯方域、汪琬、魏禧与一般的文学流派明显不同,其古文呈现出截然不同的风格特色。三家相比,侯文最具才情,魏文境界最大,汪文文法最精。对于三家的不同文风,时人均有目共睹。宋荦云:"大较奋迅驰骤如雷电雨雹之至,飒然交下,可怖可愕,霎然而止,千里空碧者,侯氏之文也;文必有为而作,踔厉森峭,而指事精切,凿凿乎如药石可以伐病者,魏氏之文也;温粹雅驯,无钩唇棘吻之态,而不尽之意含吐言表,譬之澂湖不波,风日开丽而帆樯之容与者,汪氏之文也。三君出处岐辙,其所成就亦殊。"邵长蘅云:"侯氏以气盛,魏氏以力胜,汪氏以法胜。"四库馆臣云:"方域才人之文,禧策士之文,琬儒者之文。"

三家个性鲜明、文风各异,为何能文集一编且并称数百年?这与清初文坛多样化的总体局势密切相关。清初学术思想活跃,文风也自由丰富、不成一统。清初思想三大家黄宗羲、顾炎武、王夫之虽都讲经世致用,其理学渊源却各有所宗。其他文人如王猷定、施闰章、吴伟业、朱彝尊、邵长蘅等也是各有所宗,文风不一。郭预衡先生曾说:"(清初)各家各派,主张不同,文风不同,各行其是,没有正宗。"[①]因此后人对这一时期的派别划分与代表作家的推举也各持其说,莫衷一是。

---

① 郭预衡:《中国散文史》(下册),上海古籍出版社1999年版,第337页。

刘师培《论近世文学之变迁》将清初文坛分为易堂诸子为首的纵横派,黄宗羲为首的浙东派,万斯同、全祖望为首的史臣派和彝尊、潘耒为主的博雅派①。胡蕴玉《中国文学史序》则认为清初之文主要可分为经世致用之文和策士纵横之文②。郭预衡《中国散文史》则将清初之文分为学人之文与文人之文。至于清初文坛的代表人物,秦瀛《答陈上舍纯书》认为当"以汪尧峰、魏勺庭、姜西溟、邵青门四家为长"③。胡介祉《侯朝宗公子传》则说:"侯公子《壮悔堂集》,其必传者也。与公子后先接踵者,豫章王于一猷定之《四照堂集》、宁都魏冰叔禧之《易堂集》、吴江计甫草东之《改亭集》,皆在伯仲之间。"④"或谓大家文钞,宜益、于一、西溟。或又谓并宜益、梨洲、平叔,而天生、伯吁、甫草亦间及焉。"⑤对文坛代表的众说不一有力地说明对于丰富多样的清初文坛,决不能一概而论,只有不同风格的作家集合才能代表其多样化的总体风貌。

　　侯、魏、汪三家彼此各异的创作风格,正从不同角度呈现了清初文坛丰富多彩的面貌。"社会政局的巨变使人们对明末的疏空文风进行反思,而新一代的文风尚未真正确立,古文的创作因缺乏领袖而个性纷呈。以致我们看到的只能是以侯、魏、汪三大家为代表的风格各异的众多文人个体,而不是某一文学流派。"⑥同时,三家分别活动在河南、江西、江苏三个不同的文化中心,三家的创作情况可以反映出不同地域的创作风貌。况且,三家也代表不同的社会阶层。侯方域代表的是年轻气盛、骋才纵情的前朝"遗少";魏禧代表的是易代之际的忠烈隐逸之士;汪琬所代表的则是仕官清廷的文人。从这个意义上说,三家的身份基本涵盖了明清之际的主要社会阶层。因此说清初古文三家的不同文风是清初多样化文坛的典型代表非过情之论。

　　另外,对清初古文三家的地位排序历来也颇有争议。宋荦的《国朝三家文钞》、李祖陶的《国朝文录》、徐凤辉的《国朝二十四家文钞》等,基本都按侯、魏、汪的顺序排列三家。的确,若论古文成就及影响,应当是侯居首而魏、汪居后,这在当时甚至今日都有公论。如王士禛说:"近日论古文,率推侯朝宗第一,远远无异词。"⑦朱珍庭认为:"(侯朝宗)古文以才笔胜人,一代罕俦,叔子、尧峰、青门均不如也。"⑧袁行霈《中国文学史》、刘大杰《中国文学发展史》、郭预衡《中国散文史》均认

---

① 舒芜:《近代文论选》(下),人民文学出版社1999年版,第580页。
② 王运熙:《清代文论选》(下),人民文学出版社1999年版,第475页。
③ 王运熙:《清代文论选》(下),人民文学出版社1999年版,第645页。
④ 李桓:国朝耆献类征初编,见《清代传记丛刊·综录类》(第181册),明文书局1985年版,第488页。
⑤ 储大文:《存研楼文集》卷十一,《文渊阁四库全书》第1327册,台湾商务印书出版社,民国75年(1986),第218页。
⑥ 参见拙文《从〈国朝三家文钞〉之编选看清初文风之转变》,载《深圳大学学报》2006年第3期。
⑦ 王士禛:《渔洋山人感旧集》卷四,见《清代传记丛刊》第27册,明文书局1985年版,第213页。
⑧ 朱珍庭:《筱园诗话》卷二,见《续修四库全书》第1708册,上海古籍出版社1995年版,第20页。

为三家中侯的贡献最大。然而,陆心源却将魏列于侯、汪之前,且说:"求其可与八家抗衡者,勺庭氏而止尔。"①董士锡也认为:"本朝为古文者以十数,其尤者宁都魏禧,才博而识赡,有物之言也。"②桐城派的追随者刘声木、王鸣盛等人则认为汪琬为文"骨清思洁"、"轨辙纯正",在三家中价值最高。《四库全书总目·尧峰文钞》也因汪文"学术既深,轨辙复正",将之推为三家之首。时贤后人对三家的名次排列可谓见仁见智,这种众说不一的名次之争不仅说明清初文坛的丰富繁杂,同时也表明文坛对清初古文三家总体成就和地位的体认,即三家是清初多样化文坛当之无愧的代表。

二、清初古文三家与清初文风变迁

清初古文三家不仅因其突出、迥异的艺术风格成为清初多样化文坛的典型代表,而且其扭转、改造文风的努力和文道合一的创作追求也给清初文坛带来新的气象,并促成了清初经世文风的最终形成。

明代中后期以来,在文坛上影响较大的有前后七子派、唐宋派、公安派和竟陵派。前后七子派对明代文坛贡献颇大,但其对秦汉文的刻意模仿与剽窃最终形成了诘屈聱牙、神采荡轶的弊端,遭到唐宋派和公安派的强烈反对。公安派虽提倡性灵,但过分追求个体的价值,忽视文人的社会责任,又产生了俚俗、浅率的流弊。后起的竟陵派更是走入"幽深孤僻"的歧途,离正统的文学功利论更远。明亡清兴的时代巨变促使文人将更多的视线转注于文学与现实的关系,过去的种种文学主张、文学观点再也不可能在新的社会背景中平稳延续,注重文学的时代意义、社会作用,强调诗文经世致用的目的和提倡批判现实的精神,便成为这一时期文学思潮的主流。

在清初新思潮和新文风的创建过程中,侯、魏、汪三家具有重要的开创之功。尽管三家的家世背景、经历遭际、政治立场大不一样,其古文创作也迥异其趣,但总体而言,三家都不约而同地自觉担负起扭转文风乃至士风的责任,并毋庸置疑地成为清初文风变革的中坚。首先,他们对前后七子以来的文坛流弊进行纠偏,尤其是大力批判流弊日显的公安、竟陵文风。侯方域批判李梦阳等秦汉派"舍八家、跨《史》、《汉》而趋先秦"的复古途径是"不筏而问津,无羽翼而思飞举",指出公安派的离经判道给社会带来极大危害,以致"大雅亡矣"。③魏禧也对前后七子的株守古法与公安、竟陵派的师心自用进行强烈批判,他说:"好古者株守古人之法,而中一无所有,其弊为优孟衣冠;天资卓荦者师心自用,其弊为野战无纪之师,动而取败。"(《宗子发文集序》)汪琬则认为古往今来可谓载道之文的仅六经、《论语》、《孟子》及

---

① 陆心源:《仪顾堂集》卷四,见《续修四库全书》第1560册,上海古籍出版社1995年版,第409页。
② 王运熙:《清代文论选》(下),人民文学出版社1999年版,第712页。
③ 侯方域:《壮悔堂遗稿》,见《四库禁毁丛书》集部第51册,北京出版社2000年版,第596页。

宋儒之书,他痛斥公安、竟陵派的盲目追随者"撰为浅陋俚俗、骰髅不根之文,盗取虚誉以相宠笼"①,导致文风败坏。其次,三家都积极提倡经世致用的新文风。魏禧曾明确提出:"识不高于庸众,事理不足关系国家天下之故"的文章,即使是"奇文",也"可以无作"(《宗子发文集序》)。在创作实践中,三家多用策、论、议、序等实用性文体,山水游乐之作较少,尤其是侯方域《宦官论》、魏禧《救荒策》、汪琬《降将论》等文均表现出强烈的现实针对性和忧患意识,皆非明末文风所能有。他们还写下了很多探究明朝覆亡原因的文章,尤其是对八股流毒和科举弊端的深刻揭露,在当时社会具有振聋发聩的意义。最后,三家还极力强调文士的社会责任感,热切呼唤儒家道德的回归。他们注重文品与人品的关系,主张为文应有真气。如侯方域文中就流淌着闳奇浩荡的真气和无所拘囿的个性与才情,魏禧称赞任源祥"其人易直淳古,故其文多真气"②,并以此为范例来倡言文士的人品与文品。同时,三家还在文中称颂廉洁清正的官员、不仕贰朝的忠臣、殉夫守节的烈妇及割股疗亲的孝子,目的就是希望用文字来重建忠、孝、节、义的儒家道德殿堂,体现出挽救世风的良苦用心。

侯、魏、汪三家不仅在个人的创作中身体力行,还积极团结文人群体,弘扬新思潮、新文风。侯方域曾两度组织雪苑社,与贾开宗、宋荦、徐作霖等人追求古雅文风,并以气谊相尚,使"中州风气蔚然一变"③。著名史学家张舜徽先生评价说:"方域在当时,能不为风气所转移,反欲有以转移风气,要不失为一时振奇之士矣。"④其论颇为中肯。魏禧则与魏际瑞、邱维屏、彭士望等易堂九子在宁都翠微峰讲易论学,提倡经世文风,以致方以智惊叹曰:"易堂真气,天下无两矣!"此外,他还与程山学派的重要人物谢文洊、髻山学派的重要代表宋之盛在一起会讲论学,引导了江西文坛实学风气的形成。汪琬在清初曾积极参与十郡大社和慎交社的文学活动,在江南文人中声誉颇盛。他的创作"岿然揽古文魁柄,自立标望,抗前行而排后劲"⑤,以至"海内翕然推之"⑥。尤其是他主张研求经学以褪去晚明之空疏,对后来清人注重经史等实学的传统的形成影响深远。

在三家的共同努力与倡导下,清初经世文风最终得以形成。尤其是他们对经史、易学等实学的重视与提倡受到清代儒林的大力追捧。清初著名文人如邵长蘅、姜宸英、徐乾学、毛奇龄、朱彝尊、梁份等,均与三家有过交往,其创作思想也与三家极为接近。他们注重经史、天文、军事等实学,创作出大量关注国计民生、极具现实

---

① 汪琬:《尧峰文钞》文卷二十二,《缩本四部丛刊初编》集部,商务印书馆1936版,第212页。
② 魏禧:《任王谷文集序》,《魏叔子文集外编》卷八,中华书局2003年版,第398页。
③ 任元祥:《鸣鹤堂文集》卷五,清光绪十六年(1890)刻本,国家图书馆藏。
④ 张舜徽:《清人文集别录》,华中师范大学出版社2004年版,第32页。
⑤ 陈廷敬:《翰林编修汪钝翁墓志铭》,《午亭文编》卷四十四,《文渊阁四库全书》第1316册,台湾商务印书出版社,民国75年(1986)版,第360页。
⑥ 郑方坤:《清朝名家诗钞小传》卷二,见《清代传记丛刊·学林类》第24册,明文书局1985年版,第169页。

意义的文章。如梁份所著《西陲今略》考察山川形势,探访古今成败得失,就是受到魏禧实学思想的启发;姜宸英的《江防总论》、《海防总论》等文具有很大的军事参考价值。此外,徐乾学所著《读礼通考》宏纲细目,条理井然,为学者所重;毛奇龄、朱彝尊肆力于经史之学,造诣该博,其古文创作也俊逸浩博、文辞渊雅。总之,清初三大家对经世文风的倡导可谓是应运而生,他们的创作及其在清初文坛上所造成的影响无疑对这种文风的形成起到了推波助澜的作用。

当然,侯、魏、汪三家对清初学术界的影响远远不及顾炎武、黄宗羲、王夫之三大思想家。顾、黄、王三家也曾极力批判前后七子和公安、竟陵派脱离现实的文风,并提出了"文须有用于天下"的主张,对清代实学风气的开展起到重大的启蒙作用。但他们对于实学的提倡,更多的是从哲学、史学、经学等角度出发,且有明显的轻文倾向。古文三大家虽然在思想界的影响力不及顾、黄、王三人,但他们都以文章家自励,且致力于古文创作,重视文章的表现技巧和艺术形式,因而对这一时期的散文创作作出了实实在在的贡献。更重要的是,他们并没有因为强调文章的社会功用而忽视文章的艺术审美价值,而是努力地探寻"文"与"道"的最佳平衡点。如侯方域的《李姬传》、魏禧《明忠襄蔡公传》、汪琬《江天一传》等文均充分体现了文道合一的创作追求。这既不同于明末文章因一味讲求文采和技巧而缺乏现实意义的空疏浮华之风,也异于顾、黄、王等过分重视文学的社会教化功能而忽略文章的独立性和审美价值的行为。他们对散文这一文学形式本体的尊重是同时代其他文人所难以比拟的,故他们对清初经世文风的形成起到了不可替代的主导作用。

三、清初古文三家与清代散文走向

清初古文三家文道合一的创作追求和经世文风不仅成为清初文坛的主导风格,而且从整个清代散文发展史的角度来看,他们的探索与努力,在一定程度上为后来桐城派的形成开辟了路径。从这个意义上说,三大家的创作实践直接影响着清初文坛的格局变化,并决定了清代散文的流变与走向。

具体分析三大家古文的风格差异,我们发现,三家不同之文风实际上代表了清初古文发展的不同阶段。侯、魏作品更多的是动荡时代的产物,汪琬则是由动荡走向盛世的标志。从侯方域之文到魏禧之文再到汪琬之文,体现了一个渐变的过程,这昭示出古文由明清之际的多样化文风向清代盛世桐城派正统文风逐渐转变的发展脉络。

首先,从侯方域文到汪琬文,可明显看出"道"的凸显和作家"才性"的式微。侯方域古文个性突显,才情纵横。李祖陶说他"天负(赋)异禀,以其迈往无前之气,卓荦不群之才,矫夭独雄之风调,崛起中原"[1],魏禧也评价其文"肆而不醇","才气奔

---

[1] 李祖陶:《国朝文录》,见《续修四库全书》第1669册,上海古籍出版社1995年版,第428页。

逸，时有往而不返之处。"(《任王谷文集序》)魏禧所作史论，虽也纵横驰骋、凌厉雄杰，但对自身才性的表现却没有侯文那么随意、自由。时人评曰："禧为文雄于伯仲，于近时之文，喜侯方域、姜湛园，谓'侯肆而不醇，姜在醇肆之间'，盖以醇而肆自命也。"①汪琬为文则严格遵循圣贤之道，丝毫不敢逾越儒道礼法，对个性与才情的表现更为限制。魏禧说他"奉古人法度，犹贤有司奉朝廷律令，循循缩缩，守之而不敢过"(《答计甫草书》)，汪琬也曾自述若其文"求诸圣贤之道概未有合"，则"戚戚然而忧，惘惘然而惑以怠"(《与曹木欣先生书》)。从侯方域的"肆而不醇"到魏禧的"醇而肆"，再到汪琬的醇而"不敢肆"，正体现了古文创作中才性的日益淡化和对道的日渐偏重，也表明清初文风日渐远离"独抒性灵"的公安、竟陵派，而与清真雅正的桐城文风日渐接近了。

其次，文中的礼法日益凸显，情感的克制日渐加强。与明末公安派的主情文学相比，三家强调儒家传统的复归，注重文章的实用价值，抒情性的文章相对减少。但在三家身上，对情的克制和对礼法的强调也有程度上的不同。侯方域为文才气纵横，在三家中，感情最为浓烈。他的《祭吴次尾文》全不讲究章法结构，"次尾死矣"、"次尾果死矣"等哀痛之句随情而发，"缠绵呜咽，全是一团真气"。(文后附徐作肃跋)《大寂子诗序》、《赠江伶序》等文"感慨悲悼，一往情深"。(文后附徐作肃评语)魏禧的文章则注重议论、辩析的透辟精到，情感的表达比较收敛、含蓄。如《先伯兄墓志铭》写其兄魏祥惨遭杀害，并没有大段的哀痛哭诉，而是将魏祥慷慨大义的一生娓娓叙来，感情甚为含蓄克制。其《祭孔正叔先生文》也"以第一至交而不作痛哭之态，则文弥朴而情弥至矣。"(文后附杨晟跋)这些均与侯方域的恣情纵意大不相同。汪琬对情感的克制则愈发强烈。他批评好友计东"牵于骨肉之私，而不知裁之以礼"，在丧子多年之后仍"涕泣憔悴不能忍"，乃"过乎情者也"(《计氏思子亭记》)。汪琬的态度令魏禧也不得不感叹"甚爱其文而惜其苛于礼"。(《书计甫草思子亭卷后》)汪琬文章的以礼制情，与他致力恢复温柔敦厚之儒家道德的理想是一致的，这也与桐城派的文学精神极其相似。

再次，从侯文到汪文，可明显看到清初古文对小说、戏曲等民间文学吸收与融合的趋势被有意识地打断，醇雅洁净的文风日益建立。古文在题材结构、表现手法等方面向戏曲、小说借鉴，在明后期已经形成风气，这是对"文以载道"传统的有力冲击，是对"文"本身的高扬。在清初文坛，有很多文人也将传奇小说的手法纳入古文创作之中。如黄宗羲的《柳敬亭传》、王猷定的《汤琵琶传》等，都有离奇的意境、细致生动的人物形象。这种创作手法，在侯、魏的传记文中也较为常见。侯方域的《马伶传》、魏禧的《大铁椎传》等文运用小说家的笔法与技巧，提炼细节、刻画神情，建构跌宕起伏的情节。但侯、魏的行为却遭到汪琬的强烈不满，他说："夫以小说为

---

① 钱林：《文献征存录》卷六，见《清代传记丛刊·学林类》第11册，明文书局1985年版，第60页。

古文辞,其得谓之雅驯乎?既非雅驯,则其归也,亦为俗学而已矣。"(《跋王于一遗集》)认为以小说为古文非雅驯之道。三家对小说、戏曲等民间文学的不同态度正反映了清初文风向盛世文风流变的某种端倪。尤其是汪琬的文学思想,与桐城派摒弃小说、戏曲等"末技",追求醇和雅洁文风的理想如出一辙。王韬在其《弢外文录外编·续选八家文序》中甚至将汪琬与方苞相提并论,谓方苞与汪琬"后先竞美",这充分说明了汪琬之文与桐城文风之间存在着某种不可抹杀的联系。

总之,清初古文三家有强烈的文学自觉精神,其创作异彩纷呈、个性尽显,是清初多样化文坛的突出代表。虽然三家在清初并未形成声势浩荡的文学运动,但他们的创作促成了清初经世文风的形成,也从侧面昭示了清初文学向盛世文学的转变,在明清散文的发展过程中有着强烈的过渡色彩。尽管他们的文学创作为桐城文人所不齿,尤其是侯、魏之文屡遭曲解与非议,但从客观上说,他们推崇唐宋八家,上溯《左传》、《史记》的学文途径、对于文道平衡的探索、对于创作艺术的思考,都为桐城派的形成与发展开辟了路径。正如袁行霈《中国文学史》所说:"'三家'是桐城派的嚆矢。"

凡　例

  1. 因侯方域、魏禧、汪琬三人活动的年代极为接近，故年谱采用合谱形式编写。（魏禧和汪琬同岁，均出生于明天启四年[1624]，魏禧卒于清康熙十九年[1680]，汪琬卒于清康熙二十九年[1690]，前后相隔仅十年。侯方域出生于明万历四十六年[1618]，长魏、汪六岁，卒于清顺治十一年[1654]。）谱文内容能具体到月、日者，按其先后时间排列，只能推断至年者，则依侯方域、魏禧、汪琬的先后顺序进行排列。

  2. 谱文体例，以年为纲。每年之中谱文内容大致可分为五部分：第一，史实。本年所发生的重要史实，依时间先后予以列出，无则略。史实依其与谱主生平活动的相关程度而或详或略。第二，谱主活动。叙述语言力求简明扼要，若所据原文简洁明了，则直接引用原文。第三，引文及按语。列出据以推断谱主活动之原文，酌加按语，述推论、考定之由，并对引文中重要地名、史实等作必要的注释，其他相关资料的补充也以按语形式注明，以助考证、论析、说明、辨误等工作。第四，小传。谱主交往或诗文所涉之人，尽可能列出其小传，并对其与谱主关系细作说明。第五，诗文编年。说明编年之由，偶加点评，诗题中涉及人物亦尽量列其小传。谱主大部分生平事迹因主要据其诗文推得，故诗文之编年一般随系于谱主事迹中。未能确切推知其作年之诗文，不强为编年。

  3. 诸人小传，凡声名昭著者，如朱彝尊、钱谦益、史可法等，史籍多有记载，不再详述其生平，侧重于叙述其与谱主交往之重要事实。名声不大者，与谱主关系不大之人，则简略述之；与谱主交往密切者，则据所掌握资料详加考辩。诗文中仅一见者不详考。

  4. 诸人小传，所引书目，大部分为各省通志、府志、县志，多见于《中国地方志集成丛书》中，一部分则来自影印文渊阁四库全书。另有一些则辑自台湾明文书局出版的《明代传记丛刊》《清代传记丛刊》。小传内容，各史书、方志、传记之记载有相互抵牾者，均细加考证，尽量符合历史真实，无法考证者综合各家之说而撰就。

  5. 为使本谱行文简洁、重点突出，除对与谱主关系极度密切之史实稍加说明之外，其他一概不再出注。对所引用之史实，均据史书直接录入，不再进行任何评判。

6. 年谱所引用的材料，其出处均只具体到作者、著作名及卷数，至于其出版地、出版社、出版时间等具体信息均在参考文献中予以交代。

7. 侯方域裔孙侯洵曾编著《壮悔堂年谱》一卷，记事简略，且事迹遗载甚多。尤其对其交游及著述涉及甚少。谢桂荣、吴玲编撰的《侯方域年谱》（附于王树林撰《侯方域集校笺》一书）对侯方域家世、生平、交游考证稍详，对部分诗文也作了系年，惜缺乏对应的史实及考证过程，也稍有错漏之处。本谱中对侯方域的生平及活动进行详实考证，其中部分内容缺乏直接史料证实者，则参考了以上二谱。二谱中相互抵牾者，尽量据实考证；无从考证或事迹难定者，均作按语加以说明，姑录之以备日后考订。

8. 温聚民先生撰有《魏叔子年谱》，此谱记载魏禧事迹甚详，考辨精到，惜对其交游事迹及诗文编年遗漏颇多。本谱重在对魏禧之交友进行考证，对温谱已考证事迹，大多依从。稍有讹误者，则据实进行考证；偶有疑惑难定者，均在按语中说明，姑录之以备日后考订。

9. 汪琬子汪筠曾编录《钝翁年谱》，以干支纪年，仅记录了谱主的重要仕历、家事，甚为简略，时间上也不完整。赵经达《汪尧峰先生年谱》及汪敬源《续修文清公年谱》，叙录了谱主家事、仕职、交游等，其征引的学术、诗文著作也甚详。本谱基于所搜集的第一手材料对汪琬之著作进行编年，并详细考证了其仕职、交游等活动，对史料不详者，则适当参考了以上二谱，并尽量进行推论、考订。至于疑惑难定者，则姑且录之以备考，并在按语中加以说明。

10. 为使谱中不同内容清晰明了，本谱采用了几种不同的字体、字号。年份纲目采用醒目的小四号黑体，史实采用五号魏碑，谱主活动则用五号黑体，从谱主文集中直接摘录的引文用五号宋体，按语注释则用五号楷体。

11. 与谱主交往的人物，第一次出现时列出其小传，后面重复出现时不再列出小传，如有需要则只列出与谱文内容相关联的内容。

侯方域传略

侯方域，字朝宗，曾号杂庸子，晚号壮悔。河南商丘人。

康熙《商丘县志》卷九《文苑·侯方域传》："侯方域，字朝宗。"邵长蘅《青门剩稿》卷六《侯方域传》、《清史列传》卷七十侯方域本传同。

《壮悔堂文集》卷二《曼翁诗序》："曼翁诗以《大晋斋》名者，别于《晋斋》也。《晋斋》者何？曼翁之弟杂庸子自署也。"

按：《归德府志》卷十三《艺文略·著述》辑录有侯方域从兄侯方镇《大晋斋诗集》，则《晋斋》乃侯方域早年诗集名，杂庸子即侯方域之号。与任源祥《鸣鹤堂文集》卷三《与侯朝宗书》所记"仆从定生案头，读足下《晋斋集》。此足下少年时所作也"合。

《壮悔堂文集》卷六《壮悔堂记》："余向为堂，读书其中，名之曰'杂庸'。……忽一日念及，怃然久之，其后历寝食不能忘。时有所创，创辄思；积创积思，乃知余平生之可悔者多矣，不独名此堂也。急别构一室居之，名曰'壮悔'。古者三十为壮，余是时已三十有五矣。"

始祖成以归德卫籍徙居商丘。七传至万历戊戌进士累官太常寺卿执蒲。执蒲即方域祖父。

《改亭文集》卷十四《前明资德大夫正治上卿户部尚书侯公墓志铭》云："始祖成以归德卫籍徙居郡。成生英，英生滑，滑生显，显生和，和生赠太常卿进，进生赠兵部侍郎玑，玑生万历戊戌进士累官太常寺卿执蒲。"

《清史列传》卷七十《侯方域传》云："祖执蒲，明太常寺卿。"

按：此与《青门剩稿》卷六《侯方域传》、《国朝耆献类征初编》卷四二三所辑田兰芳《侯朝宗先生传》、胡介祉《侯朝宗公子传》同。

祖执蒲，字以康。娶田夫人，生子五人。长子侯恂，次则侯恪、侯忭、侯恕、侯恴。

《商丘县志》卷八《名臣·侯执蒲传》："侯执蒲，字以康，万历戊戌进士。初为宁津令，有惠政，七载擢御史。……同官陈于廷劾朱相赓，章三上，诏慰留赓而戒谕言官勿复言。众皆慑，执蒲独力争曰：'赓实奸，于廷言是。'用是，出为楚臬，遂弃官归。天启初……起太仆卿，未几迁太常。时，攀龙、南星及于廷，俱海内所推，为东林正人。执蒲皆与之交善，而忌者遂有东林渠魁之目。"

《大清一统志》卷一百五十五云："侯执蒲，字碧塘。"

按：侯执蒲字碧塘未见其他资料记载，姑存疑。

《壮悔堂文集》卷五《太常公家传》："王父太常公，讳执蒲，字以康，先世大梁人，后徙宋……年二十一，同兄执躬举戊子孝廉……五子：长司徒公，次司成公，次忭，有文学，次恕，次虑。"《改亭文集》卷四十《前明资德大夫正治上卿户部尚书侯公墓志铭》云："公姓侯氏，讳恂，字六真，号若谷，河南商丘人。"又曰："执蒲娶田夫人，生公兄弟五人。公第一，次即国子监祭酒讳恪者也。"

按：综上可知侯执蒲生有五子，即侯恂、侯恪、侯忭、侯恕、侯虑。侯恂、侯恪、侯忭生平详见后谱。侯恕，字推之，廪生。侯虑，字安之，庠生。俱于崇祯十五年李自成破商丘时死。《商丘侯氏家乘》卷二有相关记载。

父恂，字若谷，号六真居士。年十七，受知学使者梅之焕，补博士弟子员；又五年，受知太守郑三俊。万历四十三年举人，四十四年进士，授行人司行人。天启元年辛酉，改授山西道监察御史。天启四年，录平黔功，侯升京卿。崇祯元年，授广西道监察御史，后升户部尚书。顺治十六年卒，享年七十。五子：方来、方夏、方域、方任、方策。殁时五子俱先卒。

《青门剩稿》卷六《侯方域传》："父恂，崇祯间官户部尚书。"

按：田兰芳《侯朝宗先生传》、胡介祉《侯朝宗公子传》同。

《商丘县志》卷十六《艺文·南园记》文末云："主人姓侯，名恂，字若谷，别号六真居士。"

《商丘县志》卷八《侯恂传》云："侯恂，字若谷，太常卿执蒲长子。年十七，授知于郡守郑三俊，与弟恪同登万历丙辰进士，授行人。熹宗立，除御史，追论移宫事，与杨、左诸公议合。……而红丸、移宫之案，恂显与群小异议。魏珰深恨之，父子兄弟乃相继黜逐。一时商丘侯氏，东林党魁之名，遂震天下。"

《改亭文集》卷四十《前明资德大夫正治上卿户部尚书侯公墓志铭》："万历丙午，公生十七年，始受知学使者梅公之焕补博士弟子员。又五年，受知太守郑公三俊招读书范文正公书院，与弟恪试迭第一，由是知名。又五年乙卯，与弟恪同举乡试，同出许州太守郑公振先之门。明年丙辰，再与弟恪同举会试，同出侍读张公邦纪之门，释褐公，授行人司行人。天启元年辛酉，改授山西道监察御史。时边警日棘，上疏论缴饷练兵方略，报闻红丸议起，疏攻首辅方从哲，并追论移宫，朝论讳之而奸党侧目矣。壬戌邹公元标掌院事，总持风纪，倚公如左右手。……甲子录平黔功，侯升京卿。……先勒太常公致政归，公与弟先后削籍去。……崇祯改元时，起公广西道监察御史。……己巳升太仆寺少卿。庚午边事益溃，升公兵部右侍郎，视师昌平。公至，拔大帅尤世威于偏裨，拔宁南侯左良玉于卒伍，解大凌河之围，站松山杏山下。功罪还朝，升户部尚书……识倪公嘉庆、史公可法于郎署，荐员外何公楷为给事中。……癸未，贼决河灌汴城，公得罪，复逮系狱。……（良玉）发荆襄之师数十万蔽江东,下讨大铖等,公得脱。顺治丙戌,公子方夏举进士,迎公还里,为圍城南偃卧。其中足不如城市者十四年。己亥年七十卒……五子:方来、方夏、方域、方任、方策。公殁时,五子者俱先公殁。"

按:侯方来生平无考。侯方夏,字赤社。商丘人。恂子。顺治丙戌进士。授陕西平凉令。后擢刑部湖广司主事,累迁江西司郎中。恤刑浙江,善政尤多。以疾卒于官。康熙四十七年祀乡贤。《河南通志》卷五十八、《商丘县志》卷九有传。侯方任,《商丘侯氏家乘》卷二《进谱系二门》云:"方任,字子建,庠生,元配田氏。无子,以晢为嗣。"侯晢,即侯方域次子。详见后谱。侯方策,生平不详。《壮悔堂文集》卷一有《赠季弟序》,即为侯方策而作。

母杨氏,文学光训杨公女,累封夫人。

计东《改亭文集》卷四十《前明资德大夫正治上卿户部尚书侯公墓志铭》:"配杨氏,文学光训杨公女,累封夫人。"

叔父恪,字若木,明万历己未进士,选翰林院庶吉士。后迁南京国子监祭酒。卒年四十三。著有《遂园诗》二十卷。生六子:方镇、方岳、方岩、方闻、方隆、方新。

《商丘县志》卷八《侯恪传》:"侯恪,字若木,一字若朴,太常执蒲次子。少负异才,登进士,改庶吉士,除编修,侍经筵,命修《神宗实录》,又修《光宗录》……乙丑分校礼闱,掌贡举……极诋忠贤……削籍出都……恪既归,纵情诗酒,绝口不问外事。居二年,熹宗崩,怀宗立,魏阉伏诛。起恪中允还朝,迁庶子典起居注……迁南祭酒……逾年,谢病归……(卒)年四十三。"

《河南通志》卷五十八《侯恪传》:"万历己未进士,选庶吉士。"《壮悔堂文集》卷五《司成公家传》:"叔父司成公,讳恪,字若木。……著《遂园诗》二十卷,李自成破宋,子方岳从贼中搜得之,负以过河。公六子:方镇、方岳、方岩、方闻、方隆、方新。"

《商丘县志》卷八《侯恪传》附:"方镇,字长华。与从弟方域及吴伯裔兄弟、徐作霖、刘伯愚并以文学知名,为雪苑社,世称吴、侯、徐、刘者是也。工诗能书,尤嗜酒,平生诗文笔札,往往得之酒中为多。壬午城陷,不知所往。后有人自贼中来者云:'方镇已骂贼死矣。'"

按:方镇号曼翁,著有《大晋斋诗集》。详见前谱。

《商丘县志》卷八《侯恪传》云:"方岳,字仲衡。明末以明经除桃源令,遇乱弃官。方岳文采风流,而任侠尚义,忧人之忧、急人之急甚于己。时人比之鲁仲连、陈孟公,亦雅好吟咏,有诗集行世。"

徐作肃《偶更堂文集》卷下《侯仲衡行状》云:"方夏于清再举丙戌进士,官浙江恤刑,而方镇死于贼,方域与先生数奇,俱止一明经终。性孝友,贼破宋,流离中悉无所携,独负司成公所著《遂园集》者北渡河。……享年五十有七。先生年十六为学官,弟子三十二。与选贡。明末曾一仕桃源令,未几以病辞。……顺治十一年奉恩例,仍复前崇祯时贡士。先生生于万历癸丑二月二十日,卒于康熙己酉六月二十六日。配赵氏，明直隶归德卫昭勇将军指挥使赵公纯仁女。继张氏，明鹤庆府知府张公志瑄女；侧室戴氏。子男四人：咏，县庠生，娶庠生李公去代女，赵氏出；昭，娶庠生沈公仁女，戴氏出；曦，郡庠生，娶户部福建清吏司郎中郭公熙女……晏，娶国学生刘公允烰女，俱张氏出。女三人，长适云南广西府知府沈公仔男庠生悦，次适于凌县庠生胡公长庚男庠生宣，俱赵氏出。次未字，张氏出。"

《商丘县志》卷八《侯恪传》附："方岩，字叔岱。少为高才生，倜傥放达，风神散朗……闯贼陷宋，尝遣死士，出入贼营，夺取戚党之被俘者。又擒诛伪官，保障乡邑，人颂其功。阁部某，闻其名，召置麾下，署为都督，令帅一军，以扼淮泗。既而知事不可为，乃解去……卒年七十余。"《商丘侯氏家乘》卷三郑廉《据梧公本传》："侯叔岱名方岩，司成公恪第三子也。行六，性豪爽，有大志。幼为归德府学生，工制举义，试辄冠军，喜诗赋……长身善射……会明末天下兵起，寇峰毁长安，福王渡江监国于金陵，阁部史可法开府扬州，统五藩经略豫、楚。方岩遂脱儒冠，著短后衣，仗策谒军门。史公大悦，立署为前锋副将军，驻扎白洋河……后以酒病卒，年七十余。"

《商丘县志》附录《侯方闻传》："侯方闻，字季嵩，恪四子，贡监生。工诗，人集其诗，合其三兄弟者刻为《四侯诗集》，刘榛为之序。"

按：侯方隆、侯方新生平无考。

叔父忭，字辅之。少恭逊好学，明亡，隐不仕。生卒年不详，享年四十七岁。妻刘氏，壬午城陷，从其姑田太夫人骂贼死。继耿氏，生二女。侧室王氏，生男一，即方至，邑庠生，娶宋荦女。

《商丘县志》卷九《侯方域传》附："忭，初名鲲，字辅之，太常执蒲第三子。少温恭好学，以太常荫胄入南雍，才名籍甚。明末，与兄尚书恂避乱江南。时从子方域、方婴钩党之祸，缇骑捕方域不获，而絷忭以去，抵金陵得寀免。后北还，复入诸生籍，甲午贡入京师。不乐仕进，与里中贾开宗为文酒之会。……年不中寿，人共惜之。"

《改亭文集》卷十四《贡生侯君墓志铭》："君和雅修饬，检身若寒素，不为贵介骄蹇之色……崇祯壬午三月，商丘既陷城，君从兄大司徒公偕兄子方域避地江左。先是，方域在金陵与东南诸名士移檄攻皖人阮大铖，既大铖骤得志，典兵诇知方域父子所在，四出缇骑，逮捕甚急。司徒潜匿他所，方域脱身走扬州，君独保其家人居嘉兴。捕者突至，琅珰系君登舻舰去。君默然手执《周易》熟视之。倦则依傍人卧，捕者以为痴，且以为君纨绔少年易制也。将抵会城，各点行李，或登陆，意稍懈。君睨视两岸桑翳然无际，突起奋身坐桑林中。捕者眙愕出不意，疾追不能得，夜燃炬大搜林中，君望见火光所指，即疾避之。微行近白门，遇诘者以《周易》示之，曰：'我卜者也。'遇兄子桃源令方岳仆人，贷其金复潜至嘉兴，护其家从大司徒北还，脱于难，司徒公以为才……顺治甲午以皇太后徽号恩特诏天下学，拔文行兼优者一人贡京师,君举河南省第四人,廷对及雍试皆前列,人劝之仕,默不应……不喜广交,独与兄子方岳相友爱,暨同里贾开宗、徐作肃、徐邻唐、宋荦等数人为文酒之友,意泊如也……君没年四十七……配刘氏,壬午城陷,从其姑田太夫人骂贼死。继耿氏,生二女。男一,即方至,邑庠生,侧室王氏出,娶文康公子黄州别驾荦女。"

《商丘县志》附录《侯方至传》:"侯方至,字川如,怃子。十二而怙殁,仰从兄方岳为命。受学于徐迩黄,待方岳死,因自持门户,未得卒业,每引为恨。校其遗文而刻之……性墨守,取与不苟,以理藩院知事候补……死于康熙二十六年丁卯二月初九日。距生于顺治八年辛卯正月二十九日,年仅三十七。配宋氏牧仲女也。"

侯方域少师倪元璐学古文。

《壮悔堂文集》卷一《倪涵谷文序》:"余少游倪文正公之门,得闻制义绪论。公教余为文,必先驰骋纵横,务尽其才,而后轨于法。"

按:储大文《存研楼文集》卷十一《雪苑朝宗侯氏集序》、《清史列传》卷七十《侯方域传》所记与上合。

幼从父宦北京,习知中朝事,尤熟悉君子小人、门户始终之故。时与方以智、冒襄、陈贞慧有"明末四公子"之称。

《青门剩稿》卷六《侯方域传》:"方域既世家子,幼从其父宦京师,习知中朝事,而于君子小人、门户始终之故尤熟悉。"

田兰芳《侯朝宗先生传》:"方域生有异质,侍父京师多为贤公卿所赏拔。谓强记可比汉张安世,干局可比唐李文饶,足称膏粱中才子弟……方域既出事公卿,又习闻家庭训述,遂能谙练当代典故,别白士大夫贤。"

贾开宗《侯方域本传》:"幼博学,随父司徒官京师。习知中朝事。尝叹曰:'天下且乱,所见卿大夫殊无足以佐中兴者,其殆不救乎?'"

《清朝先正事略》卷三十七《侯朝宗先生事略》:"明启祯间,逆阉擅枋曰戕贼善类。一时才俊雄杰之士,身不在位,奋然以东都清议自持者,曰'四公子'。四公子者:桐城方以智密之、如皋冒辟疆、宜兴陈贞慧定生及商丘侯方域朝宗也。"

《国朝诗话》卷二:"商丘侯朝宗、阳羡陈定生贞慧、如皋冒巢民、桐城方密之以智,明季称四公子。"《有怀堂文稿》卷十六《潜孝先生冒征君墓志铭》:"四公子者,桐城方密之以智、阳羡陈定生贞慧、归德侯朝宗方域与先生也。"

归里中,交贾开宗、徐作霖、刘伯愚、吴伯裔、吴伯胤,相与论文,以气谊相尚,人称"雪苑六子"。

田兰芳《侯朝宗先生传》:"归,益读书,交结里中俊异如贾开宗、徐作霖、刘伯愚、吴伯裔。兄弟辈日相切磨为文,皆古雅淡泊,复能以气谊自尚,于是名起雪苑。"

胡介祉《侯朝宗公子传》:"偕昆弟辈及里中诸子结社雪苑,与四方声气相应和。一时有吴、侯、徐、刘之目。"

储大文《存研楼文集》卷十一《雪苑朝宗侯氏集序》:"侯朝宗先生明季奋起雪

苑。是时，侯氏群从，让伯、延仲二吴氏，霖苍徐氏，伯愚刘氏，静子贾氏，赤岸张氏，胥以制义鸣，而古文辞、诗歌兼胜焉。海内称曰'吴、侯、徐、刘'，又曰'雪苑六子'。"

尝游南京，得周凤翔赏识，并与复社、几社领袖人物相交，声誉大振。

《清史列传》卷七十《侯方域传》："尝游江左，寓金陵，司业山阴周凤翔得其所撰策，立造访之，谈宴弥日。"

储大文《存研楼文集》卷十一《雪苑朝宗侯氏集序》："是时，执复社敦盘盟者，太仓西铭张氏，而贻书推为领袖；执几社盟者，青浦大樽陈氏，而贻诗曰：'汉家宣室为君开'。其它海内清望，若文玉彝仲、维斗次尾，孚远暨勒卣、燕又朗三、骏公密之、如须舒章、辕文秋岳、尔公若士、修远于野、驰黄丽京诸名彦，胥缔附之。"

田兰芳《侯朝宗先生传》："年二十二就试金陵，云间杨廷枢携登金山，俯仰慷慨，有'极目神州，舍我谁济'之叹。继而与贵池吴应箕、宜兴陈贞慧以口舌严崔魏遗孽之诛，一时文章、气节、经济之誉争归朝宗焉。"

时魏阉余孽阮大铖屏居南京，侯方域与诸名士同讨其罪，大铖衔恨在心，后兴党人狱，欲杀方域。方域渡扬子江，依镇帅高杰得免。

《青门剩稿》卷六《侯方域传》："阮大铖者，故魏阉义儿，屏居金陵，谋复用。诸名士共为檄，檄大铖罪，应箕、贞慧主之。大铖愧且恚，然无可如何。诇知方域与二人者相善也，私念得交侯生，因侯生以交于二人。事当已，乃属其客阳交欢方域。方域觉之，谢客不与通。而大铖家有伶一部，以声伎擅名，能歌所演剧号《燕子笺》者，而会诸名士以试事集金陵，朝宗置酒高会，趣征阮伶。大铖心窃喜，立遣伶往，而令它奴诇之。方度曲，四座称善。奴走告，大铖心益喜。已而抗声论天下事，箕踞叫呶，语稍及大铖，遂戟手骂詈不绝口。大铖闻之，乃大怒，而恨三人者尤次骨。后数年南都拥立，大铖骤枋用，兴大狱，将尽杀党人。捕贞慧入狱，应箕亡命，方域夜出走，渡扬子，依镇帅高杰得免。"

黄宗羲《南雷学案》卷六《侯朝宗先生》："阉党义儿阮大铖，屏居南郡，谋复用。务期有以接好于先生而求自解。先生凛然拒之，且周仲驭、陈定生、顾子方及南雷公等，作《南都防乱揭》，大铖恨之尤甚。一日柄用，赧皇又昏愚，乃兴大狱。或捕或逃，先生夜渡江，依镇帅高杰，适虏破南都，免而归里。"

性豪迈不羁，任侠使气。多大略，生平颇以经济自诩。

《青门剩稿》卷六《侯方域传》："方域倜荡，任侠使气，好大言。遇人不肯平面视，然一语合，辄吐出肝肺，誉之不容口。"

田兰芳《侯朝宗先生传》："方域生于贵胄，负高才重望，有不可一世之意。然人有一善，即在孤寒，未尝不奖激推引，与之均礼。其尤贤者，则屈己下之，唯恐不得所欲，宁易为人所可及。"

胡介祉《侯朝宗公子传》："既慷慨盱衡，好言天下大计……性豪迈，不受羁束。"

屡试不顺，乃放意声伎。后悔之，发愤为诗古文，倡韩欧学于举世不为之日。顺治

辛卯列副榜。

　　胡介祉《侯朝宗公子传》:"己卯举南省第三人,以策语触讳,黜。辛卯举豫省第一人,复为忌者所沮斥,置副车。"

　　贾开宗《侯方域本传》:"己卯举南省第三人,以策语触讳,黜。辛卯举豫省第一人,有忌之者,复斥不录。既不见用,乃放意声伎,已而悔之,发愤为诗歌、古文。论者谓其诗追少陵,古文出入韩欧,其应制文尤自成一家。"

　　邵长蘅《青门剩稿》卷六《侯方域传》:"朝宗始倡韩欧之学于举世不为之日,遂以古文雄视一世。"

　　《清朝先正事略》卷三十七《侯朝宗先生事略》:"顺治辛卯列副榜。"

顺治十一年悒悒而终。时年三十七。

　　《青门剩稿》卷六《侯方域传》:"寻邑邑致疾卒。年三十有七。是岁顺治十一年也。"

　　按:《清史列传》卷七十、《清朝先正事略》卷三十七本传与上合。

著有《壮悔堂文集》十卷、《四忆堂诗集》六卷、又《遗稿》一卷板行。

　　《青门剩稿》卷六《侯方域传》:"方域著有《壮悔堂文》十卷,《诗》六卷,又《遗稿》一卷板行。"胡介祉《侯朝宗公子传》:"公子乃子身归奉司徒公,伏处乡国,苦无聊佗傺,惟日与二三同志修复旧社,痛饮悲歌,以寓其牢骚不平之意焉。暇即肆力于诗、古文,自编《四忆堂诗》、《壮悔堂文》二集各若干首。"

　　按:侯方域《壮悔堂文集》及《四忆堂诗集》今均可见,其版本甚多。据王树林《侯方域集校笺》记载,其《壮悔堂文集》有中华书局《四部备要》本,顺治十三年之商丘侯氏初刻本,康熙三十三年宋荦、许汝霖编《三家文钞·侯朝宗文钞》本,乾隆十五年侯朝宗外孙陈履中、陈履平编次校订之强善堂本,乾隆二十五年侯朝宗玄孙必昌及五世孙𬘡、强、畏、改父子五人重新编订之力轩藏版本,出现较早(年代不详)的退斋藏版本、后世称为通行的本衙藏版本,嘉庆二十二年据家刻本重刊之强忍堂本,日本万延二年(清咸丰十一年)刊行的十一卷本,同治、光绪年间金豁赵承恩校订刊行之红杏山房本,宣统元年上海扫叶山房石印之诗文合刊本,民国二十六年商务印书馆的《壮悔堂集》(诗文合刊)之《万有文库》本(万有本)。另外,还有乾隆六十年徐裴然选辑的《国朝二十四家文钞·雪苑文钞》,道光十九年李祖陶选辑、瑞州凤仪书院刊行之《国朝文录·壮悔堂文集》本及民国四年王文濡选辑、上海进步书局刊行的《侯魏汪三家文合钞·朝宗文钞》本。

　　又按:关于侯方域诗集版本,袁行云《清人诗集叙录》卷六辑录侯朝宗《四忆堂诗集》六卷、《遗稿》一卷(同治十三年刻本),并云:"此集为同里宋荦、徐作肃选,首贾开宗、宋荦、练贞吉、彭宾序。初刻顺治十二年,二刻康熙五十一年,乾隆间其玄孙必昌本为三刻,嘉庆十九年侯资灿本只刻文集。此同治间翻乾隆本,极通行。又有光绪四年红杏山房重刻本,与此本同。"

生二子。长子侯晓,字彦窒。晓生一子,名贻孙。次子侯晳,后过继弟侯方任。

《壮悔堂文集》卷九《字晓儿说》:"晓既冠,字之曰彦窒,而进之曰:'晓乎！天下何易云通人也,尔无宁窒焉耳矣！'"

计东《改亭文集》卷五《赠侯贻孙序》:"商丘侯氏自太常公兄弟以儒术起家,迨今贻孙之身五世矣……予丙申游商丘,适朝宗初没……至丙午再游宋,始获与其子彦窒游……见年可舞勺瑶环瑜珥,望庭而趋。询之,知为彦窒之子、朝宗之孙、司徒公之曾孙也。"

《壮悔堂文集》卷十《祭亡弟文》:"君之垂殁也,执余之手而属之曰:'必葬先夫人之墓,而以晳儿为嗣。'……今葬君于先夫人之侧,伯兄墓之左,而晳儿奉君之妇仗而衰,是日主祭,拜见宾客,年六岁,礼如成人……"

按:侯晳生平无考。

女一人。年十五,嫁与陈贞慧之子陈子万。生于崇祯十五年,卒于康熙二十八年。

《三鱼塘文集》卷十一《陈母侯孺人圹记》:"孺人姓侯氏,世为商丘人。前朝户部尚书侯公恂者,孺人之祖。尚书子方域、字朝宗、世传《壮悔堂集》者,则孺人父也。孺人年十五,归于陈子子万。子万世为宜兴人,祖少保端毅公,讳于庭,直节,详于国史。父定生先生,讳贞慧,以德行重天下。与朝宗为莫逆交。甲申之乱,朝宗避地宜兴,因缔婚焉……孺人生于崇祯十五年六月初三日,没于康熙二十八年三月二十六日。"

按:侯方域与陈贞慧结儿女亲家事在清顺治二年乙酉(详见该年谱),此处误作"甲申"。

魏禧传略

魏禧,字凝叔,一作冰叔,又字叔子。号裕斋,世称"勺庭先生"。江西宁都人。

《道光宁都直隶州志》卷二十二《人物志·魏禧传》:"魏禧,字凝叔,兆凤仲子。"

《魏季子文集》卷十五《先叔兄纪略》:"先生讳禧,字凝叔。"

《乾隆宁都县志》卷六《人物·魏禧传》云:"魏禧,字冰叔。"

按:"凝"与"冰"在古代当为同一字。《汉语大词典》:"冰,凝结,后来写作凝。凝俗冰。【段玉裁注】以冰代仌,乃别制凝字,经典凡凝字皆冰之变也。"

邵廷采《思复堂文集》卷三《明遗民所知传》亦云:"宁都魏禧,字叔子。"

《魏季子文集》卷十五《先叔兄纪略》:"号裕斋,欲自进于宽裕也。宗派曰际昌。丁丧乱,屏居翠微峰。门前有池,颜其庭曰'勺庭'。学者称'勺庭先生'。"

按:《国朝诗人征略初编》卷三、《清史列传》卷七十本传与上合。

远祖为鹤山公,名了翁。鹤山公次子远四公以仕宦留居江西,后迁居广昌之株溪,始开广昌族。数传至祥公,自广昌迁居宁都。累传至松隐公。松隐公之子良宗,乃魏禧高祖希简公。嘉靖岁饥,捐谷万石,受朝廷表旌,邑人称之曰"圣旨门魏"。

《魏季子文集》卷十六《家谱则例》:"吾魏氏自广昌来宁都者,自始祖祥公。而远祖鹤山公(讳了翁)至祥公不过七世。而始开广昌族之祖即鹤山公之次子远四公也。祥祖之祖父坟墓皆在广昌,虽系号卒葬详载广昌旧谱而一脉相承,宁之子姓分应祭扫者,固不容不详述也。兹以广昌老祖系传墓田载于谱首。始鹤山公迄宣明公(始祖祥公之父),世数昭然,自此以上不敢妄附。"

《魏季子文集》卷十四《明经授中书族兄明之墓志铭》:"吾祖远四公以仕宦留居江西,再徙于株溪。历三世衍为三望。大公居甘竹,二公居株溪。三公之四世孙祯公迁居宁化清流;祥公迁居宁都。明之兄者,盖二公之裔孙也。曾祖讳珍,祖讳沆,俱宾于乡。沆公生二子,长讳复礼,太学生,授光禄寺署丞。次讳复禧,宾于乡。兄讳菁,字明之,复礼公之次子,而复禧公之续嗣也。"

《魏叔子文集·外篇》卷十八《从叔父笃棐翁墓志铭》:"曾祖希简公,讳良宗,高祖松隐公,讳金秀……先代以力田致富,至希简公益大。嘉靖间岁饥,捐谷万石赈之,朝廷旌其门,赐冠带,希简公乃建圣旨门,凿石镂人物,丹绿之,高大如五岁儿。门内建高堂广室,落地者千柱,子孙繁衍,邑人呼'圣旨门魏'。"

曾祖抑所公，名于厚。配陈氏。

《魏叔子文集·外篇》卷十八《从叔父笃棐翁墓志铭》："从叔父笃棐翁，讳纯臣。父崇噩公，讳君悦。祖抑所公，讳于厚。"又云："抑所公配陈氏。"

祖鸣宇公，讳嘉谟。游南太学，病卒南京。配刘氏、黄氏。魏禧之父征君由黄氏出。

《魏叔子文集·外篇》卷十八《从叔父笃棐翁墓志铭》："抑所公配陈氏，生子十人，禧先祖鸣宇公行四，崇噩公行五。数世皆聚族而居。"

《魏叔子文集·外篇》卷十八《兄子世杰墓志铭》："曾大父讳嘉谟，妣刘氏，庶氏黄氏。征君，黄出也。"

温聚民《魏叔子年谱》："祖鸣宇公，讳嘉谟。游南太学，病卒金陵。"

父兆凤，字圣朝，晚号天民，邑诸生。为人忠孝，岳岳多大节。崇祯初荐举、征聘皆不就。学者称"征君"。甲申国变，兆凤率诸子号哭，竟日不食，匿迹山中，剪发为头陀以终。兆凤资敏捷，善强记。下笔立成文，独不喜制举业。曾著有诗文及语录，毁于室火，目前可见者只有《书三子析产后》一文，他作无传。生于明神宗万历二十五年（1597），卒于清世祖顺治十一年（1654）二月，享年五十八岁。

《乾隆宁都县志》卷六《魏兆凤传》："魏兆凤，字圣朝，号天民，邑诸生。天性忠孝，岳岳多大节……崇祯初，荐举、征聘皆不就。甲申国变，凤率诸子号哭，竟日不食，匿迹山中，剪发为头陀以终……三子祥、禧、礼皆以文行著名，学者呼兆凤曰'征君'。"

《宁都三魏全集》集首辑杨文彩《魏征君传》云："魏征君者，赣之阳都人也。其生，舍前草结实如凤，因名兆凤，而字曰圣朝。为人忠孝，岳岳多大节。晚更取'葛天氏之民'语，自号曰天民……崇祯初诏举孝友廉洁，学使者陈公懋德以天民应。既又举为师儒……俱不就。天民资敏捷，读书四五过，终身不忘。下笔立成文，独不喜制举业。每纵观本朝事迹制度，至遇靖难、北狩、议大礼诸事，尤慷慨昂首顿挫，为人谈论，或著之文章。十七年，天子崩于乱，天民率诸子号哭，竟日不食……后二年，天民走匿山中，剪发为头陀……甲午二月病遂卒。"

《魏叔子文集·外篇》卷十八《从叔父笃棐翁墓志铭》："征君生万历丁酉，年五十有八。"

彭士望《耻躬堂文钞》卷九《魏征君墓表》："征君近十年为头陀，绝意世务，独力行于家训……享年五十有八，即以甲午四月朔葬于归仁里危画堂。"

《宁都三魏全集》集首邱维屏《魏征君杂录》："公殁一年而室火，其文若诗及语录皆亡。然公尚笃行，著述亦非其志也。"

按：魏兆凤之诗文毁于室火，盖因当时尚未付梓，故今不传。目前可见者仅有《书三子析产后》一文，附于《宁都三魏全集》集首《魏征君传录》后。

母曾氏。生五子，二子殇，余则魏禧兄弟三人。

《国朝耆献类初编》卷四二五《魏际瑞传》："先征君生子五，二、五殇，东房为长，次禧、次礼。并先母曾孺人出。"

魏禧兄弟三人，均善文。有"宁都三魏"之称。兄弟三人相为师友，而魏禧声名尤盛。

邵廷采《思复堂文集》卷三《明遗民所知传》："宁都魏禧，字叔子。兄曰伯子，弟曰季子，世称'易堂三魏'。而叔子之风最高。"

《魏季子文集》卷十五《先叔兄纪略》："先生与兄弟如一身而植，善规过，交相切劘，若严师友，恒宴笑至丙夜。"

王晫《今世说》卷二："宁都三魏，或比之眉山三苏氏……三子平日以父为师，兄弟相为朋友，四方及乡里之贤者，三子莫不折节请受其益。"

伯兄魏际瑞，原名祥，后改名际瑞。字善伯，号东房。资敏捷，善强记。年十七补弟子员。明亡谢诸生。顺治十七年成为岁贡生。后附于刘伯禄、范承谟幕。生于明万历四十八年（1620）六月二十四日。康熙十六年丁巳（1677年），招抚滇将韩大任未果，遇难。享年五十八岁。有《五杂俎》五卷，《魏伯子文集》十卷。

《乾隆宁都县志》卷六《魏际瑞传》："魏际瑞，字善伯。兆凤长子。顺治庚子岁贡，资敏捷，善强记，于兵、刑、农、谷、礼制、律法，穷析原委，遇难事剖决如流。客潮镇刘伯禄幕，禁旅围潮久不下，主兵怒，欲尽屠之。瑞力言于刘乃免。范公承谟抚浙，瑞以旧交招入幕，其蠲荒赈饥诸疏议多瑞属草，所全活者无数。康熙丁巳，滇逆将韩大任屯据宁都黄陂，大吏请瑞往招，瑞慨然前行。大兵奄至，大任疑为卖己，遂罹郦生之祸。"

《魏伯子文集》卷三《东房说》："先子授瑞以东偏之房，故书籍器物恒以东房记之。久之而人呼以为我号。"

《魏叔子文集·外篇》卷十八《先伯兄墓志铭》："以万历庚申六月二十有四日生伯……十七补弟子员，为郡守所厄，改名际瑞。二十二，崇祯辛巳，督学侯公峒曾爱其文，拔置一等。讫，又合赣州、南安士试异才，公奇赏之，以冠二郡。伯试屡高等，然心厌时文，不肯学，私谓禧曰：'汝自取功名酬二亲，我为闲人可也。'甲申国变，丙丁间禧、礼并谢诸生，兄踌躇久之，拊心叹曰：'吾为长子，祖宗祠墓，父母尸饔，将谁责乎？'乃慨然贬服以出。"

《清史列传》卷七十《魏际瑞传》："顺治十七年，岁贡生。宁都民乱，赣军进讨，索饷于山砦，际瑞身冒险阻，往来任其事，屡濒于死。际瑞重信义，人以为无宿诺之子路。翠微峰诸隐君子暨族戚，倚际瑞为安危者三十余年。康熙十六年，滇将韩大任据赣，当事议抚之，久未就。大任曰：'非魏际瑞至，吾不信也！'时际瑞馆总镇哲尔肯所，遂遣之。家人泣劝毋往，际瑞曰：'此乡邦宗族所关也，吾不行，恐祸及；行而无成，吾自当之。'遂往。甫入营，官兵遽从东路急攻，大任疑卖己……因拘留之八月。大任变计走降闽，拔营之日，际瑞遂遇害，年五十八。子世杰殉焉。际瑞笃治古文，喜漆园《太史公书》。著有《文集》十卷、《五杂俎》五卷。"

魏际瑞妻邱氏，生子世杰。女二。有孙男三人，孙女一人。

《魏叔子文集·外篇》卷十八《先伯兄墓志铭》："伯娶邱氏，生子女十许人。子存者惟世杰，县诸生。女二，一适孝廉曾君益其之季子宗牧，一适易堂明诸生彭君任之仲子仁立。孙男三，家桂、家驹、家栋。孙女一。家驹八岁，后伯兄死二年殇。"

魏世杰，字兴士。邑诸生。后以身殉父。生于清顺治二年（1645），卒于清康熙十六年（1677）。享年三十三岁。著有《梓室诗文集》六卷。

《道光宁都直隶州志》卷二十二《人物志·魏世杰传》："魏世杰，字兴士。邑诸生。父际瑞为韩大任所害，杰徒步迎丧归，拔佩刀自刎。左右强持之，遂日夜捶胸血下腹痛，屡不能立，呼号二十日而死。人比之何炯、谢蔺公云。著有《梓室诗文集》六卷。"

《魏叔子诗集》卷三《诸子世杰既冠诗以示之》："厥初汝之生，岁星纪乙酉。"

《魏叔子文集·外篇》卷十八《兄子世杰墓志铭》："杰生乙酉。"

《魏叔子文集·外篇》卷十八《兄子世杰墓志铭》："丁巳十月十四日，伯兄既为韩大任所害，时予客广陵，世杰从季父夜奔上乡，奉遗体以归，殓于翠微山麓。……呼号二十日死。盖十一月初五日也，距其生年三十三。"

季弟魏礼，字和公，号吾庐。少从禧学。明亡弃诸生，出外远游，足迹几遍天下。年五十返居翠微峰顶。生于明崇祯二年（1629），卒于清康熙三十三年（1694），享年六十六岁。有诗文集十六卷。

《道光宁都直隶州志》卷二十二《人物志·魏礼传》："魏礼，字和公，兆凤季子。幼时父命叔兄授之书……（明亡）既弃诸生，乃益事远游。足迹几遍天下。所至必交其贤豪，物色穷岩遗佚之士……居翠微峰顶，榜曰'吾庐'。著有《季子诗文集》十六卷。"

《清史列传》卷七十《儒林·魏礼传》："礼寡言，急然诺，喜任难事。恒郁郁不得志，乃益事远游……年五十，倦游，返。于翠微左干之巅构屋五楹。是时伯叔踵逝，石阁勺庭，久虚无人。诸子各散处，不复居易堂。礼独身率妻子居十七年，未他徙。卒年六十六。著有诗文集十六卷。子世俲、世伲。"

《清史稿》卷四八四《魏礼传》："明崇祯己巳年生。康熙三十三年卒。享年六十六岁。"

魏礼生三子：世俲，字昭士，著《耕庑文集》十卷，诗六卷，生于清顺治十二年，卒年不详；世伲，字敬士，著《为谷文集》八卷，生于清康熙十一年，卒年不详；世侃，后为魏禧嗣子。女二人。一适文学李少白。另一生平不详。

《道光宁都直隶州志》卷二十二《人物志·魏礼传》："子世俲，著《耕庑文集》十卷，诗六卷。世伲，著《为谷文集》八卷。"

按：此处仅记魏礼二子情况，据考魏礼实生三子。估因幼子后过继魏禧，故此处不载。

钱林《文献征存录》卷六:"魏世傚,字昭士,生二十余月,母口授《归去来辞》及《九歌》一二章,辄能背诵。稍长,从仲父禧诵读,殚意著述。有《陈胜、吴广论》……禧甚赏之……性狷急,勇于事。禧尝谓其文一如其人,锋锐所及,往往有没羽之力矣。多病不应试。尝之燕、之江南及湖南北,又一至岭南,谒北田五先生。新城王士禛使粤东,见所作,愿折节与交也。有《耕庑文稿》十卷。别有《诗括编则集》,其父所杂钞书而次第编之也。"

《魏叔子文集·外篇》卷十一《季弟五十述》:"兄子世杰长傚十年。"

魏世傚《魏昭士文集》卷三《历代史表序》:"予生也晚,在甲申后之十一年。"

按:由上材料均可推知魏世傚生于清顺治十二年乙未。

《清史列传》卷七十《文苑·魏世俨传》:"世俨,字敬士。善病如其兄,然不废翰墨。与世杰、世傚时称'小三魏'。著有《为谷文稿》八卷。"

钱林《文献征存录》卷六"魏世俨"条:"有《焚谏草论》……其《为谷文稿》凡八卷。"

《魏昭士文集》卷三《叔弟二十一岁序》:"壬戌十月既望,叔弟俨二十一岁。"

按:由上可推知魏世俨生于清康熙十一年,其卒年无考。魏礼第三子魏世侃,后过继魏禧。详见下谱。

《魏昭士文集》卷八《女弟李孺人墓志铭》云:"孺人,文学李君少白之元配也,与予为季女弟,岁癸未之仲夏将葬……吾父母生吾弟妹五人,婚嫁皆毕,乃先严见背。甫四年而季弟丧妇,又一年而季妹殁。"

姐一人,嫁邱维屏。维屏字邦士,号"松下先生",宁都人。弱冠为诸生。督学侯峒曾奇赏之。明亡隐居翠微峰,为易堂学。性高简率穆。读书多玄悟。精于西洋算法,僧无可惊为"神人"。生于明万历四十二年(1614),卒于清康熙十八年(1679),享年六十六岁。著有《周易剿说》十二卷、《松下集》十二卷、《邦士文集》十八卷。

《清史列传》卷七十《文苑·邱维屏传》:"邱维屏,字邦士,宁都人,三魏姊婿也。明诸生。督学侯峒曾奇赏之,再试皆第一。为人高简率穆。读书多玄悟。所为古文,为易堂诸人所推,禧尝从之学。晚为历数、易学及泰西算法。僧无可与布算,退语人曰:'此神人也!'……康熙十八年卒,年六十六……著有《周易剿说》十二卷、《松下集》十二卷、《邦士文集》十八卷。"

《江西通志》卷九十四《邱维屏传》:"维屏少孤,弱冠为诸生。值国变,避乱翠微峰。同志数人讲习于易堂。故居邑之河东多古松,望之苍霭无际,维屏著书其下,号曰'松下先生'。其学原本《六经》、《左》、《国》、《史》、《汉》大家,旁及诸子、仙、佛,顾独有得于泰西之书,心悟神解……年六十六卒。"

按:由邱维屏卒于清康熙十八年,享年六十六岁可推知其生于明万历四十二年己未。此与《魏叔子文集·外篇》卷十七《邱维屏传》中"己未九月病噎,不食死"合。

年十一,补邑弟子员,冠其曹。

《道光宁都直隶州志》卷二十二《人物志·魏禧传》:"年十一,首拔弟子员。"

按:《清史列传》卷七十、孙静庵《明遗民录》本传记载同。

甲申后日哭县庭。弃诸生,从父隐居翠微峰。与兄祥、弟礼、同邑李腾蛟、邱维屏、彭任、曾灿、南昌林时益、彭士望九人为易堂学,人称"易堂九子"。易堂以古人实学为归,当时风气为之一振,而以禧为领袖。

孙静庵《明遗民录·魏禧传》:"禧甲申之变,号恸,日哭临县庭,愤咤不欲生。谋从曾给事应遴倡义兵,不果,乃弃诸生服,隐居教授。"

《道光宁都直隶州志》卷二十二《人物志·魏禧》:"甲申后弃诸生,从父隐居翠微峰,与兄祥、弟礼、同邑李腾蛟、邱维屏、彭任、曾灿、南昌林时益、彭士望九人为易堂学。"

《清史列传》卷七十《魏禧传》:"易堂独以古人实学为归,而风气之振,由禧为之领袖。僧无可尝至山中,叹曰:'易堂真气,天下无两矣!'"

禧少屡善病,参术不去口。性秉仁厚,宽以接物。束身砥行,多奇气,善擘画理势。尚实学古谊,少入城市。喜读史,尤好《左氏传》及苏洵文。其为文凌厉雄杰。遇忠孝节烈事,则益感激,摹画淋漓。

《魏季子文集》卷十五《先叔兄纪略》:"先生为人形干修颀,目光弈弈射人,少屡善病,参术不去口。性秉仁厚,宽以接物。不记人之过,与人以诚。虽受绐,恬如也。诱进后学,惟恐弗及。然多奇气,论事每纵横雄杰,倒注不穷。事会盘错指画,灼有经纬,思患豫防,见几于早悬策而后验者十常七八。义之所在,即搂祸患,勿少恤。待小人不恶而严,往往直言无忌,讳而其神明之际有耿耿不可忘者……先生故善病,谢弃诸生服,隐居山中。岁惟清明祭祀一入城而已。"

邵长蘅《青门剩稿》卷六《侯方域魏禧传》:"方流贼之炽也,承平久,人不知乱,且谓寇远猝难及。禧独忧甚,移家翠微峰居焉。翠微峰距宁都西十里,四面削起百余丈。中径坼自山根至顶若斧劈然。缘坼凿磴道梯而登出其上,穴如瓮口,因置闸为守望。士友稍稍依之……其后数年,宁都中寇被屠掠,而翠微独完……喜读史,尤好《左氏传》及苏洵。其为文主识议,凌厉雄健,不屑屑模拟如世之貌似大家者,遇忠孝节烈事,则益感慨激昂,摹画淋漓。故其所为新乐侯刘文炳传及姜埰、江天一诸传尤工。"

《道光宁都直隶州志》卷二十二《人物志·魏禧传》:"禧束身砥行,读书论古,公卿贵人慕名愿见,弗往,独与沉沦穷约者游。居勺庭授经,四方从游者日至,惟以实学古谊相摩切,非祀祖不入城市。"

年四十乃出游。涉江逾淮,数游吴越间。广交道德隐逸之士。

邵长蘅《青门剩稿》卷六《侯方域魏禧传》:"年四十乃出游,涉江逾淮游吴越,思益广交天下非常之人,闻有隐逸士,不惮千里造访。于吴门交徐枋、金俊明,西陵交汪沨,乍浦交李天植,常熟交顾祖禹,毗陵交恽日初、杨瑀,方外交药地、槁木,皆遗民也。"

按:《清史列传》卷七十、钱林《文献征存录》卷六本传记载同。

清康熙十七年(1678),诏举博学鸿词,禧被征,以疾辞。康熙十九年(1680),赴扬州故人约,卒于仪真。魏禧生于明天启四年(1624),享年五十七岁。

按:关于魏禧被征举博学鸿词科的时间,史料记载不一。

《道光宁都直隶州志》卷二十二《人物志·魏禧》云:"康熙庚午(当为戊午误),征禧博学宏辞,不就。"《魏季子文集》卷十五《先叔兄纪略》亦云:"戊午用严公沆、余公国柱、李公宗孔荐举博学鸿儒,累征,以病辞,未就。"此外,《江西通志》卷九十四、邵长蘅《青门剩稿》卷六、徐承礼《小腆纪传》补遗卷四本传均认为魏禧被征举博学鸿词科是在清康熙十七年戊午。

而如下史料则记载为清康熙十八年己未:《清史列传》卷七十《魏禧传》云:"康熙十八年,诏举博学鸿儒,禧以疾辞。有司催就道,不得已,舁疾至南昌就医。巡抚舁验之,禧蒙被卧称疾笃,乃放归。"邵廷采《思复堂文集》卷三《明遗民所知传》所记与上合。另,《池北偶谈》卷四云:"康熙己未博学宏词之征,内外荐剡百八十馀人,不至者四人:浙江应㧑谦嗣寅、江西魏禧冰叔……"

另,《圣祖仁皇帝圣训》卷十二云:"康熙十七年戊午正月乙未,上谕吏部:自古一代之兴,必有博学鸿儒振起文运,阐发经史,润色词章,以备顾问著作之选。朕万几余暇,游心文翰,思得博学之士,用资典学。我朝定鼎以来,崇儒重道,培养人材,四海之广,岂无奇才硕彦、学问渊通、文藻瑰丽,可以追踪前哲者?凡有学行兼优、文词卓越之人,不论已仕、未仕,令在京三品以上及科道官员,在外督抚布按:各举所知,朕将亲试录用。"《词林典故》卷四云:"十八年三月初一日,御试博学鸿儒一百四十三人于体仁阁。"《浙江通志》卷一百四十二《选举·国朝荐辟》亦记载云:"十八年廷试,钦取浙江一十四名。"

综合材料可知,清朝首次征举博学鸿儒是在康熙十七年,先由官员荐举,次年三月则由康熙帝亲自殿试。魏禧当在康熙十七年被征荐,屡以疾辞,康熙十八年殿试时未就。另《魏叔子文集·外篇》卷十一《萧孟昉六十叙》也云:"戊午仲冬,予辞征,舆疾章门。"故《清史列传》、《明遗民所知传》、《池北偶谈》乃误记。

《魏季子文集》卷十五《先叔兄纪略》:"生于明天启甲子正月十三日,享年五十有七。"

钱林《文献征存录》卷六《魏禧传》:"康熙十九年,践维扬故人之约,舟至仪真,忽发心气病,一夕卒。年五十七。"

按:姚范《援鹤堂笔记》卷四十五误记魏禧"卒于辛酉康熙二十年"。

著有《魏叔子文集》二十二卷,《诗集》八卷,《日录》三卷,《左传经世》十卷。另有单行本《师友行辈议》一卷、《兵法》一卷、《兵迹》十二卷、《兵谋》一卷、《救荒策》一卷行世。

《清史列传》卷七十《魏禧传》:"著有《文集》二十二卷、《日录》三卷、《诗》八卷、《左传经世》十卷。"

按:邵长蘅《青门剩稿》卷六《侯方域魏禧传》所记魏禧著述情况与上合。《道光宁都直隶州志》卷二十二《人物志·魏禧》云:"著有《左传经世钞》、《叔子诗文集》三十卷。"数目与上稍有出入,估计乃不同版本的卷次编撰差异所致。

丁丙《八千卷楼书目》卷十二:"《师友行辈议》一卷,国朝魏禧撰。昭代丛书本。"

按:《丛书集成续编》史部第四十一册也收有魏禧《师友行辈议》一卷。今存《魏叔子文集》中有《师友行辈议》一文。此外,《丛书集成续编》子部第七十九册收有魏禧《兵法》一卷、《兵迹》十二卷、《兵谋》一卷;《丛书集成初编》史部第四类亦收有魏禧《救荒策》一卷。《魏叔子文集》中有《救荒策》一文。

妻谢秀孙,字季兰,一作湘芷。湖州倅谢于教孙女。喜读书,能诗。禧客死仪真,谢闻讣,号恸不食死。

《道光宁都直隶州志》卷二十四《烈女志》:"征士魏禧妻谢氏,湖州倅谢于教孙女。性婉婉,喜读书,能诗。"

《魏季子文集》卷十五《先叔兄纪略》:"妻祖谢公于教称宿学,致政家居,年七十余矣。尝姻亚偕往,一揖后各散去。惟先生十一岁童子与七十余老人终日语不倦。"

按:《魏季子文集》卷三十一《艺文志》录有谢氏诗三首。其一为《自翠微峰望金精》,署名为"冰叔先生正室谢秀孙季兰"。其二为《奉寿勺庭外君四十初度》,署名"谢秀孙"。其三为《寄外君水庄》,署名为"冰叔先生正室谢秀孙。"另,朱彝尊《明词综》卷十一云:"谢季兰,字湘芷,宁都人,魏禧室。"可知魏禧妻谢季孙,字季兰,一作湘芷。《国朝闺阁诗抄》、《国朝闺秀诗柳絮集》收有其诗数首。

《道光宁都直隶州志》卷二十四《烈女志》:"禧客死仪真,讣至,谢号恸,跌仆泥涂中,即于是日不食,凡十日卒。"

按:《清史列传》卷七十、徐承礼《小腆纪传》补遗卷四、孙静庵《明遗民录》魏禧传同。

魏禧无子,以弟礼之子世侃为嗣子。

《宁都三魏全集·魏季子文集》卷首赵巘《魏季子三家文集序》:"叔殒于仪真,季乃恸哭,失声欲绝。既而曰:'嗟乎!伯死一子殉而有传,叔死其可无传?'逮嫂殉以节,于是以季之第三子世侃为叔后,季固有子世傚、世俨也。"

钱林《文献征存录》卷六《魏禧传》:"无子,以弟礼之子世侃为子。"

汪琬传略

汪琬字苕文，号钝翁，又号钝庵。小字液仙，学者称尧峰先生。江苏长洲人。

《乾隆长洲县志》卷二十五《人物·汪琬传》："汪琬字苕文，号钝翁。"

《清朝先正事略》卷三十七《汪尧峰先生事略》亦云："先生名琬，字苕文，号钝庵。江苏长洲人。学者称尧峰先生。"

《文献征存录》卷十："汪琬字苕文，号钝翁，长洲人，小字液仙。"

汪氏自唐宋以来世为徽甲族。明初始有名得者，迁居江苏长洲县石塘桥。

陈廷敬《午亭文编》卷四十四《翰林编修汪钝翁墓志铭》："先生先世徽州人，明初叶迁苏州，隶卫官籍。"

计东《改亭文集》卷十四《钝翁生圹志》："汪氏自唐宋以来世为徽甲族。自始祖得迁居苏，数传至翁。"

《钝翁续稿》卷五十五《族谱》："始祖讳得，居苏之长洲县石塘桥。始从张士诚军吴，元季丁未归。徐大将军达麾下，并本卫中所，遂为衙官籍。"

曾祖汪禧，字延之，别号研山，石塘府君次子。万历丙子举人。享年五十七。以子起凤贵累赠中宪大夫、江西右参政。配周淑人，享年六十六。合葬吴县宝华南火字圩新阡。生三子。长子起龙，字伯雨，别号玄间。附例太学生，乡饮宾。享年六十八。配张恭人。次子起凤，字无朋，别号来虞。万历辛丑进士，历任揭阳知县、工部郎中、江西右参政按察使、广东左右布政使。后分巡海内道，卒于任。享年六十。配徐氏，继丁氏，皆淑人。第三子起鹤，即汪琬祖父。

《钝翁续稿》卷五十五《族谱》："研山府君讳禧，字延之，别号研山。石塘府君次子。万历丙子举人。享季五十七，以子起凤贵累赠中宪大夫、江西右参政。配周淑人，享年六十六。合葬吴县宝华南火字圩新阡。府君留心经世，尤长天官地理之学。至今吴中谈地理者俱推服不衰。"

《午亭文编》卷四十四《翰林编修汪钝翁墓志铭》："曾大父禧，万历丙子举人，赠中大夫、江西右参政。"

《钝翁续稿》卷五十五《族谱》："伯雨府君讳起龙，字伯雨，别号玄间。研山府君长子。附例太学生，乡饮宾。享季六十八。以子永瑞贵赠中宪大夫、刑部郎中。配张恭人。府君为人仁厚，与人言惟恐伤之。吴中称府君谓陈太丘、王彦方复出也。"

《钝翁续稿》卷五十五《族谱》:"来虞府君讳起凤,字无朋,别号来虞,研山府君次子。万历辛丑进士,历揭阳知县、工部郎中、江西右参政按察使、广东左右布政使。逆阉魏忠贤擅权,使入广。以催办竹木为名,阴讽立生祠。有劣处经历陈嵩者,倡其议。府君怒,杖而逐之。由是忤忠贤,适会推浙江巡抚,矫者勒令闲住。崇祯初复补原官,分巡海内道,卒于任。享季六十。配徐,继丁,皆淑人。"

按:汪禧第三子汪起鹤,即汪琬祖父。生平详见后谱。

祖父汪起鹤,字闻于。廪例太学生。生明万历戊寅九月十日,卒万历己未七月二十四日。享年四十二。性严整,为学嗜古文辞,所作时义典丽有则,其名与伯仲相颉颃。配汤硕人。享年六十。生三子。长子膺,即汪琬父。次子廉,字简常,别号让水。长洲恩贡生。以推官改授鄞县知县,未几暴卒。享年五十三。配袁氏,享年五十七。第三子荫,字树美。享年二十九。配吴氏,享年三十一。

《午亭文编》卷四十四《翰林编修汪钝翁墓志铭》:"大父起鹤,赠参政公。"

《钝翁续稿》卷五十五《族谱》:"闻于府君讳起鹤,字闻于。研山府君第三子。廪例太学生。生万历戊寅九月十日,卒己未七月二十四日。享季四十二。配汤硕人。生万历己卯正月二十五日,卒崇祯戊寅八月五日。享季六十……府君性严整,为学嗜古文辞,所作时义典丽有则,其名与伯仲相颉颃。"

按:汪起鹤长子名汪膺,即汪琬之父。详见后谱。

《钝翁续稿》卷五十五《族谱》:"让水府君讳廉,字简常,别号让水。闻于府君次子。长洲恩贡生。以推官改授鄞县知县,涖任未几暴卒。享季五十三。配袁氏,享季五十七。"

《钝翁续稿》卷五十五《族谱》:"树美君讳荫,字树美。闻于府君第三子。享季二十九。配吴氏,享季三十一。"

父汪膺,字元御,别号玉溁。天启丁卯举人。生万历甲辰七月十八日,卒崇祯甲戌七月八日,享年三十一。著有《寸碧堂稿》。生三子。长子即琬。次子琰,字撝九,改名学朱,别号拙庵。吴江岁贡生。出嗣季父汪荫后。享年四十一。著有《拙庵四种》,藏于家。配袁氏,享年四十五。第三子珮,字南熙。吴学附学生。享年二十八。配王氏,享年三十六。

《钝翁前后类稿》卷二十九《先大夫诗集后序》:"先大夫字元御,自号玉溁居士,明天启丁卯科举人。皇赠奉政大夫刑部郎中,年十六而孤,二十而补诸生,二十四而举于乡。越明年,崇祯戊辰试礼部不第,归逾二年而病咯血。又五年而殁。年三十有一。"

《钝翁续稿》卷五十五《族谱》:"玉溁府君讳膺,字元御,别号玉溁。闻于府君长子。天启丁卯举人。生万历甲辰七月十八日,卒崇祯甲戌七月八日,享季三十一。所著有《寸碧堂稿》行世。"

《四库全书总目》卷一百八十:"《寸碧堂稿》,明汪膺撰……康熙中,其子琬始为编次,刻于所作《钝翁类稿》之首。名之曰《汪氏家传集》云。"

计东《改亭文集》卷十四《钝翁生圹志》:"考赠刑部公,有文誉。年仅三十殁,生三子,翁其长也。"

《钝翁续稿》卷五十五《族谱》:"拙庵,原名琰,字摺九,改名学朱,别号拙庵。玉淙府君次子。吴江岁贡生。出嗣季父树美公后。享季四十一。一时文誉翕然。所著有《拙庵四种》,藏于家。配袁氏,享季四十五。"

《钝翁续稿》卷五十五《族谱》:"南赆名珮,字南赆,吴学附学生。玉淙府君第三子。享季二十八。配王氏,享季三十六。合葬姑苏山下。"

母徐宜人,生万历乙巳三月十八日,卒顺治丁亥十二月四日,享年四十三岁。

计东《改亭文集》卷十四《钝翁生圹志》:"母徐宜人。"

《钝翁续稿》卷五十五《族谱》:"玉淙府君讳膺,字元御……配徐宜人,生万历乙巳三月十八日,卒顺治丁亥十二月四日,享年四十三。合葬吴县尧峰新阡。"

少孤,自奋于学,锐意为古文辞。于《易》、《诗》、《书》、《春秋》、《三礼》、《丧服》咸有发明。深叹古今文家好名寡实,鲜自重特立,故务为经世有用之学。

《同治苏州府志》卷八十八《人物·汪琬传》:"少孤,自奋读书,五行俱下……锐意为古文辞,以起衰自命。"

按:汪琬父汪膺卒时,汪琬年仅十一岁。详见明崇祯七年谱。

《清儒学案小传》卷一《汪先生琬》:"所为文原本六经,颇近南宋诸家,于《易》、《诗》、《书》、《春秋》、《三礼》、《丧服》咸有发明。"

计东《改亭文集》卷十四《钝翁生圹志》:"深叹当世文章家好名寡实,鲜自重特立之士,故肆意褒讥,是是非非不稍宽假。凡浮华征逐者,至欲剚刃于翁,而不知翁之矜悯流俗,固期重相勉于实学也。"

《清朝先正事略》卷三十七《汪尧峰先生事略》:"尝慨然念前明隆历以后,古文道丧,乃由南宋以上,溯欧、韩,卓然思起百数十年文运之衰。"

为文根柢六经,浸淫《史》、《汉》,取法唐宋元明大家,立言命意,各有所本。其叙事尤有法度。文章极为当时士大夫推崇。

《同治苏州府志》卷八十八《人物·汪琬传》:"琬为文根柢六经,浸滛《史》、《汉》,取法唐、宋、元、明诸大家,立言命意皆有所本。尝自言:'吾文从庐陵入,非从庐陵出。'……其叙事尤有法度。一时名公钜卿志铭表传,必以琬为归。"

《乾隆长洲县志》卷二十五《人物·汪琬传》:"琬为文章法律谨严,未第时已岿然揽古文魁柄,自立标望,抗前行而排后劲。既通藉,与新城王士禛、睢阳汤斌、宛陵施闰章辈交相镞厉,酝酿深醇,久而益茂……四方贤士大夫为金石镂刻传叙之作示后裔附不朽者,惟琬是归。解组居乡,筑圃丘南,每皋比谭经,篮舆载酒,人比之安昌靖节。吴中士夫竟以制举文相尚,自琬出而始知学古。"

《改亭文集》卷十四《钝翁生圹志》:"盖翁自少时为制科业,即以根柢经术为宗,不随流俗转移，旁及诗歌、古文，皆知古人法度，不肯苟且下一笔同人。知与不知，无不敬畏翁者。"

性狷介，不能容人过。于当世人物，褒讥不少宽假。然胸无城府，淡泊名利。

《同治苏州府志》卷八十八《人物·汪琬传》："性伉直，不能容人过。虽贤人文士，交游遍天下，而忌之者亦众。"

《清史列传》卷七十《汪琬传》："意所不可，辄面批折人，虽诗文小得失，不肯稍徇，以是人多嫉之。士友相传：'汪钝翁喜谩骂人。'……然坦率无城府，后进片言之佳，称扬不容口。遇其服善处，不难俯首至地。"

《清朝先正事略》卷三十七《汪尧峰先生事略》："尝与宋荔裳争辩，归而恚曰：'吾奈何与彼同名？'……生平淡于荣利，难进易退，自登仕籍，前后闲居二十余年，泊然自乐也。"

清顺治十二年进士。观政通政司，未赴任，假归。寻授户部主事，进员外郎，再迁刑部郎中。后降兵司马指挥。任满去，民送之溢衢巷。稍迁户部主事，榷江宁西新仓，以疾假归。

《同治苏州府志》卷八十八《汪琬传》："举顺治乙未进士。观政通政司。……寻授户部主事，分司大通桥，进员外郎，改刑部，迁郎中。河南民张潮儿以报母雠，杀其族兄三春。巡按御史论潮死。琬为《复雠论》，引律文罪止杖为据。以奏销案降北城兵马司指挥。兵马司秩卑职冗，左官者多偃蹇不屑意。琬刚直不挠，理冤诬，决疑狱，惩奸豪。任满去，民炷香携酒，送者塞道。复为户部主事，榷江宁西新仓，以病假归。结庐尧峰山，益闭户著书，家居九年。"

按：《乾隆长洲县志》卷二十五《汪琬传》、《清儒学案小传》卷一《汪先生琬》及《清朝先正事略》卷三十七汪琬本传同。

结庐尧峰山，闭户著书九年，不交世事。

《同治苏州府志》卷八十八《人物·汪琬传》："结庐尧峰山，益闭户著书，家居九年。"

钱林《文献征存录》卷十《汪琬》："晚筑室尧峰之麓，幅巾杖履，与山樵野叟行歌互答。"

清康熙十七年，被宋德宜、陈廷敬荐博学鸿儒，试列一等。授编修，纂修《明史》。在史馆六十日，撰史稿一百七十篇，以病归。清康熙二十九年卒，享年六十七。

陈廷敬《午亭文编》卷四十四《翰林编修汪钝翁墓志铭》："诏举博学鸿儒，廷敬遂奏疏荐先生。兵部尚书宋公德宜亦别为疏，同日以荐。而余以母夫人忧去京师，有司敦迫先生以来，实康熙十七年也。明年诏试，上亲拔其文，授翰林编修，与修《明史》。"

《清朝先正事略》卷三十七《汪尧峰先生事略》："陈公侍直禁廷，圣祖问今能为古文者其谁，辄举先生以对……上亲拔其文，授编修，与修明史。先生以道德文章为己任,虽与一时贤士游,而流俗往往不悦其所为。深中者尤忌畏之。在史馆六十日,撰史稿百七十有五篇,杜门称疾。逾年乃假归。"

阎若璩《阎潜丘先生年谱》"康熙二十九年庚午"条云:"是年汪钝翁卒。"

《援鹤堂笔记》卷四十五云:"汪苕文生于甲子天启四年,卒于庚午康熙二十九年。"

晚居乡清正,康熙帝南巡时,曾赠御书一轴。

《清朝先正事略》卷三十七《汪尧峰先生事略》:"(康熙)二十三年,圣祖南巡,偕在籍诸臣迎驾。上温谕垂询,撤御前饼饵赐之。谕巡抚汤斌曰:'编修汪琬,文名甚著,居乡不与闻外事,朕深嘉之。可特赐御书一轴。'上尝与近臣论本朝文学砥行之儒,首称数先生。其受知如此。"

《清史列传》卷七十《汪琬传》:"仁皇帝南巡,还次无锡,谕巡抚汤斌曰:'汪琬久在翰林,文名甚著。近又闻其居乡,不与外事,是诚可嘉!'特赐御书一轴。当时荣之。"

著有《钝翁前后类稿》六十二卷(其中含《诗稿》十八卷、《文稿》三十二卷、《古今五服考异》八卷、《东都事略跋》三卷、《归诗考异》一卷)、**《续稿》三十卷**(含《诗稿》八卷、《文稿》二十二卷)、**《别稿》二十六卷**(包括《拟明史列传》二十四卷、《汪氏族谱》一卷、《先府君事略》一卷)、**编《姑苏杨柳枝词》一卷、《震川先生年谱》一卷、《说铃》二卷。后自删选《尧峰文钞》五十卷行世。**

《四库全书总目》卷一百八十二:"《钝翁前后类稿》一百八十卷。国朝汪琬著。琬有《尧峰文抄》,已著录。始琬请告以前所作诗文,自辑为《类稿》六十二卷,先刊板置之尧峰皆山阁;其归田后十三年之作则辑为《续稿》三十卷。又取《明史列传》稿一百七十五首,附以汪氏族谱及其父行略,为《别集》二十六卷,有周公贽者为校刻之。后琬复自删择,取其惬意者为《尧峰诗文钞》,属林佶缮本刊行。世间多有其本,而《类稿》原刻遂不显矣。"

《皇朝文献通考》卷二百三十二云:"《尧峰文钞》五十卷、《钝翁前后类稿》一百十八卷。汪琬撰。"

《乾隆长洲县志》卷二十五《人物·汪琬》记云:"著有《类稿》一百十八卷。"

《八千卷楼书目》则云汪琬撰有《诗问》一卷、《汪氏说铃》一卷、《尧峰文钞》五十卷、《钝翁前后类稿》一百十八卷。

按:以上记载有误。邓之诚《清诗纪事初编》卷三《汪琬》云:"琬初撰《毓德堂》、《戍巳》、《玉遮山人初集》,删为《类稿》二十四卷,后复增益续作,故曰《前后类稿》。合两稿为《汪氏传家集》。《四库总目提要》竟题曰'《钝翁前后类稿》一百十八卷',非也。外稿为《古今五服考异》,以律为主,非为说经。《东都事略跋》搜罗众事,宜曰劄记。《归氏考异》则与归庄角口而作。外稿为《明史拟稿》,以王象乾传于满洲有大金金人之称,足资参考,颇为世人称道。"又《郑堂读书记》卷七十"《钝翁前后类稿》五十卷"条云："国朝汪琬撰。《四库全书存目》总作《钝翁前后类稿》一百十八卷，盖并《古今五服考异》八卷、《东都事略跋》三卷、《归诗考异》一卷而数之也。今三种俱析出别记，故《类稿》止存五十卷。乃其于康熙乙卯以主事回籍后所编。《诗稿》十八卷、《文稿》三十二卷。前有计改亭东序、五十岁像及赞，又有《自题》六则，后有休宁汪绳武跋。《续稿》乃其归天后所编，凡《诗稿》八卷、《文稿》二十二卷，《别稿》为《拟明史列传》二十四卷、《汪氏族谱》一卷、《先府君事略》一卷，前有六十二岁像及赞。又有震泽周公赟跋，及助刊姓氏。后钝翁自取两稿，手自删汰，益以晚年所作，定为《尧峰文钞》，其《拟明史列传》则以其已上史官，一篇不存。故宋漫堂编《三家文钞》，虽据《尧峰文钞》选出，而《拟明史列传》乃从《续稿》增入焉。"《清儒学案小传》卷一《汪先生琬》亦云："自订《类稿》六十二卷，《续稿》三十卷，《别集》二十六卷。"

至于汪琬著《古今五服考异》、《东都事略跋》、《归诗考异》之初衷，亦有史料可考。《郑堂读书记》卷四"《古今五服考异》八卷"条云："国朝汪琬撰。钝翁以礼服之学，自晚近以来讳为凶事，往往弃而不讲，于是士大夫持服之时，率皆私行其胸臆，故作此考以仪礼为案。"又《改亭文集》卷十四《钝翁生圹志》云："每以丧礼废坏，乃著《古今五服考异》八卷，综核精详，多宋元诸贤所未发。"《郑堂读书记》卷十八"《东都事略跋》三卷"条云："国朝汪琬撰。钝翁欲修《宋史》，不果，谨校定是书，并记忆平生所得，略疏于纪传之后。"李集、李遇春等《鹤征前录》"汪琬"条云："陆清献云：苕文之推重太仆至矣。作《归诗考异》，又作《震川年谱》，盖其意中自以为接震川一派，殆亦近之。"此三种著作后来均被收入《钝翁前后类稿》中。

另，汪琬还编有《姑苏杨柳枝词》一卷。《四库全书总目》卷一百九十四云："《姑苏杨柳枝词》，国朝汪琬编。琬有《尧峰文钞》，已著录。初，琬自翰林告归，居尧峰别业。偶仿白乐天作《姑苏杨柳枝词》十八章，一时东南文士多相属和。琬乃手自选定，得一百十二家一百九十七首，令周枝楸排次成帙。而周靖为之笺注。刊本题为枝楸所辑，非其实也。今仍题琬名焉。"该著作现有单行本行世。《四库存目丛书》集部第三百九十五册有收录。此外，汪琬还著有《说铃》二卷。《郑堂读书记》卷六十五云："《汪氏说铃》二卷，国朝汪琬撰。惠栋补注。是书皆记同时人琐言碎事以及诗话，凡一百十三条。"又《陶庐杂录》卷四云："陶九成《说郛》，汪钝翁《说铃》，二书名皆出《法言》。吴中汇刻诸书，亦名《说铃》，行世甚广。汪书在前而罕见，何兰士侍御家藏一帙，纸板俱佳。"该著作亦有单行本存世。《丛书集成续编》子部第九十六册有收录。

妻袁宜人。生于明熹宗天启四年，卒于清顺治十六年。侧室张氏、司马氏。

《改亭文集》卷十四《钝翁生圹志》："娶袁宜人，夫妇共食贫，益自奋淬……翁长子筠，孝谨能文，早世。晚得二子：征兰，侧室张氏出；毂诒，侧室司马氏出。"

按：此处记载有误。汪琬子征兰实为司马氏出；子有毂，字诒女，乃为张氏出。详见后谱。另袁宜人生卒年详参见顺治十六年谱所引《钝翁前后类稿》卷二十九

《悼亡诗小序》。

生子六人。长子筠，诸生。早逝，享年三十二。著有《箐庵遗稿》。次子蘅，殇。二子均袁氏出。次穗，字是穗，监生。次征兰，小字延年，廪膳生，司马氏出。次有穀，小字诒女，张氏出。后更名穀诒。幼子景苏，殇。女六人，一名四姑，一名慧姑，其余不详。第五女十七岁时殇，其余皆早夭。

《尧峰文钞》文卷九《名字二子说》："予名诸子从竹、草、禾三者，故长子曰筠，次曰蘅，又次曰穗。蘅与穗既殇，予惟筠一子耳。筠少而病咯血，及年三十益甚。予又未有孙，方忧异时之忽焉不祀也，日夜祷于家庙。于是妾张氏、司马氏次第有娠。其明年夏，司马妾生子。先时，有紫兰一干两花荣于庭，或占为得男之祥，至是果验。《语》云：'兰以香自焚。'故名之曰'征兰'。而兰之小字曰'延年'，盖欲其深潜自好，以无求于人世而养寿命也。秋，张氏妾亦生子。予又谓先大夫好学力行，不食其报，其遗泽未可以斩，而余庆必钟于后裔。《诗》云：'君子有穀，诒孙子于胥乐兮。'盖尝诵说之云尔，故名之曰'有穀'。而有穀之小字曰'诒女'，所以勉之，使念前人之泽也。予老且病，而二子尚幼，当不复见其成立矣。乃述所以名字之意为文而藏之，使二子长而见之有所感，而益知劝焉其亦可也。"

按：汪琬上文记其有五子，即筠、蘅、穗、征兰、有穀。蘅、穗均早夭。又陈廷敬《午亭文编》卷四十四《翰林编修汪钝翁墓志铭》云："子男五人：长筠，诸生。次蘅，殇。次是穗，监生。次穀诒，廪膳生。次景苏，殇。女四人，皆嫁士人。"由两则材料对照可知，汪琬实际共生六子，陈文漏记了第四子征兰。而陈文提及的幼子景苏当为汪琬晚年所得，汪作上文时可能尚未出世。另有穀后来更名为穀诒，此事可详参清康熙十三年谱。

《钝翁续稿》卷五十五《族谱》："伯子筠，字禹吹，吴江学附学生。钝翁长子。妣袁宜人。季三十二。所著有《箐庵遗稿》行世。娶毛氏，无子，钝翁权命叔子穀诒为之后。"

周中孚《郑堂读书记》卷七十："《箐庵遗稿》一卷，国朝汪筠撰。（筠，字禹吹，号箐庵，长洲人。）《四库全书存目》：'禹吹为钝翁之长子，年三十二而殁。'钝翁得其遗诗于沈友篯埙、范鹭公安序所，因录存三十六首，刊附集后。有钝翁、友篯二序，末附挽诗十九首及钝翁自作六首。"

《清诗别裁集》卷二十六"汪衡"条云："字禹吹，江南吴县人。诸生。（此钝翁先生之长子，负才早殁。）"

按："汪衡"为"汪筠"之误。

《尧峰文钞》文卷二十《亡儿蘅瘗志》："儿小名蘅，予第二子也。母袁宜人。"

《尧峰文钞》文卷二十《第五女墓志》云："年十七，以心疾夭。"

按："第五女"当为袁宜人所生之第五女，实为汪琬第六女。详参清顺治十三年谱。又《尧峰文钞》文卷二十《亡儿蘅瘗志》云："儿有二妹，曰：四姑、慧姑。"可知汪琬有一女名四姑，一女名慧姑。其余四女无考。

清初古文三家合谱

明神宗万历四十六年 戊午 1618 年 侯方域一岁
三月，侯方域生。
  侯洵《壮悔堂年谱》："万历四十六年戊午三月公生。"
钱谦益三十七岁。
  彭城退士《钱牧翁先生年谱》："牧翁先生以明神宗万历十年壬午九月二十六日生于常熟城中坊桥东故第。"
倪元璐二十六岁。
  倪会鼎编《倪元璐年谱》："万历二十一年癸巳闰十一月十六日府君生。"
吴应箕二十五岁。
  夏燮《忠节吴次尾先生年谱》："明神宗万历二十二年甲午，先生一岁。"
贾开宗二十五岁。
  《壮悔堂文集》卷三《再与贾三兄书》："吾少足下二十有四岁。"
彭行先二十一岁。
  彭定求《南畇文稿》卷十《从祖贻令府君行状》："府君生于万历戊戌九月十八日。"
毛晋二十岁。
  钱谦益《牧斋有学集》卷三十一《隐湖毛君墓志铭》："生于己亥岁之正月五日。"
恽日初十八岁。
  姜亮夫《历代名人年里碑传总表》记其"生于万历二十九年。"
金俊明十七岁。
  叶燮《已畦集》卷十四《处士金孝章先生墓表》："康熙岁乙卯，有吴处士金孝章先生卒……卒年七十四。"
张溥十七岁。
  姜亮夫《历代名人年里碑传总表》载其"生于万历三十年。"
王崇简十七岁。
  王崇简《王崇简年谱》："万历三十年壬寅十月二十七日卯时，焦夫人生予……"
徐作霖十六岁。

徐作肃《偶更堂文集》卷下《孝廉公家传》："弟作肃曰：'公盖长于肃十三岁云。'"
陈贞慧十五岁。
黄宗羲《南雷文定》前集卷七《陈定生先生墓志铭》："生于万历甲辰十二月九日。"
姜埰十二岁。
姜埰《敬亭集》附录《姜贞毅先生自著年谱》："万历三十五年丁未十一月十四日酉时，埰生。"
陈子龙十一岁。
姜亮夫《历代名人年里碑传总表》记载其生于万历三十六年。
吴伟业十岁。
吴伟业《梅村家藏稿》附录《梅村先生年谱》："故明万历三十七年己酉五月二十日先生生。"
黄宗羲九岁。
黄宗羲《南雷文定》五集卷四《先遗献文孝公梨洲府君行略》："府君生于明神宗三十八年八月初八日戌时。"
冒襄八岁。
冒广生《冒巢民先生年谱》"明万历三十九年"条云："三月十五日先生生。"
方以智八岁。
任道斌《方以智年谱》记其生于明神宗万历三十九年辛亥。
张尔歧七岁。
张尔歧《蒿庵集》卷三《蒿庵处士自叙墓志》："处士生于万历壬子七月二十二日。"
顾炎武六岁。
张穆《顾亭林先生年谱》："（万历）四十六年戊午六岁。"
归庄六岁。
赵经达《归玄恭先生年谱》"明万历四十六年"条云："（先生）六岁。"
徐作肃三岁。
姜亮夫《历代名人年里碑传总表》记其生于明神宗万历四十四年。
魏象枢二岁。
姜亮夫《历代名人年里碑传总表》记其生于万历四十五年。
尤侗生。
朱彝尊《曝书亭集》卷七十六《翰林院侍讲尤先生墓志铭》："先生姓尤氏，讳侗……生明万历四十六年闰月日，享年八十有七。"
施闰章生。

施念曾《施愚山先生年谱》:"前明万历四十六年戊午十一月二十一日辰时,先生生于双溪里第。"

明神宗万历四十七年 己未 1619年 侯方域二岁

春,侯方域叔父侯恪举进士,选翰林院庶吉士。

陈鼎《东林列传》卷二十《侯恪传》:"侯恪,字木庵,归德人。御史执蒲之中子也。万历四十七年进士。"

按:《河南通志》卷五十八侯恪传同。侯恪字若木(参见《侯方域传略》),字"木庵"未见他载。

明神宗万历四十八年 光宗泰昌元年 庚申 1620年 侯方域三岁

七月,神宗朱翊钧卒。八月,太子朱洛常即位,是为光宗。诏改明年为泰昌元年(光宗在位仅一月即死,后遂以万历四十八年八月以后为泰昌元年)。

九月,先后发生"红丸案"、"移宫案"。

是年,皇长子朱由校即帝位,是为熹宗,诏明年改元为天启。

孙枝蔚生。

按:朱彭寿《清代人物大事纪年》记载其生于天命五年庚申。

明熹宗天启元年 辛酉 1621年 侯方域四岁

二月,言官请究"梃击"、"红丸"、"移宫"三案,魏忠贤等闻而衔之。

是年,邹元标入朝,任吏部左侍郎,改左都御史。请召用高攀龙、赵南星等。

是岁,侯方域父侯恂改授山西道监察御史。上疏追论移宫事及"红丸案";又上疏论救大司寇王纪,群邪为之侧目。

计东《改亭文集》卷四十《前明资德大夫正治上卿户部尚书侯公墓志铭》:"天启元年辛酉,改授山西道监察御史。时边警日棘,上疏论缴饷练兵方略,报闻红丸议起,疏攻首辅方从哲,并追论移宫,朝论讳之而奸党侧目矣。"

《壮悔堂文集》卷二《赠陈郎序》云:"余祖与其祖少保公同年,同官御史,同论朱相赓、李相廷机,而余父亦与少保公先后同朝,同救大司寇王纪,同争'红丸',同忤魏珰忠贤,同削官。"

按:侯恂上疏救大司寇王纪当在是年前后,姑系于此。

宋实颖生。

尤侗《西堂杂组二集》卷四《宋既庭五十寿序》:"宋子既庭少予三岁。"

按:尤侗生于明万历四十六年,则宋实颖生于是年。

明熹宗天启二年 壬戌 1622年 侯方域五岁

四月,礼部尚书孙慎行追论红丸事。劾方从哲庇李可灼。都御史邹元标等一百十余人赞成慎行疏。

是年,侯恂巡按贵州,平定安邦彦等诸苗叛乱。

侯洵《壮悔堂年谱》"天启二年"条云:"贵州安邦彦倡诸苗叛,诏以司徒公巡按之。"

计东《改亭文集》卷四十《前明资德大夫正治上卿户部尚书侯公墓志铭》云："贵州安邦彦倡诸苗叛诏,公按贵州,陛辞疏陈十事,皆用兵方略。至则厉军士,申约束,同中臣朱公燮元解围,捣巢土司袭伏,全黔荡平。"

梁熙生。

王士祯《蚕尾集》卷六《御史梁皙次先生传》："先生生明天启壬戌。"

明熹宗天启三年 癸亥 1623年 侯方域六岁

正月,阉党顾秉谦、魏广微俱以附魏忠贤入阁。是为魏忠贤揽政柄之始。

是年诏起侯方域祖父执蒲为太仆寺少卿。执蒲因祭祀事忤阉党魏忠贤,遂罢归。魏广微嫉之曰:"此崛强老者,东林之渠魁也。"

《太常续考》卷七："侯执蒲,河南商丘人。万历戊戌进士。天启三年任。"

孙奇逢《中州人物考》卷五《侯太常执蒲》："天启初,赵南星为冢宰。因高攀龙言,起蒲为光禄少卿,迁太常卿。会当祭祀,魏忠贤欲代行礼,蒲先期上言曰:'天坛寅清之所,皇帝所对越以事上帝者,今有宫奴阉竖,连行结队,狂游嬉戏,臣职典礼,不敢不言。窃谓刑余不宜近至尊,况天神飨祀之地乎?宜下所司论治。'忠贤大怒,遂致政归。"

《壮悔堂文集》卷五《太常公家传》："公暇时共攀龙讲学,魏广微嫉之曰:'此崛强老者,东林之魁渠也。'"

毛奇龄生。

姜亮夫《历代名人年里碑传总表》记其"生于明天启三年。"

明熹宗天启四年 甲子 1624年 侯方域七岁 魏禧一岁 汪琬一岁

高攀龙、赵南星均以忤魏忠贤罢归。

应社成立。参加者有张溥、张采、杨廷枢等十一人。

春正月十三日,魏禧生。

《魏季子文集》卷十五《先叔兄纪略》："生于明天启甲子正月十三日。"

正月十六日,汪琬生于苏州城西北黄鹂坊桥之故居。

汪敬源《续修文清公年谱》："大明天启四年甲子岁正月十六日,公生于城西黄鹂坊桥之故居。"

同月,汪琬妻袁宜人生。

详见清顺治十六年谱所引《钝翁前后类稿》卷二十九《悼亡诗小序》。

是年,侯恂升京卿。时魏忠贤以东林党人目之。

计东《改亭文集》卷四十《前明资德大夫正治上卿户部尚书侯公墓志铭》："甲子录平黔功,侯升京卿。而是时魏忠贤渐专攻剪除天下贤公卿大夫之不附己者,以东林党人目之。"

侯方域祖执蒲罢官家居,课诸孙于侯氏东园,严甚。方域与兄弟辈读书其中。

李桓辑《国朝耆献类征初编》卷四二三引胡介祉撰《侯朝宗公子传》云："尝读书东园。时太常公家居，课诸孙甚严。公子每携季弟逸出，选伎征歌数数然，然终不荒所业已。"

按：侯执蒲于上年罢归，详见上年谱。侯方域约于是年开始读书东园，姑系于此。

是年，侯恂亦削籍归里。

《改亭文集》卷四十《前明资德大夫正治上卿户部尚书侯公墓志铭》："公父子兄弟皆东林党人之魁，倔强无伏，不可一日留。先勒太常公致政归，公与弟先后削籍去。"

按：是年侯执蒲罢官归，侯恂削籍当紧跟其后。

魏禧父魏兆凤二十八岁。

《魏叔子文集外篇》卷十一《季弟五十述》："先征君年二十四生兄祥，二十八生禧。"

汪琬父汪膺二十一岁。

按：汪琬父汪膺生于明万历三十二年七月十八日，详见《汪琬传略》，则是年二十一岁。

汪琬母徐宜人二十岁。

按：汪琬母徐宜人生于明万历三十三年三月十八日，详见《汪琬传略》，则是年二十岁。

李腾蛟十六岁。

按：《魏叔子诗集》卷三有《李子力负五十初度，既成律诗，言不尽意，更作一百四十字，时己亥端午后一日》一诗。由诗题知清顺治十六年李腾蛟五十岁，逆推知是年十六岁。

彭士望十五岁。

《魏叔子文集外篇》卷十一《彭躬庵七十序》："先生长予十四年。"

姊婿邱维屏十一岁。

按：邱维屏生于明万历四十二年，详见《魏禧传略》，是年十一岁。

谢文洊九岁。

谢文洊《谢程山集》附《程山谢明学先生年谱》："明万历四十有四年丙辰秋八月癸亥，先生生于南丰县大井里。"

林时益七岁。

按：林时益卒于清康熙十七年，享年六十一岁（详见康熙十七年谱），逆推知其生于明万历四十六年，是年七岁。

魏禧兄魏际瑞五岁。

按：魏际瑞生于明万历四十八年六月二十四日，详见《魏禧传略》，则是年五岁。

彭任一岁。

按：彭任《草亭诗集》有诗《癸亥年十二月二十八日二首》。诗云："不知倏忽老将至，六十生辰又自今。"由句意知清康熙二十二年彭任六十岁，逆推知其生于是年。

顾祖禹生。

姜亮夫《历代名人年里碑传总表》记其生于明天启四年。

徐喈凤生。

《尧峰文钞》文卷二十九《愿息斋集序》："徐子与予同年生。"

沈荃生。

邵长蘅《青门旅稿》卷六《代清故通奉大夫詹事府詹事兼翰林院侍读学士加礼部侍郎沈公神道碑》："其生为明天启甲子。"

明熹宗天启五年 乙丑 1625 年 侯方域八岁 魏禧二岁 汪琬二岁

魏忠贤始兴大狱，迫害东林党人。

陈子龙与夏允彝、周立勋、顾开雍、宋存标等结交，同从事文学活动。

是年，侯方域读书东园。

按：侯方域自上年始，即随祖父读书东园。详参上年谱。

汪琬弟汪琰生。

计东《改亭文集》卷十四《钝翁生圹志》："当翁失怙时，年十一，仲弟年十岁，季弟在襁褓中。"

是岁，汪琬从祖祖父汪起凤自粤东罢归。

汪敬源《续修文清公年谱》"乙丑"条云："是岁，从祖祖父方伯公讳起凤、字无朋、号来虞……自粤东罢归。"

《尧峰文钞》文卷三十《〈来虞先生年谱〉后序》云："从祖祖父来虞先生历官几三十年，始在工曹。即用职守忤巨阉陈永寿、汪怀德，几至得罪。是后在粤藩，又忤魏忠贤闲住。"

陈维崧生。

陈维崧《陈迦陵文集》卷二《金陵游记序》："己卯余年十五，寓白塔巷宋园。"又云："壬午年十八，寓鹫峰寺。"

计东生。

姜亮夫《历代名人年里碑传总表》记其生于明天启五年。

曾灿生。

曾灿《六松堂集》卷首附顾祖禹《序》云："岁甲子，先生自吴门走燕赵还……叹曰：'予始生乙丑，至今六十年。'"

明熹宗天启六年 丙寅 1626 年 侯方域九岁 魏禧三岁 汪琬三岁

正月，以魏忠贤党羽顾秉谦、黄立极、冯铨为总裁，编纂《三朝要典》。

是年,高攀龙投水自杀。缪昌期、李应昇、周顺昌、黄尊素等受酷刑死。
吴伯裔、吴伯胤兄弟师事侯恂,方域与二人习文练武,交情甚笃。

谢桂荣、吴玲《侯方域年谱》"天启六年丙寅"条云:"吴伯裔、吴伯胤师事侯恂,方域与二人习文练武,吟诗作赋,交情甚笃。"

按:此事暂无史料可考,姑录此存疑。吴伯裔,字让伯,商丘人。崇祯丙子举人,以诗文名世。与侯方镇、方域、贾开宗、刘伯愚、张渭为莫逆交。江左诸名士目为吴、侯、徐、刘者,盖伯裔也。壬午流贼陷城,殉难死。著《墙东燕游》等。《河南通志》卷六十三、《商丘县志》卷九有传。吴伯胤(《商丘县志》卷九作吴伯彻),字延仲。商丘人,伯裔弟。明经。为文温丽,悉合矩度。壬午亦死流寇之难。《商丘县志》卷九有传。《千顷堂书目》卷二十八记载其著有《醉花庵集》。

练贞吉生。

练贞吉《四忆堂诗集序》:"朝宗乃长于余八岁。"

王士禄生。

王士禛《王士禄年谱》云:"明天启六年丙寅三月二十五日丑时,先生生。"

明熹宗天启七年 丁卯 1627年 侯方域十岁 魏禧四岁 汪琬四岁

八月,明熹宗朱由校卒。弟朱由检嗣位,是为思宗。明年改元为崇祯。
是年,汪琬父迁居八孃子巷。

汪敬源《续修文清公年谱》"丁卯"条云:"刑部公迁居八孃子巷"。

秋,汪琬父汪膺举于乡。

汪筠《钝翁年谱》"丁卯"条云:"是岁秋,府君举乡试。"

十一月,魏忠贤自缢死。

陈子龙加入应社,与张采、张溥、杨廷枢等结交。

是岁,侯方域读书东园。与里中隽异吴伯裔、吴伯胤、刘伯愚、徐作霖、贾开宗、兄方夏、从兄方镇始有社事活动。

按:此事未见相关史料记载。姑据谢桂荣、吴玲《侯方域年谱》录之备考。

侯方夏,字赤社,商丘人。方域之兄。《商丘县志》卷九、《河南通志》卷五十八有传。详见《侯方域传略》。

侯方镇,字长华。与从弟方域及吴伯裔兄弟、徐作霖、刘伯愚并以文学知名。为雪苑社,世称吴、侯、徐、刘者也。生平详见《侯方域传略》。

刘伯愚,字千之,商丘人。幼颖异,读书过目不忘。明末文体诡谲支离,伯愚守其家学,力追先正。一时雪苑有吴、侯、徐、刘之目。流贼陷城,投井死。《河南通志》卷六十三有传。

贾开宗,字静子,商丘人,诸生。雪苑社重要成员之一。少负隽才,拓落不羁,学击剑鼓琴,嗜远游,家益困。东平侯刘泽清镇淮阴,奏为翰林孔目掌书记。开宗不就职,以白衣从军,后辞归。凡七应举,不第。乃尽焚其所读书,静坐冥思,与侯方域辈往复论辩。卒轨于正。有《溯园集》若干卷,今失传。《商丘县志》卷九、《河南通志》卷六十五有传。

徐作霖,字霖苍。商丘人。少颖异,为文峭岸不群。崇祯庚午,举乡试第一。甲戌会试因言甚切直,被主司抑置副卷。明崇祯十五年,协守东门,城破,骂贼而死。著有《止园诗集》五卷。《商丘县志》卷九、《河南通志》卷六十三有传。

叶燮生。

姜亮夫《历代名人年里碑传总表》记其"生于明天启七年"。

汤斌生。

杨椿《汤文正公年谱定本》"明熹宗天启七年"条云:"是岁十月二十日巳时公生。"

林侗生。

姜亮夫《历代名人年里碑传总表》记其"生于明天启七年"。

倪灿生。

姜亮夫《历代名人年里碑传总表》记其"生于明天启七年"。

明思宗崇祯元年 戊辰 1628 年 侯方域十一岁 魏禧五岁 汪琬五岁

倪元璐上疏,驳斥"东林为邪党"之说。并请毁《三朝要典》。

赠恤天启年间被害诸臣。毁《三朝要典》。削冯铨、魏广微籍,阉党官员均罢去。

九月,侯恂被诏广西道监察御史。首请定逆案,以六等治罪。

《商丘县志》卷八《侯恂传》:"崇祯改元,忠贤诛,恂复为御史,首请定逆案。"

侯洵《壮悔堂年谱》"崇祯元年":"诏起司徒公广西道御史,疏请定逆案,以六等治罪。"

是年,张溥、张采等始倡复社之会。杨廷枢、夏允彝、陈子龙等附之。

夏燮《忠节吴次尾先生年谱》"崇祯元年"云:"是年,娄东张天如吉士溥与同里受先大令采始倡复社之会。苏、松名士杨解元廷枢、夏考功允彝、陈黄门子龙皆附之。"

是年,侯方域作《拟思宗改元,追复杨涟等官爵并起被废诸臣,旋钦定逆案,颁示百官廷臣谢表》。

《壮悔堂文集》卷九《拟思宗改元,追复杨涟等官爵并起被废诸臣,旋钦定逆案,颁示百官廷臣谢表》自注云:"崇祯元年。"

是年,汪琬父私语徐宜人曰:"二郎异时当有成就。"

汪敬源《续修文清公年谱》"崇祯元年"条:"刑部公颇不甚督责,尝私语徐宜人曰:'二郎异时当有成就。'二郎谓公也。徐宜人数引此语勉公。"

按:疑汪琬在其兄弟辈中排行第二,故汪琬被称为"二郎"。

是年,汪琬季弟汪珮南赕生。

汪敬源《续修文清公年谱》"崇祯元年"条云:"是岁季弟南赕生。名珮。"

明思宗崇祯二年 己巳 1629 年 侯方域十二岁 魏禧六岁 汪琬六岁

是年，张溥联合诸文社，组成复社。

诏定魏忠贤逆案。客、魏以外，分六等定罪。

倪元璐任南京国子监司业。

张溥等以应社为基础，联合诸文社，组成复社。是年开尹山（在今江苏吴江）大会，为复社第一次盛会。吴伟业、顾炎武、归庄、陈贞慧、方以智、万寿祺、张自烈等先后加入复社。

陈子龙、彭宾、夏允彝等六人在松江创立几社。

二月，侯恂迁太仆寺少卿。

  侯洵《壮悔堂年谱》"崇祯二年"条云："司徒公迁太仆少卿。"

  按：计东《改亭文集》卷四十《前明资德大夫正治上卿户部尚书侯公墓志铭》记载同。

是年，侯方域随父至北京求学。

  按：侯方域少时从父求学北京，详见《侯方域事略》，时间约在是年前后，姑系于此。

魏禧弟魏礼生。

  参见《魏禧传略》。

是年汪琬始入小学。尝夜侍父母。父询琬长大欲富抑或欲贵，琬以贵对。父诃之。

  汪敬源《续修文清公年谱》"己巳"条云："公年六岁，始入小学。"

  《钝翁续稿》卷五十六《先府君事略》云："琬甫六岁，尝夜侍府君及先宜人饮。府君忽询琬若长大欲富乎、欲贵乎。琬以贵对。府君问故，琬率尔曰：'贵则富可期也。'府君指琬诃示先宜人曰：'此子不材，异时将以墨败。'琬故居官颇自谨饬，盖不敢忘府君训也。"

朱彝尊生。

  姜亮夫《历代名人年里碑传总表》记其"生于明崇祯二年"。

明思宗崇祯三年 庚午 1630 年 侯方域十三岁 魏禧七岁 汪琬七岁

春，张溥、吴伟业、杨廷枢、陈子龙、彭宾、万寿祺、黄宗羲等以应试集南京，召开复社金陵大会，并同游秦淮。

六月，礼部尚书温体仁、吴宗达入阁。

八月，袁宗焕以"谋叛罪"被杀。

秋，吴应箕应南京秋试不第，与刘伯宗等始举国门广业之社。

  夏燮《忠节吴次尾先生年谱》"崇祯三年庚午"条云："是秋，应南都试不第。大会复社之士张溥等于金陵。又与同里刘伯宗始举国门广业之社。"

  吴应箕《楼山堂集》卷十七《国门广业序》："南京，故都会也。每年秋试，则十四郡科举士及诸藩省隶国学者咸在焉……自崇祯庚午秋，吾党士始合十百人为雅集其集也,自其素所期。向者遴之,称名考实,相聚以类,亦自然之理也。计其时为聚者三,主之者刘伯宗、许德先、沈昆铜也。"

是岁,侯恂视师昌平,侯方域随往。侯恂拔尤世威、左良玉等人。

计东《改亭文集》卷四十《前明资德大夫正治上卿户部尚书侯公墓志铭》记载云:"庚午边事益溃,升公兵部右侍郎,视师昌平。公至,拔大帅尤世威于偏裨,拔宁南侯左良玉于卒伍,解大凌河之围,战松山、杏山下。"

《商丘县志》卷八《侯恂传》:"己巳庚午之间,边事益刺。恂才望甚隆。由冏少超拜兵侍,视师昌平。"

是年邱维屏十七岁,娶魏禧姊。

邱维屏《邱邦士文集》卷一《示儿杂文序一》云:"予年十二三,先子以苏氏父子文使维屏读……十四年,从至赣州考试……又三年,予既取妇。"

按:由文知邱维屏十七岁时娶魏禧姐。邱维屏,易堂九子之一。生平详《魏禧传略》。《道光宁都直隶州志》卷二十二、《魏叔子文集》卷十七有传。

屈大均生。

汪宗衍《屈翁山先生年谱》记载其生于是年。

陆陇其生。

彭绍升《二林居集》卷十五《故四川道监察御史陆清献公事状》:"(康熙)三十一年馆虞山席氏,岁暮还家,一夕腹痛卒,年六十三。"

明思宗崇祯四年 辛未 1631年 侯方域十四岁 魏禧八岁 汪琬八岁

是年,张溥、陈子龙、万寿祺等在北京商议成立燕台社。

汪琬从祖祖父汪起凤卒于海南道任所。

汪敬源《续修文清公年谱》"辛未"条云:"从祖祖父方伯公卒于海南道任所。"

彭孙遹生。

姜亮夫《历代名人年里碑传总表》记其生于明崇祯四年。

陈恭尹生。

姜亮夫《历代名人年里碑传总表》记其生于明崇祯四年。

徐乾学生。

《有怀堂文稿》卷十八《资政大夫经筵讲官刑部尚书徐公行状》:"公生于有明崇祯四年十一月初二日。"

明思宗崇祯五年 壬申 1632年 侯方域十五岁 魏禧九岁 汪琬九岁

春,侯方域回乡应童子试。县、府、道皆第一。时镇江蒋鸣玉馆于商丘,与方域定交,激赏方域之文。引与遍交当世士。时方域与社中诸子,为文赋诗,甚为相得。

徐作肃《明经朝宗墓志铭》亦云:"(方域)年十五,应童子试,县、府、道皆第一。蒋黄门鸣玉一见其文惊异,引与遍交当世士。"

《壮悔堂文集》卷三《与任王谷论文书》:"仆十五岁时学古文,金沙蒋黄门鸣玉方为孝廉,有盛名,每见必称佳。仆窃自喜。又得同学吴君伯裔日来逼索,尽日且酹和数首,以此得不废。"

按:蒋鸣玉,字楚珍,号中完,金坛(清属江苏镇江府,今属江苏金陵道)人。崇祯丁丑进士。官台州府推官。诸所厘别皆有声。讲明理学与诸生课艺论文,指授矩度。著有《五经圭约》。《浙江通志》卷一百五十四有传。

王士祐生。

《憺园文集》卷二十八《进士东亭王君墓志铭》:"以崇祯五年生于方伯公常熟官舍。"

明思宗崇祯六年 癸酉 1633 年 侯方域十六岁 魏禧十岁 汪琬十岁

首辅周延儒受温体仁倾轧罢去,温体仁为首辅。

张溥南归,在苏州虎丘召开复社大会,到会者数千人,观者叹为前所未有。

方以智、杨文骢等在南京组织国门广业社。时吴应箕亦在。

夏燮《忠节吴次尾先生年谱》"崇祯六年"条云:"夏,应南都试,至金陵。再举国门广业之社。"

五月,侯恂迁户部尚书。与倪元璐、史可法结识,并荐何楷为刑科给事中。

侯洵《壮悔堂年谱》"崇祯六年"条云:"司徒公迁户部尚书。奏擢史可法,荐何楷为给事中。"

按:《明通鉴》卷八十三"崇祯六年"记载是年五月以侯恂为户部尚书。

计东《改亭文集》卷四十《前明资德大夫正治上卿户部尚书侯公墓志铭》记载云:"功罪还朝,升户部尚书。时边警既日棘,而流寇自秦入豫,千里无人烟,公拮据兵饷,不事加派转输不告匮。识倪公嘉庆、史公可法于郎署,荐员外何公楷为给事中。"

《明史》卷二百七十六《何楷传》云:"何楷,字元子,漳州镇海卫人。天启五年进士。值魏忠贤乱政,不谒选而归。崇祯时,授户部主事,进员外郎,改刑科给事中。"

按:侯洵《壮悔堂年谱》将侯恂荐何楷为给事中之事系于崇祯六年。另《四忆堂诗集》卷二《赠给事何公谪金陵》附徐作肃跋云:"崇祯七年,楷为户部员外郎。侯子父司徒公荐改给事。"时间相差一年,今仍系此。

是年,侯方域拜倪元璐为师。

按:侯方域拜倪元璐为师之事详见《侯方域事略》,确切时间无考。因是年侯父始识倪元璐,姑系于此。倪元璐,字玉如,号鸿宝,浙江上虞(属古越州)人。天启二年进士官庶吉士。授编修,典江西乡试,官至户部尚书兼翰林院学士,充日讲官。曾为东林辨诬,雅负时望。京城陷,死。谥文正。《明史》卷二百六十五有传。

秋,侯方夏举河南乡试第二人,入礼部为官。

侯洵《壮悔堂年谱》"崇祯六年"条云:"仲兄方夏举河南乡试第二人。"

是年,侯方域娶东平知州常维翰女。

侯洵《壮悔堂年谱》"崇祯六年"条云："娶东平太守常公女。"

按：常维翰，字子羽，归德人。万历丙午举人。授保定令。后迁东平州守。在任曾开仓赈民饥。为官耿介不阿。《商丘县志》卷九、《中州人物考》卷五有传。

是年，魏禧始学为制举文。并思求友。

《魏叔子文集外篇》卷十二《跋归震川先生全集》："予生十岁，学为制举文字。"

《魏叔子文集外篇》卷五《同林确斋与桐城三方书》："盖禧自十岁即思求友。"

是年汪琬始为时文。汪父病咯血。

汪敬源《续修文清公年谱》"癸酉"条云："公年十岁，始为时文。刑部公病咯血。"

李因笃生。

参见姜亮夫《历代名人年里碑传总表》。

文点生。

参见姜亮夫《历代名人年里碑传总表》。

梅文鼎生。

参见姜亮夫《历代名人年里碑传总表》。

明思宗崇祯七年 甲戌 1634 年 侯方域十七岁 魏禧十一岁 汪琬十一岁

春，陈子龙、夏允彝、彭宾等会试北京，侯方域与之定交。

《壮悔堂文集》卷一《大寂子诗序》："大寂子者，彭孝廉宾乙酉后变其名也。余年十八岁，交孝廉及考功、黄门。"

彭宾《四忆堂诗集序》云："余甲戌交朝宗，读其文，景穆其为人。"

按：彭孝廉即彭宾，考功即夏允彝，黄门指陈子龙。是年春，彭宾、夏允彝、陈子龙三人试师北京，时侯方域随父侯恂居其户部尚书任所，与之相交。又，是年侯方域当为十七岁，上文误记。另此事可与崇祯十年侯方域交周立勋、崇祯十一年交李雯、崇祯十二年交徐孚远事对照参看。

彭宾，与徐孚远、夏允彝、陈子龙、周立勋、李雯并称"云间六子"。彭宾字燕又，明崇祯三年举人。国朝选授汝宁府推官。后免归。为几社成员。《重修华亭县志》卷十六有传。

夏允彝，字彝仲，松江华亭人。弱冠举于乡。才学宏赡。与同邑陈子龙、徐孚远、王光承等创几社，名重海内。崇祯十年，与子龙同成进士，授长乐知县。北都闻变，允彝走谒尚书史可法，与谋复兴。闻福王立，乃还。其年五月，擢吏部考功司主事。南都失，闻友人侯峒曾、黄淳耀、徐汧等皆死，乃以八月中赋绝命词，自投深渊以死。《明史》卷二百七十七、《江南通志》卷一百六十六有传。侯方域《四忆堂诗集》卷五《哀辞九章·考员外郎华亭夏公允彝》云："云间面大海，襟带三泖滨……遇我燕市内，呼酒意弥真。归赠华亭鹤，俏似秋风筠……君为山巨源，我托刘伯伦。回首建业城，同是放逐臣（自注：公为马、阮所忌，解官归。余是日亦避难出金陵）……"

陈子龙，字卧子，松江华亭人。崇祯十年进士，选绍兴府推官。后擢兵科给事中。有文才，兼治诗赋古文，骈体尤精，与允彝皆负重名。后以授鲁王职，结太湖兵，欲举事，谋泄被俘。乘间投水死。《明史》卷二百七十七、《江南通志》卷一百六十六有传。侯方域《四忆堂诗集》卷五《哀辞九章·兵科给事中青浦陈公子龙》云："陈公湖海资，本出簪缨后……赠我宣室辞，陆离比瑶琼……"。陈子龙《湘真阁稿》卷五《归德侯朝宗书来盛称我土人士之美兼慨世事，诗以酬之》诗云："春风宛转下平台，有客横江尺素来。雪苑旧闻司马赋，云间今愧士龙才。东州评骘琅玕重，中土愁惊鼓角哀。历难公卿年少事，汉家宣室为君开。"

是年汪琬父汪膺卒。

陈迁敬《午亭文编》卷四十四《翰林编修汪钝翁墓志铭》云："先生丧父方十有一龄，家贫，自立为世大儒，贤矣哉！"

是年，侯方域与吴伟业定交。

《壮悔堂文集》卷三《与吴骏公书》："然辱学士交游之末者，自甲戌以来，今且二十年矣。"

按：由文可推知侯方域与吴伟业于是年定交。

侯方域在父军中，代父草拟《屯田奏议》。

按：《壮悔堂文集》卷四有《代司徒公屯田奏议》。文集总目题下注云："崇祯甲戌"。

是年魏禧始为时文。

《魏叔子文集外篇》卷八《黄从生时文序》："余十一为时文。"

是年魏禧补邑弟子员，冠其曹。

《魏叔子文集》卷首附曾灿《序》云："吾友魏叔子与予同学，年十一岁为时文，补弟子员，冠其曹。长而名公钜卿年五六十者，咸以等辈礼之。或所执贽受业师逡巡退让，称先生而不字。"

是年，魏禧交同里李腾蛟、曾灿、刘参等志行纯笃者数人。

《魏叔子文集外篇》卷十一《彭躬庵七十序》云："余十一岁颇知求友，里中如刘功定、李咸斋、曾青藜、谢君求，或以笃行令德，或污身辱名而志不淬，皆次第相与石友。意中窃自负，若以为天下无人。及见先生所行事，议论称道其交游之人，则皆若古书传所记载，不觉惝怳自失，意若发醯鸡之覆而见天，取瞽井之蛙而投之江河也。"

按：李咸斋即李腾蛟。易堂九子之一。《道光宁都直隶州志》卷二十二云："李腾蛟，字力负，号咸斋。与临川陈寂泰、罗万藻，宁化李世熊，同邑邱维屏为课文会。后弃诸生，交翠微峰易堂兄弟……后别居三巘峰，以经学授生徒，弟子来学者皆衰衣蕝冠，朝夕歌诗，揖让折旋，入其室雍雍有儒者风。著有《诗文集》、《周易剩言》藏于家。"另《清朝先正事略》卷三十七、《大清一统志》卷二百五十六有传。

曾青藜，即曾灿。易堂九子之一。《道光宁都直隶州志》卷二十二云："曾灿，字青藜，别字止山，应遴仲子。与兄畹并工词章，喜然诺……岁乙酉，杨廷麟竭力保吉、赣。应遴计闽地山泽间有众十万，俾灿往抚之。灿既行而应遴病卒，赣亦破，乃解散去。灿后剃发为僧，遂游闽、浙、广之东西。大母氏陈、母氏温念灿成疾，始归家调省。以大母命受室，筑六松草堂，躬耕不出者数年。灿自幼有诗名，选海内名家诗二十卷，号《过日集》。侨居吴下二十余年，著《西庵草堂诗》。复客游燕卒。"另《清史列传》卷七十有传。

刘功定，即刘参。《魏叔子文集外篇》卷十七《刘参传》："参字功定，姓刘氏，明之老儒也……崇祯七年甲戌，禧舅氏言于先征君，延之家塾，为季弟礼师……禧年十有一，尝自别馆归省，宿塾中，与参谈《论语》'有子孝弟'章，相得甚，遂为忘年交。"可知是年魏禧与刘参为忘年交。《道光宁都直隶州志》卷二十二有传。

时魏禧大外舅谢青莲自滁州回宁都，魏禧往谒之。

《魏叔子文集外篇》卷十二《跋苏文忠书醉翁亭记》："大外舅谢青莲先生守滁州，以七十致政归，余时十一岁，谒之南郊螺子山。"

按：谢青莲事迹无考。

宋荦生。

参见姜亮夫《历代名人年里碑传总表》。

王士禛生。

王士禛《王士禛年谱》："明崇祯七年甲戌闰八月二十八日亥时，山人生。"

徐元文生。

《王艮斋文集》卷三《徐立斋传》："康熙二十八年五月拜文华殿大学士……明年，以原官致仕……家未居一年病卒，年五十八。"

明思宗崇祯八年 乙亥 1635年 侯方域十八岁 魏禧十二岁 汪琬十二岁

正月，洪承畴调兵准备围攻中原农民军。农民军在荥阳商议对策，史称荥阳大会。二月，农民军破潜山、太湖、宿松，分兵破罗田、徐州、虞城、商丘等地。七、八月中，农民军诸部又东进入河南，惟高迎祥、李自成、张献忠等仍留陕西。九月，高迎祥、李自成为洪承畴所败，走河南，与张献忠会。

秋，侯方域返里，途经宿州，看到寇乱后的萧条景象，遂作《宿州》诗。

《四忆堂诗集》卷一《宿州》："宿州前路上，衰草尚纵横。大野龙蛇迹，荒原雉兔行。马饥鸣后冢，寇乱泊孤城。将略书生在，凭谁欲请缨。"

按：宿州，今安徽宿县南。该诗题下自注云："乙亥作。"诗后附有徐作肃跋语："崇祯七年，诸寇掠宿州，烧破凤阳陵宫。"故本诗当为侯方域路经寇乱后的宿州有感而作。

汪琬随舅氏徐勿斋汧习制科业。

赵经达《汪琬先生年谱》"崇祯八年"条云："随舅氏徐勿斋汧宫詹习制科业。"邓之诚《清诗纪事初编》卷三《汪琬》:"琬为徐汧外甥,少受知赏。"

按:徐汧,字九一。崇祯元年进士。寻授检讨中,迁右庶子,充日讲官。后北京陷,福王召为詹事。汧以国破君亡,臣子不当叨位固辞。后移疾归。明年南京失守,汧自投虎丘新桥下死。卒年四十九。《长洲县志》卷二十四有传。

李良年生。

李良年《秋锦山房集》附朱彝尊《征士李君行状》:"其生明崇祯八年六月廿九日。"

明思宗崇祯九年 丙子 1636年 侯方域十九岁 魏禧十三岁 汪琬十三岁

四月,皇太极即皇帝位,改国号为大清,改元崇德,追上祖宗庙谥,率遵汉制。是年,倪元璐解国子监祭酒职,回浙江。

五月,陆文声上疏攻复社。

夏,吴应箕至南京,三举国门广业之社。

夏燮《忠节吴次尾先生年谱》"崇祯九年"条云:"夏至金陵。三举国门广业之社。"

是年,侯恂为阁臣薛国观、温体仁所嫉,二者嗾给事中宋之普奏劾侯恂糜饷误国,侯恂下狱。

侯洵《壮悔堂年谱》"崇祯九年"条云:"司徒公为薛相国观、温相体仁所嫉,嗾给事宋之普奏劾糜饷,逮系狱。"

《商丘县志》卷八:"乌程相方忌恂,竟嗾言官,论其糜饷误国,下狱论死,长系者七年。"

按:侯恂于是年下狱,系狱七年,乃知其于明崇祯十五年出狱。

是年,侯方域作《妖彗》诗。

侯洵《壮悔堂年谱》"崇祯九年"条云:"是岁,天狗星见豫分秦寇大入中原,诏求直言。给事李化龙切谏,坐贬。公有《妖彗》诗。"

魏禧与曾灿同学,并以古朋友相望责。

《魏叔子文集外篇》卷九《曾止山诗序》:"余幼与曾止山比户而居,长又同学。自年十三四辄以古朋友相望责,故于易堂诸子中于止山最久且笃也。"

阎若璩生。

杭世骏《道古堂文集》卷二十九《阎若璩传》:"没年六十有九,时康熙岁在甲申六月八日也。"

汪楫生。

朱彭寿《清代人物大事纪年》记载其生于崇德元年丙子。

陈玉璂生。

陈玉璂《学文堂集·诗集》卷一《寿邹母六十秩兼示程村》:"恭维乙巳秋,邹母六秩时……璂年亦三十,生儿过一期。"

徐釚生。

姜亮夫《历代名人年里碑传总表》记其生于明崇祯九年。

明思宗崇祯十年 丁丑 1637 年 侯方域二十岁 魏禧十四岁 汪琬十四岁

二月，原苏州通判周之夔入京告张溥、张采且反，词连陈子龙、黄道周、夏允彝、吴伟业等。

李天馥生。

韩菼《有怀堂文稿》卷十六《诰授光禄大夫武英殿大学士兼吏部尚书李文定公墓志铭》云："公生于有明崇祯十年正月二十四日。"

春，侯方域进北京省父。时夏允彝、陈子龙等因试事俱聚北京。侯方域与陈子龙论诗邸次中。

按：陈子龙、夏允彝同举是年进士（详见崇祯七年谱）。是年春当进京应试。又《壮悔堂文集》卷二《陈其年诗序》云："丁丑，余与黄门论诗燕邸。"黄门即陈子龙。可知是年侯方域专程进京看望狱中之父，顺便与好友相见。

是夏，两畿、山西、江西皆大旱，浙江亦大饥，至人相食，山东、河南蝗，民大饥。河南以战乱频仍，民皆匿居丰草深林，四地荒废，野兽千百成群。

秋，侯方域回商丘。几社名士周立勋来游，馆于侯氏，与方域定交。

《壮悔堂文集》卷一《大寂子诗序》："余年十八岁，交孝廉及考功、黄门。又四年，交周子于梁园。又一年，交舍人于燕邸。又一年，交徐君于金陵。"

按：前谱考证侯方域交陈子龙、夏允彝、彭宾时年十七（可参崇祯七年谱），文中乃误记。文中所提周子即为周立勋，舍人当为李雯，徐君指徐孚远。此三人与彭宾、夏允彝、陈子龙共称"云间六子"。侯方域交周立勋在崇祯七年之"又四年"，即为是年。另由材料知，侯方域于次年即崇祯十一年与李雯相交；于崇祯十二年与徐孚远相交。

宋徵璧《抱真堂诗稿》卷八《梦勒卣》自注："时勒卣馆归德侯氏，与梁园诸子争雄长。"

侯方域《四忆堂诗集》卷六《吊周太学立勋》："如何连袂处，不复见平生。一代风流尽，隔朝坟墓平。延陵空挂剑，洛月想吹笙（自注云：太学尝游洛）。迟暮故人老，犹怜昨日情。"

按：综上可知是年周立勋来游商丘，遂与侯方域定交。周立勋字勒卣。与同里陈子龙、夏允彝齐名，为"云间六子"之一。以太学生属试不第，留滞南京，未几客死。《光绪重修奉贤县志》卷十一有传。又，周来游之前，陈子龙有诗送之。陈子龙《湘真阁稿》卷五《送勒卣游睢阳》云："鼓角连天露气寒，短衣跃马渡江干。迎人北雁秋风动，回首南云夕照残。睢水乱流梁苑落，黄河萦绕宋城看。知君壮思生杯酒，愁绝中原揽辔难。"从其诗所描写的景物来看，其时当为秋天。

是岁魏禧从杨文彩先生学制举文，以诤子自任。

《魏叔子文集外篇》卷七《与温伯芳简》："弟制举文自十四岁受学杨一水夫子。"

《魏叔子文集外篇》卷十八《杨一水先生同元配严孺人合葬墓表》："先生诸弟子中禧最晚进，父事先生，以诤子自任。十四岁常面诤先生，先生大悦，奇之。自是无大小事必尽言。"

《道光宁都直隶州志》卷二十二《人物志·州儒林》："杨文彩，字治文，号一水……崇祯戊辰选贡，入北雍祭酒。吴公称为天下文章第一。同乡陈大立、罗文止、杨维节、揭祝万皆下之。前后教授弟子数百人，魏禧最晚进。文彩深奇之。性和易，虚怀乐善……尝书训子弟曰：'无所与于人而感且深者，谦以接物，无所费于己而业日广者，厚以存心。'所著《文耻斋文集》已刻行世。《尚书绎》存有藏稿。"

魏禧患羸疾。

《魏叔子文集外篇》卷八《脉学正传叙》："予十四得羸疾。"

十二月二十四日，魏禧晨诣刘参，刘谓该日乃万寿节。

《魏叔子文集外篇》卷十七《刘参传》："丁丑十二月二十有四日，禧偶晨诣参，门合，排而入，见塾中纸钱灰飞扬满室，案上明灯炷香，参充然拱立，有喜色。禧问何为？参微笑对曰：'今日万寿节日也。'"

按：万寿节，明清时将皇帝的生日叫万寿节，是皇宫中盛大的节日，与元旦、冬至并重。此处当指明崇祯皇帝之生日。

邵长蘅生。

朱彭寿《清代人物大事纪年》记载其生于崇德二年丁丑。

明思宗崇祯十一年 戊寅 1638 年 侯方域二十一岁 魏禧十五岁 汪琬十五岁

春，侯方域与兄方夏再入北京省父，与名士李雯相交，并顺路探望钱谦益。临别，钱谦益作文以赠。

钱谦益《牧斋初学集》卷三十六《赠侯朝宗叙》云："侯氏多才子，朝宗与其兄赤社，觐省其尊人司农，因见余于请室……朝宗将还商城，抠衣言别，余书此以赠之。朝宗归持以示赤社，并与中州人士见之。知其必相与唏嘘，掩卷彷徨而三叹也……戊寅四月十二日。"

按：由文意知，侯方域当于是年春与兄方夏（即赤社）进京省父。在返回商丘之前，顺便探望了当时系狱的钱谦益。临别之际，钱谦益作叙以赠。

又按：由上年年谱可知，侯方域与李雯是年交于北京。李雯，字舒章，邑诸生，"云间六子"之一。工诗古文词。父逢申，官工部尚书，死闯难。雯时从在邸舍，哀号行乞，得具棺敛。清军入京，诸大臣素闻其才，荐授弘文院中书。《嘉庆松江府志》卷五十六、《江南通志》卷一百六十六有传。

七月，杨嗣昌夺情入阁，起用逆案陈新甲，代卢象昇为宣大、山西总督。少詹事黄道周劾嗣昌，被诘责谪外。

时御史成勇图救黄道周不成，被逮。范景文会诸卿申救，亦不得，乃去位。后侯方域作有诗赠范景文。

侯洵《壮悔堂年谱》"崇祯十一年"条云："是岁，相杨嗣昌、中允黄道周论之，下吏。御史成勇救道周，并逮勇。南本兵范景文会诸卿申救，不得，去位。公有《赠范司马》诗。"

按：该诗收入《四忆堂诗集》卷二。亦可参看次年年谱。

时魏忠贤阉党阮大铖匿居南京，与革职巡抚马士英同谋起用，复社诸生黄宗羲、顾杲、杨廷枢、沈士柱等一百四十人列名公布《留都防乱揭》，攻击马、阮。马、阮惧而敛迹。文章主稿人为吴应箕、陈贞慧。自是，复社之名大起。

八月五日，汪琬祖母汤硕人卒。

详见《汪琬传略》。

秋，汪琬入长洲县学，为诸生。

汪敬源《续修文清公年谱》"戊寅"条："公年十五岁，秋入长洲学，为附生。"

《钝翁前后类稿》卷三十三《皆山阁记》："予少有山居之志，自年十五为诸生，食贫授徒。"

是年，诸名士在苏州虎丘为千英之会。

徐孚远、陈子龙、宋征璧等编辑《皇明经世文编》五百四卷成。

南浙十馀郡文士创澄社。

是年，侯方域作《定鼎说》，显见其豫才。

按：《壮悔堂文集》卷九有《定鼎说》。其文后附徐作肃跋语："此说作于戊寅，十五年前即已见及迁都矣。"从此文及徐作肃评语可显见侯方域之豫才。

是年，魏禧娶妻谢季孙。

《魏叔子文集》卷二十《礼斗表》："伏维禧，一介青衿，半年黄卷。十五有室，已合礼于齐眉；三十无儿，未承欢于绕膝。"

是年，魏父征君天民析产。

《魏昭士文集》卷二《与施愚山先生书》："世当鼎革，东南大乱，田荒赋烦，朝夕谋不支，诸父不敢以饔飧之计烦大父母，乃自请析箸。"《魏叔子文集》卷十一《季弟五十述》："忆戊寅征君析产，持一田券踌躇谓母曰：'以与祥，则礼损，与礼，则祥损。'季时年九岁，适过案旁，应声曰：'宁损我，无以损伯兄。'"

按：魏父《书三子析产后》一文，附于《宁都三魏全集》卷首。

明思宗崇祯十二年 己卯 1639 年 侯方域二十二岁 魏禧十六岁 汪琬十六岁

正月，《留都防乱揭》刊播南京。

刘世珩《吴先生年谱》"崇祯十二年"条云："正月刊播《留都防乱揭》。"

夏燮《忠节吴次尾先生年谱》"崇祯十二年"条云："春正月，书论揭事之役。时吴中人不欲列名揭中,有从而尼之者。先生致友人书请独任之,于是此揭遂出。"

春,侯方域到北京狱中探父。是年准备参加南京秋试,旋即返里。过新城,感而作诗《王嫱故里》。

按:《四忆堂诗集》卷二有《王嫱故里》,该诗题下自注云:"己卯归自京师作。"侯恂是年还在狱中,此诗必其进京省父后回归商丘时所作。该诗后附贾开宗跋语云:"明妃本蜀人,考新城亦有王嫱故里。此必过新城者。"另,侯方域参加南京乡试之事,详见后谱。

五月初六,魏禧诗赠李腾蛟以抒怀。

《魏叔子诗集》卷三《李子力负五十初度,既成律诗,言不尽意,更作一百四十字,时己亥端午后一日》:"庚辰己卯中,我生甫弱冠⋯⋯趋庭迷父子,观者莫能辨。吾徒爱气矜,正色敢犯难。惟君邱邦士,风期殆一变。邱子千顷波,君如春日旦。窃比陈太丘,从容善投间,忽复义形色,期期不辟患。我弃诸生服,邱子与偕践。"

夏,郡人张翮新迁颜鲁碑,侯方域为作记。

《壮悔堂文集》卷六《新迁颜鲁公碑记》:"郡人张翮迁之,请余为记,岁在崇祯己卯夏。"

按:侯方域是年五月即至南京应试,冬季才归里。故此文应作于侯方域去南京之前。

五月,侯方域至南京应试,与吴应箕定交。

《壮悔堂文集》卷二《楼山堂遗集序》:"余交吴子,岁在己卯。"

夏燮《忠节吴次尾先生年谱》"崇祯十二年"条云:"夏五月,至金陵。始与归德侯公子方域定交。"

吴应箕《楼山堂集》卷二十三《我来行赠侯朝宗》诗云:"我来秦淮五月终,于时佳士已云集。就中朝宗最年少,四海心知但一揖。文章诗赋无不工,下笔雷合风雨翕⋯⋯"

按:吴应箕,字风之,后更字次尾。其所点定经义,天下士子诵习之。崇祯初,始与十余人创为复社。后因谋事败,被执不屈死。著有《楼山堂集》行世。《明季南略》卷四、《明史》卷二百七十七有传。

侯方域入南京国子监后,师事司业周凤翔。凤翔对方域极为赏识,先访方域寓所。后方域往谒,凤翔不使方域在弟子列。此举令南京士人颇为惊异。

《四忆堂诗集》卷五《哀辞九章·右庶子周文节公凤翔》:"昔我到陪京,谬忝文章伯。追随鲍庚群,颠倒陈徐客。喧达文忠前,传取侯生策。方坐读之起,起叹声啧啧。此当洪蒙游,何锻榆枋翮。趣驾过陋巷,相对饮一石⋯⋯"

按:陪京即指南京。诗后附练贞吉跋云:"周公己卯为南京国子司业。侯子时以太学生受知于公。公尝先访侯子寓,痛饮。侯子往谒,相与讲钧敌之礼,不使在弟子列。旧例太学生与司业隔绝甚,都人异之。"

其时，侯方域亦与陈贞慧、方以智、朱彝尊、冒襄、梅朗中、张自烈、姜垓、徐孚远、汪有典等人结交。并主盟复社。

汪有典《史外·吴副榜传》云："己卯夏，雪苑侯朝宗来南雍，朝宗甫逾二十，雄才灏气，挟万金结客。首与楼山、定生、勒卣、苣山、密之、梅朗三、惠连、姜如须、钱开少（邦芑，镇江）及予相见。执贽殊隆。"

黄炳垕《黄黎洲先生年谱》"崇祯十二年己卯"条云："是时江右张尔公自烈举国门广业之社，四方名士毕集。而与公尤密者宣城梅朗三朗中、无锡顾子方杲、宜兴陈定生贞慧、广陵冒辟疆襄、商丘侯朝宗方域、桐城方密之以智，无日不相征逐也。"

冒襄《同人集》卷五收录吴应箕诗《南门舟中同辟疆、定生、密之、朝宗作》云："自我来京国，篷门履舄迎。未能忘得失，而苦学逢迎。悦性无非水，忘机敢避名。依然城郭近，徒羡濯缨清。"诗后按语云："此诗为先生己卯六月南都之作。"

按：由明崇祯十年谱知，是年侯方域亦与"云间六子"之一徐孚远结交。徐孚远，字闇公。松江华亭人。崇祯壬午顺天举人。博学工文。倡几社，著有《十七史猎俎》诸编。松江破，入海岛死。《光绪重修华亭县志》卷十五、《明史》卷二百七十七有传。

方以智，字密之。桐城人。崇祯庚辰进士，官检讨。明亡，削发为僧。崇祯十二年寓南京，与侯方域、陈贞慧、冒襄并称明末四公子。《清史稿》卷五百《遗逸传》有传。

冒襄，字辟疆，号巢民，一号朴庵，又号朴巢，私谥潜孝先生，明末清初的文学家。著有《先世前征录》、《朴巢诗文集》、《水绘园诗文集》、《影梅庵忆语》、《寒碧孤吟》和《六十年师友诗文同人集》等。

梅朗中，字朗三，宣城诸生。梅鼎祚之孙。好奖才彦，敛众美以萃其身。著《带园集》。年不及四十而卒。《国朝耆献类征初编》卷四百二十三有传。

张自烈，字尔公。宜春人。博物洽闻。著有《四书大全》、《辨诸家》、《辨古今文》、《辨正字通》十余种。累征不就。晚卜居庐山，年七十七卒。《江西通志》卷七十二有传。

侯方域与杨廷枢等登金山，评当世人物，临江悲歌，有"极目神州，舍我其谁"之叹。诸子以方域比周瑜、王猛。

田兰芳《侯朝宗先生传》云："年二十二，就试金陵，云间杨廷枢携登金山，俯仰慷慨，有'极目神州，舍我谁济'之叹。"

侯洵《壮悔堂年谱》"崇祯十二年"条云："登金山，评当世人物，临江悲歌。诸子以周瑜、王猛比公。"

按：杨廷枢，字维斗。吴县人。崇祯三年举乡试第一。以文章气节负重名。士林奉为模楷。因其所居皋里，称"皋里先生"。门弟子著录者二千人。明亡后以未薙发被执，不屈死。私谥"忠文"。乾隆四十一年赐谥"忠节"。《江南通志》卷一百六十三有传。

是年,侯方域与陈贞慧、顾杲等出入于诗酒声色之场,每侑酒必佐以红裙。黄宗羲、张自烈讽劝之,方域乃醒悟。

胡介祉《侯朝宗公子传》:"以郡学生例入南雍,应留都京兆试。留都故佳丽地,海内贤豪辐辏,论交把臂,驰骛于诗酒声色之场。公子遨游其间,人人引重,无不愿交恐后。以是名益盛,意气殊自得也。"

钱林《文献征存录》卷二"黄宗羲"记曰:"初在南京社会,归德侯朝宗每食必以伎侑,公曰:'朝宗尊人尚在狱中,而燕乐至此乎?吾辈不言,是损友也。'或曰:'朝宗素性不耐寂寞。'公曰:'夫人而不耐寂寞,则亦何所不至矣。'时叹为名言。"

黄宗羲《南雷学案》卷六《侯朝宗先生》:"党狱未起时,先生与定生、子方日游歌院,南雷公使张尔公讽劝之,先生翻然服膺,终身以南雷公为畏友。"

按:张自烈《芑山文集》书牍卷五有《与友人论远声伎书》,当为侯方域而作。顾杲,字子方,无锡人,复社名士之一,曾列名《留都防乱公揭》。雅负气节,诗文俱工。书法得李邕神髓。有《梧秋草堂诗集》。《江南通志》卷一百六十六有传。

是年,侯方域再与李雯见于南京,相与论诗,颇为尽兴。

《壮悔堂文集》卷二《陈其年诗序》:"己卯,与舍人论诗金陵,自以为尽意,无复遗恨。"

在南京,侯方域与名妓李香结识。时阮大铖欲纳交于侯方域,以求解于吴应箕、陈贞慧。后被方域谢绝。

《壮悔堂文集》卷五《李姬传》:"雪苑侯生,己卯来金陵,与相识。"

宋荦《西陂类稿》:"侯朝宗与贵池吴应箕、宜兴陈贞慧善,阮大铖者,故魏阉义儿,屏居金陵,谋复用。诸名士共为檄檄大铖罪,应箕、贞慧实主之。大铖愧且恚,然度无可如何。诇知朝宗与二人者相厚善也,私念得结交侯生,因侯生以结交于二人。事当已,乃属其客,阴交欢朝宗。朝宗觉之,谢客不与通。"

余怀《板桥杂记》卷下《轶事》:"香……与雪苑侯朝宗善,阉儿阮大铖欲纳交于朝宗,香力谏止,不与通。朝宗去后有故开封府田仰以重金邀饮香。香辞曰:'妾不敢负侯公子也。'卒不往。盖前此大铖恨朝宗,罗致欲杀之。朝宗逃而免。"

吴伟业《梅村集》卷二十六《冒辟疆五十寿序》:"阳羡陈定生、归德侯朝宗与辟疆为三人,皆贵公子……有皖人者,流寓南中,故阉党也……知诸君子唾弃之也,乞好谒以输平,未有间。会三人者置酒鸡鸣埭下,召其家善讴者歌主人所制新词,则大喜曰:'此诸君欲善我也。'既而侦客云何,见诸君箕踞而嬉,听其曲时亦称善。夜将半,酒酣,辄众中大骂曰:'若奄儿媪子,乃欲以词家自赎乎!'引满浮白,抚掌狂笑,达旦且休。于是大铖恨次骨,思有以报之矣。"

宋荦《西陂类稿》:"大铖家故有伶一部,以声伎擅名,能歌所演剧号《燕子笺》者。会诸名士以试事集金陵,朝宗置酒高会,趣征阮伶。大铖心窃喜,立遣伶往,而使他奴诇之。方度曲,四座互称善。奴走告,大铖心益喜。已而抗声论天下事,箕踞叫呶语,稍及大铖,遂戟手骂詈不绝口。大铖闻之乃怒,而恨三人者尤刺骨。"

按:上两段文字均记载侯方域是年参与了观剧骂座之事。然扈耕田先生在《侯方域反阉党阮大铖事迹考实》(《学术论坛》2000年第2期)一文中指出,观剧骂座事件实发生在崇祯十五年乡试后之中秋,非崇祯十二年乡试期间,而且陈贞慧、侯方域均不在场。姑录此存疑。

侯方域与陈贞慧、吴应箕发起"数十百人,鸣鼓而攻"的驱阮运动。后阮衔恨之。

冒襄《同人集》卷九《往昔行》引跋云:"己卯……次尾、定生、朝宗首倡逐怀宁(阮大铖)之公揭,合数十百人,鸣鼓而攻。怀宁既强项,是秋奔窜无所容。申酉(顺治一二年)报复,欲一网打尽,其祸首及定生、朝宗与余者,谓此揭乃三人左右之也。"

时,陈维崧随父贞慧来南京,追随吴应箕、侯方域。后返里,侯方域作诗以送。

冒襄《同人集》卷九《往昔行》引跋云:"己卯,陈定生应制来金陵。携发覆额之才子其年在寓。其年方负笈从吴次尾、侯朝宗入雍……"

《四忆堂诗集》卷二《送陈生归宜兴》:"宛水中央一去船,清秋细草尚绵纤。东江族望多才俊,不及平原作赋年。"

按:由诗意知,上诗为陈维崧归里时侯方域赠作。具体时间无考,姑系于此。又,陈维崧字其年,宜兴人。祖于庭,前明左都御史。父贞慧,与商丘侯方域交善,同罹阮大铖之祸。方域避乱阳羡,以女许字维崧弟宗石。明亡后,宗石入赘,遂为宋人。维崧亦寓宋,与弟同居。维崧为文,长于排偶。长洲汪琬称为七百年一人。后以博学宏词征,除翰林检讨,纂修明史,卒于官。《河南通志》卷六十九、《商丘县志》卷十、《嘉庆增修宜兴县旧志》卷八有传。

侯方域在南京拜谒落职闲居的原南京兵部尚书范景文,有《金陵赠范公司马》诗。

《四忆堂诗集》卷二《金陵赠范公司马》自注云:"范公司马,景文也。"

按:诗后附贾开宗跋曰:"侯子己卯在金陵,是时景文亦以司马去位寓金陵而赠之也。"徐作肃跋曰:"崇祯三年,景文佐司马镇通州,侯子父司徒公佐司马镇昌平。五年,景文去,司徒并通州代之,与景文素善。九年,司徒为温体仁、薛国观所忌下狱,久不解。景文盖尝营救之也。"

何楷因劾杨嗣昌被贬,谪居南京。是年,侯方域拜谒何给事,并赠诗四首。

《明史》卷二七六《何楷列传》记载:"(崇祯)十一年五月,帝以火星逆行,减膳修省。兵部尚书杨嗣昌方主款议,历引前史以进。楷与南京御史林兰友先后言其非。……帝方护嗣昌,不听。逾月,嗣昌夺情入阁,楷又劾之,忤旨,贬二秩为南京国子监丞。母忧归。服阕,廷臣交荐,召入京,都城已陷。"

按:《四忆堂诗集》卷二有《赠给事何公谪金陵》诗四首,当作于此时。

秋,侯方域参加南京乡试,举第三人。因策语触讳,被黜。

《壮悔堂文集》卷八《南省试策》附徐尔黄（邻唐）跋云："是科为己卯，朝宗举第三人。放榜之前一夕，而副考以告正考曰：'此生以如此策入彀，吾辈且得罪。'本房廖公国遴力争曰：'果得罪，本房愿独任之。'正考迟回良久曰：'吾辈得罪，不过降级罚俸而已。姑置此生，正所以保全之也。'朝宗遂落（选）。今读其策，岂让刘蕡？千载一辙，良可叹也。"

按：明清乡试一般在秋季举行。

解试，侯方域与陈贞慧、吴应箕等复社诸子举国门广业之社，数月而罢。每酒酣耳热，多咀阮大铖以为乐。

黄宗羲《南雷文定》前集卷七《陈定生先生墓志铭》："崇祯己卯，金陵解试，先生、次尾举国门广业之社大略。揭中人也，屺山张尔公、归德侯朝宗、宛上梅朗三、芜湖沈昆铜、如皋冒辟疆及余数人无日不连舆接席，酒酣耳热，多咀嚼大铖以为笑乐。"

侯方域在南京，作《马伶传》以讽阉党顾秉谦。

谢桂宋、吴玲《侯方域年谱》"崇祯十二年"条云："方域在金陵，尝作《马伶传》，嘲讽阉党顾秉谦。"

《壮悔堂文集》卷五《马伶传》："今相国昆山顾秉谦者，严相国俦也。"

按：结合文意可知，此文乃为讽刺阉党顾秉谦而作。

冬，侯方域归里。徐作霖、吴伯裔将参加明春会试，侯方域作序以赠。

《壮悔堂文集》卷一《送徐、吴二子序》："侯子既放，涉江返棹，栖乎高阳之旧庐。日招酒徒饮醇酒，醉则仰天而歌《猛虎行》，戒门者曰：'有冠儒冠、服儒服，而以儒术请问者，固拒之。'……一日，二子过侯子，置酒伺其饮酣机而谒之曰：'我将走北阙，以儒术售天子。赖子一言以壮我，且拒。奈何？'"

按：由文意可知吴、徐二子将共赴京试参加会试，临行之前请侯方域作文以送。故此时侯方域当已返回商丘。又《商丘县志》卷九《文苑传·徐作霖》云："崇祯庚午，举乡试第一，出万元吉之门。甲戌对策……温体仁见而恶之，卒斥去。庚辰再上春宫，复不第……阅二岁壬午，城陷，死于兵。"由材料知，徐作霖曾两次进京会试，一次是在崇祯七年甲戌，一次是在崇祯十三年庚寅。另《商丘县志》卷九《文苑传·吴伯裔传》云："吴伯裔，字让伯，少孤贫……为人沉练英博，慷慨负大志。文章原本经术，归之大家。每高自称许，简贵不交时人。独与侯方镇、方域、贾开宗、刘伯愚、张渭为莫逆交。江左诸名士目为吴、侯、徐、刘者，盖伯裔也。崇祯丙子举于乡，壬午城陷死。"可知吴伯裔于崇祯九年丙子举于乡，其进京会试当在该年之后。因此二子共赴北京参加会试，只能指崇祯十三年春之事，而此序当作于二子会试之前。又文中有"侯子既放"一语，当指崇祯十二年己卯，侯方域举河南省第三人，以策语触讳被黜之事（见前谱）。故可知，本序作于崇祯十二年冬。

是年，汪琬与同邑宋实颖以文章被徐勿斋汧赏识。数引入二株园为文会。

《尧峰文钞》文卷三十一《宋既庭五十寿序》："始,予年十六七,即与先生以文章为徐宫詹勿斋所知。数引入二株园为文会。每一篇成,宫詹必首推先生,以率予辈。"

邓之诚《清诗纪事初编》卷三《汪琬》云："琬为徐汧外甥,少受知赏。与宋实颖同预二株园文会。入复社后,实颖为慎交魁硕,则琬已成进士。"

汪琬《钝翁前后类稿》卷一《长歌行送宋既庭》云："忆昔我当十五二十时,褐衣徒步风尘姿。众人弃我如敝屣,惟君相见还相知……"

按:汪诗记载的当是少时与宋实颖同预二株园文会之事。诗中"十五二十"乃虚指。遵上序文所云"年十六七"姑将此事系于是年。又,宋实颖,字既庭,长洲人。顺治辛卯举人。兴化教谕。淹贯经史,博综旁搜,诗文典雅,骚坛推为名宿。《江南通志》卷一百六十五有传。

陈廷敬生。

按:姜亮夫《历代名人年里碑传总表》记其生于明崇祯十二年。

明思宗崇祯十三年 庚辰 1640 年 侯方域二十三岁 魏禧十七岁 汪琬十七岁

春,侯方域在商丘,与徐作霖、吴伯裔、吴伯胤等发起雪苑社,一时江左有"吴、侯、徐、刘"之目。

《壮悔堂文集》卷五《徐作霖张渭传》："庚辰,作霖复罢春宫……时方嬉游修春社于吴伯裔之家。"

田兰芳《侯朝宗先生传》："归,益读书,交结里中俊异如贾开宗、徐作霖、刘伯愚、吴伯裔。兄弟辈日相切磨为文,皆古雅淡泊,复能以气谊自尚,于是名起雪苑。南国应、复两社之豪,翕然宗之。"

胡介祉《侯朝宗公子传》云："偕昆弟辈及里中诸子结社雪苑,与四方声气相应和。一时有吴、侯、徐、刘之目。"

按:由文意知,是年春,徐作霖再上春宫,复不第,而侯方域亦于上年参加南京乡试,因策语触讳而被黜。失意之余,乃共发起雪苑社。侯洵《壮悔堂年谱》亦将雪苑社成立时间系于是年。关于侯方域初修雪苑社之时间,大多资料均将其定为崇祯十二年,如谢国桢先生《明清之际党社运动考》认为雪苑社是"侯方域、贾开宗所主办","创于崇祯十二年"(详见该书第141页,上海书店出版社,2004年版)。姑录此备考。谢桂荣、王玲《侯方域年谱》误将此事系于崇祯七年。

是年,汪琬参加诸生试,列高等。

赵经达《汪琬先生年谱》"崇祯十三年"条云："岁试,列高等。"

是年,方以智从西安寄侯方域𪉟丝之衣,方域作诗以谢。

《壮悔堂遗稿·与方密之书》："犹忆庚辰,密之从长安寄仆𪉟丝之衣,仆常服之。"

《四忆堂诗集》卷二《谢方检讨送衣》云："早岁耽奇服，薄游赠罴丝。相怜知己意，骢马岁寒期。素朴慭时制，陆离适我宜。无衣谁更赋，珍重在中筍。"
时崇祯帝多疑嗜杀，权臣多饰伪自保，方域作《野田黄雀行》诗讽之。

《四忆堂诗集》卷二《野田黄雀行》自注云："庚辰作。"

按：诗后附贾开宗语云："自注作于庚辰，盖是时思宗威严，诸相秉政，往往有蒙蔽市其权者，诗意或当谓此。"

是年魏禧于席上以讹传道人阴事，而此人即在对坐，惊惭欲死，终生引以为诫。

《魏叔子日录》卷一云："余生平未尝遭险受横逆，十七岁时，曾於席上以讹传道人阴事，不知此人即在对坐，予当下惊惭欲死。而此人并不相仇，且成文章知己，终身遂以此友所容。"

明思宗崇祯十四年 辛巳 1641年 侯方域二十四岁 魏禧十八岁 汪琬十八岁

正月，张献忠率农民军出川东征。李自成破洛阳，杀福王朱常洵，发王府金振饥民。后攻开封，不克。

侯方域作《闻乱》诗。

《四忆堂诗集》卷二有《闻乱》诗八首。其一云："海内风尘起，关中指臂连。汉家原寝庙，秦火更烽烟。大将军需饱，苍生盼望专。不成谋黍稷，何以慰丰年。"

按：其诗自注"辛巳作"。

三月，杨嗣昌自杀。

夏，祖太常公侯执蒲卒。侯恂带罪出狱，丁忧家居。

侯洵《壮悔堂年谱》"崇祯十四年"条云："是岁太常公卒，司徒公忧居。"

八月，明前首辅薛国观自杀。九月，诏故辅周延儒入阁。

侯方域作《招隐》诗二首。

《四忆堂诗集》卷二《招隐》诗自注云："辛巳作"。

按：诗后附徐作肃跋："（薛）国观凶邪狠戾，忮害善类，招权罔上，被斥归。十四年辛巳，帝复命金吾逮捕下狱……一日，震怒，勒自尽。是年，故相周延儒起田间，代之。"

秋，侯方域奉父命前往江南建德为祖父乞铭于原刑部尚书郑三俊。

侯洵《壮悔堂年谱》"崇祯十四年"条云："公奉往江南建德乞太常公铭于冢宰郑三俊。"

十一月，李自成攻破南阳。

侯方域返里，与雪苑诸子谈论局势，作《归来酬吴大伯畜见赠用原韵兼呈徐四作霖吴二伯胤》诗。

《四忆堂诗集》卷二《归来酬吴大伯畜见赠用原韵兼呈徐四作霖吴二伯胤》云："可怜归故里，烽燧亦危邦。夜月狐狸舞，霜郊虎豹从。欢娱频醉眼，时序一寒缸。

废邑悬秦网,空林避越矰。不工吹短笛,谁使泣新腔。贼帅雄千骑,王师折九泷……"

按:题中"归来",指侯方域前往建德乞铭归来。"烽燧亦危邦",指李自成破河南南阳之事,危及商丘。

是年,梅朗中自宣城寄诗侯方域,方域作《梅宣城诗序》。

《壮悔堂文集》卷二《梅宣城诗序》:"及余涉江浒、栖金陵,採览人物,披旧寻故,为余言梅子者以十数,皆当世贤豪长者。一日,方子密之过旅邸……擢秦淮之小舫,访天界之古刹……梅朗三在焉……已后将年余所,而朗三念故群之索居,假素羽乎修途,贻余诗曰……余瞻览物序,忧自中来。盖聚散之移我情也如此。乃记余与朗三定交本末以报朗三。谓子诗成,其以此序之。"

按:文中所云"涉江浒、栖金陵",当指崇祯十二年侯方域赴南京参加乡试时事。从文意知,朗三与方域别后一年余,贻诗于侯。侯乃作此序以复之。

是年,侯方域作《陈其年诗序》。

《壮悔堂文集》卷二《陈纬云文序》:"吾曩序纬云之兄其年之文,其年年十七。"

陈维崧《陈迦陵文集》卷二《金陵游记序》:"己卯余年十五。"

按:由此推知侯方域为陈维崧作序当在崇祯十二年己卯之后两年,即崇祯十四年。

是年,河南大旱蝗。斗粟值钱二千,人相食。加上寇盗猖獗,村墟被焚掠一空。刘元斌率禁旅围商丘四十日。侯方域作《思其充庵率尔作此示宗约兼呈吴大伯裔徐四作霖》、《禁旅》等诗。

《四忆堂诗集》卷二《思其充庵率尔作此示宗约兼呈吴大伯裔徐四作霖》:"君不见二月三月群盗集,万马奔腾蹂小邑。继之大蝗将小蛹,黍稷秋成无寸粒。又不见,昨夜官兵围新筑,金帛子女压满轴。抛弃还入一炬焚,怆惶竟忍千家哭。"

按:诗后附徐作肃跋曰:"是岁大蝗旱,斗粟二千,人相食。群盗袁时中等始渡河,所过焚掠,村墟为之一空。"贾开宗跋曰:"新筑,归德外郭也。按:是岁冬内监刘元斌率禁旅围外郭,四十日不解。侯子有《禁旅》诗。"

另,《四忆堂诗集》卷二收有《禁旅》诗十首,其诗略。其后附贾开宗跋曰:"崇祯十四年冬十月,刘元斌率羽林兵救豫,驻归德南郊。"

汪琬出为塾师。岁时从塾中归,以门人脡脯所入购书读之。

赵经达《汪琬先生年谱》"崇祯十四年"条云:"出为塾师。嶷然称伟人。岁时从塾中归,以门人脡脯所入购书读之。"

《尧峰文集》卷十四《钝翁生圹志》云:"闻岁时从塾中归,以门人脡脯所入购书读之,虽宗党有拥多赀自熹者,公不一顾也。"

张溥卒。

姜亮夫《历代名人年里碑传总表》记载其卒于明崇祯十四年。

明思宗崇祯十五年 壬午 1642 年 侯方域二十五岁 魏禧十九岁 汪琬十九岁

春，开封孟观游经商丘，交雪苑诸子。

详见清顺治八年谱。

二月，商丘陷落，侯方域祖母田氏、三叔忏妻刘氏、四叔恕及妻朱氏、五叔侯虑等被杀。从祖侯执中及从叔忻、恒、憬、忱、恕、怡、恬、怗，及兄弟辈方镇、方弼、方将、方度等皆死于战乱。

侯洵《壮悔堂年谱》"崇祯十五年"："寇破归德，太常公夫人田及二媳忏妇刘、恕妇朱骂贼死之。光禄臣执中科舍人忻、诸生恒、憬、忱、恕、怡、恬、虑、怗、方镇、方弼、方将、方度、国泽、治泗锜死之。"

《商丘县志》卷十一："侯太夫人田氏，太常寺卿侯执蒲妻。壬午寇变入城，氏年近八旬。是日居室不避，见贼即骂。触贼怒，被难。又子忏妇刘氏、恕妇朱氏，守姑不去，同被难。"

《河南通志》卷六十七："太常卿侯执蒲妻田氏，商丘人。壬午城陷，氏年近八旬。见贼即骂，被害。子忏妇刘氏、恕妇朱氏同殉难。"

雪苑社友吴伯裔、吴伯胤、徐作霖等亦被杀。雪苑社散。

《壮悔堂遗稿·送何子归金陵序》："其后三年壬午，而雪苑为李自成所破，向之所事若徐子作霖，吴子伯裔、伯胤，皆骂贼而死。"

《绥寇纪略》卷九："十五年二月十三日……邑举人徐作霖、吴伯裔、伯胤相与集乡勇为守御，贼攻围七日夜，以二月二十七日攀堞入。作霖、伯裔、伯胤死。"

侯方域随家人流寓南京。

侯洵《壮悔堂年谱》"崇祯十五年"条云："公奉司徒公流寓南中。"

六月初三日，侯方域女生。后嫁与陈贞慧子陈宗石。

详见《侯方域传略》。

六月，侯恂被释。以兵部侍郎兼右佥都御史，总督保定、山东、河南、湖北等七镇军务，以解汴围。方域由南京回河南随父军中。后侯恂以救汴不得而罢官。

《商丘县志》卷八《侯恂传》："及闯贼大起，围汴已浃岁。朝廷思恂才，又以天下重兵皆在左良玉，所谓良玉出恂麾下，有恩，度恂能制良玉，乃起恂狱中，拜兵部侍郎，督良玉等七帅援汴……汴溃，复征恂下狱。"

《明史》卷二百六十二《侯恂传》："六月，诏起侯恂兵部右侍郎。总督保定、山东、河南、湖北军务。"

按：从后谱所考证事实来看，此时侯方域当回到侯恂军中。

侯方域在父军中，代父草拟《论流贼形势奏》；时许定国以所部来隶麾下，极其骄悍跋扈。侯方域劝侯恂立斩之以明军法。侯恂皆不予采纳，并将方域遣还。

邵长蘅《青门剩稿》卷六《侯方域魏禧传》云："崇祯末，剧寇李自成围汴急，诏侯恂出督师援汴,方域进曰:'大人受命讨贼,庙堂议论牵制,奏请不应,征调难集,愿破文法,以赐剑首诛一甲科令守,而晋帅许定国师噪,当斩以徇军。事办威立,疾驱渡河,就左良玉于襄阳,约陕督孙公傅庭犄角于秦,贼乃可图也。'恂叱曰:'是跋扈也!小子多言,趣遣归。'"

按:《壮悔堂文集》卷四有《代司徒公论流贼形势奏》,其文集总目题下注云:"崇祯壬午。"

侯方域离军,道经永城,为叛将刘超所劫。方域劝其勤王自赎,或投奔其父侯恂,缕缕分析利弊。超不能听,但服其言,释之。

侯洵《壮悔堂年谱》"崇祯十五年":"道出永城,为叛将刘超所劫。论以祸福,俾勤王自赎,不听。"

田兰芳《侯朝宗先生传》:"吴道遇叛帅刘超劫,使画策。方域不少为屈,缕缕分别祸福,为陈北都困迫,惟以所统疾走勤王,庶可转败为功。即不然,亦可湔洗恶名,失此则身死名辱,言皆深中事机。识者闻之,谓朝宗每以经纶自许,今乃知为不谬也。"

秋,侯方域至南京,与陈贞慧、陈维崧、方以智、彭宾等名士往来密切,意气浩落。

陈维崧《陈迦陵文集》卷三《金陵游记序》:"壬午年十八,寓鹫峰寺,俱随处士公。一时名士如密之、舒章、朝宗,人各踞一水榭。每当斜阳暧靆,青帘白舫,络驿縠纹明镜间,日以为常。"彭宾《四忆堂诗集序》:"壬午之秋,把臂白门,意气浩落,才峰四起,以为一代文人,倜傥非常之概固宜如斯也。"

按:白门,今南京市江宁县。因《南齐书·王俭传》云:"宋世外六门设竹篱,有发白虎樽者,言白门三重门,竹篱穿不完,乃改立都墙。"后遂称金陵为白门。

侯方域在南京与吴伟业重逢,出其为已死雪苑社友所作传,伟业为之歔欷叹息。

吴伟业《梅村集》卷二十一《宋牧仲诗序》:"寇事作,朝宗以其家南下,一再见于金陵,于吴门出其文所为二三同志作传,则皆不免于兵。余为之嘘唏太息,不忍竟读。"

按:由文意及当时史事推测,侯方域当于是年与吴伟业重逢南京。另,《壮悔堂文集》卷五有《吴伯裔伯胤传》及《徐作霖张渭传》二文,但从《徐作霖张渭传》文中"崇祯十五年壬午,宋城破,作霖不知所终……后甲申弘光立,录中外死者宗伯,亦廉知作霖果死"这一段文字推测,该文当为入清之后所作。盖是年侯方域已起草以上二篇传文,入清后又稍作修改增补。此时吴伟业所看到的传记,当为侯方域所拟之初稿。

秋,魏禧应诸生试,时郭都贤任考官,拔魏禧为第一。

《魏叔子文集外篇》卷六《上郭天门老师书》:"崇祯壬午之役,先生较士江右,拔第五人,诘朝谒谢,先生置第一。人勿问,特召禧前曰:'往岁直指观风,司李列子第二等,余拔而置之第一。'遂口诵首题文十数语,曰:'大格破例,非场屋所宜。'又诵次题文数十语,曰:'此决科才也,勉之无怠。'夫士遇知己,蒙拔识,亦其常耳。独当时先生守岭北,去较士之日几二载,犹口诵其文,指其失而奖励其美,虽父之爱子当不过是。"

按:郭都贤,字天门,益阳人。天启壬戌进士,授行人。分校顺天乡试,得史可法等六人。历官员外郎,出为四川参议,督江西学政,分守岭北道,巡抚江西。黜贪墨,奖循良,冰霜凛凛,人不敢干以私。后出家为僧,僧号顽石,又号些庵。后归结草庐桃花江。客死江宁承天寺。《清史稿》卷五百一有传。

魏禧与曾灿读书莲花山。

《魏叔子文集外篇》卷十七《谢廷诏传》:"崇祯壬午年,余与曾子灿读书莲花山。"

冬十二月,汪琬娶袁宜人。

汪敬源《续修文清公年谱》"壬午"条云:"冬十二月,袁宜人来归。"

是年,张献忠陷湖广诸地,李自成破开封城。

乔莱生。

潘耒《遂初堂文集》卷十九《翰林侍读乔君墓志铭》:"君生崇祯壬午二月四日。"

明思宗崇祯十六年 癸未 1643年 侯方域二十六岁 魏禧二十岁 汪琬二十岁

正月,李自成破承天、云梦、孝感、德安、汉阳。改襄阳为襄京,称奉天倡义文武大元帅。设权将军、制将军及六政府尚书、侍郎等官;又于地方设府尹、州牧、县令、学正等官。

是年,侯恂买舟南下,避兵扬州。

侯恂《壮悔堂年谱》"崇祯十六年"条云:"司徒公解任,避兵扬州。"

春,贾开宗避乱来南京,与方域相会,出自著兵书《八阵图》请方域作序。

《壮悔堂文集》卷二《八阵图序》:"余友贾开宗年逾五十,老矣!……著《八阵图》数千言,余……为之序……今天下宣蓟握重兵,豫楚多元帅,而鸣镝在郊墟,火目连未央……"

按:文中言"贾开宗年逾五十",由《壮悔堂文集》卷三《再与贾三兄书》中"吾少足下二十有四岁"可推知,贾开宗五十岁之时,侯方域当为二十六岁,即为是年。又从上文所描写的情景来看,当为河南、湖广诸地沦陷之时。故知此文当作于是年前后。姑系于此。

春,左良玉兵已自武昌东下,时侯方域留南京,大司马熊明遇请方域代其父寄书止之。侯方域作《为司徒公与宁南侯书》。阮大铖趁机诬陷侯方域招左兵为内应,方域乃去南京而避难宜兴。临行作《癸未去金陵日与阮光禄书》。

《壮悔堂文集》卷三《为司徒公与宁南侯书》附乙酉三月杨廷枢记云:"癸未,侯子居金陵。宁南左侯兵抵江州,且夕且至。熊司马明遇知其为司徒公旧部,请侯子往说之。侯子固陈,不可,乃即署中为书以付司马,驰致之宁南。后一夜,侯子晤友人云:'议者且倡内应之说。'遂以书(指《癸未去金陵日与阮光禄书》)抵议者而行。侯子祸虽不始此,然自此深矣……偶过侯子舟中,观此书,感而识之。"

夏燮《忠节吴次尾先生年谱》"崇祯十六年"条云:"时侯朝宗方以昵李姬留金陵,其父司徒公在扬州。故司马有驰书之请,而大铖方以揭事之役衔朝宗之不援,讹言起之,浸之乎及先生矣。"

李清《南渡录》卷四"乙亥追封皇弟条"云:"初,大铖里居时,欲与河南国子生侯方域交,却之。适左良玉惮流贼逼,托言就饷南京。大铖以方域与良玉善,诬为内应,方域以书诮之。内云:'执事伎机一动,长伏草莽则已。若复得志,必至杀尽天下以酬所宿恨。'"

按:左良玉引兵东下,乃癸未春季之事,侯方域"去金陵"而避于宜兴,当亦在春季前后。又《壮悔堂文集》卷三《癸未去金陵日与阮光禄书》云:"仆今已遭乱无家,扁舟短棹,措此身甚易",知作此文时侯方域正避乱于江南舟中。

侯方域携妻儿流寓宜兴。后侯方域感而作《世事》诗。

《四忆堂诗集》卷二《世事》云:"世事终何补,吾生亦有涯。近村成小筑,习懒慰茅斋。过雨花扶杖,微风草长阶。平泉山色好,垂老到珠厓。"

按:该诗自注云:"癸未卜居义兴作"。又该诗后附贾开宗跋云:"崇祯十六年,阁臣周延儒自尽。周,义兴人。引用平泉事,意或谓此,未可知也。"又,周延儒于是年十二月自尽,但从诗中所描写的景色来看,当为春夏之交,时间上似乎不合。姑录此存疑。

八月,清太宗皇太极死。太宗子福临即位,时年六岁,是为世祖。睿亲王多尔衮、郑亲王济尔哈朗辅政。改明年元为顺治。

八月,左良玉还军武昌,南京恢复平静。侯方域再到南京。重阳日,登城南雨花台,作《九日雨花台》诗五首。

《四忆堂诗集》卷二《九日雨花台》诗后附贾开宗跋云:"崇祯十六年,以左良玉镇荆襄,是岁良玉以粮尽引兵东下,欲趋金陵,都人惊窘。太学诸生以侯子与良玉有世旧谊,言之司马熊明遇,请致书止之。侯子与良玉书略曰:'将军今日功高望厚,犹唐之有郭子仪、李光弼也……'良玉得书而止。"。

夏燮《忠节吴次尾先生年谱》"崇祯十六年"条云:"其集中(指《四忆堂诗集》)又有《九日雨花台》七律五首,自注癸未作,以时事考之,必公子因讹言已定,不忘情于李姬,因复至金陵访之。"

冬,汪琬长子筠生。

汪敬源《续修文清公年谱》云:"癸未公年二十岁,冬子筠生。"

是年,侯恂被逮下狱。

侯洵《壮悔堂年谱》"崇祯十六年"条云:"以不即救汴,逮司徒公系狱。"

是年汪琬与吴中隐士陈均宁订交。后汪琬为其所辑《吴逸民传》作序。

《钝翁续稿》卷十六《陈均宁诗稿序》:"予友陈子均宁,吴中之隐君子也。先予甫逾弱冠,与均宁定交。"

按:由材料知汪琬与陈均宁交,当在其甫逾弱冠之时,姑系于是年。陈均宁事迹无考。

《尧峰文钞》文卷二十七《吴逸民传序》云:"陈子均宁为人沈静澹雅……辑成《吴逸民传》……庸敢述此说,著诸卷端,而求受教于均宁。"

按:此文写作时间无考,姑系于此。又《钝翁续稿》卷二有《赠陈均宁十二韵》:"羡君娄水曲,栖止惬平生。户外晴波合,窗中远岫萦……耽书元雅癖,佞佛亦高情。侘口遗民传,县知独擅名(均宁方辑吴中逸民故实,作传赞)。"当与《吴逸民传序》作于同时。

明思宗崇祯十七年 清世祖顺治元年 侯方域二十七岁 甲申 1644 年 魏禧二十一岁 汪琬二十一岁

二月,魏禧作《相臣论》。

《魏叔子文集外篇》卷一有《相臣论》,其序云"甲申二月自记。"

三月,李自成破北京。十八日内城陷,明崇祯帝自缢殉国。

大学士范景文、户部尚书倪元璐等自杀。

三月十九日,崇祯帝驾崩。魏兆凤率魏禧兄弟北向痛哭。魏禧从曾应遴谋起兵勤王,不果。

《宁都三魏全集》集首附《魏征君传》:"十七年天子崩于乱,天民率诸子号哭,竟日不食。都给事曾公倡勤王议,天民首输三百金于册。有大宦欲尼其事,私天民曰:'故省视省郡,君独不念后日难继耶?'天民正色曰:'力可竭则竭,何计后日?且此何事,顾独观望格列乎?'事竟寝,而宦衔天民言构大难,天民不为屈。"《魏季子文集》卷十五《先叔兄纪略》:"甲申流贼陷京师,天子死于社稷。先生……谋与曾公应遴起兵勤王。先征君亦慷慨破产助之。而李自成旋殄灭,不果。"

按:曾应遴,曾灿之父。字无择,号二濂。崇祯甲戌进士。授刑部主事。后改兵科给事中,奉命出督江西、广东兵饷。未几,迁兵科都给事。北京陷,募兵讨贼金陵。用事者龁奇之,应遴不得已释去。未几,病卒。《道光宁都直隶州志》卷二十二有传。

魏禧弃去诸生服。时宁都寇难初炽,魏禧寻山结石寨,侨家于金精山。

《魏季子文集》卷十五《先叔兄纪略》:"先生故善病,谢弃诸生服隐居山中,岁惟清明祭祀一入城而已。因屏去时艺专古学,教授弟子著录者数百人。方流贼之初炽也,是时承平日久,人不知乱,且谓寇远难遽及。先生独忧之,寻山结石寨以卫家室。经营措注,皆有成法。邑人仿效之,得免寇攘之难。时年二十一也。"《魏叔子文集外篇》卷十六《重修金精山碑记》亦云:"崇祯甲申之变,予侨家金精峰顶。"

三月,侯恂得脱狱。流寓徽州。

《商丘县志》卷八《侯恂传》:"甲申三月,贼入京师,恂出狱南奔。"

侯洵《壮悔堂年谱》"崇祯十六年":"司徒公流寓徽州。"

三月,吴县诸生汤传楥卒。后汪琬为其《湘中草》集作序,并作诗赠之。

《尧峰文钞》文卷二十八《湘中草序》:"予友汤子卿谋自少以才见称,当前明之季,其年甫弱冠,即用诗、古文屈其辈行……卿谋为徐子公肃外舅,既版行其遗集,而尤子展成、宋子既庭,皆卿谋故人也,复从而序之,且命予继其后。"

按:汤卿谋,原名汤传楥。尤侗《西堂文集·西堂杂组二集》卷六《汤卿谋小传》云:"吾友汤传楥,字子辅,更字卿谋,吴县人也。盖为诸生云……既再试秋闱不遇,郁邑不自得。甲申三月闻国变,益悲愤发疾,强起哭临三日,遂卒。年二十五矣。"又尤侗《西堂文集·西堂杂组三集》卷五《湘中草跋》云:"亡友汤卿谋所著《湘中草》十二卷,岁在乙酉,刻之中山氏者。"从文中知汤传楥《湘中草》初刻于次年乙酉。

五月,明南京兵部尚书史可法、凤阳总督马士英等在南中拥立福王朱由崧即帝位,改元明年为弘光元年。

马士英荐阮大铖兵部侍郎,东林、复社人士群起反对,党争复起。八月,马士英、阮大铖大肆逮捕东林党人及复社人士。

阮大铖命逮方域,方域避练国事家得免。时侯方域与练国事子练贞吉交。后方域离开南京时,练贞吉备酒送之。方域作《金陵别练三》诗。

夏燮《忠节吴次尾先生年谱》"崇祯十六年":"宏光既立,党狱将兴,(方域)始避于练大司马国事廨中。事急始去,依苏府张尚书。追檄捕至吴越间,始有渡江之行。故集中有《金陵别练三(贞吉,司马之三公子)》作、《燕子矶送吴次尾》作、《渡京口江》作。"《四忆堂诗集》卷首练贞吉《四忆堂诗集序》云:"甲申,朝宗罹皖江党人之狱,避司马公邸中,始与余定交。慷慨悲歌,醉后留一诗为别。今集中《别练三》者是也。"《壮悔堂诗集》卷三《金陵别练三(自注:练三贞吉)》云:"樽酒东门道,骊歌别怨生。同时还念汝,异地早知名。草色通新戍,车声去故城。苍茫浑意绪,天地一孤征。"

按:练国事,字君豫,永城人。万历丙辰进士,由知县征授御史,有直声。阉党赵兴邦劾之,削籍。崇祯元年,擢太仆少卿,进右佥都御史,巡抚陕西。因事逮下狱。崇祯九年正月,遣戍广西。南都立,召为户部侍郎,寻加尚书。明年二月致仕归,未几卒。徐鼒《小腆纪传》卷十二有传。

练贞吉,字石林,国事季子。幼敏悟绝人,十三岁入庠,顺治辛卯选拔入成均。少习家学,攻文词,尤熟悉先朝典故。与商丘侯方域、贾开宗、徐作肃,夏邑魏敏祺、彭舜龄、崔抡奇、王侯服、关麟如、杨如栋相友善。往来唱和,一时称盛。有《丛言诗话》、《扫叶居士集》行世。学者称石林先生。《光绪永城县志》卷二十三《人物志》、《国朝耆献类征初编》卷四百二十三有传。

阮大铖又令缇骑下吴、越捕侯方域。方域匿于苏松巡抚张凤翔幕府得脱。侯方域作《赠张尚书》、《宴张尚书舟中》等诗。

按：《四忆堂诗集》卷三有《赠张尚书》、《宴张尚书舟中》诗。其诗略。《赠张尚书》一诗题后自注云："尚书，张公凤翔也。"另，该诗后附有贾开宗注云："弘光元年，以张凤翔为苏松巡抚，廉督浙杭诸军事。按：是年大兴党人狱。下吴越捕侯子，依凤翔得免。"

张凤翔，字蓬元。堂邑人。明万历辛丑进士。历官工部尚书。国朝初，起用户部侍郎。奏称山东疮痍初定，赋额宜稍宽，得减三分之半，山东人感之。《山东通志》卷二十八有传。

六月，魏禧文集《内篇》一集成，并作《自叙》。

按：《魏叔子文集外篇》卷八有《内篇一集自叙》文，文后有"甲申六月书于淇园之江楼"语，可知该序作于是年，亦可知是年魏禧编成《内篇一集》。另该文后附有谢大茂评语："此叔子《制科策》所由作也。数语关天下国家气运，勿徒作文字看。"结合魏禧文字可知魏禧极力反对制举文，主张经世实用之文。

侯方域流寓苏州浒墅关。重阳拜访员外郎张永禧，作《九日过张员外》。

《四忆堂诗集》卷三《九日过张员外》云："惊心时序晚，异地亦重阳。废黍鸣饥雀，朝畦静素霜……"

按：该诗自注云："甲申寓浒墅作"。浒墅关，在今江苏吴县西北。另该诗后附贾开宗跋云："员外，张永禧也。按：是年永禧奉使浒墅。"知是年重阳，侯方域寓苏州浒墅关，拜访员外郎张永禧，感而作此诗。

时侯方域至吴县探访杨廷枢，有《饮杨孝廉廷枢宅》诗。

《四忆堂诗集》卷三《饮杨孝廉廷枢宅》云："深念杨雄老，艰难慎此躬。浮名朝暮蝶，往事马牛风。痛饮何妨醉，狂歌喜再逢。不才如贱子，舌在与公同。"

按：该诗自注云："甲申作。"杨廷枢乃吴县人。盖此诗作于流寓苏州之时。

九月，侯方域再到南京，遇吴应箕。适逢陈贞慧被逮。吴应箕遂约会方域于燕子矶，商量谋救之策。临别，方域作《燕子矶送次尾》诗。

夏燮《忠节吴次尾先生年谱》："（大清顺治元年）九月，先生既出都门，将溯江归秋浦。适侯公子自苏来，将渡江，闻先生出，遂约会于燕子矶，盖谋救定生及仲驭也。公子既送先生归，遂至扬州。"

按：陈贞慧被逮事，详见下谱。燕子矶，位于南京市北郊观音门外。

《壮悔堂文集》卷三《燕子矶送次尾》云："不尽登临地，依然燕子矶。波心悬帝阙，帆影动江晖。击楫乘风志，行吟纫芰衣。相怜分手处，转恐再游稀。"

按：该诗自注云："甲申作。"其后附宋荦跋："甲申为弘光元年。是时应箕与侯子同坐阮大铖党人狱，将逮捕之。此盖应箕避难出金陵，而侯子送之也。"

侯方域出钱财请钱禧代为打点锦衣卫，并求援于练国事，贞慧得免。

《壮悔堂文集》卷二《赠陈郎序》："后六年甲申……忽一日，缇校捕定生去，余仓皇出兼金付钱君禧，代请间而为求援于练司马公，定生得免。"

陈贞慧《书事七则·防乱公揭本末》："甲申九月十四日，两旗尉至余寓，踪迹余所与仲驭往来书札，无所得，因出一票，但闻曰：'驾上来，贺上来！'数十人蜂拥予去。时河南侯子适至，为予仓皇出兼金付钱君禧，代请间而为求援于练少司马。"

按：钱禧，字吉士，苏州人。著有《钱吉士先生全集》。练少司马，即练贞吉之父练国事。

侯方域自京口渡扬子江，作《禹铸九鼎歌》。往扬州依史可法，留高杰佐贰大都督贺胤昌军中，作《寄扬州贺都督》诗。

侯洵《壮悔堂年谱》"顺治元年"："阮大铖复捕公，公渡江，依史可法于扬州。"

《壮悔堂遗稿·送何子归金陵序》："又二年为甲申，弘光帝立，大兴党人狱。何子依楚帅，余窜扬州，仅而免。"

按：文中所云何子指何杲。

《壮悔堂文集》卷三《禹铸九鼎歌》自注云："甲申渡京口江作。"诗后附徐作肃注云："京口江即扬子江也。按：是岁高杰开藩扬州，侯子避难往依之。"

按：是年五月，史可法奉命督师扬州。九月，高杰进屯徐州。侯方域到达扬州之时，史可法正在泗州，只有高杰佐贰大都督贺胤昌留镇扬州。时侯方域作有《寄扬州贺都督》诗，今存《四忆堂诗集》卷三。

冬，高杰经略中原，侯方域随其军北征。离扬州日，有《临别发贺都督》诗。同时作《赠高开府》诗二首。

按：《四忆堂诗集》卷三有《临发别贺都督》，其诗略。其后附贾开宗跋曰："是岁冬，高杰经略中原，以胤昌镇扬州。侯子盖从军北征而别之也。"另，同卷《赠高开府》云："圣历中兴会，名藩鼎建初。匡时惟一剑，致主不传书。虎气腾秦宿，龙符剖豫墟。汉家云阁上，图画欲何如。"从诗意看，亦当作于是时。

是年，侯方域岳父常维翰逝世已二年，方域为作墓志铭。

《壮悔堂文集》卷十《明东平州太守常公墓志铭》云："妻父常公，以壬午卒。"又云："又二年，乃克具椁如礼，迎葬于旧阡。余为之志而铭……"

按：常公即常维翰。其生平见明崇祯六年谱。

是年，刘泽清封东平侯，开藩淮阴，贾开宗往依之。刘泽清欲奏除翰林院孔目之官，令贾开宗掌其军书记，开宗察其有异，趣不肯就，仅以白衣从军。

《商丘县志》卷九《贾开宗传》："东平侯刘泽清镇淮阴，奏为翰林院孔目，掌书记。开宗察其有异，趣不就职。以白衣从军，因事调护焉。"

是年彭士望初来宁都，与魏禧兄弟想谈甚得，决定携好友林时益徙家宁都。

《魏季子文集》卷十五《先叔兄纪略》："时年二十一也。而南昌彭躬庵士望亦于是岁来。初，予乡人有主躬庵家者，躬庵尝语：'天下将大乱，吾欲得遗种处。'予乡人曰：'则莫若吾宁都矣。山寨可居，田宅奴婢我能给也。'"躬庵果至，主其家实吾邻，并躬庵日日从门外过。予兄弟常目送之，相语曰：'若人风度似不凡者。然何以主是？'翌日，躬庵复经过，予兄弟遂下阶揖躬庵曰：'子何为者？'躬庵语以故，且曰：'为若人所绐，吾已移室至建昌矣。将安适？'曰：'能过吾馆舍谈乎？'曰：'甚善。'遂相与纵谈达明。躬庵慨然曰：'子兄弟真可以托家矣。'于是，躬庵遂急行，逆其家人，数步复返曰：'将与一好友携俪俱来，何如？'曰：'甚善。'至则林确斋时益也。"

按：彭士望，易堂九子之一。原姓危。《道光宁都直隶州志》卷二十二云："彭士望，字达生，号躬庵，南昌县诸生。英资卓荦。少奉父命师事漳浦黄公道周……岁甲申，同林时益徙居阳都冠石，与邱维屏、魏际瑞、魏禧、魏礼、李腾蛟、曾灿、彭任为性命交。砥砺名节，暇则诗文往来……所著文曰《耻躬堂集》……卒年七十六。"另《清朝先正事略》卷三十七有传。

林时益，本明宗室，原名朱议霶，亦易堂九子之一。《道光宁都直隶州志》卷二十二云："林时益，字确斋，南昌诸生。师事欧阳斌元，与彭士望为友……彭士望与言魏禧兄弟之贤……乃变姓名携家依之。康熙七年诏明故宗室子孙，众多窜伏山林者还田庐，复姓氏。时益久客阳都，弗乐归。卜居冠石，佣田而耕……冠石宜茶，时益以意制茶，香味独异，所称林茶是也。工行草书，善地理，性好苦酒，饮辄颓然。喜为诗，著《冠石诗集》五卷。"另《清史列传》卷七十有传。

是年魏礼年十六，成婚。妻谢氏。

《魏昭士文集》卷二《与施愚山先生书》："儆父年十六，先征君为授室。家母少二岁，出东山谢氏后，于宁都称族望。于归之年，在崇祯甲申。"

吴雯生。

吴雯《别本莲洋集》卷首《莲洋吴征君年谱》云："（顺治元年甲申）征君生于辽东。"

清世祖顺治二年 乙酉 1645 年 侯方域二十八岁 魏禧二十二岁 汪琬二十二岁

正月十一日夜，高杰为许定国所杀，高军大乱。

高杰卒后，侯方域为兴平大将规画东南，不听。

侯洵《壮悔堂年谱》"顺治二年"："依高杰防河。杰旋为许定国所杀。公说其军中大将规画东南，不听。"

胡介祉《侯朝宗公子传》："杰遇害，公子说其军中大将策甚善，不听。"

正月，侯方域归里，旋省父徽州，假道宜兴，探其妻儿。时王御史责浙、直督府追捕方域，逮之于陈贞慧家中。濒行，贞慧送之舟中，并与方域定为儿女亲家，以方域幼女许贞慧季子陈子万。

《壮悔堂文集》卷二《赠陈郎序》云："乙酉春正月，有王御史者，阿大铖意，上奏责浙、直督府捕余。余时居定生舍。既就逮，定生为经纪其家事。濒行，送之舟中，而握余手曰：'……盖以君幼女妻我季子。'余妻遂与陈夫人置杯酒定约去。是时，余女方三岁，陈郎方二岁尔。其后解归里，余居梁园，定生居阳羡，不相闻。"

  按：贞慧季子即陈子万。计东《改亭文集》卷五《赠陈子万至京师序》云："陈上舍宗石字子万者，宜兴少保公孙处士定生先生子，我友陈子其年弟，梁苑侯氏朝宗赘婿也。"

二月，明以阮大铖为兵部尚书。

三月，清兵取归德，明巡按御史凌駉死难。清兵悉定河南。四月，左良玉举兵讨马士英，兵陷九江，左良玉旋死。

侯方域趁乱逃扬州，投史可法幕。

  按：侯方域出狱后即投史可法军中避难，详见后谱。

四月二十日，清兵破扬州，明督师史可法殉难。清兵屠扬州，史称"扬州十日"。
史可法殉难之前，逼促侯方域离扬州逃生。

  按：《四忆堂诗集》卷五有《哀辞·扬诸军事史公可法》。诗后附贾开宗跋语："侯子避大铖之难，在幕。公语之曰：'……可法任兼将相，当死；子书生也，当去。倘见司徒公，幸为谢生平知己，今庶无愧也。'城陷……既被执，公不屈死。"

清兵渡江。弘光帝逃往芜湖黄得功军中。后刘良佐降清，杀黄得功，俘获弘光帝献清。马、阮等均逃。清兵至南京，礼部尚书钱谦益等迎降。
是时，侯方域狱得解。渡江再入南京，作《长至》诗。兴平降将留方域，并请授以清官，方域辞不就。

  侯洵《壮悔堂年谱》"顺治二年"条云："大兵下江南，弘光帝出奔。明亡。公狱得解。"

  谢桂荣、吴玲《侯方域年谱》"顺治二年"："方域渡江再入南京，有《长至》诗。兴平降将留方域，并请授以清官，方域辞不就。"

  按：《长至》诗见《四忆堂诗集》卷三。其诗略。

夏五月，魏禧作《制科策》、《限田策》、《革奄宦》三策，提出变法主张。

  按：《魏叔子文集外篇》卷三收有魏禧《制科策》、《限田策》、《革奄宦》。《制科策》后附癸卯自记云："三策作于乙酉五月，其后稍损益之云。"另，《制科策》文后附魏际瑞点评："破八股之陋处，字字的确公平，可以息天下之辩矣。"彭士望点评云："其诸附见，关系学术治理，精凿不磨。"

闰六月，江浙抗清之师蜂起。池州吴应箕以参加义军被捕死。松江夏允彝、山阴祁彪佳、刘宗周均以兵败自杀。
金声、江天一等在绩溪起兵，亦败死。
熊汝霖、钱肃乐等奉鲁王朱以海监国于绍兴，以明年为元年。明唐王朱聿键亦即皇位于福州，改元隆武。
清改南京为江南省。改应天府为江宁府。定河南乡试取中举人额数为九十四名。

六月,彭士望与林时益侨家宁都,魏禧晨起急相迎。

《魏叔子文集外篇》卷十一《彭躬庵七十序》:"余乙酉年二十二,交躬庵先生。"又云:"初,先生以福清林退庵言知予,立谈定交,决计与朱用霖携妻子相就。舟至,予方晨起,闻之,蓬头垢面,褐被走沙碛相见,慷慨谈论。"

彭士望《耻躬堂诗集自序》:"六月,弃家产同林确斋尽室依魏凝叔于宁都。"

《魏叔子诗集》卷三《林确斋四十又一诗以赠之》云:"君家初来时,舣舟长桥侧。甫闻及晨兴,披衣走沙碛。蓬头面未靧,坐君相盘辟。遂庐翠微峰,八载共晨夕。"

夏,魏禧与叶永圻书信论交。

《魏叔子文集外篇》卷五《与金华叶子九书》:"乙酉夏曾柬同先论交。"

按:叶永圻,字同先,浙江金华人。生平详见次年谱。

九月,魏禧驾舟观湖,作《大湖滩赋》。

《魏叔子文集外篇》卷二十一《大湖滩赋》序:"乙酉玄月,沿舟大湖,石急水悍,矼而虚舟,踞磐石以观之。"

按:玄月即九月。

秋,侯方域屏居泰州。作《海陵署中》诗二首。

《壮悔堂文集》卷三《海陵署中》诗云:"海陵烽火后,烟戍长新黄。老柏何年朽,苍鹰尽日啼。江都隋战伐,京观楚鲸鲵。翘首愁欲破,惊心听马嘶。"

按:该诗自注云:"乙酉作。"从所描写的景色来看,其时当为秋季。另,该诗后附贾开宗跋曰:"海陵去江都百二十里,今泰州也。按是岁高杰卒,豫王师济自泗,诸将走海陵,遂攻扬州克之。"可知是年侯方域随高杰诸将屏居泰州。

清兵破泗州,渡淮。明刘泽清降。

贾开宗将辞官归隐,方域闻之,作诗《奉送贾三丈开宗归隐》。

《商丘县志》卷九《贾开宗传》:"乙酉泽清自海道来降,(贾开宗)乃辞归。"

《四忆堂诗集》卷三《奉送贾三丈开宗归隐》:"汝去诚何意,谋生乱世难。形藏羞短鬓,戎马贱儒冠。大道浮沉稳,狂名笑骂安。河清终有待,鄙矣钓鱼滩。"

侯方域曾在海陵与兴平监军王相业共盟不降。后王降清,居泗。方域即将归里,作《寄泗上王二丈》诗。

《壮悔堂文集》卷三《寄泗上王二丈》云:"离离禾黍映周京,泗上英图问旧盟。岂负青鞋寻往约,为留黄发慰苍生……"

按:该诗后附宋荦跋云:"泗上,王相业也。"又附徐作肃跋曰:"弘光元年,相业为兴平监军,豫王破扬州,诸将降。相业屏居海陵。豫王手令征之,复命兴平大将李本身、王之细等敦辟,乃归朝。仍以明官改居泗,后徙凤阳。此盖侯子归里而相业尚在泗日寄之也。"另,从诗意看,侯方域昔日当与王相业共盟不降。

秋,侯方域自江南归里。卜居村西草堂。

《壮悔堂文集》卷三《村西草堂歌》后附宋荦跋云:"乙酉岁,侯子自金陵归里,卜居西村草堂。盖即此也。"

按：侯方域归里具体时间详见下谱所引徐邻唐《壮悔堂文集序》。

是时邑人沈议重修白云寺，请侯方域作《重修白云寺记》。

《壮悔堂文集》卷六《重修白云寺碑记》："壬午，而寇李自成益炽，攻破宋城……寺以坏。甲申冠陷京师，金陵共拥立弘光皇帝，舍人复补官于朝。居一岁，明亡，舍人弃其官归……尽出家财，不期月悉复其旧。僧请记，舍人曰：'是非侯子不可，姑待之。'余既归自江南，以为请。"

按：《商丘县志》卷十六《艺文》收有侯方域此文，其前内容提要云："中书舍人沈议于明亡后弃官来宋，'将为浮屠氏'以终年。因出家财，尽复白云寺旧观。"

侯方域旧时字画及儿时诗文，皆被兵火所毁。

徐邻唐《壮悔堂文集序》："侯子囊所刊古文数百篇，兵火焚佚，尽亡其册。乙酉秋，自江南归里，始悔从前古文辞之未合于法，若幸兵火为掩拙者。"

冬，魏禧累集千金向翠微峰原山主彭宦买山，出资最多者为魏氏三兄弟及曾灿，次之有谢、杨诸姓，又次有邱维屏、李腾蛟等人。

《耻躬堂文钞》卷八《翠微峰易堂记》："乙酉冬，魏凝叔知天下未易见太平，与其友将为四方之役，谋所以托家者。时邑人彭宦得兹山创辟。凝叔合知戚，累千金向宦买山。奉父母及兄善伯、弟和公居焉。旁及亲戚。始远人林确斋，予以义让，不甚较资。余视资多寡，最凝叔兄弟及曾止山，次谢、杨诸姓，又次邱邦士、李力负。俱邑人。"

按：此文该集卷八存目，但原文缺失，此处乃据《道光宁都直隶州志》卷三十一《艺文志》所收之文而录，本谱所引该文文字均录自《道光宁都直隶州志》。

是年，侯方域友人彭舜龄参加清朝乡试，方域作《赠彭子序》。

计东《改亭文集》卷十五《清故山东登州府推官彭公墓表》云："公己卯举河南副榜，乙酉举乡试，己丑成进士。筮仕得浙江嘉兴府推官。"《壮悔堂文集》卷一《赠彭子序》："岁乙酉，河南贡士于乡，例也。吾彭子与焉。"

按：彭子即彭舜龄，字孝先。任源祥《鸣鹤堂文集》卷五《赠彭容园序》云："彭君讳舜龄，字孝先，号容园。为人习于掌故，知当世人物……初，中州风气朴素，孝先与侯方域以古文辞倡雪苑中，中州风气，蔚然一变。"《河南通志》卷五十八有传。

侯方域作《除夜》诗四首。

《四忆堂诗集》卷四有《除夜》诗四首，诗后自注云"乙酉作"。

是年，魏禧兄子魏世杰生。

详见《魏禧传略》。

是年，魏禧作《变法》上下篇。

按：《魏叔子文集外篇》卷三《变法》上下篇后皆附有乙酉自记，故其文作于是年。

是年汪琬奉母避难。

赵经达《汪琬先生年谱》"顺治二年"条云:"江南大乱,先生奉母避难。"

是年汪琬长女生,旋殇。

汪敬源《续修文清公年谱》:"大清顺治二年……是岁生长女,不育。"

清世祖顺治三年 丙戌 1646年 侯方域二十九岁 魏禧二十三岁 汪琬二十三岁

正月初一日,大雪。侯方域有诗记之。

《壮悔堂文集》卷四《正月初一日雪》自注云:"丙戌作"。

春,南明隆武帝遣将分道出兵,以郑鸿逵为大元帅,出浙东;郑彩为副元帅,出江西。既出关,不行。未几,称饷绝而还。

侯方域愤而作《黔虎行》诗讽之。

《四忆堂诗集》卷三《黔虎行》:"黔虎不知山有驴,疑其噬己耳生风。心怯熟视竟避去,近前则复惊一鸣……君不见南山白额眼殷红,身负文采称斑公。兼之猛锐敌万人,驱使群狼友玄熊。奈何有力不自奋,犹豫退处山嵎中。日蹙百里徒摇尾,猎人将至非骁雄。"

按:据诗意推测,此诗作于是年,疑讥讽郑鸿逵、郑彩二人。

春,魏禧兄弟为避兵乱,奉父母隐居翠微峰。是年其父魏天民削发为僧。

《魏叔子文集·外篇》卷十六《翠微峰记》:"丙戌春,奉父母居之,因渐致远近之贤者,先后附焉。"

《宁都三魏全集》集首附《魏征君传》:"十七年天子崩于乱。后二年天民走匿山中,剪发为头陀。"

侯方域作《春兴》诗八首。

《四忆堂诗集》卷三《春兴八首》后附贾开宗跋曰:"此诗盖亦侯子归里所作也。"

按:方域于上年秋归里,此诗当作于是年春。

侯方域仲兄侯方夏举进士,授陕西平凉县知县。迎父侯恂还里。

《商丘县志》卷九《侯方夏传》云:"方夏登顺治丙戌进士,授陕西平凉知县。"

《改亭文集》卷四十《前明资德大夫正治上卿户部尚书侯公墓志铭》:"顺治丙戌,公子方夏举进士,迎公还里,为圃城南偃卧。其中足不入城市者十四年。"

时有仕清明臣欲荐侯恂出仕,恂坚谢之,乃筑南园居之。侯方域亦随父居南园。

《商丘县志》卷八《侯恂传》:"有明臣之在朝者多欲恂出裸将,而中州抚按亦交章论荐,恂谢不起。因筑室城南,偃卧其中,足不入城市者,又十余年而卒。"

《壮悔堂年谱》"顺治三年":"司徒公筑南园居之。"

按:南园在今商丘城南十里侯小园村。侯方域父子墓均在此。另《商丘县志》卷十六收有侯恂《南园记》。

八月,清军自浙入闽,隆武帝被俘遇害。

汪琬补廪膳生。秋,参加乡试,不利。

汪敬源《续修文清公年谱》："丙戌公年二十三岁……补廪膳生。秋试于乡，不利。"

十月，清军破赣州。明大学士杨廷麟、兵部尚书万元吉等自杀。

冬，魏禧与诸子商议，皆隐居于翠微峰。彭任结庐嶰山。是年始为易堂之学，人称"易堂九子"。即魏际瑞、魏禧、魏礼、彭士望、林时益、邱维屏、李腾蛟、曾灿、彭任。

《魏叔子文集外篇》卷十六《翠微峰记》："岁甲申国变，予采山而隐。闻邑人彭氏因圻凿磴架阁道，于山之中干辟平地作屋。其后诸子讲《易》，盖所谓易堂者也。予同伯兄季弟大资其修凿费。"《耻躬堂文钞》卷八《翠微峰易堂记》："是冬诸子言易，卜得离之乾，遂名易堂。"

按：易堂诸子隐居翠微峰时间无考，但按常理当在魏禧及父母上山之后，故当在是年。又，彭任字中叔。邑诸生。亦为易堂九子之一。后结庐嶰山，名所居曰"一草亭"。为人落穆高骞，寿八十四终。辑有《礼记类编》、有《草亭诗集》。《道光宁都直隶州志》卷二十、《清朝先正事略》卷三十七有传。

是年，马士英、阮大铖均被清军所杀。

是年，侯方域作《咏怀诗》二十一首。

《四忆堂诗集》卷四《咏怀诗》自注云："丙戌作。"

是年，李雯因父卒而归乡。侯方域作《寄李舍人雯》。

《嘉庆松江府志》卷五十六《李雯传》："五月初一日，王师入京城，内院诸大臣怜雯孝且奇其才，荐授宏文院撰文中书舍人……乙酉充顺天乡试同考官。丙戌请于朝，以父丧归葬。"《四忆堂诗集》卷三《寄李舍人雯》云："金陵门外昔同游，归去衰迟有故丘。六季春城喧野雀，三山云气黯江楼。嵇康辞吏非关懒，张翰思乡不为秋。最是月明照颜色，平芜烟雨使人愁。"

按：从"嵇康辞吏非关懒，张翰思乡不为秋"这两句诗句看，当有劝讽李雯之意。

是年，侯方域寄诗陈贞慧，与之相约终隐。

按：《四忆堂诗集》卷三有《寄陈子山中》，题下自注："阳羡陈贞慧也。"知此诗乃为陈贞慧而作。又其二诗云："徒步归故丘，时清容吾懒。"可知是诗作于侯方域归里之后。姑系于此。另，其三诗云："悲风从天来，桑榆催短颢。烈士重暮年，收之正复好。种我彭泽田，八口有余稻。富贵如时序，成功不自保。愿言寄遐心，平楚为三岛。"从诗意知，是时侯方域归隐之志已决，乃寄诗陈贞慧相约终隐。

是年，贾开宗自淮阴返里。

徐作肃《偶更堂文集》卷下《贾静子墓志铭》云："方域之避乱归以顺治乙酉，静子之归以顺治丙戌。"

是年，魏禧友叶永圻卒。

《魏叔子诗集》卷三《读曾止山哀叶蓟綖作而追哭之并寄令弟子九》序："叶子名永圻，字同先，婺人……死丙戌，后九年而讣至。"

潘耒生。

姜亮夫《历代名人年里碑传总表》记其"生于清顺治三年。"

清世祖顺治四年 丁亥 1647 年 侯方域三十岁 魏禧二十四岁 汪琬二十四岁

清军于正月陷肇庆,永历帝奔桂林。

春,侯方域种树南园。

《四忆堂诗集》卷四《种树》诗云:"种树南园好,荒榛径渐除。"

按:可知此诗乃侯方域居南园时作,时间当在是年前后,姑系于此。

春,汪琬第二女生。旋殇。

汪敬源《续修文清公年谱》"丁亥":"春,生第二女,不育。"

四月,清松江总督吴胜兆起兵反清被杀,株连甚众。陈子龙、夏完淳、杨廷枢等皆遇害。

宋权总裁会试,其子宋荦以大臣子应诏入朝。

夏,魏禧始编次文集《外篇》。

《魏叔子文集外篇》卷首魏禧《自叙》云:"余自幼读书,长受教于大人君子,往往以不及古人为恨。生平为文,又不喜学古人一家,据吾之所然者,画然言之,使无遁理而已……余治四子之文有暇,间为杂体,或触于事会之所遭,率尔抒其胸臆,积岁所得,不觉遂多。于是以丁亥休夏之月类而秩之,各标数言于首,名曰《外篇》。"

十月,魏禧文集《内篇二集》编成。

《魏叔子文集外篇》卷八《内篇二集自叙》云:"余甲申遭烈皇帝之变,窃叹科制负朝廷如此。既思朝廷以八股取士,曲摹口语,正如婢代夫人,即令甚肖,要未有所损益,绳趋矩步,使人耳目无所见闻,是科制之不善也。余因拟《制科策》,条为通论凡千余言。是时南都初建,余不能遂弃举子业,遂不得举八股之体而决裂更张之。故自甲申来所为文,刷华攻实,视壬、癸之前稍稍一变,而终不敢恣行其意之所然……然余既以善病放废山中,不能持锸荷钱,作勤畦圃,日食无所事事,思用其心思,以养縠气,遂得悠游放论,快平生之所欲言。要之引而辟之圣贤之道,且何如耶?丁亥十月书于翠微峰之易堂。"

孟冬十月,林夏叔自南昌归翠微峰,魏禧为之作序。

《魏叔子文集外篇》卷二十《林夏叔归翠微山序》:"丁亥孟冬之六日,林子自章门归,将与李子、谢子暮登乎翠微,予坐而迟山之口。"

按:章门,即今南昌。其地汉时属豫章郡,故称。

十一月,李自成兵大败清兵于金州。

十一月,魏禧作《告玄帝文》。

《魏叔子文集外篇》卷二十《告玄帝文》:"维丁亥年十一月十有四日,翠微下士魏禧敢齐洁虔肃,敬祷于玄天上帝之前……"

十二月四日,汪琬母徐宜人卒。

详见《汪琬传略》。

冬,魏禧始为诗。其时作《伤怀诗》。

《魏叔子诗集》卷首彭士望《叙》云:"丁亥冬,叔子始为诗。"

按:《魏叔子诗集》卷一《伤怀诗》自注曰"丁亥作"。

是年,侯方域与徐邻唐交。

《壮悔堂遗稿·雪苑六子社序》:"乙酉,余自吴返,贾子自淮阴归……于是三年焉,而徐子邻唐者出。徐子,宿儒之,是吾昔者雪园四子之所未收也。"

按:由文意可推知侯方域与徐邻唐结交于是年。

《商丘县志》卷九《儒林传·徐邻唐》:"徐邻唐,字迩黄。本金陵人。大父某儒官,官于宋,遂家商丘。少颖敏,而荡轶不羁,既乃折节读书,动止一循礼法。笃于庠,侯方域、贾开宗辈重其文,与之结六子社,声望鹊起,门弟子日益进。久乃叹曰:'人生一世,自有安身立命之所,何斤斤以文艺为?'悉谢去,求性命之学,久而得。刊华落藻,形若木鸡,望而知为有道之器。晚号我庵,自作《我庵传》,学者又辑其问答之言为《我庵语略》。以需次贡礼部,竟不赴试,年七十卒。"

是年,魏禧弃去举业,始从姊婿邱维屏学为古文辞。

《魏叔子文集外篇》卷七《与温伯芳》:"二十四岁后弃科举。始于家姊丈学古文。"

《魏叔子文集》卷首附曾青藜《序》:"甲申乙酉以来,自以病放山中,尽弃去时文为古文辞。叔子生平于吾易堂中为古文者最服膺其姊婿邱邦士,凡有作必相与论定。"

易堂诸子常聚翠微易堂读史讲论,影响颇大。

《耻躬堂文钞》卷八《翠微峰易堂记》:"丁亥合坐读史,为笔记论列,间而课古文辞,抽古人疑事相问难。为诗,诗一遵正韵。朔望,凝叔父魏圣期翁暨诸子衣冠,述乡约六谕,徐及古今善行事,内外肃听。"

是年,魏际瑞以长子之责出山,魏禧与魏礼山居奉父母。

《魏叔子文集外篇》卷十一《季弟五十述》云:"丁亥,邑新令至。征君招诸子曰:'汝辈云何?'禧率尔对曰:'甲申哭临之言犹在也,禧又善病,愿奉父母以隐。'征君曰:'可。'礼对曰:'愿从叔兄后。'征君笑曰:'尔未有名字,人将以为谩督学使者试耳。'对曰:'道我不识一丁字,固不以乱吾意。'征君曰:'可。'伯兄逡巡对曰:'长子责在宗祧,祥出其乎!'于是二弟山居奉父母,伯兄独身出。"

汪琬常与侯涵以诗相倡和,至是年始罢。

赵经达《汪琬先生年谱》"顺治四年":"先是,先生与侯研德涵以诗相倡和,至是始罢。"

按:汪琬与侯涵交往之事无考。汪琬曾为作《贞宪先生墓志铭》,详见康熙三年谱。侯涵本名泓,字研德,嘉定人。少与三兄二弟称"江左六龙"。后退隐吴市,精研诗文,究心性命之学。论者皆称其笔力老苍,近代罕匹。《江南通志》卷一百六十八有传。

姜实节生。

姜亮夫《历代名人年里碑传总表》记其生于清顺治四年。

李雯卒。

邓之诚《清诗纪事初编》卷四谓其卒于顺治四年。

清世祖顺治五年 戊子 1648 年 侯方域三十一岁 魏禧二十五岁 汪琬二十五岁

夏,汪琬第三女生。旋殇。

汪敬源《续修文清公年谱》云:"戊子公年二十五,夏生第三女,不育。"

七月,贵池吴参携其幼子吴正名来投宁都易堂,易堂理学始兴。

《魏叔子文集外篇》卷十四《哭吴秉季文》:"戊子七月,兄同曾仲子间关避乱来易堂,堂中诸子闻之,皆倒屣迎。"

《耻躬堂文钞》卷八《翠微峰易堂记》:"戊子秋,吴竞鲁至,始谈学。"

《魏叔子文集外篇》卷二十二《论屯卦》:"戊子己丑之间,同诸子于翠微讲《易》。"

《道光宁都直隶州志》卷二十三《寓贤志》:"吴参,字竞鲁。贵池(安徽)人。父尊周,崇祯末武进士……尊周故与南昌彭士望有旧,参丧偶,子正名方数龄,托士望鞠之……乃从士望于阳都躬耕冠石。终身不再娶……有志理学,著《里言》一编。晚而之杭,与所谓河渚三君子者应嗣寅、沈甸华、陈际叔相交善。乙卯秋卒于杭,正名庐墓三年,复归阳都,刻苦笃行,以文学为李腾蛟、魏礼高坐弟子。著有《郢言吴子》七篇,《原地叩浦堂诗文集》。"

是年,归德府教授王来朋将解组归,侯方域代父作序以送。

《壮悔堂文集》卷二《为司徒公送王博士序》:"郏鄏王先生掌教吾郡,居一季,郡士化之。吾君吾相嘉先生之绩,迁其秩。先生……遽解组归。是日也,诸弟子数百人徒步奔走挽先生……"

按:文中有"今天下鼎革方始,学校未兴"语,考《归德府志》卷五《职官表》,知王来朋清顺治四、五年间曾任归德府教授。故文中王博士即王来朋。又《归德府志》卷二十一《名宦略下》云:"王来朋,汝州人。顺治初为府教授。端重有体。每月两集士子。课论文艺,礼仪周备,士林宗之。"另据文中"居一年,郡士化之"句知本文当作于顺治五年。时王来朋将解组归乡,侯方域代父作此文以送。

是年,彭士望、林时益读《三国志》,并与魏禧兄弟相互讨论。

按:《耻躬堂诗钞》卷二有《翠微峰勺庭同林确斋读〈三国志〉柬魏冰叔、和公》。该卷首注其作年曰:"戊子己丑",又该诗前有《戊子二月除日登从姑山作》,后有《戊子除夕苦雨遣怀》。从诗集的排列顺序可知此诗作于戊子年。
邵廷采生。

邵廷采《思复堂文集》附录龚廷麟《文学邵念鲁先生墓志铭》："生于顺治戊子正月五日。"

清世祖顺治六年 己丑 1649 年 侯方域三十二岁 魏禧二十六岁 汪琬二十六岁

正月,清军破南昌,金声桓死。三月,清军进逼信丰,李成栋死。江西入清。

八月,清廷令张存仁为兵部尚书兼都察院右副都御史,总督直隶、山东、河南三省。张存仁到任,即寻访侯恂、侯方域父子,来札询求"弭盗方略"。

《清史稿》卷二百三十七《张存仁传》:"(顺治)六年八月,起授兵部尚书兼右副都御史,总督直隶、山东、河南三省,巡抚保定诸府,提督紫金诸关兼领海防。盗发榆园,为大名诸县害。存仁闻归德侯方域才,贻书咨治盗策,方域具以对。存仁用其策,盗悉平。"

按:侯方域后为作《上三省督府剿抚议》,详见次年谱。

十一月,宋权因丁母忧假归。重修建颜鲁公碑亭,并请侯方域作记。

《壮悔堂文集》卷六《重修颜鲁公碑亭记》:"太保宋公入相之四年,而葬其亲以归……见有岳岳焉若人之立其际……顾谓其从者曰:'……吾将为亭以覆之。'阅月告成,而命域为之记。"

按:太保宋公,即宋权。徐作肃《偶更堂文集》卷下《太子太保国史院大学士赠少保谥文康宋公墓志铭》云:"顺治三年,诏进内翰林国史院大学士(即入相)。"又云:"顺治五年,奉敕纂《太宗实录》,丁太夫人忧,请终制不许,益力请……疏归葬者再,诏使给假六月……归途,加太子太保,葬毕赴阙。"由此知宋权入相在顺治三年,丁母忧假归在顺治五年之后。结合侯文中所云"太保宋公入相之四年,而葬其亲以归",知宋权归里葬亲当在顺治六年。

时宋荦随父回商丘,从学于贾开宗及侯方域,并与徐作肃定交。

宋荦《漫堂年谱》卷一"顺治六年己丑":"余年十六,随先文康归里葬丁太夫人。"

宋荦《漫堂说诗》:"余年十二即奉先文康庭训,从事声律。旋入侍禁闱,侧身属车豹尾。闲此道便弃。后归故园,追随侯方域、贾开宗、徐作霖诸君分题拈韵,篇什遂多。"

按:参看上引材料可知是年宋荦随父回商丘,并从学于侯方域及贾开宗。

徐作肃《偶更堂文集·嘉禾堂诗序》:"忆初晤牧仲也,盖于侯朝宗座上。时牧仲携其所为诗,就朝宗质焉。而请朝宗介于予。予交牧仲始于此而读牧仲诗即始于此。"

按:据文意知徐作肃与宋荦结交约在是年。

另,宋荦,字牧仲,商丘人。年十四以任子入侍禁廷,逾年试用,名列第一,例受职。其父以年小力辞,归里读书。与同里贾开宗、侯方域、徐作肃辈结社,讲论辞章,穷究古今。居数岁,丁艰服阕。谒选。除黄州通判,有善绩。屡迁刑部郎中。历任江西、江苏巡抚等。后晋吏部尚书,旋加太子少保少师致仕。著有《绵津山人诗集》、《西陂类稿》等。《归德府志》卷二十五有传。

徐作肃,字恭士,解元作霖之弟。幼受学于其兄,及长有文名。与侯、贾辈交善。能诗善书,为人落落穆穆,矜重自持。举辛卯乡荐,不仕卒。著有《偶更堂文集》、《偶更堂诗集》。《商丘县志》卷九有传。

冬,宁都爆发农民起义,彭贺伯占据宁都。魏禧作《拥被》诗五首。

《道光宁都直隶州志》卷十四《武事志》:"顺治六年,彭贺伯据阳都城,知县田书被害。县丞、典史、教官俱逸去,邑惧其毒。流贼张自盛从阳都屯东龙。十一月二十七日,夜严寒雨雪,石城守御皆卧。内应起,纵火北门。贼乘机攻城,城陷。"

《魏叔子诗集》卷三《拥被》(其二):"乱兵薄四野,中夜相牵匿。秋瑟寒风鸣,长道恒蹴踖。非无衣与被,仓猝不及觅。冬夜苦夜长,殷勤望朝日。朝日出东山,又恐兵至索。"(其三):"营火接百里,一望如星辰。烈焰无强木,茅茨安得存。寒风刮两耳,坐起班树根。犹幸不雨雪,未敢怨苦辛。"

按:该诗注云:"己丑作。"

是年,乡人丁掾治室成,侯方域为文以贺。

《壮悔堂文集》卷一《赠丁掾序》:"丁掾治其室成,其僚若友相与贺焉,而请于侯子为之文。"

按:丁掾,生平不详。由文中"掾者,郡邑所推择以佐其上者也"及"终徐公之治,掾自守廉,而事上官谨。徐公去,其所以事其后之太守者亦然"等句观之,丁掾当先后辅佐过徐公及其后任知府。又据《归德府志》卷五《职官表》记载,徐淳顺治三至五年、王第魁顺治六至七年,先后任归德府知府,王登进顺治八年又继任之。据文意,本文当作于顺治六年之后,具体时间无考,姑系于此。

是岁,魏禧编《救荒策》成。

《魏叔子文集外篇》卷六《答翟韩城书》:"禧于戊子、己丑间编次《救荒策》一篇。"

《魏叔子文集外篇》卷三《救荒策》按语云:"古称救荒无奇策,要凡天下之策未有奇者,因时制事,世人不能行而独行之,则谓之奇耳。是编多辑古人成法,间以意损益之。然一人耳目有尽,心思有所不及,又或自拟良法,行之不能无弊者。增美去恶,以成万世万民之利,是在后之君子矣。"文后朱方来评语云:"勺庭先生山居二十年,心计手画,无时不胞与天下,所著策略,多万世大计。予获与其门下士游,尝窃窥一二,而此策斟酌古今,流自苦心,尤为荒策中集大成也。"

清世祖顺治七年 庚寅 1650年 侯方域三十三岁 魏禧二十七岁 汪琬二十

七岁

二月,清军围攻江西宁都,杀害占据宁都二年的农民军首领彭顺庆,并将宁都城屠掠几尽。

清兵破宁都城,翠微峰得全。

《魏叔子文集外篇》卷十八《先伯兄墓志铭》:"宁都乱民据城市,称义兵。庚寅春赣檄兵十万围攻之,城破,屠掠几尽。结寨而居者科重饷。祸且不测,伯独身冒险任其事,屡濒于危。翠微得全。"

《魏叔子文集外篇》卷五《同林确斋与桐城三方书》:"甲申之变,禧与父兄谋,破产二千余石营金精斗绝而居之。后七年宁都城破,家得全。"

四月,宋权携子宋荦回北京。

按:由上年谱所引徐作肃《偶更堂文集》卷下《太子太保国史院大学士赠少保谥文康宋公墓志铭》知,宋权因丁母忧,被授假六月。宋权于上年十一月归里,则当于是年四月回京。

夏,贾开宗游江南。

贾开宗《溯园文集·李鲁得试牍序》:"庚寅夏,余与同里李腹公过秦邮……后八月中,过秣陵(金陵别名)。"

七月,邱维屏为文指陈魏禧过失,并授与为人交友之道。后魏禧作《复邱邦士书》,详陈己过。

《魏叔子文集外篇》卷五《复邱邦士书》:"不肖禧资质鲁钝,自十岁来稍稍想慕善事,父兄师友间见引许;而言己所明以竭忠告于人者,又往往出于性情之偏至,于是禧之言日益多,人之言于禧者日益少,此禧生平所大不幸也。戊子仲秋,获承易堂先生训正,举生平所挟持一旦而夺弃之,如堕深渊不知所出,望海若不能穷其津涯,贬己抑情,痛思成过。禧每自窃叹:自十岁用心朋友之道,得交君子若而人,然攻恶纠愆,孜孜无已,实被其益,未若此时。顷读先生手教,禧愧惧之余,又益窃叹易堂训正以来,直言无讳,以苦口生我,未有如先生之隐发曲中,无有遁情者。"

按:该文前附有邱邦士原书,其文略。文中有"庚寅七月日维屏顿首冰叔三舅足下"语,魏禧复书当在其后不久。

秋,贾开宗游江南将归,侯方域作《与贾三兄论肉食书》,欲远道寄之。徐作肃评注其文,侯方域若有所悟,文风遂易。

徐作肃《偶更堂文集》卷上《贾静子古文序》:"自乡二三子起雪苑,于古文犹未深造。振兴者在侯子朝宗。庚寅秋,静子自南来,朝宗预为书,戏抬生平,欲远道投之,动其一笑。作成示余,余惊喜甚,细为品注。朝宗览余注,亦且豁然指归,易其向作。即朝宗前此犹未卓然也。"

按:文中"庚寅秋,静子自南来",当指贾开宗顺治七年夏游金陵,秋始从江南起程返回商丘之事。因其时侯方域在商丘,贾开宗在江南,故徐文又云"朝宗预为书……欲远道投之"。《壮悔堂文集》卷三《与贾三兄论肉食书》亦云:"客有自南中来者,云足下已肉食。域闻之大喜。"也证实贾开宗当时确在江南。另,侯方域《与贾三兄论肉食书》之后附有徐作肃跋语:"是昌黎文中第一,果有识者,心不河汉吾言。"据次年谱知,贾开宗归里的时间为顺治八年春,则方域作此文时,贾开宗正在回归途中。

秋,魏禧内弟谢大茂卒。魏禧适病,不得往送葬,夜作《哭谢曲斋》诗,后为之作墓志。

《魏叔子诗集》卷二《哭谢曲斋》序:"内弟谢子大茂少依予。予生平许谢子,谢子亦蹈汤火不让也。好义轻财,气魄盖人,可哀也已。谢子敛于山下,予病不得往抚榇而哭,中夜欲狂,爰成哀吟。谢子年二十有五,少予二岁。"

按:由文知谢大茂卒时魏禧二十七岁,即在是年。此与魏禧顺治八年所作《与李咸斋书》"去秋谢曲斋暴死"之语合。详见次年谱。后魏禧为其作《通判谢君墓志》(今存《魏叔子文集外篇》卷十八),详见清顺治十八年谱。

十一月,清军破广州,陷桂林。永历帝奔南宁。两广大部分地区皆为清军所占。

十二月二十二日,侯方域作《书黄子久画后》。

《壮悔堂文集》卷九《书黄子久画后》文末有"庚寅十二月望后七日"语。

是年,三省督府张存仁到南园探访侯氏父子。方域为作《上三省督府剿抚议》,后张用其策,盗悉平。

按:《壮悔堂文集》卷四有《上三省督府剿抚议》,文集总目题下注云:"顺治庚寅",知此文作于是年。又,三省督府即张存仁。详参上年谱。

是年,侯方域作《郑氏东园记》,抒发盛衰兴亡之感。

《壮悔堂文集》卷六《郑氏东园记》:"余年三十有三,忆少之嬉游于是园者……"

按:由文意可知此文作于是年。又由文中"郑君以茂才举州刺史,历官徐淮副使"语可知郑君即郑之俊。又,郑之俊,商丘人。崇祯九年举贤良,任陕西固原州知州、淮阳治兵使者等职。终延安府同知。《商丘县志》卷六《选举》有传。

是年,侯方域与徐作肃等友人常集于雪苑社,探讨古文创作。

徐作肃《偶更堂文集》卷上《侯朝宗遗稿序》云:"而朝宗此文,则自顺治之庚寅。忆尔时,朝宗方与余讨今古文于轨度;古文则准之唐、宋八子,今文则准之考亭之章句。或间日一作,或日一二作,至命酒高谈,将无虚日。而余拙钝,偶一涉笔,他皆寄话言于酒。每宾从杂沓,号叫迷离,而朝宗之文成矣!呜呼!何其雄也。"

是年,太仓吴伟业及长洲宋德宜等于嘉兴南湖举行十郡大社。未几结盟。盟者有十子,汪琬及吴愉、宋实颖、宋德宜、宋德宏、尤侗均在。后尤侗又与宋实颖、汪琬、计东等举慎交社,远近之人多归之。

赵经达《汪琬先生年谱》"顺治七年":"太仓吴梅村伟业先生及长洲宋右之德宜等举十郡大社。连舟数百艘,集于嘉兴南湖。越三日,乃定交去。宛平金冶公铉来，寻盟。盟者十子：金冶公、彭云客珑、缪子长慧远、章素文在兹、吴敬生愉、宋既庭、宋右之、宋畴三德宏、尤悔庵侗及先生也。悔庵与彭、宋、计甫草东举慎交社，七郡从焉。"

彭绍升《二林居集》卷二三《彭氏家传》："顺治初，与诸名士为社曰'慎交会'者，为宋既庭、右之、畴三、吴敬生、尤展成、汪苕文与公，凡七人，已而远近多归焉。"

按：吴愉，字敬生，长洲人。生而端悫，言规行矩。授徒数十辈，日披阅数百牍，不少倦。年八十卒。门人私谥曰"端仁先生"。《江南通志》卷一百六十五有传。

吴伟业，字骏公，一字梅村。太仓人。崇祯四年进士第三人。及第，官至祭酒。诗才隽逸，卓然成家。著有《春秋地理志》、《氏族志》、《绥寇纪略》及《梅村集》。《苏州府志》卷一百十二、《清史稿》卷四百八十四有传。

尤侗，字同人，一字展成。少有才名。清康熙十七年，以博学鸿词召试，授检讨，纂修《明史》。分撰《列传》三百余篇，《艺文志》五卷。卒年八十七。著《西堂集》、《鹤栖堂集》。《苏州府志》卷八十八、《清史稿》卷四百八十四有传。

宋德宜，字右之，江南长洲人。与兄德宸、弟德宏并著文誉。清顺治十二年，成进士，选庶吉士，授编修。累迁国子监祭酒。清康熙十五年，擢左都御史。康熙二十三年，拜文华殿大学士。后重修《太宗实录》，加太子太傅。康熙二十六年卒，谥文恪。《清史稿》卷二百五十、《江南通志》卷一百四十有传。

清世祖顺治八年 辛卯 1651 年 侯方域三十四岁 魏禧二十八岁 汪琬二十八岁

二月，温伯芳到魏禧寄斋探访。魏禧作有《朋友篇》。

《魏叔子诗集》卷三《朋友篇》序："辛卯仲春，温子访予寄斋，漏四下不倦，为道戊子吴竟、易堂诸子所以成予。夫梓匠之技，毋忘传人。爰于温子之归也，作《朋友篇》。"

按：温子即魏禧友温伯芳，生平不详。

三月十日，魏禧至青壁堂访彭任，示其所作《象爻》、《寄托说》等文，并相与谈论交友之道。

彭任《草亭文集·求友说》："辛卯岁春三月十日……凝叔访予于青壁堂，示《象爻》三篇，《寄托说》二篇，予读之喟然曰：'交道尽此乎？'魏子曰：'吾之所言，言其已然者而已。所以求友之道则未尽，子其言之。'予曰：'天下之求，有求而合者，亦有不求而合者……'"

三月，汪琬次子汪蘅出生。

《尧峰文钞》文卷二十《亡儿蘅瘗志》："儿小名蘅，予第二子也。母袁宜人。"又云："儿生于八年三月某日。"

春，宋权致仕。

春，贾开宗自江南还。带病西访王君。王君藏有先父所得藏经若干卷，商丘有僧定

空闻之,欲求之,遂请方域作《与王氏请藏经书》。

贾开宗《溯园文集·王觉斯先生诗选序》云:"是岁之春,开宗自江南还。"

按:由上年谱知,贾开宗自上年秋即起程回里,则当于是年春回到商丘。

《壮悔堂文集》卷三《与王氏请藏经书》:"足下瑯琊世家……前岁,曾一见于共城。又一年,而揖于相国宋太保之馆,皆匆匆别去,无由相为欵曲,以深习足下……是岁之春,开宗自江南还。方病,谢交游。忽一日,冒大风寒,跨其驴出西门,去曰:'吾将过朱襄,访王君。'……先公异人也,奉命巡江南……镂请藏经若干卷以归。郡之僧有定空者,常买得田氏之废园,欲改建为禅院,建阁而藏经焉……吾将介定空求之。"

按:王君,生平不详。共城,即今河南辉县。

侯方域作《再与贾三兄书》。

按:《壮悔堂文集》卷三有《再与贾三兄书》。贾三指贾开宗。由文中所云"足下肌肤之病除矣,而腠理之病未也"及前谱所引《与王氏请藏经书》中"开宗自江南还。方病,谢交游"知,此文当作于贾开宗回归商丘之后。姑系于此。

四月,魏禧客赣州,谋改葬杨廷麟,未果。作有《清江杨文正公死难赣州,有营卒瘗南城外三里,道予求之,数发土,亡其故处》诗。

《魏叔子文集外篇》卷十六《崇祯皇帝御书记》:"文正公讳廷麟,清江人。初,乙酉公将入闽,过赣见虔督万公元吉独支岩城,遂以义师留赣办军事。丙戌十月城破,公死清水塘池中……禧,公门下士也。辛卯四月请于将军,将改葬。将军命故瘗者从禧往,率锹钼七八人之河上,凡发土十余处不得。盖金王之变营西郊,冢墓皆夷,不识其故处也。"

按:《魏叔子诗集》卷三有《清江杨文正公死难赣州,有营卒瘗南城外三里,道予求之,数发土,亡其故处》,其诗题所记事实与上文相合。另,杨廷麟,字伯祥,清江人。崇祯四年进士,改庶吉士,授编修。崇祯十年冬,充皇太子讲官,兼直经筵,后贬秩调外。都城失守,廷麟恸哭,募兵勤王。后被诬有不轨谋,散所募兵。清顺治三年,赣城破,杨廷麟投水死。《同治清江县志》卷八、《道光宁都直隶州志》卷二十三有传。

是岁,归德参将陈喜重修演武厅,请侯方域代作《重修演武厅事记》。五月,陈喜擢涿州参将去,侯方域作有《寄陈将军》诗二首。

按:《壮悔堂文集》卷六《重修演武厅事记》题中注明代陈将军作。陈将军,即陈喜。北直庆云人。据徐作肃《偶更堂文集》卷上《赠陈将军序》所云"瀛海陈侯分镇归郡者五年,顺治辛卯乃擢涿州参将去"知,陈将军当于顺治四年至八年五月为归德府镇将,后擢为涿郡参将。考对《归德府志》卷五《职官表》则知为陈喜。又,文中有"某既镇归之五年"语,知此文作于清顺治八年。另,《壮悔堂文集》卷六有《陈将军二鹤记》,亦当为陈喜所作。

《四忆堂诗集》卷四《寄陈将军(其二)》云:"内府何时赐锦袍,从军不易建旌旄。天闲出塞龙堆远,羌笛临秋汉月高。"

按:从诗意看,当作于为陈喜擢涿州参将之后。

秋,满人万钦继任归德参将,侯方域作《为司徒公赠万将军序》。

按:据《归德府志》卷五《职官表》记载可知,是年秋万钦继任归德参将。《壮悔堂文集》卷一有《为司徒公赠万将军序》。该文痛斥了明季吏治之弊,含蓄地表达了对清兵残害百姓,不与民休养生息的不满。对万氏上任月余而"兵不忘战,民不知兵"大为赞赏,并希望万氏"不爱钱,不纵下"之语能"力行而致有终。"

八月初,宋权携家归里。

时河南巡抚吴景道欲案治侯恂及方域。宋权从中调解,最终命方域应河南乡试,乃得解。

黄宗羲《南雷学案》卷六《侯朝宗先生》:"虏庭窥知先生家世为华族,又密迩畿辅,且忮其才望,必欲得之以矜式国人。而亲老门高,迄不可去。遂强应乡试,中顺治八年甲午榜副贡。"

李敏修《中州先哲传》卷二十三《文苑·侯方域传》:"顺治初,河南巡抚吴景道廉知方域豪横状,将案治。宋权方家居,从容语景道曰:'公知唐有李太白、宋有苏东坡乎?侯生,今之李、苏也。'景道笑而止。当世欲案治方域以及父恂,有司趋应省试乃解。"

秋,侯方域参加河南乡试,列副榜。

李敏修《中州先哲传》卷二十三《文苑·侯方域传》云:"顺治八年中副榜,实未完卷也。"

按:此事详参《侯方域事略》。另,《壮悔堂文集》卷八有《豫省试策》,共五篇。其文集总目题下注云:"顺治辛卯"。文后附徐恭士跋语:"经济、文章,古人兼之者殊少,此能兼之。"

侯方域因秋试结识王侯服。是年王侯服中举,方域作《赠王子序》。

《壮悔堂文集》卷一《赠王子序》:"练贞吉……尝为余言黍丘有王君侯服云。余曾一见王君于郡东旅舍,已而偕燕集共城,叹其器韵闲远,不可得而亲疏,以黄宪、徐宁目之。未己举于乡,我友人辈推余为言以赠。"

按:《河南通志》卷四十六《选举三》记载王侯服夏邑人,中顺治辛卯科举人。

侯方域应王侯服之请,作《赠倪荥阳序》赠其座师荥阳知县倪斌。

《壮悔堂文集》卷一《赠倪荥阳序》:"友人王君侯服者,东夏豪杰之士也。举于乡以归,而贻书于余曰:'服辈出荥阳先生之门,愿得一言以颂先生。'"

按:倪荥阳,指倪斌。考《荥阳县志》卷七《秩官》知,倪斌为福建福州府闽(今福州市)人,清顺治六年进士,顺治八年以荥阳知县充河南乡试校官。

是年徐作肃中举,侯方域作《赠徐子序》。

《壮悔堂文集》卷一《赠徐子序》:"侯子既放,而有喜色。或问焉,曰:'徐子遇也。'……或曰:'……天子下诏书褒崇典型,厘正繁芜,徐子乃奋起,与昌明之运会。'"

按:"侯子既放",当指是年侯方域举河南乡试第一,主司中忌者蜚语,复抑置副车一事。又文中"徐子遇也",当指是年徐作肃中举之事。

秋,汪琬参加乡试,不利。

汪敬源《续修文清公年谱》:"辛卯公年二十八……秋试于乡,不利。"

是年,侯方域同魏敏祺游苏门。

《四忆堂诗集》卷六《寄魏大敏祺二首》自注云:"辛卯,同魏子游苏门。"

按:苏门,即今河南辉县治。魏敏祺,号用熙,夏邑人。诸生。少与崔抡奇、彭舜龄齐名,著有《来智堂集》。《夏邑县志》、《归德府志》、《中州先哲传·隐逸》有传。

十月初一,归德府行乡饮酒礼,知府王登进以郑之俊为大宾。侯方域作《赠郑大夫序》。

《壮悔堂文集》卷一《赠郑大夫序》:"八年冬十月朔,郡太守王公奉制行乡饮酒礼,以乡大夫郑公为大老。'"

贾开宗《溯园文集》卷一《郑公乡饮酒序》云:"晋阳孙传庭,昔之名臣也。初为雪苑吏,每津津称郑公不置云。既郑公以数奇不遇,保举为郡丞……擢淮阳治兵使者……顷郑公以病归里,杜门休沐。十月朔,每郡行乡饮酒礼,佥以公为大宾固宜,遂应其请,里人陈币酌觥以庆。"

按:郑大夫,即郑之俊。生平详参前谱。又按:郡太守王公,指归德府知府王登进。《河南通志》卷三十六《职官七》记载归德府知府云:"王登进,直隶怀柔人,顺治八年任。"

十月,同里周琬中武举,侯方域作《代司徒公赠周生序》。

《壮悔堂文集》卷一《代司徒公赠周生序》:"周君少年材勇,善骑射,尤洞习兵家言。辛卯,例当以武校士,君遂举于乡。"

按:周琬,字肯卫,商丘人。明末工部尚书周士朴孙。举人周业熙子。性豪迈,善骑射,喜谈兵。顺治八年中武举,九年登进士,历任广东标旗鼓守备、湖镇游击,以抑于忌者,遂自免归。能诗、工书、善画,与雪苑六子友善。《归德府志》卷二十五、《商丘县志》卷十皆有传。本文为顺治八年十月周琬中武举后,侯方域代父侯恂所赠。

十月,魏禧客雩都,作《与季弟书》。

《魏叔子文集外篇》卷五《与季弟书》:"辛卯月日,客雩二旬,每念吾弟介然不苟,颇以远大相期,圣人所称刚毅木讷庶几近之。"

按:雩,当指雩都县,明清皆属江西赣州府,今属江西赣南道。该书后附有作者庚子年自记:"此书作于辛卯十月。族祖石床见而评曰:'和公年少席父兄之阴,身少阅历,不为人所指摘,故如此。若阅历多则指责多,指责多则疏狂偏傲当渐去矣。今既十年,斯言果验,信乎人不可无阅历也。《语》曰:'闭户造车,出门合辙。'今古几人哉!"

八月,宋权延请贾开宗、侯方域为宋荦讲习诗文。时侯方域作《宋牧仲文序》。

按:宋权延请贾开宗、侯方域为宋荦讲习诗文之事,详参下谱。另《壮悔堂遗稿》收有《宋牧仲文序》,依文意推测,约作于是年前后。

是年,侯方域、贾开宗、徐作肃、徐世琛、徐邻唐与宋荦六子重开雪苑社。方域作《雪苑六子社序》。

宋荦《漫堂年谱》卷一"顺治八年辛卯":"八月,先文康延故人贾静子先生开宗、门人侯朝宗方域与荦讲习诗文。里中旧有雪园社,又名应社,以应江南复社,故名。鼎革后风流云散,独有二公在。复邀徐恭士作肃来,与世琛、徐迩皇邻唐及余,为雪园六子社。朝宗为之序。"

徐作肃《偶更堂文集》卷首附《本传》:"顺治辛卯,作肃登贤书,方域复修社事,而益以徐邻唐、世琛、宋荦为六子,海内之相与求应者落落矣。"

计东《改亭文集》卷二《偶更堂诗集序》:"辛卯岁,吾郡方复有文会之事。"

按:侯洵《壮悔堂年谱》将侯方域重修雪苑六子社之事系于顺治九年,当为误记。另,王树林先生《侯方域集校笺》认为此文作于顺治十年。(详见王树林《侯方域集校笺》,中州古籍出版社1992年版,第520页。)另,谢桂荣、吴玲《侯方域年谱》将此文系于顺治十年,又将重修雪苑社的时间系于顺治八年。(同上书,第606—611页。)姑录此存疑。

徐世琛,徐作肃从子,字来玉,有文名,与侯、贾诸人为社友。《商丘县志》卷九《徐作肃》附传。

归德知府王登进重修范文正公书院,并勒石为碑。侯方域作《重修书院碑记(代宋太保作)》。

《壮悔堂文集》卷六《重修书院碑记(代宋太保作)》:"顺治八年,燕山王公来守归德……盖自郑公去,而书院之废垂四十年,公一朝复之……勒石为碑,而属余为之记。"

按:文中书院指范文正公书院。《河南通志》卷四十三《学校》记载归德府商丘县《范文正公讲院》云:"在府学东。明万历二十九年知府郑三俊重建。"又按:燕山,即唐之幽州,明改为顺天府,清属直隶省。王登进为直隶怀柔人,故曰"燕山王公"。

是年,孟观第四次来商丘访雪苑诸子。徐作肃与之论诗,侯方域为作诗序。

《壮悔堂文集》卷二《孟仲练诗序》:"孟君前十年来雪苑,其时吾郡方完整。其文人能为辞赋,吴伯裔、伯胤、徐作霖、张渭、侯方镇之徒皆在。而余与贾开宗者,尤晨夕与诸子赋诗……吾郡垂陷之前三日,乃赋诗别其友人,自驱其驴而北渡河……复过雪苑游,而吴、徐、张、侯之五子皆没,独余与贾开宗在。孟君凡四来雪苑,每来则必有零落淹蹇之感。其四来也,则开宗亦病,而徐作肃者崛出,与之论诗。"

  按:孟仲练,即孟观。《祥符县志》卷十七《名宿传》云:"孟观,字仲练,祥符人。与栎园周亮工雅相契。"李敏修《中州先哲传》卷二十三《文苑传》云:"(孟观)为人倜傥,好经济大略。与归德贾开宗、侯方域、徐作霖、吴伯裔、伯胤、张渭为社雪苑。以辞赋雅世。"又,文中云孟观初游商丘,离开的时间是"吾郡垂陷之前三日"。因崇祯十五年三月,商丘被农民军攻破,可知孟观初游商丘的时间约在明崇祯十五年。文中又云"孟君前十年来雪苑",则崇祯十五年后推十年,即清顺治八年,是为本文作年。其他两次来游之时间无考。

是年,徐作肃将往商城访县令卫贞元,侯方域作《代宋太保赠卫商城序》。

  《壮悔堂文集》卷一有《代宋太保赠卫商城序》:"汾阳卫公尹商城之六年,政大洽。商城去宋郡九百里,余以病告老于家……一日,徐生乘马戎装过余曰:'将过商城见卫夫子。'余私念贤令尹,未尝朝夕忘,顾告老不得荐之于朝,则愿从徐生致一言焉。"

  按:卫商城,即卫贞元。《大清一统志·光州直隶州》卷二《名宦》云:"卫贞元,阳城人,顺治三年知商城。"文中言"汾阳卫公",盖汾阳为其郡望。商城,河南光州属县。又按:卫贞元顺治三年始尹商城,文中又云"尹商城之六年",即为顺治八年。又宋权于顺治八年归里(见后谱),此与文中所言"余以病告老于家"合。此文当作于是年秋河南乡试之后。

冬,贾开宗久病未逾,侯方域作《再与贾三兄书》。

  按:《壮悔堂文集》卷三《再与贾三兄书》云:"冬夜病目方寝。"由此知此文作于冬季。又后文云:"何足下病加于小愈,而竟入膏盲焉之弗可砭也。"由侯方域与贾开宗前二书知,贾开宗是年春归里后即病,且迟迟未逾。可参见前谱。

是年李腾蛟子逝,魏禧作《与李咸斋书》劝慰之。

  《魏叔子文集外篇》卷五《与李咸斋书》:"去秋谢曲斋暴死,今先生以中晚之年复遭令子之变,禧于此二事,辄疑天不可问……辛卯月日禧白。"

是年,汪琬文誉渐著。昆山蔡方炳闻名来请文,汪琬为其父作《前明提督雁门等关兼巡抚山西地方都察院右副都御史加一级蔡忠襄公墓志铭》。

  《尧峰文钞》文卷十四《前明提督雁门等关兼巡抚山西地方都察院右副都御史加一级蔡忠襄公墓志铭》:"清顺治五年,公子方炳、方炘往负公柩归。太原人无不涕泣以送者。又三年,卜葬吴县䂞明山之麓,而方炳以行状谒铭。"

  按:由文意知此文作于顺治五年后三年,即为是年。

  《大清一统志》卷五十六:"蔡懋德,字维立。昆山人。万历进士。历官井陉、济南诸道,有杀贼功。崇祯末,巡抚山西,流贼破潼关,懋德孤军拒战,贼遣使谕降。懋德立斩之。城陷,入三立祠,自经死。将吏应时盛等四十六人皆殉难。事闻,谥忠襄,本朝乾隆四十一年赐谥忠恪。"

《江南通志》卷一百六十五:"蔡方炳,字九霞,昆山人。懋德子。性嗜学,涉猎群书,兼工篆草……绝意人事,隐居以老。虽屡空,不肯干人。卒日贫,无以殓。"

《四库全书总目》卷七十二云:"《增订广舆记》二十四卷,国朝蔡方炳撰。方炳字九霞,号息关。昆山人。明山西巡抚懋德之子也。"

清世祖顺治九年 壬辰 1652 年 侯方域三十五岁 魏禧二十九岁 汪琬二十九岁

是年魏禧回翠微峰。二月,魏禧于林中采木。取竹之节好者为笛。作《笛杖铭》。

《魏叔子诗集》卷二《笛杖铭》序:"壬辰二月,予采木于丛翳之林。有节好者,而蠹穴其首,宛中竹笛之管。"

春,侯方域欲南游,将所作数篇古文初编成集,请贾开宗作序。

贾开宗《遯园文集》卷一《侯朝宗古文序》云:"壬辰之春,侯子束装南游,将穷雁宕、罗浮之胜,手一编示贾子曰:'此余古文辞也,子其叙之。'"

夏,宋权子宋炘入庠,侯方域作《赠宋子昭序》。

《壮悔堂文集》卷二《赠宋子昭序》:"宋子昭者,相国之子,而贾子开宗之弟子也。余于宋氏世有腑脏亲,而受知于相国最早……相国何患,已而疾愈。又旬日,子昭入于庠。"

按:宋子昭,即宋荦之弟。庠,古代指乡学。《商丘县志》卷九《贤达传》云:"宋炘,字子昭,大学士权之子也。以父荫除中书科舍人。迁吏部稽勋主事,改户部,监督大通桥,转本部员外,出榷芜湖关税。洁己奉公,商民感颂。晋工部虞衡郎中,假归卒。炘性淳朴质直,落落寡交,而独与新城王士禛、德州谢重辉友善。"又,文中称宋子昭乃"贾开宗之弟子",则此文应作于顺治八年八月宋权延请贾开宗来教宋荦兄弟之后。又按:宋荦《宋氏三世遗集》附《文康府君年谱》云:"(顺治九年)夏四月,有疾",而文中则有相国"相国何患,已而疾愈"之语,则揣文意知本文当作于顺治九年夏。

六月,宋权卒。有人劝宋荦散财以交天下,侯方域作《与宋公子牧仲书》劝阻。

按:《壮悔堂文集》卷三有《与宋公子牧仲书》。文中有"太保既薨"语,又由徐作肃《偶更堂文集》卷下《太子太保国史院大学士赠少保谥文康宋公墓志铭(代刘少传)》所记"公薨于顺治九年六月十二日"可知,此文作于顺治九年六月之后。又文中有云:"仆闻之贾子口,诸人以太保既薨,有愿公子出而结交天下贵人,一如太保在日是,以为克似太保者,窃谓……此不惟不似,而固已相远甚矣。"由文意知,宋权卒后,有人希望宋荦散其财以结交天下贵人,侯方域闻知后,遂作文为宋荦分析具体形势,劝其慎重考虑。

夏,汪琬长妾张氏生女四姑。

《尧峰文钞》文卷二十《亡儿蘅瘗志》:"四姑少儿一岁,其所出微也。"

赵经达《汪琬先生年谱》"顺治九年"条云:"夏,长妾张氏生女四姑。"

按：汪蘅生于清顺治八年（见该年年谱），可推知四姑生于是年。

七月，侯方域凿井于西堂，有井神附一妇体曰："尔胡不祭我？"方域为《告井神文》以祭，后其妇乃苏。

《壮悔堂文集》卷十《告井神文》序云："壬辰七月，侯子凿井于西堂，圃妇汲焉。神有凭之者，曰：'尔胡不祭我？将摄尔魂，蹶尔魄。'言毕而仆。侯子祭酒三盂，为文以祝之，妇是夜苏。"

是年，侯方域思平生之事，颇有悔意。乃于原读书之杂庸堂旁筑壮悔堂，并作《壮悔堂记》。

《壮悔堂文集》卷六《壮悔堂记》："余向为堂，读书其中，名之曰杂庸……忽一日念及，怃然久之，其后历寝食不能忘。时有所创，创辄思；积创积思，乃知余平生之可悔者多矣，不独名此堂也。急别构一室居之，名曰壮悔。古者三十为壮，余是时已三十有五矣。"

按：由文中"余是时三十有五矣"可知，此文作于顺治九年。

秋，侯方域将所作古文细作整理编订，并正式命名为《壮悔堂文集》。九月，再次请徐作肃作序。

徐作肃《偶更堂文集》卷上《壮悔堂文集序》云："侯子曩以诗与制举艺名海内。海内凡在宿儒，无不知有侯子，而尚未见侯子之为古文也。侯子十年前，尝出为整丽之作，而近乃大毁其向文，求所为韩、柳、欧、苏、曾、王诸公以几于司马迁者，而肆力焉。而其文已竟与韩、柳、欧、苏、曾、王诸公等。昔司马迁历四海，周天下名山大川，广而遇之，故其文奇伟，振耀古今，夫文非徒以辞也。侯子向尝游两都，历边塞，浮江、淮，尽吴、越，观览人物之盛，所涉者多，则所得于事与理者益精。理足乎中而充其外，知与古作者发明矣。今将次所为文行于世，其为离合起伏变化而合乎规矩者，世应具见也。壬辰秋九月，同里年盟弟徐作肃恭士书。"

按：是年春，侯方域曾初编文集并请贾开宗作序。因其时尚未有"壮悔堂"之名，故贾开宗所作序文题名为《侯朝宗古文序》。

侯方域又将其诗集整理删定，命名《四忆堂诗集》，并作《四忆堂记》。

按：从《壮悔堂文集》卷六《四忆堂记》："或曰：'堂之以四忆名者，何也？'"语气及此文在集中排序八可推知，此文当紧承《壮悔堂记》而作。因此推测侯方域编成《壮悔堂文集》之后，继又编成《四忆堂诗集》，并作文以记之。

侯方域携其《壮悔堂文集》、《四忆堂诗集》南下访友。临行，作诗留别徐邻唐、宋荦等人。

计东《改亭文集》卷二《偶更堂诗集序》："辛卯岁，吾郡方大有盟会之事……又一年，侯子朝宗以其《壮悔堂》古文辞盛行于南浙，南浙之士莫不慑伏。"

按：辛卯后一年即为是年。

《四忆堂诗集》卷五《别徐大邻唐》："吴越三千里，江湖一再游。逢人惟短鬓，纵意有孤舟。远火霜林坼,危星驿戍楼。永言谢知己,回首叹淹流。"

同卷《再别宋二荦》:"尽此一杯酒,诘朝赋远游。客中过旧国,岁晚付轻舟。橘柚红渔浦,星辰白蜃楼。怀人殊湃濞,不敢更淹流。"

按:从两诗诗意看,当作于侯方域南下游江浙之时。

侯方域南下途中作《过江秋咏》八首。

《四忆堂诗集》卷六《过江秋咏八首》自注云:"壬辰作。"

侯方域欲访梅之熉,闻其已落发为僧,遂以书寄之。

《壮悔堂文集》卷三《与槁木大师书》云:"大师……与仆遇金陵,则萧然布素,无豪侠态。而大师意若有余,盖是时已舍富贵矣……不意甲申沧桑而后,大师遂并其妻子、须发而一切舍之也。仆过江来问大师,异口同声皆举大师之故姓氏以告……"

按:侯方域曾在南京与槁木大师相见。具体时间无考。另由文意知,是年方域横渡长江,欲往湖北探访友人梅之熉,时梅已落发为僧,侯方域遂作书信以寄。又,槁木大师,即梅之熉,字惠连。明末乱起,弃裘荫,散家财,归隐囊山为僧。别号槁木。以著述自娱。《湖广通志》卷五十八有传。

秋,侯方域抵达镇江,访友蒋鸣玉,作《赠蒋黄门》、《玉堂歌赠蒋学士超》。

《四忆堂诗集》卷六《赠蒋黄门》:"蹉跎犹豫客,老大更吴吟。夜到黄门宅,秋怜白发心。忆曾交弁角,谬许附璆琳……幸有青晖在,莫令碧海沉。艰难重握手,不觉醉横参。"

按:由诗意知此诗作于侯方域秋夜拜访蒋鸣玉之时。诗中"忆曾交弁角,谬许附璆琳"当指侯方域十五岁时与蒋鸣玉定交之事(详见明崇祯五年谱)。另,该诗集同卷《玉堂歌赠蒋学士超》诗云:"天子新开白玉堂,规模不屑汉明光……诏选学士坐此堂,坐此堂中何辉煌。"又云:"学士此日为大臣,何事逡巡夷门隘。"知是时蒋超官衔为学士。另,该诗后附徐作肃跋云:"学士父鸣玉也。与侯子少同学。"知蒋超乃为鸣玉之子。又由《江南通志》卷一百六十六《蒋超传》可知,蒋超字虎臣,金坛人。顺治八年主浙江试,升修撰,督北畿学政。故此诗当作于清顺治八年之后,侯方域客镇江之时。考侯方域行踪,当为是年。

侯方域抵江阴,知两江总督马国柱欲荐举吴伟业,遂作《与吴骏公书》与论出处,劝其勿事新朝。

《壮悔堂文集》卷三《与吴骏公书》:"十月朔日,域再拜致书骏公学士阁下:域凡驽不材,年垂四十,无所表现……近者见江南重臣推毂学士,首以姓名登之启事,此自童蒙求我,必非本愿……澄江返棹后当图尊酒一细论之。"

按:澄江是江苏江阴县之别称。由文意知清顺治九年秋,侯方域渡江南访,抵江阴,知闻马国柱向清廷推荐吴伟业之事,遂贻此书与吴伟业论出处,劝其勿仕新朝。后吴伟业背弃诺言,仕于清廷。《清史稿》卷四百八十四《文苑传·吴伟业传》

云:"顺治九年,用两江总督马国柱荐,诏至京。"

《四忆堂诗集》卷六《寄吴詹事》:"曾忆挂冠吴市去,此风千载号梅村……海汛东来云漠漠,江枫晚落叶翩翩。少年学士今白首,珍重侯嬴赠一言。"

按:该诗后附有练贞吉跋:"詹事吴公伟业也。甲申官金陵,知天下且有变,谢病归。乙酉后野服,泛舟吴越间,自号梅村老人。当事者荐之,公与侯子书陈己之志,誓死不出。"可知此诗为侯方域劝诫吴伟业勿事新朝时作。另,黄宗羲《南雷学案》卷六《侯朝宗先生》云:"以吴宫詹伟业之再起也,先生致书,反复龟勉出处之大义。宫詹一赴北都,即坚卧以死。"侯方域死后,吴伟业颇有悔意,作《怀古兼吊侯朝宗》诗以抒怀。其诗见吴伟业《梅村集》卷十三:"河洛风烟万里昏,百年心事向夷门。气倾市侠收奇用,策动宫娥报旧恩。多见摄衣称上客,几人刎颈送王孙。死生总负侯嬴诺,欲滴椒浆泪满樽。"诗后注云:"朝宗,归德人,贻书约终隐不出。余为世所逼,有负夙诺,故及之。"

九月,侯方域在江阴接到陈贞慧处转来之张自烈手书。张与方域相约立言以成不朽。后一月,方域作《答张尔公书》。

《壮悔堂文集》卷三《答张尔公书》:"仆自患难归里后,旧游零落,久不通江左音问,以为足下已死。去岁见所著书,乃知尚在……前月抵江阴,忽从陈定生处接足下手示……果幸而留也。足下云:'幸在后死,尚须仆匡其不逮,共成不朽。'"

按:侯方域与张自烈结交于明崇祯十二年应试南京时(详见崇祯十二年谱)。明亡后音信阻绝。文中云"患难归里",当指商丘城破后,侯方域携家避难江南,清顺治二年始归里隐居之事。又文中有"前月抵江阴"之句,由此知此文当作于侯方域南抵江阴之后一月。故结合文意知是年九月,侯方域在江阴收到宜兴陈贞慧转来的张自烈书信。十月方域抵宜兴后,乃作书答之。另,由文中"足下云:'幸在后死,尚须仆匡其不逮,共成不朽'"之语可知,张自烈在其来信中与侯方域相约立言以成不朽。

侯方域游江阴韩氏园亭,并作诗四首。

《四忆堂诗集》卷五《澄江过韩氏园亭四首》(其一)云:"不访幽人去,安知野兴长。江城连薜荔,秋色到衣裳。槛外收平楚,杯中落远墙。登楼一万里,醉眼即吾乡。"

按:澄江镇在今江办省江阴市。

江阴有蔡烈女祠,侯方域前往祷子,作《为吴氏祷子疏》。

《壮悔堂文集》卷十《为吴氏祷子疏》序云:"澄江有蔡烈女祠,远近祷子者辄应。余异之,为妾吴氏祷焉。"

按:其疏文云:"某氏吴氏者,家本吴阊,言归梁苑。"知其文是侯方域南游江阴时为其妾吴氏所作。

侯方域至常州,闻方以智从南方返归,欲访之,未果。

《壮悔堂遗稿·与方密之书》:"顷自毗陵闻密之已还,即欲奔走一晤,犹以为未果乃止。"

方以智《浮山文集后编》卷一《书周思皇纸》:"壬辰八月止匡庐……明年元正,余归省予舍。"

按:综上可知,方以智于顺治九年开始返乡,次年到家。侯方域闻知消息时尚在常州,即今江苏常州,时欲往访之,最终未成行。

秋,侯方域至无锡,下榻顾宸处。作《示顾孝廉宸》诗。适逢顾宸生子,方域作《猗兰行》以贺。并为顾宸《辟疆园集》作序。

《四忆堂诗集》卷五《示顾孝廉宸》:"每向梁溪忆盖簪,直任秋水到江南。十年相见无劳问,京国风尘过已谙。"

按:梁溪,在江苏无锡县治西门外,源出慧山,相传古溪鸿居此而名。由诗意知,此诗作于明亡后侯方域再至无锡之时。且由"直任秋水到江南"句知,其时为秋季。考侯方域行踪知,此诗当作于是年。

顾宸,字修远,号嘉舜子。生于明万历三十五年,崇祯十二年举人。操文场选柄数十年。好藏书。每辟疆园新本出,一悬书林,不胫而遍海内。尝注《杜诗》,补辑宋文三十卷。为诗文丰蔚典赡。著有《辟疆园集》。《光绪无锡金匮县志》卷二十二《文苑》有传。

《四忆堂诗集》卷六《猗兰行》序云:"锡山顾孝廉宸年四十余无子。家有兰,忽十二畹发于一枝,观者皆曰是瑞也。已而遂生子焉。孝廉称觞进母,其友侯子侑之以诗。"

按:结合诗意看,当作于是时。另是年吴宸四十五岁,正与文中所云"年四十余无子"合。此外,《壮悔堂文集》卷二有《辟疆园集序》,疑亦作于是年,姑系于此。

秋,山贼彭贺伯霸占翠微峰,易堂诸子被迫离山。

《魏叔子文集外篇》卷十六《翠微峰记》:"壬辰秋,土贼四起,彭氏属于贼,诸子去之。"

《耻躬堂文钞》卷八《翠微峰易堂记》:"壬辰秋,宦(彭宦)作难,山毁。宦旧为山王,狡猾阴贼,极专擅。诸子多其功,曲下之。凝叔尤笃昵,破产佐资解纷,为纾其难。宦更偃蹇益骄。是秋与族讼被笞,激为变,交通土贼,谋破城杀笞己者及所不快诸子中数人。众觉,先避去。宦事随败,竟死。"

按:彭氏当指彭贺伯,参见顺治六年谱。

十月,侯方域至宜兴,寓陈贞慧家。作《再过宜兴赠陈四丈贞慧》、《阳羡歌答陈生》、《秋园杂佩序》、《陈其年诗序》、《陈纬云文序》、《赠陈郎序》、《曹秀才墓志铭》、《汤御史传》。

《四忆堂诗集》卷五《再过宜兴赠陈四丈贞慧》:"八载宜兴道,重登百尺楼。江山开笑面,图史秘林丘。南浦芙蓉老,夕阳菡苕秋。相逢一杯酒,华发各盈头。"

按：清顺治二年侯方域别宜兴陈贞慧归里，至顺治九年重到宜兴，正好八年。

《四忆堂诗集》卷五《阳羡歌答陈生》："君不见大梁侯生游吴越，霜吹两鬓侵马骨。人生相见如参商，细记壬辰冬十月。"其诗自注云："陈生，维崧处士。贞慧子也。有诗名《湖海楼集》。"

按：阳羡为宜兴古名。

《壮悔堂文集》卷一《秋园杂佩序》："友人陈子贞慧著《秋园杂佩》，凡十六种，皆记载耳目间物。近而小者或曰：'心远地偏以消永日，其杂佩之谓乎？'侯子曰：'非也。'请为序之。"

按：从文中所言"心远地偏"可知，《秋园杂佩集》当为明亡后陈贞慧隐退时所撰。考侯方域生平行踪，知此文当作于是年。

《壮悔堂文集》卷二《陈其年诗序》："往余居梁园，去义兴十余里，其年再以书来，属余为论序。余报之曰：'……行当渡江为吾子言之。'后三年而余至，其年之诗已成数百篇……余与其年别八载，而良友如三君者皆已死，其年幸各为识之。"

陈维崧《湖海楼诗集》卷三《同郭涵叔、侯叔岱、弟子万过饮徐恭士宅赋赠》："忆昔侯子在阳羡，药栏低亚对衔卮。每于烛尽天寒夜，细说梁园数子诗。"

《壮悔堂文集》卷二《陈纬云文序》："吾曩序纬云之兄其年之文，其年年十七。今更十余年而序纬云之文，纬云亦年十七。"

按：侯方域为陈维崧文集作序在崇祯十四年（详见该年谱）。文中云"今更十余年"，结合侯方域行踪可推知此文作于是年。

《嘉庆增刻宜兴县旧志》卷八《文苑传》："陈维岳，字纬云。刻苦勤学，与仲兄半雪皆以诗古文词名世。一时先达如徐建庵、王阮亭、朱竹垞诸人皆称之，谓可与伯兄迦陵相埒。著有《秋水阁古文》、《潘鬓诗》、《红盐词》诸集，藏于家。"

《壮悔堂文集》卷二《赠陈郎序》："陈郎者，余幼婿也。名宗石，字曰子万……壬辰冬，始抵阳羡，与定生慰问毕，陈郎出揖，从容如成人……陈郎今年十岁，距余与定生别时，盖八年矣。"

《嘉庆增刻宜兴县旧志》卷八《治绩》："陈宗石，字子万，别号寓园。贞慧季子，国子监生。官山西黎城县丞。以解兵饷袁州功，升授直隶安平知县……内擢户部陕西司主事……以被议镌级，遂不复出。宗石少孤露，赘婿商丘侯氏，发愤读书，所交皆当世君子。"

《壮悔堂文集》卷十《曹秀才墓志铭》："曹秀才以明崇祯庚午卒，卒后而有嗣子璜，璜既长，而因其舅陈君贞慧从余游，是为顺治壬辰。其母陈孺人之教也。"

按：文中云曹秀才之子曹璜称陈贞慧为舅，可知曹秀才即陈贞慧妹丈。由文意知此文亦作于是时。又按：《壮悔堂文集》卷五有《汤御史传》。其文略。汤兆京乃陈贞慧岳父。疑其文亦为是年侯方域南访宜兴时所撰，姑系于此。汤兆京，字伯闳，宜兴人。万历进士，知丰城县，征授御史。后拜疏径归。天启中赠太仆卿。《明史》卷二百三十六有传。

侯方域与宜兴诸名士数为诗会。作《阳羡谦集序》。

《嘉庆增刻宜兴县旧志》卷八《侨寓·侯方域》："明末避乱寓居宜兴,与陈贞慧结姻而去。顺治九年复至宜兴,与诸名士为诗会。"

《壮悔堂文集》卷二《阳羡谦集序》："壬辰过阳羡,其邑之名贤,莫不喜予之来而据酒为会以觞之。饮尽分曹赋诗,长吟短咏,咸极其致……因忆己卯寓金陵,其时桐城方检讨曾为谦集,征召同人。今乃再见此举,且十五年矣。"

按:自崇祯十二年侯方域寓南京至顺治九年实为十四年,文中云"十五年"当为虚指。

侯方域往祭吴应箕,作《祭吴次尾文》、《楼山堂遗集序》。

《壮悔堂文集》卷十《祭吴次尾文》："壬辰十月日,梁园侯方域,即阳羡为文,而三洒酒,祭于先友吴次尾。"

《壮悔堂文集》卷二《楼山堂遗集序》："《楼山堂遗集》者,亡友贵池吴子之所作也。其死时,文章散佚。而当路大臣又曾上露布,著以'殷顽'之目。以此见者皆以为讳。甚至其片言只字,毁灭之恐后……壬辰来阳羡,陈子果出其所藏《楼山遗集》,完好如初……余交吴子,岁在己卯。今已十五年矣。其文集皆前己卯作者,盖三十年余矣。"

按:从明崇祯十二年侯方域与吴应箕定交(详见崇祯十二年谱)至是年实为十四年。此处云"十五年"盖虚指。

李天根《爝火录》卷十三云:"应箕之死,当路大臣作露布,著以'殷顽'之目。其文章散佚,时人有见其片言只字,毁灭之恐后。阳羡陈定生藏其《楼山堂集》,命侯方域序而行之。"

陈贞慧出所藏倪云林《十万图》相示,侯方域为作记。

《壮悔堂文集》卷六《倪云林十万图记》："壬辰过阳羡之亳村,定道人出所藏云林《十万图》相示……道人名贞慧,明少保陈公于廷之子。"

按:亳村,疑为陈贞慧祖居之地。

刘体仁《七颂堂识小录》云:"倪云林《十万图册》,本荆溪陈定生物,梁园侯朝宗为之作记,而海内知有此图。后朝宗携归,梁园既殁,子皆不肖。近闻为一有力人胁取去矣。"

侯方域在陈贞慧处见老友周镳遗集,作《书周仲驭集后》。

《壮悔堂文集》卷九《书周仲驭集后》："仲驭不以文章名……后卒以触皖人杀其身,遂有议仲驭生平刚傲太过,有以取之者。嗟乎!此亦就其杀身而后论之耳。仲驭与余交最善,余尝见其负盛名时,执贽问业者满天下……"

按:此文作年无考。谢桂荣、吴玲《侯方域年谱》认为作于是年,姑录此备考。周镳,字仲驭,金坛人。崇祯元年成进士,授南京户部主事,榷税芜湖。后官至刑部员外郎。福王时,为马士英、阮大铖所杀。著《逊国忠记》十八卷。《明史》卷二百七十四有传。

侯方域因陈贞慧与任源祥定交。并作《任王谷诗序》及《与任王谷论文书》。为任源祥弟作《任源邃传》。

任源祥《鹤鸣堂文集》收瞿源洙《任王谷先生传》云:"中州侯朝宗至,客吾宜兴。与先生论文穷数十昼夜不休。"

《壮悔堂文集》卷二《任王谷诗序》云:"侯子过阳羡,望见山水之胜……彼铜官、两湖之耸峙而环流者,岂能终郁郁不一吐其奇哉?余必更访之。而任子王谷果特出。任子……为诗则又原本雅音,如《赠侯子》、《咏古杂诗》诸篇音调、体裁,一不失古人尺寸。"

按:徐世昌《晚晴簃诗汇》卷十五收有任源祥诗六首。其《赠侯朝宗》(见《晚晴簃诗汇》卷十五)诗云:"有客自梁园,薄游千里来。举手揖故人,下马拂远埃。同调诚匪易,相逢述中怀。我友并宴集,良夜相追陪……"诗后附诗话云:"王谷与同里陈定生相友善……中州侯朝宗至宜兴,与定交。朝宗尝叙其诗,谓铜官、两湖山水之胜,其中有人。陈子其年、任子王谷足以当之矣。"

《壮悔堂文集》卷三《与任王谷论文书》:"仆少年溺于声伎,未尝刻意读书。以此文章浅薄,不能发明古人之旨。然其大略,亦颇闻之矣。大约秦以前之文主骨,汉以后之文主气……高者又欲舍八家,跨《史》、《汉》而趋先秦,则是不筏而问津,无羽翼而思飞举,岂不怪哉……行文之旨,全在裁制。无论细大,皆可驱遣……近得贾君开宗、徐君作肃,共相磋磨,乃觉文章有分毫进益。贾精于论,徐老于法,二君尝言:'此系何等事,君不惨淡经营,便轻率命笔!'仆佩其言,不敢忘。"

按:文中"近得贾君开宗、徐君作肃,共相磋磨,乃觉文章有分毫进益",盖指顺治八年秋,侯方域与贾开宗、徐邻唐、徐作肃等人重修雪苑社事。故此文当作于顺治八年之后。姑系于此。

任源祥,字王谷,江苏宜兴人。明诸生。工诗古文辞。与陈维崧、侯方域相友善。尝规侯方域师杜五言古而不知有汉魏。尝与魏禧遇于常州,元祥貌朴鲁,对人讷讷,禧意轻之。及观其文,乃大惊。语人曰:"彼神明内蕴致工也,予则瞠乎其后矣。"性至孝,持身严肃,言动不苟。四方名士多乐与之游。著有《鹤鸣堂诗集》十卷,《文集》十卷。《嘉庆增修宜兴县旧志》卷八、《清史列传》卷七十有传。

任源祥《鸣鹤堂诗集》卷七《亡弟涵生忌日诗序》:"余弟源邃,丙戌(顺治三年)六月十九日死于难,商丘侯方域为作传。"

按:《壮悔堂文集》卷五有《任源邃传》,亦当作于是时。

侯方域受父命拜访戴英,并作《戴黄门诗序》。

《壮悔堂文集》卷二《戴黄门诗序》:"壬辰,小子来阳羡,司徒公又进而命之曰:'吾向所谓黄门先生在陶庵,汝必三往叩之。'至则先生引见,授以诗,使读而命以序。"

按：戴黄门指戴英。黄门，官职名，指给事中。戴英字育之。明末宜兴人。崇祯六年举人。次年中进士，任户部主事。后擢户科给事中，终以刚直不容，罢归。著有《谏垣疏稿》、《陶隐巷诗集》。《重刻康熙宜兴旧县志》卷八《人物志·治绩》有传。

侯方域与戴九韶、陈维崧共登无锡云起楼。方域作《云起楼记》、《赠戴子韶》、《赠戴生》。

《壮悔堂文集》卷六《云起楼记》："戴子、陈子，延侯子登于云起之楼，徘徊四望，意忱然若有不能释者……孝廉死时，岁在庚寅，余后二年始至，为壬辰。"

按：云起楼，在今江苏无锡境内。戴子，当指戴英之子戴九韶。《四忆堂诗集》卷六《赠戴子韶》诗自注："九韶，黄门子。"又云："九韶与余同年。"《宜兴县志》卷七《选举》、卷八《人物·戴英传》载戴九韶为明崇祯十二年举人。因与侯方域同年应试南京，故称同年。陈子，当指陈贞慧子陈维崧。是时陈贞慧已避世隐居，当遣其子陪同侯方域出游。

另，《四忆堂诗集》卷六还有《赠戴生》，诗下自注云："戴生，孝廉九韶之子，黄门之孙"。知此诗乃侯方域为黄九韶之子而作，亦当作于是年。

侯方域与陈维崧携游苏州，得见明宣宗绘《三老图》，遂作《章皇帝御笔歌》。

《四忆堂诗集》卷六《章皇帝御笔歌》云："宣宗御写《三老图》，峰石涧松势相扶。其下水流若有声，远听涌涛近即无……岂期鼎湖二百年，此画出宫久流传。此画犹有人宝惜，非宝故国宝云烟。濠上寝宫生秋草，天寿近闻为赐田。赖有宣皇能绘事，见此百感翻凄然。看画未毕心如缕，整衫下败头空俯。同时拜者有陈生，更有吴幕周少府。区区两生两小臣，洒泣奎章何所补。甲申长安勋贵人，不忆列宗与二祖。"

按：诗中陈生，当指陈维崧。吴幕，即苏州。周少府无考。

侯方域夜访姜垓，作《夜泊过姜如须》。

《四忆堂诗集》卷六《夜泊过姜如须》诗云："姑苏夜泊听吴趋，乃是东海姜如须。"

按：诗后附宋荦跋云："如须，东海姜垓也。举崇祯庚辰进士，弃官隐居苏州。"由此可知侯方域游苏州时夜访姜垓，并作此诗记之。姜垓，字如须。莱阳人。崇祯十三年进士。授行人。与其兄垛俱不容于当政。北京陷，阮大铖欲杀之，垛避徽州，垓匿宁波得免。后隐于苏州。《明史》卷二百五十八、《苏州府志》卷一百十二《流寓》有传。

侯方域探望妾吴氏家人。

《四忆堂诗集》卷六《家书附绝句二首》(其一)云："送别西园翡翠楼，开帆十月到苏州。为君寄讯枫桥巷，丘嫂迎门已白头。"

按：由前谱知，侯方域妾吴氏乃苏州人，是年侯方域到苏州时当顺路探望了吴氏家人。

冬，侯方域至嘉兴，访嘉兴府推官彭舜龄，作《彭容园文序》、《过彭使君》、《题容园舟中》。

　　彭宾《四忆堂诗集序》云："壬辰冬，朝宗渡江而南，访孝先于禾城，复与余遇。极论当世治乱、古今成败之故，晓畅精详，皆素所谙练，与耳食者异。及言故人往事，感叹悲泣。"

　　按：禾城，即嘉兴。孝先，指彭舜龄。任元祥《鸣鹤堂集》卷五《赠彭容园序》："彭君讳舜龄，字孝先，号容园。"《夏邑县志·人物志·彭舜龄传》记载其中顺治六年进士，后仕嘉兴府推官。

　　另，《壮悔堂文集》卷一有《彭容园文序》，《四忆堂诗集》卷六有《过彭使君》、《题容园舟中》诗，考其文意，均当作于是年。

侯方域访彭宾。作《大寂子诗序》、《过江遇彭孝廉宾》。

　　《壮悔堂文集》卷一《大寂子诗序》："余年十八岁，交孝廉及考功、黄门。又四年，交周子于梁园。又一年，交舍人于燕邸。又一年，交徐君于金陵。先后咸相善也。今二十年间，不见五君，独见大寂子……大寂子著诗曰《偶存草》……又著诗曰《越州草》……既而大寂子合其二集请叙于余。"

　　按：由上谱所引彭宾《四忆堂诗集序》知侯方域探访彭舜龄后又探访了旧友彭宾。

　　《四忆堂诗集》卷六《过江遇彭孝廉宾》诗云："往事沧浪里，浮踪白露边。可怜摇落日，一共孝廉船。陈夏家何许？周徐泪泫然（自注：四子皆孝廉同里，余故交也）。吾徒今后死，须使故人传。"

　　按：考其诗意当亦作于是年。

侯方域在嘉兴遇练贞吉，并出其《四忆堂诗集》全稿交练贞吉修订，而练亦出其游嘉兴所作《日记》，方域为作《书练贞吉日记后》。

　　练贞吉《四忆堂诗集序》："先司马公与侯司徒公相善，以故两家子姓咸昆弟也。司马公长于司徒公八岁，今朝宗乃长于余八岁，其莫逆一如两公……未几，遭天下改革，聚散不常，与朝宗遂相失。又数岁，复遇之于禾水。朝宗是时较潘岳《秋兴》之年不过加其三，而乃鬓有二毛。余更七尺潦倒，无以谢故人……邸次中时时论诗，谬为朝宗许可，乃出其全集，俾余订之。"侯方域《壮悔堂文集》卷九《书练贞吉日记后》亦云："练君贞吉……尝游禾水，作《日记》……余每读之，以遣旅况。"

　　按：据练贞吉序中所云"朝宗是时较潘岳《秋兴》之年不过加其三"，知侯方域是时三十五岁，即为是年。另结合练序及侯文知，当时方域将《四忆堂诗集》交练贞吉修订，而练亦出其游嘉兴所作《日记》，方域遂作《书练贞吉日记后》。

侯方域在嘉兴遇陈文学、曹溶，作《赠武林陈文学》、《赠曹太仆》诗。

《四忆堂诗集》卷六《赠武林陈文学》："浙水相逢意转惊,旧游何处问平生。清波渔桨潮依岸,灵隐梵宫磬一鸣。远志分明为采药,携壶不尽是逃名。冯君医济苍生手,寄与西陵陆丽京。"

按:陈文学生平无考。由"浙水相逢意转惊"句知,此诗作于秋游江南之时,即是年。

《四忆堂诗集》卷六《赠曹太仆》："近闻曹太仆,潇洒在东山。"

按:该诗注云:"太仆名溶。"另,"东山",晋谢安早年隐居于浙江会稽上虞之东山,后因以东山指隐居。又由《清史列传》卷七十八《曹溶传》知曹溶为浙江嘉兴人,曾仕于清廷。顺治三年后被革职回籍,顺治十年恢复原官。此处诗意当指曹溶被革职后闲居家乡嘉兴。故诗亦当作于是年。

侯方域在嘉兴遇沈季友,未及一语,匆匆而别。

沈季友《槜李诗系》卷二十六《哭侯朝宗》序云:"壬辰夏,予遇朝宗于嘉禾。主客不及通一语而别。丙申冬,予游宋,则朝宗死二年矣。"其诗云:"生前恨汝非知我,死后惭余一恸君。今日风流推大手,他时凭吊在遗文。马蹄远踏梁园雪,剑气遥横少室云。磨镜相看千里外,此中谁许结殷勤。"

按:嘉禾,即嘉兴。侯方域游嘉兴在壬辰年冬。此处误记为"壬辰夏"。

是时,倪玉纯寄其子倪涵谷文集,请侯方域为之作序。侯方域作《倪涵谷文序》、《复倪玉纯书》。

《壮悔堂文集》卷三《复倪玉纯书》云:"与知己别来十年,而此生遭际,慨当以慷,乃有出于契阔之外者……远示郎君佳篇,喜其英绝,承命勉为一序。"

按:由文意可知,倪玉纯将其子倪涵谷之文集寄与方域,请为作序,此为方域给倪玉纯的回信。倪玉纯生平无考。

《壮悔堂文集》卷一《倪涵谷文序》:"自文正公殁而天下失其宗十年以来……后起之俊秀乃务求之繁淫怪诞,以示吾之才高而且博……友人玉纯氏之子涵谷,年未弱冠,著《经锄堂制义》……"

按:由文意知倪玉纯为倪元璐族人。且此文约作于倪元璐卒后十年,即是年,姑系于此。

是年,侯方域作《与陈定生论诗书》。

《壮悔堂文集》卷三《与陈定生论诗书》:"仆下里之鄙人,承下究以作诗之旨,不知所对。及过阳羡,闻足下论诗娓娓者三日……仆入越后,见吴詹事伟业、曹太仆溶、姜行人垓、叶处士襄、吴学使徵舆及西陵十子诗,皆有源委。幸致郎君,就而讲求之。"

按:从文中"及过阳羡"、"入越后"等语可清楚看到侯方域离开宜兴、继续往前的行程,由文意知本文是作者离开宜兴后的顺治九年冬末所写,是侯方域与陈贞慧评论诗文的继续。

侯方域作《哀辞九章》。

《四忆堂诗集》卷五《哀辞九章》自序云："哀辞者,感群公之既没而作也。"

按:侯方域是年重访江南,凭吊祭奠了诸位已逝的故人,《哀辞九章》当作于此时。

是年,侯方域整理文集,准备付梓。

邵长蘅《青门剩稿》卷六《侯方域传》："末年游吴下,将刻集。集中文未脱稿者,一夕补缀立就,人益奇之。"

是年,侯方域作《拟上遣官致祭先师孔子阙里群臣谢表》。

《壮悔堂文集》卷九《拟上遣官致祭先师孔子阙里群臣谢表》自注云："顺治九年"。

是年,魏礼为生计所迫,离家出游。

《魏叔子文集外篇》卷十一《季弟五十述》云："壬辰,山中变,财物尽于贼,二老无所养。时伯兄客潮州帅府,盗中起,路绝,岁且暮,季曰:'吾当取束修于潮为菽水货。'遂立行。"

《魏昭士文集》卷六《享堂记》："大人破产不为家,于是南及琼海,北抵燕西,登太华绝顶,历览山川形胜,交奇伟非常士,名日起,家日落。或一岁二岁、或三四岁一返家山,与伯父、仲父道越历艰危事,形影如未尝一日离者。"

林时益率妻子居冠石,种茶芋为生。

《魏季子文集》卷十四《林舟之碣文》："南昌林君确斋之冢子曰舟之,生八岁从其父避乱来宁都,家焉。来既八年,所居翠微山变作,各迁徙避去。林君率妻子居冠石种茶芋自活。"

按:林时益于清顺治八年徙家宁都,至是年正好八年。

是年,曾灿回宁都。魏禧得知叶永圻逝世的消息,作《与金华叶子九书》。

《魏叔子文集外篇》卷五《与金华叶子九书》："壬辰止山归,得悉近履,惊闻老师暨伯子同先之变。"

按:叶同先即叶永圻。详见顺治三年谱。叶子九,叶永圻之弟叶永垓。《道光宁都直隶州志》卷三十一《艺文志》收有其《喜遇曾青藜于吴门二首》。

是年邑帅谋诛贼,彭贺伯死,翠微峰遂墟。

《魏叔子文集外篇》卷十六《翠微峰记》云："彭氏遂据诸财物因以胁诸子。于是邑帅遣人谋诛之,诡而登。彭氏裹甲饮之,顾谓其人曰:'吾尝笑荆轲提一匕首入不测之强秦自寻诛灭,岂淡甚愚哉!'其人笑而不答。既与为观要害地,因左顾,遂发匕首揕其喉,据石礤首碎之。复还饮所取二佩刀去。山遂墟。"

清世祖顺治十年 癸巳 1653 年 侯方域三十六岁 魏禧三十岁 汪琬三十岁

正月,曾灿再出游,魏禧与之别。

《魏叔子诗集》卷二《白日歌》序:"交曾子二十年矣。癸巳正月就余别。"

春,魏际瑞赴潮阳,魏禧为之送行。

《魏叔子诗集》卷三《丙申四月送伯兄再之潮阳》:"昔送章贡水,时维癸巳春。"

按:章贡,今江西赣州市内。

春,侯方域《壮悔堂集》刻成。

任源祥《侯朝宗遗稿序》:"《壮悔堂集》成于癸巳之春。"

夏,侯方域自江南归里。别时任源祥作诗送之。

任源祥《鸣鹤堂诗集》卷七《嘉禾寄侯朝宗》(其一):"侯子归梁日,任生入越时。浮云生马首,长夏静鸟皮。柳拂鸳鸯水,萍开清冷池。苍茫千里外,风雨一相思。"其二:"闻道黄河决,君归行路难。平台飞赤羽,落日照征鞍。春去千城黑,吟来四忆宽。知交零散后,慎莫浪弹冠。"

按:据诗中所写景物,知方域离开南方返里时当为夏季。

何杲自北京归南京,途经商丘,住侯方域家六日,与雪苑诸子相谈甚得。何杲将方以智出家为僧之消息告知侯方域。别时,方域作《送何三杲》、《送何子归金陵序》,并将所作《与方密之书》托何杲转达。

《壮悔堂遗稿·送何子归金陵序》:"龙眠何子之归金陵也,道出雪苑,其友人贾子、侯子、宋子送之以诗,而推方域为之序。"

宋荦《西陂类稿》卷九《何次德见过漫堂感赋》自注云:"曩次德游梁,主侯朝宗家,余同雪苑诸子赋诗赠之。"

徐作肃《偶更堂诗稿》卷上《送何次德还金陵,何归自都门》云:"磊落嘉何子,席门亦见投。追随余六日,意绪寄千秋。"

按:综合材料知,何杲自北京归南京,道经商丘,访友人侯方域等雪苑诸子,六日后别。

《壮悔堂遗稿·与方密之书》云:"归雪苑,遇何三次德,具为述密之还里月日甚详。今已为僧,止于高坐寺。"

按:考方鸿寿《方以智年谱》知,清顺治十年元旦,方以智归省父于白鹿山,不久即至南京,闭关高座寺看竹轩。综上可知,方域乃从何杲处得知方以智出家之消息,故何杲至商丘的时间当在方以智出家之后,即顺治十年或之后。又,《壮悔堂遗稿·送何子归金陵序》云:"余与何子之寓金陵也,岁在己卯。"另《四忆堂遗稿·送何三杲》云:"回首论交十五年,旧游常自忆龙眠。"侯方域与何杲定交当在明崇祯十二年己卯,二人同年应南京乡试。由之后推十五年即为是年。何杲,疑即何亮功。字次德,号辨斋,安徽桐城人。清顺治十四年举人,授福建古田知县。为政宽简得宜,暇即进书院谈经讲学,一变僻俗陋风。康熙二十六年任乡试同考官。卒于任。著有《长安道集》。

《壮悔堂遗稿·与方密之书》云:"吾友龙眠方以智者,崇祯中尝仕简诗,亦与何子首事之人也。今闻于高坐寺为僧,何子归试以语之。"

按：由文意知此文亦作于是年，侯方域托何采代为转达。

是年九月，吴伟业应召入京，道出苏州虎丘，邀集江南同声、慎交两社名士，举行大会，到会者五百人。

冬，汪琬女慧姑生。

汪敬源《续修文清公年谱》："癸巳公年三十岁，冬生女慧姑，袁宜人出。"

是年，洪承畴为太保兼太子太师，内翰林国史院大学士，兵部尚书、兼都察院右副都御史，经略湖广、广东、广西、云南、贵州等地，总督军务，兼理粮饷，命南征。

河南地方赋役繁重，农民被迫为盗。方域作《群盗》诗。

《四忆堂诗集·遗稿·群盗》诗云："草木艰难已奠居，谁令群盗更乘虚。营田本欲归戎马，潴壑须防纵巨鱼。岂谓民劳关至计，终于帝力望新除。郎今枢相巡行日，驿使应先痛哭书。"

按：该诗自注云："时有屯田挑河之役。"又注云："时命洪太保南征。"可知作于是年。

是年，侯方域子侯晓既冠。侯方域作《字晓儿说》以示。

《壮悔堂文集》卷九《字晓儿说》云："晓既冠，字之曰彦室。"

按：古代男子一般二十岁行冠礼，并于此时取字。但《壮悔堂文集》卷三《再与贾三兄书》云："方为书未竟，而儿子晓年十三，立于旁……"该文作于清顺治八年，由之推算，至侯方域卒年侯晓尚不及二十岁。两者对照似有矛盾。又，王树林《侯方域集校笺》认为商丘等地习俗以婚否作为成年与否的标志，而以成婚为"既冠"。并认为此文作于是年，时侯晓十五岁。姑录此存疑。

是年，魏禧授徒水庄。

《魏叔子日录》卷一："往授徒水庄，易堂诸子尝相过从……余念家食日艰，三十授徒，积今十余年使不得胜己之友时相规益，不知晨昏何等矣！诸生有转相教授者，为道往事如此。"又云："余授徒水庄，不勒为教条者三：曰人之所不能，曰事之所难行，曰己之所未尝为者。"

按：由文知魏禧三十岁时开始授徒水庄。水庄，《道光宁都直隶州志》卷十七《古迹志》云："在西郊五里虎溪村。魏叔子读书处。今为农居。"

是年，魏际瑞回归宁都，召诸子集。其时诸子因贫甚各自散居。

《魏叔子文集外篇》卷十六《翠微峰记》："明年，伯子归自广，卒复之。诸子之散处者咸集，以谓彭氏既当罪，功不可灭，乃袝而祀诸社。"

按：此记中之所谓"明年"乃承顺治九年而言，即指是年。又《魏昭士文集》卷六《享堂记》云："越三年而山为强人所夺，数月而复。"由此亦可知翠微峰仅被强人（即彭氏）霸占数月。另，《耻躬堂文钞》卷八《翠微峰易堂记》云："甲午善伯倡复，率二弟更居之，并招诸子。诸子既久隐穷约，被山难，贫益甚，散处纪衣食。"其所记诸子复居翠微峰之时间为清顺治十一年甲午，与以上记载有所出入，姑录此存疑。

是岁,汪琬于松陵授徒。其时计东将赴北京,汪琬作诗以送。

赵经达《汪琬先生年谱》"顺治十年":"是岁,馆于松陵。"

《钝翁前后类稿》卷一《松陵江歌送计甫草》:"君不见松陵江层波浩淼东入海,荒烟蔓草迷古道……故人方尽别离觞,一任扁舟入帝乡。扬帆举棹忽不见,回首江流空复长。"

按:汪琬于是年馆于松陵,则此诗当作于是年或之后。姑系于此。松陵,即今吴淞江,又名吴江。计东为吴江人。另由"一任扁舟入帝乡"诗句知是时计东将前往北京。

姜垓卒。

姜亮夫《历代名人年里碑传总表》记其卒于清顺治十年。

清世祖顺治十一年 甲午 1654 年 侯方域三十七岁 魏禧三十一岁 汪琬三十一岁

二月,魏禧父魏天民卒。遗嘱交代不施鼓乐,谢亲友祭奠,不求铭传文。

《宁都三魏全集》集首附《魏征君传》:"天民尝自置恶棺诫诸子,曰:'我死以此殓。'诸子变色逡巡。天民曰:'先帝后视此何如?我死不得有成礼,毋帛衣,毋书铭旌,毋受吊。'天民年四十齿尽脱,背几偻,瘠甚……甲午二月病,遂卒。"

《魏叔子文集外篇》卷五《与金华叶子九书》云:"迨甲午而先征君见背。"

三月,彭舜龄自嘉兴遣使来,请侯方域为其伯父彭尧瑜诗集作序。

按:《西园先生诗序》一文《壮悔堂文集》未收,乃辑自中州文献征辑处手抄本彭尧瑜《西园诗集》。其文云:"客岁游禾水,友人彭司理出其家藏《西园先生诗集》,授余曰……今年之春,则自禾水遣使者来请。"禾水,指嘉禾与秀水,即嘉兴府。客岁,即去年。由前谱知,侯方域顺治九年出访江南,顺治十年夏回商丘,顺治十年春还在嘉兴。另其文末有"顺治甲午上巳日同郡后学侯方域撰",知此文作于顺治十一年三月。又彭尧瑜,字幼邻,一字君宣,别号西园彭舜龄伯父。《夏邑县志·人物志》有传。

九月,宋荦葺东郊古竹圃为读书处。方域游其中,作《题宋牧仲古竹圃》诗。后宋荦《古竹圃诗集》刻成,侯方域为作《宋牧仲诗序》。

宋荦《漫堂年谱》"顺治十一年甲午":"余二十一岁,九月葺东郊古竹圃……刻《古竹圃诗集》。"

《四忆堂遗稿·题宋牧仲古竹圃》诗云:"悠然过竹圃,长夏有清阴。何处孙登啸,偏宜向秀林。善交翻闭户,高卧本从心。浊酒劳相勤,今知静者深。"

按:从诗意看,当为是年游宋荦古竹圃时而作。另,《壮悔堂遗稿·宋牧仲诗序》有"读宋子《古竹圃诗》……特有所寄寓感慨"之语,知此序作于是年九月之后。

秋,汪琬应乡试,名列经魁。

详见次年谱所引陈廷敬《午亭文编》卷四十四《翰林编修汪钝翁墓志铭》。

是年,侯方域作《正百姓》、《额吏胥》、《重学校》等文,总结明亡的历史教训,针砭清初社会的种种弊端。

　　按:《壮悔堂遗稿》有《正百姓》、《额吏胥》、《重学校》三文,其文略。从文意知,三文均能总结明亡之历史教训,针砭清初社会的种种弊端。《正百姓》附徐作肃跋曰:"目前之感,于中特深。痛切言之,悲愤言之,无不真切如画。"三文当作于是年前后,姑系于此。

十二月,侯方域病卒。后文人刘榛、计东等均作诗哀悼。

　　侯洵《壮悔堂年谱》"顺治十一年":"十二月,公卒。"

　　计东《改亭诗集》卷五《哭侯朝宗》云:"生前恨汝非知我,死后惭予一恸君。今日风流推大手,他时凭吊在遗文。马蹄远踏梁园雪,剑气摇横少室云。磨镜相看千里外,此中谁许结殷勤。"

　　刘榛《虚直堂文集》卷十八《吊侯朝宗》云:"不必论遭际,文章已擅名。夷门昨日过,终是叹侯生。"

　　按:刘榛,字山蔚,少孤,依姊夫侯忭居。后师从徐邻唐,刻励为文。著述颇富,有《虚直堂集》行世。《商丘县志》卷九有传。

是年,汪琬以前后所为古今诗编成《毓德堂诗钞》,侯元涵为之作序。

　　汪敬源《续修文清公年谱》"甲午"条云:"公将前后所为古今诗编成一卷,曰《毓德堂诗钞》付梓,侯元涵序之。序曰:'吴郡之诗,往往喜谈神理,绌于格调。虽有精思,未协雅则……予观苕文之诗,厚于神理而严于格调,汉、魏、盛唐而下,不肯杂一字……将因苕文是篇以格调补吴音之不逮,未必非风雅之一助也。'"

　　按:该序今未见,当时应收入汪琬《毓德堂诗钞》之中。

清世祖顺治十二年 乙未 1655 年 魏禧三十二岁 汪琬三十二岁

春,汪琬中进士,以二甲得通政。初第时,往谒徐必远先生问为学之要。

　　《午亭文编》卷四十四《翰林编修汪钝翁墓志铭》:"顺治十一年,经魁其乡。明年,举进士……观政于诸曹。先生以二甲得通政。"

　　《尧峰文钞》卷十二《广西布政使司左参政分守桂平道徐先生墓志铭》:"康熙十有六年三月贵阳徐宁庵先生卒於江宁之寓舍……琬初第时,谒先生于邸舍,请问为学之要。先生曰:'昔孔子于易乾卦即发明诚之一言,以是传诸曾子,则曰诚意。曾子传诸子思,以讫孟子,则又皆曰诚身。诚其可终身行者乎?'又问求诚从何始,先生曰:'先儒有言:自不妄语始。'琬至今诵之不敢忘。"

　　按:徐宁庵,名必远。贵阳人。生平不详。

时刘体仁亦中进士。

　　《大清一统志》卷八十九:"刘体仁,字公勇。颍州人……顺治乙未进士。历官吏、刑二部郎中。有诗名,与宋荦、汪琬、王士禛、施闰章等唱和,时号'十才子'。告归后,日手一编,不问户外事。居家孝友,姻睦恂恂可称。著有《蒲庵集》。"

王士禛中试,未参加殿试而归。

《王士禛年谱》"顺治十二年":"会试中试第五十六名,未殿试而归。"

初夏,曾灿将下贡水,魏礼作诗送之。

《魏季子文集》卷一《送曾子下贡水诗》序:"乙未初夏,曾子将下贡水之棹,予适在巘,爰书此道行。"

按:曾子当指曾灿。贡水,赣江东源、正源。

五月,汪琬告假南归。迁居鹦哥巷。自号"玉遮山人"。

汪敬源《续修文清公年谱》"顺治十二年乙未":"夏五月请假南归,迁居鹦哥巷……公自号'玉遮山人'。"

六月十六日,魏禧母曾氏卒。七月二十三日,葬于李村。魏禧作《辞墓》、《营墓自李村归作》。

《魏叔子文集外篇》卷五《与金华叶子九书》:"乙未季夏,先母寻殂。"

《魏叔子诗集》卷三《辞墓》:"我生三十岁,未免慈母怀。何当乙未夏,白日西山颓……六月十六日,大变忽天摧。儿女哭床下,不复知为谁。逾时就大殓,终天不可追。及于七月杪,灵輀出东陲。廿三掩内圹,楩柟隐厬灰……"

按:由诗意知魏母卒于六月十六日,葬于七月廿三日。是年魏禧三十二岁,诗中所云"我生三十岁"当为虚指。另《魏叔子诗集》同卷有《营墓自李村归作》二首,其诗有云:"去年李村归,入门问父母。今年李村归,父亡母亦故。"知魏母被葬于李村,此诗则作于魏禧葬母归家之后。另魏母姓曾,可参见《魏禧传略》。

是年,魏禧守制水庄。

《魏叔子文集外篇》卷五《与友人论先坟书》云:"忆乙未丙申间禧服先母丧于水庄,尝出入溪畔。时足下读书杨梅段,间语舍弟礼云:'白衣冠行河上者,知为君家叔子。吾甚慕之,其人可望而不可即。'禧闻语愧悚不敢当。然知己之言未尝不感激於心。"

侯方域《壮悔堂文集》大行于天下。九月,任源祥为侯方域遗稿作序。

邵长蘅《青门剩稿》卷六《侯方域传》:"既没,而文章乃大著。"

徐作肃《明经朝宗墓志铭》:"明经有异才。自朝宗之殁,而其文章已大行于天下。远方之士,初偶得其书者,争分自抄录。缙绅之来仕豫者,多牒所部为取于其家者无虚岁,或至数十帙不止。而在朝之名公贵卿,亦率案有其集。"

任源祥《鹤鸣堂文集》卷四《侯朝宗遗稿序》:"呜呼!此侯子《壮悔堂集》成之后所作也。《壮悔堂集》成于癸巳之春,不二载而侯子殁。余既宝《壮悔堂集》而朝夕之矣,天下好古之士,既无不慕《壮悔堂集》,而望之若云霄,奉之若蓍蔡者,三年于兹矣。侯子之讣,士君子知与不知,咸惋惜而叹悼之……今侯子少有盛名,《壮悔》、《四忆》及《杂庸》制义一出而纸贵;然应举则蹶,尝及颠沛,虽殆以司马之名,而得韩、杜之穷者也……观侯子遗稿,而流连感慨,于世道人心之际,未尝不三致意焉……侯子有经济之才,而不用于世,乃以立言自见,亦可谓不幸矣。天下之士,悲侯子之不遇,而又惜侯子之早逝也……乙未九月,阳羡同学任源祥题。"
冬,魏禧家发生火灾。魏禧父诗文及语录均被焚毁。
《宁都三魏全集》集首邱维屏《魏征君杂录》:"公殁一年而室火,其文若诗及语录皆亡。"
按:魏禧父卒于上年,故火灾当在是年。
冬,汪琬女慧姑殇于痘。家贫甚。
《尧峰文钞》文卷二十《亡儿蘅瘗志》:"顺治十二年冬,予还自京师,家贫多负,而女慧姑复殇于痘。予夫妇质衣服、簪珥以敛用。是益大困。"
十二月,汪琬次子汪蘅中寒疾。
《尧峰文钞》文卷二十《亡儿蘅瘗志》:"会岁且暮,天寒大雨雪,儿甫五岁,予不能为儿易新衣,犹衣故败絮,遂中寒疾。"
按:汪蘅生于顺治八年,五岁即是年。
是年,魏禧弟魏礼生子魏世俶。
参见《魏禧传略》。

清世祖顺治十三年 丙申 1656 年 魏禧三十三岁 汪琬三十三岁

正月,汪琬次子汪蘅殇于痘。汪琬作《亡儿蘅瘗志》。
《尧峰文钞》文卷二十《亡儿蘅瘗志》:"……明年春,痘发于颐。越七日死……(儿)死于十三年正月某日。瘗诸邓尉山先茔之次,而遂为之志。"
四月,贾开宗为侯方域遗稿作序。
贾开宗《侯朝宗古文遗稿序》云:"……故明三百年,无古文也。嘉靖中,王守仁、王慎中、唐顺之、茅坤四人,始起而厘正之;然而落落茫茫,此道孤行。朝宗出而文人一以唐宋为宗,为其真者,而不为其似者,首位虚实,不可移易。合之四人,明得五焉。余尝有明文五大家选。呜呼!后有作者,当以余为知言矣。顺治丙申初夏,贾开宗述。"
四月,魏际瑞再之潮阳,魏禧作诗以送。
《魏叔子诗集》卷三《丙申四月送伯兄再之潮阳》:"夏雨淫不止,驾言向海滨。昔送章贡水,时维癸巳春。堦下俯二弟,堂上拜双亲。亲老健未衰,奄忽委轻尘。去年就兄居,愿以长相亲。吾侪同未亡,兄弟为一身。岭海多瘴疠,念之独逡巡。主人重恩义,远道非所论。把手向长路,伤哉不能言。庶几敬尔仪,明发怀二人。"
魏禧守制期满,返归翠微峰勺庭。
《魏叔子诗集》卷三有《后二日挈家返勺庭别水庄作遂呈内兄谢亭三》。其诗略。
八月,彭士望子彭宁使来访,在翠微峰居七日。临别,魏禧作《送彭孺子归巘山序》。
《魏叔子文集外篇》卷十《送彭孺子归巘山序》:"躬庵先生与余为石交十二年,

丙申八月遣其儿子宁使来谒……留翠微峰七日，将归巘中。余念持少物赠之，索得旧佩小刀子一枚，长径寸有一分，阔三分之一，绝犀利，命内人裂帛作小囊弢之。"

仲冬，魏禧展父墓，作《仲冬上先君墓望李村》。

《魏叔子诗集》卷三《仲冬上先君墓望李村》："祖垅二百载，其表间虚碣。族义推征君，奉之为幽室。先妣后逾年，更乃营墓阙。远葬心以非，地偪不容穴。春秋一再至，定省亦已阔。平生不自慎，一病奄三月。南郊四五里，至今乃得谒。东首望李村，寒烟凄以灭。霜霜被野草，履之心怫郁。"

按：由诗中"先妣后逾年，更乃营墓阙"一句可知，魏禧展父天民先生墓当在其母卒后一年，即是年。

岁暮，计东游河南，与宋荦、徐作肃及侯方域子侯贻孙定交。

计东《改亭诗集》卷二《济上喜晤李屺瞻感述一首并呈王贻上、汪苕文、宋牧仲》序云："丙申岁暮，我游宋文康、宋公子牧仲。结交侯、徐，皆贤豪，下榻留予意珍重。"

计东《改亭文集》卷首附宋荦《序》云："顺治丙申，客游中州，过予邑，交徐恭士。恭士，予石友也。予亦因以定交。明年，君举于京兆，后四年，江南奏销案起，絓黜籍，遂绝意仕宦。"

按：是时侯方域已逝世，计东文中所称侯子当指方域子侯贻孙。又计东《改亭文集》卷五《赠侯贻孙序》云："予丙申游商丘，适朝宗初没，展磨镜之谊，不执孝子手而出。"

是年，汪琬第五女生。

《尧峰文钞》文卷二十《第五女墓志》云："当予为诸生时，予妻袁宜人举四女，先后皆殇。既第进士归，宜人复举第五女。年十七以心疾卒，盖距宜人殁十有四年。"

按：此女卒于康熙十一年（详见该年谱），时年十七，逆推知生于是年。又按：此女为袁宜人所生第五女，其间汪琬妾张氏亦生一女名四姑，此女实为汪琬第六女。

汪琬季弟汪珮卒。享年二十八。

汪敬源《续修文清公年谱》"丙申"："是岁季弟附学生珮卒。"

《尧峰文钞》文卷二十《亡弟南烶墓志铭》："南烶，姓汪氏，名珮，一名琛，吴县附学生。每试辄高等，知名于时。不幸年二十八夭。"

按：由前谱知，汪珮生于明崇祯元年，其二十八岁卒，当在是年。

陈贞慧卒。后汪琬为作《陈处士墓表》。

黄宗羲《南雷文定》前集卷七《陈定生先生墓志铭》："卒于顺治丙申五月十九日，年五十三。"

《尧峰文钞》文卷二十《陈处士墓表》："公有子贞慧，字定生，即处士君也。少用文学著闻……君归，惩前祸，乃谢绝故时诸名士，屏居村舍中者十有二年。卒，享年五十有三。"

清世祖顺治十四年 丁酉 1657 年 魏禧三十四岁 汪琬三十四岁

是年,科场案起。顺天乡试考官李振邺、张我朴等以得贿舞弊,立斩。继之,江南主考方猷、钱开宗等舞弊事被揭发。河南主考官黄铋、丁澎以违例被劾。

四月,吴县陈元凤将合葬父母,来请魏禧文,魏禧作《陈翁墓志铭》。

《魏叔子文集外篇》卷十八《陈翁墓志铭》:"君姓陈氏,讳植,字心榘……丁酉四月,元龙既卒,元凤等将奉父母合葬于吴县吴山西律字圩,介其宾陈君瞻一来乞铭,于是叙次行事,而为之铭。"

按:陈元凤事迹无考。

魏禧作《复邱而康书》,与邱维屏商讨删改其文章之事。

《魏叔子文集外篇》卷五《复邱而康书》:"自壬辰秋辱问,将有所言于足下。变故万端,方五年未得复……足下所示文,醇朴恳质,有儒者风。禧稍以己意芟窜一二,然足下所以下问意甚大,此尚存乎文字之见。"

按:由文可知,魏禧曾删改过邱维屏的文章。邱维屏于壬辰秋来信询问魏禧删改之因。魏禧"方五年未得复"。则此复书作于壬辰年后推五年,即是年。

是年,翁天章至北京,纵游狭邪。后汪琬为作《赠翁君序》。

《尧峰文钞》文卷二十四《赠翁君序》:"翁君名天章,字汉津,吴县人。以诸生入国子上舍。为人喜声色,纵游狭邪。顺治十四年来京师,与妓冯金者相好也……性坦率,多大言,每自矜能诗。然馆予邸舍,累月亦不见君尝为诗也。忽醉,谓予曰:'女他日铭我于石当云云。'予笑应之曰:'君果欲琬文,又何用铭为?'于是遂略序君之生平,且牵连翁氏故事,为文以赠。"

按:翁天章,安汉津,苏州东山人。曾任云南西河县知县。杨维忠《东山名彦:苏州东山历代人物传》有提及。

是年,汪琬编撰诗集《玉遮山人诗稿》。

赵经达《汪琬先生年谱》"顺治十四年":"是年,编次所为诗,颜曰《玉遮山人诗稿》。"

计东应举北京。

详参上年谱所引计东《改亭文集》卷首附宋荦《序》。

清世祖顺治十五年 戊戌 1658 年 魏禧三十五岁 汪琬三十五岁

是年,河南、山东、山西考官均以违例受处分。

正月,李腾蛟、彭士望、林时益、曾灿登翠微山访三魏。

按:朱议霶《朱中尉诗集》卷一有《戊戌正月十二日同李咸斋、彭躬庵、曾止山自东岩取道圆通,将登翠峰访魏东房、叔子、季子,金精遇王老,与谈感赋(王老号辛研,建昌某所旗校尉)》。其诗略。

正月十三日,彭士望、李腾蛟、林时益、曾灿与魏禧兄弟同游金精山。

《耻躬堂诗钞》卷五《金精行(同行李力负、林确斋、曾止山,翠微易堂魏伯子、凝叔、和公)》:"戊戌开岁十三日,有客旅行从冠石。攀跻数里岩壑幽,道出金精暂休息……"

夏,汪琬赴北京谒选,得户部福建司主事。

详见顺治十七年谱所引陈廷敬《午亭文编》卷四十四《翰林编修汪钝翁墓志铭》。

王士禛、刘体仁、梁熙寓于慈仁寺。汪琬分别与之定交。

《王士禛年谱》"顺治十五年戊戌":"赴殿试,居二甲……馆选罢,不得归,观政兵部……山人居慈仁寺。"

刘体仁《七颂堂文集》卷二《祭周先生文》:"容于己亥来京师,某遇之慈仁寺,辱与为友。"

按:由文意知,刘体仁上年起即寓居慈仁寺。

王士禛《居易录》卷五:"鄢陵梁熙晢次,与予乙未同年进士,榜下未相识。戊戌,予观政兵部,寓居慈仁寺。梁适自咸宁令减俸,行取入都,亦寓寺中。始与往还。叩其所学最博,尤深禅理,长斋却扫,如退院僧。自是定交莫逆,以语刘公勇、汪苕文诸君曰:'梁君非俗士也。'诸君遂亦与定交。"

王士禛《蚕尾集》卷六《御史梁晢次先生传》:"予顺治中游京师,求天下善士而友之,于同籍得三人焉,曰颍川刘公勇体仁、长洲汪苕文琬、鄢陵梁日缉熙。公勇豪迈任侠,苕文孤峭工文章,日缉长斋绣佛,不涉世事,萧然内足于怀。三人者性情不苟同,而皆与余交莫逆。"

按:梁熙,字日缉,号晢次。年十三,补诸生,文名藉甚。清顺治十年进士。曾任西安咸宁知县、云南道监察御史。年七十一卒。

王士禛《渔洋诗话》卷上:"初,钝翁在京师求友于余,余为言刘公勇、梁曰缉、程周量,钝翁遂皆与定交云。"

是岁,吴雯来北京。王士禛读其诗,颇为欣赏,以示刘公勇、汪琬、梁熙。

王士禛《渔洋山人文略》卷二《莲洋诗选序》云:"昔在丁、戊间,生来京师。予肶其箧得蠹简数十番,读而骇叹,谓非流俗所应有。以示刘吏部、汪户部、梁侍御三君,方枋文章海内,其骇叹复不减予。"

按:吴雯字天章,原籍奉天辽阳,后居山西蒲州。少明慧,博览群籍。清康熙十八年,召试"博学鸿儒"科,报罢。在京师时,谒父执梁熙、刘体仁、汪琬等,皆激赏之。尤以诗见知于王士禛,称为仙才。后居母忧,哀毁卒。雯工于诗,著《莲洋集》二十卷行世。详见《清史列传》。

是年,汪琬与王士禛、程可则、邹祗谟等人日夕往来,以诗倡和。

王士禛《居易录》卷五:"戊戌廷对,不与馆选,以观政留京师。始与长洲汪琬苕文、南海程可则周量、武进邹祗谟吁士辈倡和为诗。"

《王士禛年谱》"顺治十五年戊戌":"夏秋与长洲汪琬苕文、南海程可则周量以诗相倡和。"

按：程可则，字周量，南海人。"岭南七子"之一。清顺治九年举会试第一，顺治十七年，授内阁撰文中书，累迁郎中，出任广西桂林府知府。以诗文名世，与刘体仁、汪琬、王士禛齐名。著有《海日楼诗文集》、《遂集楼诗草》、《萍花草》等。《广东通志》卷四十八有传。邹祇谟，字吁士，常州武进人。顺治戊戌进士。工为诗词。著有《远志斋集》、《丽农词》。《江南通志》卷一百六十六有传。

冬，汪琬供职户曹，居正阳门东。时同年进士汪观亦来谒选，与汪琬过从甚密。后汪琬为作《湘乡知县汪君墓志铭》。

　　《尧峰文钞》文卷十七《湘乡知县汪君墓志铭》："君与予同出新安越国公华之裔，又与予同年进士。顺治十五年冬，予待罪户曹，而君亦来谒选吏部，数相过从，甚乐也。是时，予僦居正阳门东……君讳观，字颙若，举顺治乙未进士，享年五十有三。"

　　按：待罪，古代官吏供职的谦称。汪观，字颙若，宣城人。清顺治乙未进士。知湘乡县。后以母艰，哀毁卒。《江南通志》卷一百四十八有传。

冬，汪琬分司大通桥。

　　《尧峰文钞》文卷二十二《大通桥分司壁记》："顺治十五年冬，予既分司大通桥。于是，太子少保永昌王先生方以尚书为之长。予往辞先生，先生为予言：'是司在部差最下，然清静无事。于诵读著述为宜。'"

　　王峻《王艮斋文集》卷三《汪钝翁传》："寻授户部主事，分司大通桥。"

　　按：王永昌生平无考。

汪琬重游慈仁寺，时友人已各自分散，汪琬感而作《过慈仁寺》诗。

　　《钝翁前后类稿》卷一《过慈仁寺》："金元遗迹慈仁寺，曾向炎天骑马至。松风飒飒吹客衣，月可一庭人正醉。重来此地天阴阴，欲雪未雪寒相侵。旧时酒伴散已尽，叶落鸟啼愁我心"。

　　按：从诗意知，此诗当为汪琬与诸友人分散后，重过慈仁寺有感而作。从诗中"欲雪未雪寒相侵"一句可知，其时当为冬季。

仲冬，彭士望迁家草湖，依桂树居之，庸田为生。

　　《耻躬堂诗集》卷首《自序》："戊戌迁草湖，依桂树为庐居之。"

　　同集卷六《髻山秋日抒怀》自注云："戊戌予始庸田草湖，从弟静生初学耕，劳疾几殆。一仆名俭，同佣丁力作，兼予家十人口。"

　　按：《耻躬堂诗集》卷五有《戊戌冬仲自冠石移家草湖耕所呈林确斋同令子舟之》诗，知彭士望于是年仲冬自冠石迁家草湖。

是年，魏禧作《桂颂》。

　　《魏叔子诗集》卷一《桂颂》诗后注云："戊戌作"。

清世祖顺治十六年　己亥 1659 年　魏禧三十六岁　汪琬三十六岁

二月，魏禧及弟魏礼为魏际瑞校诗。魏禧作《伯子诗钞引》。

《魏叔子文集外篇》卷九《伯子诗钞引》："伯子姿性旷逸,畏拘检,年今四十,时复与儿子行戏谑,若十四五岁人,以故少年才俊之士,乐得亲之……禧少伯子四岁。自幼及长,皆同学。伯子尝谓:'吾生平知己,惟汝一人。'每念神交友生之诗,未尝不独处涕下。今二月,命与季弟礼同校诗,诗多,不能尽写。因抄所最爱者入行箧以自怡悦,不求多也。"

按:由文意知,魏禧作此文时,伯子年四十,而禧少伯子四岁,当为三十六岁,即是年。

三月,方以智以僧服造访易堂,盛赞"易堂真气,天下罕二矣!"

《魏叔子文集外篇》卷五《同林确斋与桐城三方书》："昔岁已亥,丈人栖迹寒山,列兄德业便以委悉。丈人见易堂诸子颇以直谅相许,而教诲缱绻则於益、禧尤笃。"

按:文中所称"丈人"指方以智。方以智晚为僧,更名弘智,字无可,号药地和尚,又号木立大师。

《魏季子文集》卷十五《先叔兄纪略》云:"往僧无可公至山中,叹曰:'易堂真气,天下罕二矣!'"李腾蛟《半庐诗稿·纪梦呈木立大师》序云:"已亥闰月师果至,间录《桃花源记》为说见贻。"

按:是年闰三月,可知方以智来访易堂的具体时间在是年三月。

春,汪琬至大通桥官署。官职卑微,时友朋过从亦少,加之疾病缠身,汪琬心情极度悒郁,感而作《初春分司大通桥》诗,并作《大通桥分司壁记》。

《尧峰文钞》文卷二十二《大通桥分司壁记》："顺治十五年冬,予既分司大通桥……明年春,予至署,逾一月,漕运不至,诸小吏兢兢奉法,可以不用鞭笞,其无事略如先生言……予素多病,病每发即苦烦懑,不能多读书。邸舍所携书甚少,亦不能竟读也……然为病所侵,衣食汤药俱不足以自周,而京师亲旧,过从者亦益少。署中自奉行文书之外,亦无他材能可以自见。于是,抚岁月之如流,而耻功名之不立,又未尝不默然以思,而悄然以恐也。诗云:'俟河之清,人寿几何?'然则,予去其故乡,舍其朋友、兄弟、妻子之乐,而来縻禄食于此,复何为哉?复何为哉?"

按:文中所云"先生"当指王永昌,参见上年谱。

逾月,汪琬理一轩为读书之所,名曰"嗜退"。然因公差日夜奔走,不暇恒居。时病羸未愈,入夏咯血不止。尝思移疾归江南。时沈荃来访并赠药。后汪琬作《谢沈编修赠药歌》。

《尧峰文钞》文卷二十二《嗜退轩记》："迁邸舍之逾月,始理一轩为读书之所,名曰'嗜退'。其语在《宋史·司马池传》中,予取以自志者也。然予自受差以来,简书旁午,日夜奔走东便门外,不暇恒居是轩。先是,病羸未愈,入夏益咯血不止,予方惧户曹之未易称职也,欲得改他部以去。会有言事者,亦条其策于朝下,公卿聚议,久之不决。予复谋移疾还江南,文稿已具矣。而诸小吏力争,以为故事无有,不果行……"

《钝翁前后类稿》卷二《谢沈编修赠药歌》:"病夫移病一月余,翰林沈郎辱相念。入门怪我颜色恶,知我坐久伤烦眩。自言囊中有禁方,频年试此已经验。许分成药一赠我,令我不觉加欣羡。春来门巷苦寂寞,无人下马垂顾盼。因君访我生感激,况复深情重缱绻……"

按:从诗中"病夫移病一月余"、"春来门巷苦寂寞"句知作于是年春天。又,沈荃,字贞蕤,号绎堂,华亭(今上海松江)人。清顺治九年探花,授编修,累官至翰林院侍读学士、礼部侍郎,卒谥文恪。学行醇洁,书法尤有名。《江南通志》卷一百四十一、《清史稿》卷二百六十六有传。

夏,北京霪雨,河水泛滥,道路被阻。汪琬作《大通桥土地神祠祈晴文》及《自五月至六月霖雨不止桥署志感》诗。

《尧峰文钞》文卷四十《大通桥土地神祠祈晴文》:"琬以不材,奉天子命而来,以与神共治此地也。生杀祸福之柄,琬所不能主者,惟神司之。乃自夏五月霖雨至于六月河流汜滥,道路沮洳,役夫消摇,马牛疲毙,车户二十有六人,茕茕奔走,所日夜仰望者,独依于神而已。"

按:由文意知,此文作于汪琬分司大通桥时。另《钝翁前后类稿》卷二有《自五月至六月霖雨不止桥署志感》诗,亦当作于此时。

六月,魏礼出游江南。

《魏叔子文集外篇》卷十一《季弟五十述》:"岁己亥,季下江南,至吴城问舟。"

按:《魏伯子文集》卷八有《己亥六月送季弟之江左兼访庐山木大师静室》,其诗略。

是年魏世杰既冠,魏禧作诗《诸子世杰既冠诗以示之》。

《魏叔子诗集》卷三有《诸子世杰既冠诗以示之》。其诗略。

按:魏世杰生于清顺治二年(详见该年谱),既冠之年即为是年。

李腾蛟寿五十,魏禧作《李子力负五十初度既成律诗,言不尽意,更作一百四十字,己亥端午后一日》。

《魏叔子诗集》卷三有《李子力负五十初度既成律诗,言不尽意,更作一百四十字,己亥端午后一日》诗。其诗略。

是岁汪琬妻袁宜人卒。汪琬闻讣,在大通桥设灵位哭之,作悼亡诗十二章。并作《寄家书二首(袁宜人赴音方至)》。八月,迎女来京。

《钝翁前后类稿》卷二十九《悼亡诗小序》云:"今吾妻袁氏与吾同年月生,仅先四日耳。吾自官京师、贫不能携以来,家之大小皆仰吾妻以衣食……不幸抱寒疾以殁……于是深悼吾妻之不可亡也。未及为赋,姑为七言绝句十二章……"

《尧峰文钞》文卷二十《第五女墓志》云:"及居京师,闻袁宜人之赴,为位于大通桥分司哭之。"

按:由《尧峰文钞》文卷二十《第五女墓志》所记第五女卒年"盖距宜人殁十有四

年"推知汪琬妻殁于是年。可详参顺治十三年谱。另,《钝翁前后类稿》卷二有诗《寄家书二首(袁宜人赴音方至)》,其一云:"扶闷强裁书,凄然堕余泪。恐伤儿女心,犹署平安字。"其二云:"空有遗容在,相思益眇然。数行灯下札,何处达黄泉。"亦当作于是年。

《钝翁前后类稿》卷四十五《乳媪徐权厝志铭》云:"乳媪徐,长洲之上十七都人。庸予家,为予乳女慧姑。慧姑殇,复乳五姑。袁宜人之丧,予念诸女乏食,无周恤之者,遣人迎至京师。媪实随以来。"

八月,汪琬养疾轩中,情绪低落,作《嗜退轩记》。

《尧峰文钞》文卷二十二《嗜退轩记》:"秋八月,运务将竣,予始得还居轩中,习养生家言以治病。然亦不复能读书矣……士大夫争欲奋其才智,取功名于数千里外,慨然有乘长风、破巨浪之思。而予独僻居于此,形影相对,若不知其身之在长安者何也……名不常存,人生易灭,优游偃仰,可以自娱。于是遂为文以论之。然则,古人之所志,盖亦有与予类者。予其能无慨于中邪?作《嗜退轩记》。"

八月,魏禧作《己亥八月怀曾止山在吴》。

《魏叔子诗集》卷七有《己亥八月怀曾止山在吴》。其诗略。

秋,宁都又爆发农民起义。彭士望避乱冠石,与林时益共处一山。魏禧作《出郭行》、《入郭行》、《从征行》。

《耻躬堂诗集》卷六《髻山秋日抒怀》注云:"己亥秋闻乱,村无宁居,家人避冠石,就林子宅。草湖有枯梅最古,予树庐其侧,'树庐'本因桂得名。魏冰叔纪以诗,方密之先生有赞。"

按:《魏叔子诗集》卷三有《出郭行》、《入郭行》、《从征行》。《出郭行》自注云:"三行己亥作"。

是年,王士禛来北京谒选,得江南扬州推官。后汪琬作《赠王贻上序》。

《王士禛年谱》"顺治十六年己亥":"谒选得江南扬州推官。"

《钝翁前后类稿》卷二十三《赠王贻上序》:"新城王子居京师,与其友倡和为诗甚乐也。已就吏部选入为推官有日矣。"

王士禛与程周量访汪琬,适夜雨,共宿汪家。是年,汪琬与王、程二子及刘体仁、梁熙、叶方蔼、彭孙遹往来倡和。

《王士禛年谱》"顺治十六年己亥":"是年居京师久,与汪、程洎颍川刘体仁公勇、鄢陵梁熙日缉、崑山叶方蔼子吉、海盐彭孙遹骏孙倡和最多。"

王士禛《渔洋山人精华录》卷一《与周量过访苕文夜雨共宿》:"故人千里别,春草萋已绿。相思南云端,目尽东海曲。复作帝城游,乘暇慰幽独。入门凉蝉鸣,中庭多嘉木。石径生积阴,苍苔宛山谷。坐久微风来,雨声杂深竹。共有沧浪兴,复纵青山目。良会谁能常,今宵得同宿。"

按:由诗意推测当作于是年王士禛再入北京之时。又,叶方蔼,字子吉。顺治十六年进士，授编修。《苏州府志》卷九十五有传。彭孙遹，字骏孙，海盐人。顺治十六年进士，授中书。《清史稿》卷四八四有传。

时董文骥亦来。合肥龚鼎孳以前左御史谪国子助教，聚诸人为诗会。

《王士禛年谱》"顺治十六年"："武进董文骥玉虬亦来会。合肥龚端毅公芝麓以前左御史谪国子助教，合诸词人祖席赋诗，联为巨轴。"

王士禛《渔洋山人精华录》卷二《述旧赠刘公勇吏部》："昔在顺治中，天府罗文昌。至尊右儒术，海寓盛词章。夫子起汝南，高步翰墨场。仆从稷下来，意气犹蹶张。云龙欻然合，相逐共翱翔。论文无嗫嚅，结交多老苍。四海得汪（苕文）程（周量），骧首同周行。一确称二妙，籍籍董（玉虬）与梁（曰缉）。"

按：董文骥，字玉虬。幼颖敏，读书过目成诵。顺治六年进士。授行人，迁御史。后转陕西陇右道参议，称疾归。文骥博学高才，工诗善画，文采为一时冠。《光绪武进阳湖县志》卷二十三有传。龚鼎孳，字孝升，号芝麓。合肥（今属安徽）人。与吴伟业、钱谦益并称为"江左三大家"。明崇祯七年进士，授兵科给事中。入国朝，历官礼部尚书。谥端毅。有《定山堂诗集》。《清史稿》卷四百八十四有传。

是年汪琬与陈廷敬相识。汪初见陈诗，惊之为异人。

陈廷敬《午亭文编》卷四十四《翰林编修汪钝翁墓志铭》云："顺治中，廷敬在翰林。大宗伯端毅龚公以能诗接后进，先生与今宰相、合肥李公天馥，今户部侍郎、新城王公士正，吏部郎中、颍州刘公体仁，监察御史、长洲董公文骥及海内名能诗之士，后先来会。顾予亦以诗受知龚公，日与诸子相见于词场。先生初见予诗大惊，语新城曰：'此公异人也。'盖是时予年逾弱冠矣。先生虽以诗与诸公游，实已岿然揽古文魁柄，自立标望，抗前行而排后劲。"

按：陈廷敬，字子端，号说岩，晚号午亭，清代泽州（今山西晋城市）人。顺治十五年进士，改为庶吉士。先后担任大清康熙帝师、吏部尚书、文渊阁大学士、《康熙字典》总修官等职。著有《午亭文编》、《说岩诗集》等。《国朝先正事略》、《清史稿》有传。

冬十月，汪琬撰成《说铃》一卷。

赵经达《汪琬先生年谱》"顺治十六年"："冬十月，《说铃》一卷告成。有自序。越二年王西樵士禄索观，题之略曰：'中间记辨学论文之语及一时朋游雅谑，率矜澹颓唐，直逼临川语势，惜不得刘辰翁辈相共寻咀耳。'"

按：王士禄文字暂无考。至于汪琬《说铃》编成的时间，汪敬源《续修文清公年谱》将之系于次年庚子。姑录此存疑。

十一月，王士禄因内迁国子助教至北京。汪琬为作《王子底诗集序》。

《王考功年谱》"顺治十六年"："秋八月，迁国子助教……十一月同礼吉赴京师。时士禛谒选人，得扬州府推官，共居处者月余。"

《尧峰文钞》文卷二十八《王子底诗集序》："新城王子子底与其弟贻上皆以能诗

称于京师,可谓自名一家,以庶几风雅之遗者也。予尝序贻上之诗,以为能变易齐风。今观子底所作尤幽闲澹肆,极其性情之所之,而夷然一归于正。使子底力为之不止,又安有不及乎古者哉?予盖有感于世之轻视夫诗者,故愿与子底兄弟共起而勉焉。至于诗教之所以兴,则非予三人者之所得与也。子底盖姑俟之。"

　　按:由文意知,此文作于是年。王士禄,字子底,号西樵。与弟王士祜、王士禛并称"三王"。清顺治九年进士。累官吏部员外郎,充河南乡试正考官,因事免官。尝游杭州,历览湖山之胜。母殁,以毁卒。乡人私谥节孝先生。著有《西樵》、《十笏山房》诸集。《道光济南府志》卷五十五有传。

十二月,王士禛将赴官扬州。汪琬作《送王进士之任扬州序》、《送王十一之任扬州》。

　　王士禛《渔洋山人文略》卷二《黄湄诗选序》:"顺治己亥,予以选人在京师……其年冬,予之官扬州。合肥龚端毅公集诸词人赋诗祖道……"

　　按:由上谱知,王士禛兄王士禄于是年十一月至北京,兄弟共处月余,则王士禛离京赴扬州任当在是年十二月。

　　《尧峰文钞》文卷二十四《送王进士之任扬州序》:"诸曹失之,一郡得之,此十数州县之庆也;国家得之,交游失之,此又二三士大夫之憾也。吾友王子贻上年少而才,既举进士于甲第,当任部主事,而用新令出为推官扬州,将与吾党别。吾见憾者方在燕市,而庆者已翘足企首,相望江淮之间矣。王子勉旃,事上宜敬,接下宜诚,莅事宜慎,用刑宜宽,反是罪也。吾告王子止此矣:'朔风初劲,雨雪载途。摇策而行,努力自爱。'"

　　按:从"朔风初劲,雨雪载途"等语句看,当时正是隆冬时节。

　　《钝翁前后类稿》卷二《送王十一之任扬州》云:"淮海苍茫路万重,行旌遥侯禁城钟。荒堤柳色春前放,东阁梅花雪后逢。入洛故人空怅望,过江才子几从容。旧游好忆长安月,会对慈仁寺里松。"

是时,汪琬文名甚著,四方贤士大夫多以求得琬文为贵。进士王又旦请汪琬为其姊作《王烈女传》。

　　陈廷敬《午亭文编》卷四十四《翰林编修汪钝翁墓志铭》:"凡职事之余,觞咏之次,无时不以古文自娱。而四方贤士、大夫,苟知文之可贵,求为金石镂刻、传叙之作以示后裔、附不朽者,惟先生是归。"

　　《尧峰文钞》文卷三十五《王烈女传》:"烈女母弟又旦中己亥进士,在京师述其事,命予为之传。"

　　按:王又旦,字幼华,合阳人。顺治己亥进士。曾任潜江令。著有《黄湄诗集》十卷。《陕西通志》卷五十七下有传。

是年,魏象枢以母老乞归蔚州,汪琬作《送魏光禄归蔚州序》。

　　《尧峰文钞》文卷二十四《送魏光禄归蔚州序》:"今光禄丞魏环极先生,固士大夫所称有道者也。一旦上书于朝,乞终养以归。若以愧当世之嗜仕不止者为先生计,则得矣。然岂太夫人所望于先生者乎?又岂士大夫所望于先生母子间者乎?而竟毅然去,不复顾,何也?……予独逆推先生之未然,以为先生固有道者,必不如是之偏且矫也。予不敏,辱与先生为友,窃自附于王回之后,故引志完故事而复为之说,以期望先生者如此。"

按:魏象枢,字环极,山西蔚州人。顺治三年进士,历任刑科、工科、吏科给事中。顺治十六年,以母老乞终养。康熙十一年,授贵州道御史。康熙二十五年卒,谥敏果。撰《寒松堂集》九十二卷。《清史稿》卷二百六十三有传。另,魏象枢《寒松堂全集》卷十有《答汪苕文户曹书》,可与上文参看。

是年,魏禧作诗《苦夜长》。

《魏叔子诗集》卷一《苦夜长》自注:"己亥作。"

是年,魏禧自潮阳收养一女名静言。

《魏叔子文集外篇》卷十四《祭亡女文》:"维甲寅九月日,勺庭老人谨以牲礼香楮陈于亡女静言之灵而言曰:呜呼!汝为吾之犹子,产于潮阳。三岁来归,吾与汝母实抚育汝至于成人。十七而嫁曾氏……吾自抚汝至今十六年,置婢妾人凡四五,卒未有子,而汝又夭,则信乎吾命之孤也。"

按:文中言静言"产于潮阳"、"三岁来归",可知是女乃魏禧养女。又由文中知至康熙十三年甲寅止,魏禧抚养静言十六年,则逆推知魏禧于是年收养其女。

清世祖顺治十七年 庚子 1660 年 魏禧三十七岁 汪琬三十七岁

是岁汪琬与刘体仁、程可则、曹尔堪、叶方蔼、梁熙、董文骥等仍旧往来酬唱,以王士禛为职志。时龚鼎孳偶有酬唱。

《王考功年谱》"顺治十七年庚子":"是时南海程湟榛可则为内阁中书舍人,颍川刘公勇体仁、蕲水杨菊庐继经、长洲汪钝庵琬在部曹,嘉善曹顾庵尔堪、昆山叶䚮庵方蔼在翰林,鄢陵梁晳次熙、武进董易农文骥在西台……相与为文章之友,以先生为职志。合肥龚公芝麓以前御史大夫左迁国子助教,亦时有酬唱。"

三月,王士禛到任扬州。

《王士禛年谱》"顺治十七年":"赴扬州……三月到官。"

春,汪琬进云南司员外郎。夏,调补刑部河南司员外郎。

陈廷敬《午亭文编》卷四十四《翰林编修汪钝翁墓志铭》云:"自户部福建司主事分司大通桥,岁满进云南司员外。寻改刑部河南司,迁山东司郎中。以例降北城兵马司指挥,转户部山西司主事。选榷江宁西新仓,还而归卧尧峰也。"

按:汪琬于顺治十六年春至大通桥官署(详见该年谱),上文云"岁满进云南司员外郎",即指是年春。

时部民张潮儿以报母雠杀其族兄生员三春,罪当死。诏法司核议,汪琬以潮儿母先为三春所杀,宜下狱史复讯。并作《复雠议》。

《尧峰文钞》文卷一《复雠议》序云："河南巡按御史覆奏部民张潮儿手格杀其族兄生员三春，罪当死。诏法司核议。而潮儿口供中尝言其母先为三春所杀。于是该司员外郎汪琬以为当下御史再审，故议之。"

陈廷敬《午亭文编》卷四十四《翰林编修汪钝翁墓志铭》云："为刑部郎时，河南巡按御史覆奏部民张潮儿手格杀其族兄生员三春，罪当死。诏法司核议。先生以潮儿母先为三春所杀，宜下御史复讯。为《复雠论》，引律文'祖父母、父母被杀，而子孙擅杀行凶人者，杖六十'；又引'罪人本犯应死，而擅杀者杖一百'为据。"

汪琬命子汪筠缮写戊戌己亥所为文若干篇，名曰《戊己集》，并作《戊己集小序》。

《钝翁前后类稿》卷二十九《戊己集小序》："予自戊戌己亥两岁中凡为文若干篇。越明年，始命儿子筠缮写为《戊己集》，合十卷。是岁予已调刑部同舍郎……"

七月，魏禧编成《童鉴》。

《魏叔子文集》卷五《与临川王伟士书》："禧往年授徒水庄，尝撰古奇童子为《童鉴》二编以示子弟。"

宋惕《髻山文钞》卷下《童鉴叙》："于戏，魏凝叔之作《童鉴》也，可谓以学虑救良知，能之穷者也……吾愿凡为童子者，举以《童鉴》虑，举以《童鉴》学。《童鉴》具在，彼固皆不虑而知爱敬，而未尝虑俗虑以求当于其亲与兄之私也。彼固皆不学而能爱敬，而未尝学俗学以求当于其亲与兄之私也。于戏，《童鉴》成而魏亲显兄惧。时庚子秋七月晦日。"

按：此叙作于是年秋七月，则魏禧《童鉴》约编成于是时。

七月，魏禧作《庚子七月十八日书梦语》。

《魏叔子文集外篇》卷二十二有《庚子七月十八日书梦语》。其文略。

是年，刘体仁以足疾请告归里，汪琬作《闻刘主事移疾将往苏门赋赠》、《送刘主事和程五韵二首》。

刘体仁《七颂堂文集》卷三《题无名氏诗册》："岁庚子，余以疾请告归里。"

《钝翁前后类稿》卷二《闻刘主事移疾将往苏门赋赠》："刘郎欲投劾，去隐苏门山。区区青墨绶，弃擿如等闲……"

按：汪琬《钝翁前后类稿》卷二有《送刘主事和程五韵二首》，诗注云："时（刘体仁）以病足请假。"

秋，汪琬升刑部山东司郎中。

汪敬源《续修文清公年谱》"庚子"条："秋升山东司郎中。"

仲秋，魏际瑞四十岁生日，魏禧作《庚子尝稻日奉寿伯兄四十初度》。

《魏叔子诗集》卷七有《庚子尝稻日奉寿伯兄四十初度》，其诗略。

按：据《礼记》记载，我国古代仲秋时节有以犬尝稻之习俗。

重阳节至，魏禧作《庚子九日怀彭躬庵》。

《魏叔子诗集》卷七《庚子九日怀彭躬庵》："良朋去后空佳日，况值高秋心易孤。

前月有疏还冠石,只今传汝尚鄱湖。贫当陶令犹余菊,怅望湘君未有夫。我亦杖藜峰顶立,潇潇风雨满平芜。"

十月,魏禧作《庚子十月得兰花山中采置草堂率成二首贻胡心仲》。

《魏叔子诗集》卷六有《庚子十月得兰花山中采置草堂率成二首贻胡心仲》。其诗略。

按:《魏叔子诗集》卷三《送胡心仲之平西教授》注云:"心仲,彭躬庵婿。"

是年,魏禧开始出游,交游益广,诗益多。

《魏叔子诗集》卷首彭士望《叙》:"今叔子古文盛行海内,好之者谓不后庐陵永叔,顾独未见其诗。然自庚子适江南北,交游益广,以古文之暇间为诗。诗益多,与山中之诗错出。"

时有妄男子名张缙,自称为前明崇祯皇帝第四子。后经查实乃诈。十一月,汪琬作《书张缙始末》。

《尧峰文钞》文卷三十六《书张缙始末》:"十六年六月,有妄男子缨笠汗绔,骑而过河南之柘城……挺立大言:'我朱慈英,前明皇帝第四子也。母曰周皇后。'……兵部阳用好语,稍稍诱男子,使吐实。久之,方穷其诈……于是,诏系刑部狱法司,论缙妖言,当弃市……予恐后人附会缙所称为真,故疏其始末如此。十七年十一月某日也。其明年,缙竟弃市。是时,予已左迁兵马司指挥矣。"

是年汪观卒。汪琬作《湘乡知县汪君墓志铭》。

《尧峰文钞》文卷十七《湘乡知县汪君墓志铭》:"君之殁也……其距谒选时仅二岁,其距予祖君之日仅四十余旬耳……君讳观,字颛若,举顺治乙未进士,享年五十有三……初,君与弟灿发若同举乡试,君既殁,发若以其柩归,将卜某年某月某日葬君某里某原,而因试事至京师乞予铭。"

按:汪观谒选在顺治十五年,其后两年即是年。

林佶生。

姜亮夫《历代名人年里碑传总表》记其生于顺治十七年。

清世祖顺治十八年 辛丑 1661 年 魏禧三十八岁 汪琬三十八岁

正月,清世祖薨。其子玄烨继位,是为圣祖仁皇帝。

汪琬为清世祖作《挽诗》二首。

《钝翁前后类稿》卷二有《世祖章皇帝挽诗二首》,其诗略。

正月,汪琬奉康熙登极制书。汪琬父被赠奉政大夫刑部山东清吏司郎中。汪母封宜人。

《尧峰文钞》文卷四十《先墓焚黄文》:"琬忝冒禄位,积有岁时。幸叨余庥,免于罪戾。用获荷兹宠锡,粗效显扬。伏奉顺治十八年正月登极制书,荣赠先考奉政大夫刑部山东清吏司郎中,先妣宜人。"

春,汪琬作《昭信校尉分得拨什库王君墓志铭》。

《尧峰文钞》文卷十七《昭信校尉分得拨什库王君墓志铭》云:"君讳仕,字某,正红旗下人……(顺治)十八年三月,将葬君京城东北宛平县界中。于是,君之从父昆弟仲举等介三省来请。"

汪琬作《曹孝子事略》。

《尧峰文钞》文卷三十六《曹孝子事略》云:"孝子名广摅,字蕴昔。今兵部侍郎曹公国柄之长子也。以荫入国子监,年二十五,会其母夫人病,乃刲股肉为羹以进。母饮之而瘳。先是,孝子亦病,既刲股,匿其创,不以告。创骤受风,病遂亟。逾若干日殁。实顺治十有八年也。于是顾御史如华传之详矣。因略其事如右。"

五月,魏禧将出游黎川,道经梅源,交吴一焉子吴超,作《吴一焉时习篇叙》。

《魏叔子文集外篇》卷八《吴一焉时习篇叙》:"梅源吴翁一焉刻意砥行,国变后延南丰谢秋水先生于家,教其子以为己之学,予既闻而慕之。岁辛丑五月,予之新城,道经梅源,时翁已即世,得交翁之子超……季子莫更出翁《时习篇》一册示余,盖自记其日之所为,其善与否必详书之,以自警砺。"

按:新城即今黎川县。

同月,魏禧寓黎川塔下寺。作《辛丑五月寓新城塔下寺奉怀沈仲连先生在盱》。

《魏叔子诗集》卷七有《辛丑五月寓新城塔下寺奉怀沈仲连先生在盱》,其诗略。

夏,魏禧游黎川,与涂斯皇结为兄弟交。

《魏叔子文集外篇》卷十一《涂允臧五十寿序》:"新城涂大冢宰有支子曰宜振,以孝友能文章称大湖之东。辛丑余游新城,以兄事宜振,其兄子允臧、允协、允恒并长余五年以上。"

按:《魏季子文集》卷二《赠涂宜振》有"辛春予兄友,与君为兄弟"句,知魏禧于是年结交涂斯皇。由上谱知,魏禧游黎川在夏季,此处误记为"春"。另,涂斯皇,字宜振,号澹庵。邑庠生。明亡后弃举业,结草庐孔坊而隐。与程山、易堂诸君子往来甚契。所著书史论最名。《同治江西新城县志》卷十有传。

六月,魏禧知闻黄鸣岐事迹,极仰慕之。

《魏叔子文集外篇》卷十二《黄黄山七十诗跋》:"辛丑六月,余于金楼见虬须僧,知黄山为人。意黄山状貌修长,面多奇骨,视瞻不寻常。其为人必激昂蹈厉,有横绝一世之概。言论雄伟轻天下,乡里善人不足比数,必薄儒术,其子弟必通轻侠,有马氏客卿之风……"

按:虬须僧,生平无考。黄黄山,即黄鸣岐。参见康熙二年谱。

六月,江南奏销案起。受牵连官员甚众。

夏秋之交,魏禧游南丰,在甘京处读到张黼鉴诗文,因未见其像而遗恨。

《魏叔子诗集》卷二《题张曲江像》序:"辛丑夏秋,余再经南丰,于甘健斋处数见曲江诗文而未识面。余每以此遗恨健斋也。"

按:张曲江,《魏伯子文集》卷七《题张曲江像》注云:"名黼鉴,榆林人。"甘京,字健斋,南丰人,诸生。后弃举业,师事谢秋水。为"程山六君子"之一。著《轴园稿》十卷。《江西通志》卷八十四、《清史稿》卷四百八十有传。

八月,魏禧作《三愁诗》。

《魏叔子诗集》卷二《四愁诗》序:"辛丑八月,余作《三愁诗》。"

秋,汪琬受江南奏销案牵连,罢刑部郎中。作《感遇》诗。

《清诗纪事初编》卷三"汪琬"条:"十八年,以奏销去官。"

《钝翁前后类稿》卷二诗目注云:"自己亥岁起至辛丑秋罢刑部郎中止。"

按:由上可知汪琬是年秋受奏销案牵连,罢刑部郎中。

《钝翁前后类稿》卷二《感遇》诗云:"我本悠悠江海客,由来不识长安陌。生事虽无郭外田,闲居尚有城南宅。一从应诏离江东,揭来趋走燕市中。抵掌无成惭景略,著书不就羞扬雄……明朝独櫂扁舟去,富贵于我可有哉。"

按:由诗意看,当作于罢官之后。

是年,计东亦因江南奏销案被黜。

《檐醉杂记》卷一:"顺治十八年江南奏销案起……计甫草东举顺天试屡困春闱,以是案挂名被黜。"

十月,邵长蘅父母合葬。汪琬曾为其父作墓表,继记其母事,作《邵氏石表阴记》。

《尧峰文钞》文卷二十《邵氏石表阴记附》:"予既表海鸥公之墓,其后与公子子湘相遇京师,复以母孺人行事为请。盖予之表公墓也,孺人已先公殁,于例当得附书。会予文体已就,且其它具详贺大理所撰志铭,可以互见,故不复书。而子湘则歉焉,意若有不足也。相继请不已,于是按行略续为之书……卒年六十。越三年,葬于中村。又二年,公亦卒。遂穿其圹与孺人合焉。实顺治十八年十月某日也。"

按:汪琬在之前曾为邵父作《乡饮宾邵公墓表》,见《尧峰文钞》文卷二十。

汪琬携女南归,途中作《过仲家浅》、《过露筋祠》、《晓发》、《舟中述怀》。

按:《钝翁前后类稿》卷三有《罢官携三女南归》三首,其卷目注云:"自辛丑秋至康熙壬寅岁止。"可知是诗作于是年。又,汪琬是时只有一子二女,此处言携三女南归,令人费解。另,同卷还收有《过仲家浅》、《过露筋祠》、《晓发》、《舟中述怀》等诗,当亦作于是年。

汪琬《舟中述怀》诗云:"……嗟予嵚崎士,雅愿离人寰。中为浮名误,遂堕尘网间。叶落返吴市,花间望燕关。草木既屡换,而我亦不闲。章服羁野狙,樊笯闭飞鹇。终然负丘壑,惭叹将何颜。"

汪琬至扬州,与王士禛相见。时王士禛有鹤十二只,汪琬笼其二以归。是时,汪琬作《王贻上诗集序》、《赠鹤记》、《扬州留别贻上二十八韵》。

《尧峰文钞》文卷二十八《王贻上诗集序》:"予友王子贻上,世家济南之新城。新城故齐地也,而贻上又工于诗。其人博雅好古,习知六艺之文,往在京师时,数相往还……贻上之归也,尝乞予为其诗序,而予不暇。以为今者休沐无事,因道此以遗贻上,且欲贻上为予辨正其所惑焉。"

　　按:据《王士禛年谱》记载,王士禛从顺治十七年三月至康熙四年任官扬州,是年汪琬因奏销案罢官归家,则此文当作于途经扬州之时。

　　王士禛《渔洋诗话》卷中云:"余在广陵衙斋有鹤十二,每微雨辄矫翩引吭,如得意者。汪苕文琬、叶子吉方蔼过扬州,各笼其二归。吴中汪有《赠鹤记》,叶有《长歌》,具载本集。"

　　按:《赠鹤记》一文,今汪琬文集无存。

　　《钝翁前后类稿》卷三《扬州留别贻上二十八韵》:"长安昔相见,风调俱不恒……客心夜耿耿,乡路晨訾訾。明发达吴会,三叹无良朋。"

是年,汪琬补北城兵马司指挥。

　　《清诗纪事初编》卷三"汪琬"条:"十八年……降补北城兵马司指挥。"

十一月,魏禧就医绵水。作《辛丑仲冬过瑞金圣恩寺怀季弟在琼州》。

　　《魏叔子诗集》卷四《辛丑仲冬过瑞金圣恩寺怀季弟在琼州》:"琼山海之中,水陆五千里。黑风吹白浪,中有独游子。一去十九月,绝不念乡里。男子在四方,岂必老田亩。读汝路中诗,风土恶如此。仲冬霜露寒,问医来绵水。汝昔曾病时,三月寓斯寺。主人陪我行,青苔缘阶阰。黄雀噪佛龛,苍鼠跳灵几。问汝游卧处,一一为我指。出门正落日,怅然返西市。"

　　按:由题中所云"辛丑仲冬"知此诗作于是年冬十一月。又诗中有云"仲冬霜露寒,问医来绵水",可知当时魏禧病,来绵水就医。绵水,在今江西瑞金境内。

十二月,魏禧为妻弟谢大茂作墓志。

　　《魏叔子文集外篇》卷十八《通判谢君墓志》:"君姓谢氏,讳大茂,知湖州青莲先生之孙,国学生文囷翁第二子也……君少时性狂痴,不修行检,颇畏见宾客,而独善其姊婿魏禧……君死之月,葬南郊螺石山祖旁之原。又十一年,辛丑季冬,其兄弟为修墓,乃立碑。"

是年,魏禧作《卖薪行》、《孤女行》、《孤儿》。

　　《魏叔子诗集》卷四有《卖薪行》、《孤女行》、《孤儿》。《卖薪行》有"三行俱辛丑作"一语。其诗略。

贾开宗卒。

　　徐作肃《偶更堂文集》卷下《贾静子墓志铭》:"卒于顺治十八年十月二十五日。"

清圣祖康熙元年　壬寅　1662年　魏禧三十九岁　汪琬三十九岁

正月,甘京来勺庭,出张䎘鉴小像示魏禧。魏禧作《题张曲江像》。

　　《魏叔子诗集》卷二《题张曲江像》序:"壬寅正月,健斋来勺庭,出伍山人所写曲江小像,家伯见而抚掌曰:是必似曲江无疑……余爱曲江,甚欲作书以道之。会山中桃花大放,外人来者日接迹于勺庭,不暇及。仅为曲江题像并序,于健斋归以贻之。"

汪琬归家,因家贫售故居。正月,汪琬寓居虎疁。不逾月,将北上京城赴任,刘叙寰来送。汪琬作《刘叙寰六十寿序》。在北上舟中,汪琬作《虎疁寓庐十首》。

《尧峰文钞》文卷三十《寓庐十咏》后序》:"元年正月,予方得张氏园居之,半以为寓庐。不逾月北上,遂作绝句十章咏之,且命儿子筠稍葺治之。"

《钝翁前后类稿》卷三《虎疁寓庐十首》序云:"予自罢官以家贫售故居于人,寓身虎疁。有破屋数间,荒径一区,比于僧僚逆旅,其地盖割张氏园居三之一也。未及葺治,会左官北上。时时悬念于怀,舟中无事,遂为《十咏》传之好事。"

《尧峰文钞》文卷三十一《刘叙寰六十寿序》:"予童子时即与叙寰为忘年交,盖叙寰长于予者二十年所矣,而两人数相过从,其亲厚特甚……及罢官还,以其言质叙寰,竟不之知也。予深用是为恨……予之里居也,颇好赋诗弹琴。而叙寰于诸艺事一无所长,时时屣步来看予,默坐竟日,间发一语,亦质直少致,闻者相目以笑,而叙寰不之变。予反以是益亲厚之。方谋为治屋具饘粥,以娱适其意,而予又北之京师矣。是时送者皆集虎疁,独叙寰最先至,留与之饮。儿筠窥其衣袖,若有所挟者,探之得素卷丈余。问其所欲,始知叙寰以今年之秋为寿六十,意将乞予赠文,口呐呐不敢发言。筠乃代为之请,予首颔之,遂序其大都以示筠,使于诞辰得往进一觞焉。"

二月初一,魏际瑞将赴北京,魏禧作《壬寅春日奉送伯兄北行》。

《魏叔子诗集》卷七有《壬寅春日奉送伯兄北行》,其诗略。

按:《魏伯子文集》卷七《读易堂诸子诗寄怀两弟》亦有"壬寅二月朔,北向行京畿"之句。可知是年二月初一魏际瑞赴北京,魏禧送之。另,《魏叔子文集外篇》卷十六《翠微峰记》云:"壬寅三月,伯子将北行,画图于扇,命予记其略。"所记时间稍有差别,仍系于此。

春,汪琬至扬州,与王士禛泛邵伯湖。汪琬作《王十一将往淮上邀予泛邵伯湖及返则夜漏尽矣》。临行,王士禛欲请汪琬带酒至其兄王士禄,汪琬以道远而拒之,士禛笑曰:"汪大乃成俗吏。"

《钝翁前后类稿》卷三有《王十一将往淮上邀予泛邵伯湖及返则夜漏尽矣》,其诗略。

按:邵伯湖,在江苏江都县东北四十五里运河之西。

王士禛《香祖笔记》卷八:"汪苕文赴京师,过扬州。予送之舟中,欲附惠泉五坛寄家西樵兄。汪以道远,稍难之。予笑谓曰:'汪大乃成俗吏。'汪亦一笑许之,后记其事于《说铃》。"

汪琬《说铃》云:"予在广陵宴集,王十一语客曰:'汪大赋性高洁,加诗笔清丽,颇类韦左司,惜无左司少年游侠一种气魄耳。'予知王欲相激发,遂不复措辨。"

王士禛《渔洋山人精华录》卷五有《送苕文之京二首》。其一云:"森森江湖春水生,淮南风景过清明。故人恰向愁中至,感激真从难后平。竹外寒烟瓜步镇,花时细雨广陵城。谢公埭下通宵语,酒冷香残十载情。"其二云:"潦倒徒成未拂衣,疏狂真与世相违。南徐载鹤横江去,西碛看花压帽归。此去故人京雒少,莫教远道尺书稀。岭南程五如相问,为道维摩减带围。"

　　按:由诗中所描写的"春水生"、"清明"等意象可推断时为春季。

汪琬到任不及旬日,而四见浮尸,汪琬为之募棺,并作《北城募棺说》。

　　《尧峰文钞》卷九《北城募棺说》云:"然以北城一隅之地,予莅官不及旬日,而用浮尸告者凡四见,遂为立表而命役夫呼求于路,是即周礼置楄之义也。会予奉巡城使者檄验,死者骨暴血渍,守视不谨乃顾而悯之,欲与之棺,恐其后不继。谋于华子缵长,华子遂偕其友何子蕤音、查子王望、傅子雨臣率金以助……"

四月,魏禧与魏世杰至赣州省视魏际瑞,十日后归翠微峰。魏禧积极整理行装,准备赴黄山之约。

　　《魏兴士文集》卷四《梓室诗稿自叙》云:"壬寅家大人将北之燕,先客贾将军所,留郡城四月。相望甚惆怅,特买舟下十八滩,从叔父往省视。叔父有黄山之约,十日携予归山中,治行李。"

　　按:宁都县时属赣州府,此处郡城当指赣州。晋代曾在章、贡两江间设立过赣州郡城。

六月初七日,魏禧寓樟树通慧寺,有记梦诗。

　　《魏叔子诗集》卷七《通慧寺记梦》序:"壬寅六月初七日酷热,寓樟树通慧寺。薄夜微雨,天凉睡美,梦同伯季数人行县市。"

六月,魏禧在樟树与熊兆行、熊颐父子论交。

　　彭士望《耻躬堂文钞》卷六《送熊养及叙》云:"壬寅,予滞吉州,书介易堂魏叔子与仲相见。问人才,仲辄推养及。时养及方茧足穷山中,严出入。叔子贻书招之,六月冠毡巾出鹿渚,来见叔子。一见辄深交。"

　　《魏季子文集》卷十四《明兵部职方司主事熊君见可墓志铭》云:"壬寅,予叔子禧南下,君与颐自山中出相见。颐深冠大袍,矫矫持高节,叔子与为群、纪交。因进颐以阅历致用之权,颐遂贬服毁容游四方。"

　　《魏叔子文集外篇》卷十一《熊见可七十有一序》云:"见可六十时,余将南游以避暑,寓樟树,问才于祝仲立,仲立举见可父子。于是见可自山中出,始见,辄相发议论,滚滚不穷;久之,颐方袖毡巾而出。余以群、纪交之。时颐年三十有九。"

　　按:由文意知,熊颐三十九岁时,魏禧与熊兆行、熊颐父子交于樟树。又文中云"颐少余七岁",则魏禧交熊颐父子当在其四十六岁时,此与事实相矛盾。故此处当为魏禧误记。

　　又,熊兆行,字见可。崇祯乙亥充拔贡生,入国学试第一。京师陷,杨廷麟举义赣州,兆行从其父应唐藩征,入福州,以资格知邵武县。父殉义后,屏迹深山,养母以终其身。《同治清江县志》卷八有传。熊颐,初字养吉,后易养及,晚号纳夫。明末清初诗人。早年就学于"国初三大家"之一的魏禧,深通作文之法。祖、父皆为明臣,清兵入关,颐绝意仕途,布衣终老。工诗,长各体。著有《麦有堂集》。《同治清江县志》卷八有传。

六月,魏禧至南昌,蜀人叶悦来请文。魏禧作《拙哉行为叶子作》。

《魏叔子诗集》卷五《拙哉行为叶子作》序:"叶子之父,死义者也。叶子悦,蜀人。余生生与游五岭,勉以义。既见吾季子,遂举所学制举文立焚之。壬寅六月,余相见南州,因道前事以砺其卒。"

按:余生生,青神人,寓鄞县,名余本。生平无考。南州,即今南昌一带。

秋,魏禧出游江浙。

《魏叔子日录》卷一云:"余壬寅、癸卯出游吴越,或病其涉世小拘,曰:'居家人需炼得出门人情,出游须留得还山面目。'"

按:魏禧于是年秋出游吴越,可参见后谱。

秋,魏禧与林时益同下扬州。魏禧欲访故人淮上,途中泊高邮,造黄鸣岐不值。抵淮安,故人挈家河南,亦不遇。后反泊高邮,得见黄鸣岐,结为兄弟交。

《魏叔子文集外篇》卷十二《黄黄山七十诗跋》:"旧年予访故人淮上,九日过高邮,会西风作,舟不能出湖。忽忆虬须僧语,欣然曰:'是天使吾见黄山也。'造门值他出,天殆欲莫。五鼓舟发,抵淮安,则故人已挈家之河南。彷徨市上,登韩淮阴钓台,台圮坏,风景无足观览。谒漂母祠,门闭不得入。慨然曰:'吾闭门二十年,不与人世事既念。授徒穷山,耳目无闻见,坐驰日月,老且至。天下名山川,伟人高士,何由得相见。'乃涉江踰淮,走三四千里,卒落落一无所遇……反泊高邮,天莫,大水塞衢巷,复遣使问黄山在否,得报书至,欲相见,余愕然曰:'吾于是果见黄山矣。'夜半舟发,予舍去,独上岸,立风露中。质明短衣垢面,款黄山门,遂作揖黄山诗……黄山忘年,齿予为兄弟交。"

按:《黄黄山七十诗跋》作于癸卯年,癸卯之旧年即为是年。另朱议霶《朱中尉诗集》卷二有诗,其题中有云:"癸卯三月,送魏叔子之高邮寿黄黄山翁七十。忆旧秋同下扬州,叔子独往淮上赴故人约。归云故人他徙,于高邮得交黄黄山翁。予时恨不一见。"由诗题可知,此诗作于次年癸卯,此与诗题中所云旧秋魏禧与林时益同下扬州,魏禧至淮上赴故人约,不得,乃于高邮得交黄鸣岐事实相符。癸卯年之"旧秋"即为是年秋季。

魏禧在扬州,与黎川涂酉定交。魏禧读涂酉《空青集》并为点评。

《魏叔子文集外篇》卷八《涂子山〈空青集〉叙》:"新城涂子山,好为诗古文辞,有名于时。辛丑余游新城,尝见子山诗,因欲以识其人。又闻子山守贫,不务苟得,所与游少当意者,余益愿见之。明年余游广陵,与子山同客刘氏涉园,得尽读其《空青集》,为之点次。所违覆而中者十而九,余乃叹人言子山狂人,自不狂耳。"

按:由文中"辛丑余游新城","明年余游广陵"可知此事发生在是年。广陵,在今扬州。涂酉，字子山，入清朝后以游为事，无意进取。所至登览名胜，交其地贤士大夫。游踪涉历南北而客广陵最久。与南昌王猷定交善，与宁都魏禧、魏礼兄弟尤称莫逆。著《空青集》。《同治江西新城县志》卷十有传。

涂酉介绍魏禧与孙默结交。

《魏叔子文集外篇》卷十《送孙无言归黄山叙》："壬寅予客广陵，吾乡涂子山数为予言其人，余因得交之。"

按：孙默，字无言。休宁人。客居扬州。工于诗文。广交游，急友谊。家贫，欲归黄山旧隐，海内巨公才人作诗文送之。《嘉庆重修扬州府志》卷五十三有传。

魏禧在扬州与吴子远定交。

参见康熙九年谱引《魏叔子文集外篇》卷十五《亦安乐窝说》。

秋，汪琬借案牍之暇，退休署中西阁，吟啸自若，因作《兵马司西阁记》。

《尧峰文钞》文卷二十二《兵马司西阁记》："北城兵马司旧有治所在宣武门内。其地久废不治，辄僦民舍以居。予既左迁，今年秋始受事案牍之暇，退休此阁，闭户吟啸自若也。"

秋，汪琬作《代寿洪太傅七十序》。

《尧峰文钞》文卷三十一《代寿洪太傅七十序》："太傅亨九洪公既定滇南之三年，上书乞归京师。其明年，为嗣天子改元之岁。九月某日，公寿七十，京师士大夫先期属予为文以序……予辱与公善，其知公功为最悉，愿得论次其大者。"

按：由文意知此序作于"天子改元之岁"，即为是年。

十二月，魏禧归家，作《四愁诗》。

《魏叔子诗集》卷二《四愁诗》序云："今乃更作《四愁》，摧杂绝哀，亡及章句，时壬寅腊月也。"

按：魏禧于是年底回归宁都。参见次年谱。

是年，汪琬作《与米紫来求书赠鹤记书》。

《钝翁前后类稿》卷十九《与米紫来求书赠鹤记书》："去年在广陵，贻上赠琬以双鹤，琬既命画工图其事而自为之记……"

按：王士禛赠汪琬鹤在顺治十八年（详见上年谱），故此文当作于是年。

是年，汪琬作《勅赠文林郎河南府推官张君墓表》。

《尧峰文钞》文卷二十《敕赠文林郎河南府推官张君墓表》云："今上改元康熙之岁，予友稽勋君张子蕴邻手其先文林君之状，泣而告曰……予辞不可，乃为序而铭之。"

是年，计东长子计准殇。汪琬作《闻计孺子殇寄甫草二首》劝慰计东。宋实颖有女许嫁计准，计准殇后，宋女誓曰："吾死生计氏妇也。"后不食死。计东将之与子计准合葬，属汪琬作《孝贞女墓志铭》。

《尧峰文钞》卷十九《孝贞女墓志铭》云："宋子既庭与计子甫草皆以文行知名海

内。两人交相重复,交相好也。甫草有子曰孺子准,字念祖,少而娟娟美秀,数从甫草往来既庭之家。既庭爱之,许以其女配焉,即孝贞女是也。孺子年十五,补吴江附学生,高才好学,声誉方大起,才及期而殇于痘。赴至,女窃恸哭且自誓曰:'吾死生计氏妇也。'即日屏栉沐,布衣蔬食,愿以此终其身。既庭奇女之志,将以归计氏。而甫草虑其少也,犹与未决。久之,有求婚于既庭者,女微闻之,遂不食。数日死,甫草始大悔恨,流涕太息曰:'此真吾子妇也。吾负若多矣!'引舟载其棺以归。某年月日与孺子合葬某乡之原,成女志也。"

按:由文意知计东将子计准与宋实颖女合葬,并请汪琬作墓志铭。

《钝翁前后类稿》卷三有《闻计孺子殇寄甫草二首》,其诗略。

按:《尧峰文钞》文卷二十二《计氏思子亭记》云:"……未殇前一年,适予罢官南归,尝一识其面。"汪琬于顺治十八年罢官南归(详见上年谱),知计准殇于是年。又《改亭文集》卷二《竹林集自序》云:"予被废之明年,又丧我长子准。"由上年谱知,计东于上年受江南奏销案牵连而被黜,则亦可证其丧子在康熙元年。

清圣祖康熙二年 癸卯 1663 年 魏禧四十岁 汪琬四十岁

魏禧族祖魏书为石城廖公作传。二月,来征魏禧诗。魏禧为作《役人歌》。

《魏叔子诗集》卷二《役人歌》序:"石城廖公以全发死于兵,族祖石床为作传,癸卯二月且来征诗……余读《传》内悲,作《役人之歌》。"

按:魏书,字石床。甲申弃诸生,肆情著述。著有诗文集二十卷,《逸民传》三卷。《道光宁都直隶州志》卷二十二有传。

二月,汪琬作《族母吴夫人六十寿序》。

《尧峰文钞》文卷三十一《族母吴夫人六十寿序》:"族母吴夫人以今年二月某日为六十诞辰。夫人盖吾再从弟宝文之母,从父维亿君之配,而从祖祖父方伯来虞先生之妇也。先期一月,宝文乞予言为寿……是时,予年虽幼,顾犹及见之。其后,先方伯再起,既暴殁于海外。从父与先大夫复相次蚤世。汪氏稍衰,数为外侮所侵……自明季以来,入于国朝,吾诸父之乡举者二人,明经高第者一人,进士甲科得为京朝官者暨予又二人,此亦汪氏衰久而复之渐也。"

按:此文作年无考,姑据汪敬源《续修文清公年谱》系于此。

春,魏禧再游江浙。至南京,登临雨花台,作《登雨花台恭望》。

《魏叔子诗集》卷七《登雨花台恭望》:"生平四十老柴荆,此日麻鞋拜故京。谁使山河全破碎,可堪蓊伐到园陵。牛羊践履多新草,冠带雍容半旧卿。歌泣不成天已暮,悲风日夜起江声。"

按:此诗当作于魏禧再游江浙之时。由诗中"生平四十老柴荆"知作于是年前后,姑系于此。另由"牛羊践履多新草"句知,是时为春季。

魏禧至扬州,为涂酉《空青集》作序。

《魏叔子文集外篇》卷八《涂子山〈空青集〉叙》:"癸卯予再游广陵,子山出余所点次,曰:'子其可无一言?'"

  按:魏禧康熙元年初游扬州时与涂子山定交(详见上年谱)。是年再游扬州,乃为涂子山《空青集》作序。

在扬州,魏禧作《送孙无言归黄山叙》。

  《魏叔子文集外篇》卷十《送孙无言归黄山叙》:"休宁孙无言将自广陵归隐乎黄山,十年而未行,四方之士各为文以送之,诗歌之属凡千,文若叙凡百数十……癸卯再来广陵,则无言已新易居,其言归黄山如旧时,作诗文送者日益多。子山曰:'无言悦子文,子盍为文以趣其归?'"

五月,魏禧至高邮,为黄鸣岐祝寿。魏禧作《黄黄山七十诗跋》。黄鸣岐出其先人遗诗,属魏禧作《龙坞遗诗序》。

  《魏叔子文集外篇》卷十二《跋苏文忠书〈醉翁亭记〉》:"癸卯五月,余自宁都来高邮寿黄黄山七十。"

  《魏叔子文集外篇》卷十二《黄黄山七十诗跋》:"明年夏五,为黄山七十初度,余曰:'当来寿吾黄山。'黄山喜,不予辞。余归易堂,诸子问余所得,必以黄山对。诸子皆愿见黄山,因各为序、为诗,为黄山寿。"

  《魏叔子文集外篇》卷九《龙坞遗诗序》:"休宁黄君鸣岐,居质肆,高义动大江南北。自缙绅先生下至负贩之夫,莫不称黄君盛德长者。癸卯夏,自翠微峰来,寿君七十,为言先人养素先生之为人,出其遗诗示余。"

魏禧至杭州,寓昭庆寺侧半月,作《西湖近咏题词》。

  《魏叔子文集外篇》卷十《西湖近咏题词》:"癸卯同友人客杭州,寓昭庆寺侧,见水阔波清,疑而私问人曰:'此何地?当与西湖近耶?'曰:'此即是也。'予爽然若失。盖平日所欣羡若六桥桃花、垂柳楼台之胜,士女之纷华,一无所有,与少壮时传闻画然为两地,意不怿者数日。寓半月,晨兴夜寝,烟水风月,尽湖山自然之美……"

在杭州,魏禧得交汪沨。

  《魏叔子文集外篇》卷六《与杭州汪魏美书》后自记云:"禧闭户穷山垂二十年,恒惧封己自小,故欲一游吴越,就诸君子以正所学。而足下其首愿见也。及抵杭,知足下进退无常,不可踪迹……癸卯予游湖上,魏美既得书,辄走逆旅中相见。自是常出就余,卧谈至鸡鸣,或更起坐不肯休,遂与余为兄弟交。"

  《魏叔子文集外篇》卷十七《高士汪沨传》:"余癸卯游浙江,闻三孝廉名,国变并谢公车,有监司欲见之,知其不可屈,舣舟载酒西湖上,属所亲招之,惟汪沨不至……予客西湖,身造沨,使道意。久之,沨不出。微闻沨到湖上,予乃属书以告沨曰:'魏美足下:足下知仆至,意当倒屣过我。故以常客遇我,足下则可谓失人。'沨得书,则走舍馆相见。自是常出就余,出则必之愚庵所,抵足卧,往往谈至鸡数鸣,或更起坐行不肯休。"

  按:汪沨,字魏美,钱塘人。举崇祯己卯乡试。甲申后弃科举。尝出游天台,后徙居徙孤山。与异人高士游，年四十八卒。《清史稿》卷五百一有传。

秋，董文骥自左都御史量移吏部尚书，龚鼎孳复官左都御史。

董文骥《微泉阁文集》卷一《龚总宪寿序》云："康熙二年秋，予自左都御史量移吏部尚书，朝廷起龚公以原官，复为左都御史。"

十月，魏禧返归高邮，寓黄鸣岐家，刘雪舫来访。魏禧有《赠北平刘雪舫叙》。

《魏叔子文集外篇》卷十《赠北平刘雪舫叙》："癸卯十月，余客秦邮，刘君雪舫归自燕，访余黄黄山家。余久知刘君家世及其为人，三过秦邮不得见。既相揖，列东西向坐，余熟视刘君，肃然动容色，欲径前就君，执其手相痛哭，呕血数升然后罢。"

按：秦邮，今江苏高邮。刘雪舫事迹无考。此文后附有梁公狄点评："以史迁笔力作忠孝文字，原委深至，其妙全在空际吞吐跌宕处传神。"

时魏禧为高邮孝子王新畲及其妻作《双孝堂颂》。

《魏叔子诗集》卷一《双孝堂颂》序曰："高邮孝子王新畲有妻曰陈氏，姑疾，医不能起，割股肉以食姑，羹未尽而姑愈。越三月，新畲之父疾，弥留，新畲祷于天，不应，则曰：'吾妻尝割股肉以起吾母。'于是割其右股进之，翁又愈……乡先生为题其堂曰'双孝'。癸卯冬，易堂魏禧客于邮，拜手而为之颂。"

十一月，王士禄至北京。名其读书之室为"缓斋"。后汪琬为作《缓斋记》。

《王考功年谱》"康熙二年癸卯"："十一月入京师，名其读书之室曰'缓斋'。其友汪钝庵为作《缓斋记》。"

《尧峰文钞》文卷二十二《缓斋记》："吾友吏部郎王子子底为人恬静少欲，不苟言笑，殆几于闻道者。其自河南典试而还也，又尝反东野之诗，名其燕休之室曰'缓斋'。盖子底之视朝市也，固无以异于山林穷居者也。"

十一月，魏禧归宁都途中为霜雪所阻，遂于客舍作《癸卯十一月客舍题壁》。

《魏叔子诗集》卷八《癸卯十一月客舍题壁》诗云："珍重天涯一敝裘，寒霜如雪压行舟。囊中剩有江湖气，归卧西山百尺楼。"

是年，魏禧回归翠微峰。

《魏兴士文集》卷二《答北平王昆绳书》："岁癸卯，家叔父江淮归。"

十二月，魏禧作书寄谢文洊论其过失。

《谢程山集》附《程山谢明学先生年谱》云："（康熙）二年癸卯……十二月之末，仲弟文波卒。冰叔以书来论，先生似未受过。先生启书涕泣，自勒数语，揭之壁间，以告同堂，更作书谢冰叔、而康。冰叔《与甘京书》云：'程山先生乐善受过，使我感激涕零，即以柬札显示诸子，使益有兴起。'"

按：魏禧《与甘京书》，今其集中不载。又按：谢文洊，字秋水，号约斋、程山。世人称"程山先生"。江西南丰人。清初著名理学家。39岁时在南丰县城西建"程山学舍"，设"尊雒堂"，李荩林、邵睿明等亦讲学其中，后皆折节称弟子。时称"程山学派"，与髻山宋之盛、翠微峰魏禧等聚论甚密，并称"江西三山"。《（同治）南丰县志》

卷二十五有传。

是年，魏禧作《留侯论》。

《魏叔子文集外篇》卷一《留侯论》序云："癸卯自记。"

是年，汪琬寓居金之俊府第，名其居所为"容安轩"，并作《容安轩记》。宣城梅文鼎读之，有"先生为有道者"之叹。后汪琬作《题容安轩记》。

《尧峰文钞》文卷二十二《容安轩记》："予既寓居太傅息斋先生之第，其第逾堂而左，得东厢三楹，庳湿幽暗，遇雨将圮。于是稍葺治其一，辟牖南向，设几榻为燕休之所。暇即坐卧其中，自非理文书、接宾客，率不他徙。遂名之曰'容安轩'……今予左官司城逾一年所矣，出处语默之际，虽与靖节异道，及其退居此轩也，有图书以怡目，有酒茗以适口，从容俯仰，以视文忠见逐有司、不得已而偃息桄榔之下者，相距岂不远哉？此予所以自安而愿附二君子之后者也。"

按：从文中知此文作于左官北城兵马司指挥一年之后。又汪琬于顺治元年任官北城兵马司指挥（详见上年谱），则此文作于是年。另，息斋先生指金之俊。《清史稿》卷一四六《艺文志二》记云："《息斋疏草》五卷。金之俊撰。"又《江南通志》卷一百四十云："金之俊，字彦章，吴县人。万历己未进士，授中书舍人。屡擢兵部添注右侍郎。皇朝顺治元年，仍授以兵部右侍郎，历秘书院大学士加太傅。康熙元年，予告归里。卒，谥文通。"

《尧峰文钞》文卷三十八《题容安轩记》："予汪子既作是记，宣城梅子读而叹曰：'先生其有道者与？'或笑于旁，曰：'非也……今先生乃不胜得失祸福之虑，杂然攻于胸次，而形于起居动静之间。明知其不可奈何，然后呶呶呫呫，借一言以解之，以自托于渊明、子瞻，是果可谓之无心乎？苟无心何有言？苟无言何有记哉？语云：知者不言，言者不知。故曰：先生非有道者也。'于是，予汪子闻而善之，遂录其语。"

按：梅子即梅文鼎。梅文鼎，字定九，宣城人。贡生。博雅知名，尤精历算，兼通中西之学。自置揆日测算诸器皆独出新意。著有《历算八十八种》，发前人所未发。康熙中，李光地以其所著《历学疑问》三卷进呈。康熙召见，御书"绩学参微"四字赐之。生平留心经济，实用好善，老而弥笃，卒年八十九。《大清一统志》卷八十一有传。

时汪琬得以从容闭户，尽读《经》、《史》之书。其时王崇简欲观汪琬之文，汪琬缮写旧作十篇奉之，并作《与王敬哉先生书》。

《钝翁前后类稿》卷二十《与王敬哉先生书》："琬少孤失学，不能通知先王《六艺》之旨。幸而习为时文，得窃科第，叨居郎署之末……曾不数载，不幸而横被诖误，左官司城，退与胥史为伍，加以文牒簿书之繁，奔走期会之冗，自分力不能任当，无复振起之日矣。而会上官念其文士，又哀怜其以非罪被黜，稍宽假之以时日，然后得从容闭户，尽其所藏《六经》、《三史》，详读而细绎之……昨钱进士中谐复传述先生之言，欲观其所为杂文，故敢缮写旧作序传十篇，伏祈赐之教诲，不胜惶悚待命之至。"

　　按：王崇简，字敬哉，顺天府宛平（今北京市）人。明崇祯十六年进士。顺治三年授内翰林国史院庶吉士，历任秘书院检讨、国子监祭酒、弘文院侍读学士、詹事府少詹事、吏部侍郎、礼部尚书、太子太保等职。谥文贞。有《青箱堂文集》、《青箱堂诗集》传世。《清史稿》卷二百五十《王熙传》附其传。

是年，汪琬结识同年吴来亨子吴雯，并为吴来亨作《清故临颖知县吴君墓志铭》。

　　《钝翁前后类稿》卷四十二《清故临颖知县吴君墓志铭》："故临颖知县辽阳吴君来亨字康侯，予同年生也。当举进士时，予尝识诸稠人中，其后绝不相闻。既而予以刑部谪官北城，始识康侯之子雯。问康侯亡恙乎，则殁久矣。比二年，雯凡再至京师，数为予言……"

　　按：由文意知，汪琬谪北城兵马司之后，始识吴来亨子吴雯，其后二年乃作此墓志铭。又汪琬于顺治十八年谪北城兵马司，故推知此文作于是年。

除夕，汪琬邀梁熙宴饮。

　　梁熙《皙次斋稿》卷二有《癸卯除夕苕文招饮》诗："长安除夜异乡身，好待生涯一岁新。檐外星含双阙迥，樽前竹动万家春……"

清圣祖康熙三年　甲辰　1664年　魏禧四十一岁　汪琬四十一岁

正月十三日，魏禧四十一岁生日，魏世杰作诗贺之。

　　《魏兴士文集》卷六有《甲辰立春后五日叔父四十又一赋呈》。其诗略。

　　按：魏禧生日当为正月十三日。详见明天启四年谱。

二月，魏禧作书寄谢文洊，谈论治学育才之道。

　　《谢程山集》附《程山谢明学先生年谱》："（康熙三年甲辰）二月，魏冰叔札云：'先生之学，其施于用者，可以涵养君德、蒸陶人才，然涵养蒸陶中亦当有作略……敢不益自策励。'"

　　按：由上可知是年魏禧又作书寄谢文洊。其书札今文集无存。

夏，宋荦将出任湖广黄州府通判，梁日缉、米紫来于汪琬家设宴送之。梁、汪、米各赋诗以赠，汪琬作《赠宋牧仲序》。

　　宋荦《漫堂年谱》卷一："康熙三年甲辰……除湖广黄州府通判，得送行诗一帙，汪钝翁琬为之序。六月抵任。"

　　《钝翁前后类稿》卷二十四《赠宋牧仲序》："宋公子牧仲在京师，以侍卫出为黄州通判，行有日矣。其友梁子日缉、米子紫来与燕于汪子苕文之家。酒三行，公子乞赠言于三子……于是三子者各赋诗为别，而予又录其语序之云。"

十月，魏禧请兄子魏世杰编次《魏叔子文集外篇》梓行于世。共二十二卷。

　　《魏叔子文集外篇》卷七《与邱邦士》："近次生平古文，弟初无知识，自丁亥后，则皆受教先生，所得也，虽未知于古人谓何，其精神所到，当有一段不可磨灭处。"

　　按：其文后注云"甲辰十月日白"。又《魏叔子文集外篇》附曾灿所作《序》，其文后亦标明"时甲辰立秋日"字样,可知是年秋魏禧编次其所作古文,并请曾灿作序。另,《魏叔子文集外篇》共二十二卷。包括《论》二卷、《策》一卷、《议》一卷、《书》二卷、《手简》一卷、《叙》四卷、《题跋》一卷、《书后》一卷、《文》一卷、《说》一卷、《记》一卷、《传》一卷、《墓表》一卷、《杂问》一卷、《四六》一卷、《赋》一卷、《杂著》一卷。其文集标明有"宁都魏禧冰叔著,诸子世杰兴士编次"字样。

十月,汪琬作《王贻上白门诗集序》。

《钝翁前后类稿》卷二十九《王贻上白门诗集序》云:"贻上自涖广陵以来,凡至白门者再矣……力访三山之名胜,吊六代之故墟,凡为诗若干篇,既敏且工,而吏事亦得以不废,此非有绝人之才不能至也。"

《王士禛年谱》"康熙三年甲辰":"十月……与方文尔止遍访牛首、祖堂、栖霞诸山及城南诸古寺,观六朝松石,所得歌诗、游记如干篇,为《后白门集》。汪琬苕文作《白门前后集序》。"

冬尽,熊颐自樟树来勺庭,拜魏禧门下。

《魏兴士文集》卷六《山阁》:"甲辰冬尽,熊子自鹿江来勺庭,居西阁匝月。将归之三日,诸子各赋诗歌。时寒雨浃日,风霰数下,山中君子先后散去。"《魏季子文集》卷十四《明兵部职方司主事熊君见可墓志铭》亦云:"甲辰来易堂,于叔子称门弟子。"

按:樟树市名称的来历缘于远古"聂友射鹿"的传奇故事,故此又称"鹿江"。结合以上材料知是年冬尽,熊颐来拜魏禧为师,在翠微峰西阁居住一月。

是年,魏禧师杨文彩先生卒。

参见康熙七年谱所引魏禧《杨一水先生同元配严孺人合葬墓表》。

是年,汪琬作《贞宪先生墓志铭》。

《尧峰文钞》文卷十三《贞宪先生墓志铭》:"嘉定侯先生研德之殁也,其友宋先辈既庭闻之,为位以哭且往吊……将葬,其孤来乞志若铭。予与既庭皆交先生久。既庭既议其谥矣,予故不敢辞,乃为志而铭之志曰:'先生讳泓,字研德,晚更讳涵,别自号掌亭。'……子殇,哭之过时而悲。故有呕血疾,至是益甚,以逮于殁。享年四十有五……予少先生四岁,先生以弟畜之,予尤严惮,不敢以雁行进也。"

按:侯涵长汪琬四岁,且享年四十五,则其卒年汪琬当为四十一岁。故此文作于是年。

钱谦益卒。

彭城退士《钱牧翁先生年谱》"康熙三年":"……卒五月二十四日也。"

清圣祖康熙四年 乙巳 1665年 魏禧四十二岁 汪琬四十二岁

正月,魏禧作诗送门人熊颐归樟树。

《魏叔子诗集》卷四有《乙巳正月雪中送门人熊颐归清江》。其诗略。

按:清江,即樟树的别名。由上年谱知,熊颐于上年冬尽来宁都,拜魏禧门下。

后在翠微峰居一月,将归前三日,诸子作诗以送。魏禧此诗亦当作于其临归之时。
是年,魏禧授徒黎川。泰宁雷君来访,请魏禧为其父作《泰宁雷翁七十寿序》。

《魏叔子文集外篇》卷十一《泰宁雷翁七十寿序》:"乙巳岁,予授徒新城,泰宁雷君怀刺通予,初疑为闽之游客,读其诗文,萧散而多思,殆俨然隐君子也。于生平未尝一至闽,故交闽人绝少……雷生好予文,复命予追叙翁寿。"

清明,魏禧作《乙巳清明日怀伯兄季弟因寄示诸子世杰》。

《魏叔子诗集》卷四有《乙巳清明日怀伯兄季弟因寄示诸子世杰》。其诗略。

五月,魏禧有事自黎川归易堂。时髻山宋之盛过访南丰谢文洊。谢文洊乃邀魏禧、彭士望往程山会讲旬余。魏禧强调育人应重视适用性,提议程山会讲在讲学之外还应增加论古及议今两条。

宋惕《髻山文钞·附录·彭士望寿宋未有暨杨友石五十齐年序》云:"乙巳夏五,魏凝叔自黎川归易堂云:宋未有先生徒步千里至程山,与谢子论学。"

谢文洊《谢程山集》附《程山谢明学先生年谱》云:"(康熙四年)夏四月乙丑,星子髻山宋未有来访,两山以书论学有年,至是各质所怀,论程子识仁儒禅差别、程朱学脉及无善宗旨有弊俱契合。时魏冰叔馆新城,走百二十里赴会。戊寅举会,听者甚众,程山之学于斯为盛。辛巳髻山归叹曰:'不到程山,几乎枉过一生矣。'"

《魏叔子文集》卷七《与谢约斋》云:"贵堂会讲,弟意欲增两条。今之君子不患无明体者,而最少适用。然在学道人尤当练于物,务使圣贤之言见诸施行历历有效,则豪杰之士争走向之。愚谓会讲日当分三事:一讲学。今所以行是也。一论古。将史鉴中大事或可疑者举相质问,设身古人之地,辨其得失之故。一议今。或己身有难处事举以质人,求其是而行之。或见闻他人难处事为之代求其是。于三者外更交相规过。过有宜于公言以要其必改者则公言之,有宜于独言者,则解班后私言之。当日所论有确切足训者,令退书一则编于公堂,永作观习。如是讲学则是非之理明,论古则得失之故辨,议今则当事不眩,规过则后事可惩,庶内外兼政,体用互通……"

按:从文中可见魏禧认为会讲也应该以适用为主。他建议程山会讲除讲学之外,还应增加论古与议今两条,以便于内外兼政,体用互通。另,宋之盛。字未有,又名宋佚、宋惕,江西星子人,明末清初著名学者、理学家、隐士,"江西三山学派"的创始人之一。世称髻山先生,与程山谢文洊、翠微峰魏禧等聚论甚密,并称"江西三山"。著有《匡南山所见录》等。《江西通志》卷九十一、《清史稿》卷四百八十有传。

谢文洊作书与魏禧,望其育人以体为重。

《谢程山集》卷十《乙巳与易堂魏冰叔书》云:"得读躬庵所作《送熊养及序》,知天下英才,必归吾叔子,以非叔子莫能陶铸也……躬庵文字之卓练,人所共赏,但其后段立说觉有愤激之气,以经义气节尽归虚美,似亦大过……诸友中虚怀若谷,莫如叔子。故敢一布区区。如或可采,则不妨婉致躬庵,树义当更精确,立言当更详婉,尤望叔子造就人才,宁重体而用不遗,毋重用而体或略。倘立教者差之毫厘,则传习者遂将有千里之谬。此际正不敢不惧也。"

按:由文意看,此乃谢文洊与魏禧对于育人是重体还是重用的讨论,当是魏禧《与谢约斋》内容的继续。

五月,汪琬宗人汪玺鸠工孝陵并作诗七章,汪琬作《孝陵于役诗后序》。

《尧峰文钞》文卷二十四《孝陵于役诗后序》:"康熙四年五月,工部主事臣玺鸠工孝陵,往返三十余日,赋诗七章,还以示宗人臣琬……"

六月,魏禧作简与魏世杰论忠佞。

《魏叔子文集外篇》卷七《答世杰》云:"乙巳六月日,叔父敬答世杰……而来笺云云,若昧忠佞之分,而齐君子小人之等,则言虽善,而非其情矣。"

七月初六日,黎川涂斯皇侄涂允臧五十岁生日,魏禧时教授其家,为作《涂允臧五十寿序》。

《魏叔子文集外篇》卷十一《涂允臧五十寿序》:"辛丑余游新城,以兄事宜振,其兄子允臧、允协、允恒并长余五年以上。又四年,允协、允恒使使来迎予为儿子师……七月之六日,允臧五十初度。允臧虽不仕,于礼宜贺,而余适宾于其家。余生平最爱诞日,每岁,内人必庀殽核,坐兄弟与朋友最知己者,谈燕竟日夜。"

按:魏禧于顺治十八年辛丑结交涂斯皇,其后四年之七月,乃为其兄允臧五十岁生日。辛丑年后推四年,即为是年。

十月,魏禧梦与诸生讲论策,醒而作诗记之。

《魏叔子诗集》卷五《纪梦》:"夜与诸生讲论策,一生之语殊大惑……是维乙巳十月夕。"

十月,魏禧门人赖韦负笈来黎川。值其三十初度,魏禧作诗赠之。

《魏叔子诗集》卷四《乙巳十月门人赖韦负笈黎川值三十初度作此贻之》诗云:"勺庭四五生,负笈来黎水。秋风次第归,后者今吾子。"

冬,魏禧客建昌,造访宋渐堂。

《魏叔子文集外篇》卷十一《宋渐堂四十初度序》:"宁国宋渐堂以文章隐于后将军之幕府,乙巳冬,予客建昌,因朱静庵造其寓。时天莫微雨,宋君秉烛堂上,衣冠而俟子予者。坐定,设酒馔,余索饭,宋君自饮,尽醉,则出其《鸡跖言》示予,予读而叹息有贾山、刘向之遗风……静庵曰:'宋君明年四十初度,子不可以无作。'丙午二月,因追叙向者相见之意,为文归之。"

按:建昌,今江西省南城县。由文意知,是年冬魏禧客建昌,因朱静庵介绍造访宋渐堂。且次年宋渐堂年将四十,魏禧乃于次年二月作文赠之。宋渐堂事迹无考。

十一月为龚鼎孳先生诞辰。刘体仁绘图十二幅为之祝寿。汪琬作《十二图题咏序》。

《钝翁前后类稿》卷三十《十二图题咏序》:"康熙四年冬十一月某日,合肥龚先生之诞辰也。其门下士刘体仁公勇绘图十二,合吾党师事先生者若干人,各赋诗为寿,而复命琬序之。"

十二月,魏禧回翠微峰,魏际瑞、魏礼自北京归。

《魏兴士文集》卷二《答北平王昆绳书》:"乙巳冬,家严君、季父归自京师。"

《魏兴士文集》卷二《与清苑刘长馨先生书》:"乙巳岁尽,家严君、季父自北归,未到草堂,遥呼易堂先生。至集堂上相见,拜坐未定,辄言北游来所得好友清苑刘长馨先生及昔岁家叔父所交丹阳吴子远。"

按:由上文知魏禧年末时已回归翠微峰。

是年,蔚州烈女宋典姐殉夫死。魏象枢寓书请汪琬为作《宋烈女传》。

《尧峰文钞》文卷三十五《宋烈女传》:"烈女名典姐,家于蔚州之西崖头……年十六许嫁千字村人兰州厮,兰氏贫不能聘。康熙四年正月甫聘而州厮暴死。讣至,烈女……径裂兰氏所聘罗数尺缢死寝户旁……前光禄寺丞魏环极先生,其州人也,书其事寓予。予谓烈女生长农家,非素闻姆氏之诫者也。又非娴于诗书之文而习知礼义者也。顾一旦慷慨杀身,虽名家士族亦有所不逮,此其义烈出于天性,夫岂得以矫激少之哉?予故备论焉。"

是年,汪琬弟汪琰卒。汪琬为文祭之。

《尧峰文钞》文卷四十《祭仲弟揩九文》:"……天乎何辜,反促其寿。太岁在壬,我时北首。自伤左谪,感愤于口。汝与我言,此非温厚。荣辱得丧,于已何有。我闻斯语,其颜怩忸。虎噉之旁,春江晴浏。方戒行李,系舟岸柳。念汝送我,涕落尊卣。及兹三年,睽离已久……"

按:汪琰享季四十一,又少汪琬一岁(详见明天启五年谱),则当卒于是年。又按:诗中有"自伤左谪"句,因是时汪琬降为北城兵马司指挥,故云。又"虎噉之旁,春江晴浏。方戒行李,系舟岸柳。念汝送我,涕落尊卣。及兹三年,睽离已久。"指康熙元年春,汪琬离家北上赴任时,其弟汪琰曾为之送行,至是年已有三载。

汪沨卒。

黄宗羲《吾悔集》卷一《汪魏美墓志铭》云:"乙巳七月三十日终于宝石僧舍,年四十八。"

清圣祖康熙五年 丙午 1666年 魏禧四十三岁 汪琬四十三岁

元旦,魏禧得日月双环笺,作试笔诗。

《魏叔子诗集》卷二《丙午元日得日月双环笺试笔》诗云:"龙乘云,蛇乘雾,云雾冥冥下有马,神马日万里,汗血如火赤,直走扶桑西逐日,日月代出,如环不息。"

二月,魏禧为宋渐堂作四十寿序。

按:魏禧于上年在建昌结识宋渐堂,并于是年二月为之作四十寿序。参见上年谱。

四月十六日,魏禧作《上郭天门老师书》,述为学之志。

《魏叔子文集》卷六《上郭天门老师书》："丙午四月既望,门下士魏禧九顿首奉书天门夫子座下……文之至者,当如稻粱可以食天下之饥,布帛可以衣天下之寒,下为来学所禀承,上为兴王所取法,则一立言之间而德与功已具。然禧以为传之以文者,犹不若传之以人。"

按:魏禧应诸生试时,郭天门任考官。参见崇祯十五年谱。

五月,魏禧为黄熙母黄太夫人作八十寿序。

《魏叔子文集外篇》卷十一《黄太夫人八十寿序》："太夫人八十初度,实在乙巳五月。时简文先生服未除,介子孙勿得为寿。于是熙以其八十有一之五月,称觞于堂,而友人易堂魏禧为文以佐之。"

按:乙巳黄太夫人八十岁,八十一岁当为次年丙午。黄太夫人,即黄熙之母。《江西通志》卷八十四云:"黄熙,字维缉,南丰人。顺治进士,临川教谕。以亲老乞终养告归。父年八十卒,哀感路人。三年蔬食。乙卯奉母居山砦。母丧,山居延燎,熙抚棺大恸,愿以身同烬,俟忽风返。同邑谢秋水于人少所许可,独引熙为入室弟子云。"

夏,汪琬升户部山西司主事。解北城任。汪琬在任数年,抑强扶弱,惩暴治奸,故其去时民炷香以送,途为之塞。

陈廷敬《午亭文编》卷四十四《翰林编修汪钝翁墓志铭》云:"纵降而为兵马指挥也,不变易刚直……当任满,且去。空北城,民炷香于道,提酒浆送者,填溢衢巷。当道大官呼殿至者,挤塞不得行。问之,曰:'民送兵马司也。'兵马司秩卑而职冗,士大夫左官于此,往往偃蹇不屑其事,故前此无得民心,至去时,请留遗爱如先生者也。"

按:汪敬源《续修文清公年谱》记载是年夏汪琬升户部山西司主事。

是年,魏禧作《与先辈》,认为是时治理地方风俗,宜讲乡约,不可行保甲。

《魏叔子文集外篇》卷七《与先辈》:"闻台旌前临新邑,为地方风俗大事,仆仆暑中,叹服否?……前过程山,语黄维缉云,此时可讲乡约,不可行保甲。盖乡约可以义劝,保甲必以法行……"

按:此文前有"丙午月日"之语。

是年,魏礼于翠微峰勺庭之左构屋数间,名曰"吾庐"。魏禧作《吾庐记》。

《魏叔子文集》卷十六《吾庐记》:"季子既倦于游,南极琼海,北抵燕,于是作屋于勺庭之左肩,曰:'此真吾庐矣',名曰'吾庐'……庐既成,易堂诸子自伯兄而下皆有诗,四方之士闻者咸以诗来会,而余为之记。"

按:魏礼建"吾庐"之具体时间,暂无史料记载。但因魏礼于上年冬十二月始归翠微峰(参见上年谱),而次年二月魏禧三兄弟及涂斯皇等人即在吾庐饮酒(详见次年谱),由此可推知魏礼之"吾庐"必当建于是年。

计东子计准殇已四年,计东思子甚,欲构思子亭,并请汪琬作《计氏思子亭记》。后

魏禧亦作《书计甫草思子亭卷后》。

《尧峰文钞》文卷二十二《计氏思子亭记》："计孺子准，字念祖，吾友甫草之冢子也。年十五，补吴江诸生。及期而殇。甫草哭之恸，遂集士大夫诔之。既又为之谥，既又刻其遗文。逾四载，甫草来言曰：'吾思孺子甚。吾将构亭所居之旁，以思子命名。子盍为我记之。'予遂正告之曰：'昔子夏之丧明，此过乎情者也。延陵季子之三号而行此，不及乎情者也。夫二者皆非也。惟世之甚昵其子者，往往牵于骨肉之私，而不知裁之以礼。是以过情者多，而不及情者寡。圣人恻然忧之。则宁于季子有取焉？此无他，凡以训天下之人父人母，使皆知有礼，以为之节也。今者孺子之殁，其历岁月也固久且远矣。而甫草犹眷焉不忘，起居寝食，则有缠绵凄恻之声，岁时腰腊，则有涕泣憔悴不能忍之色，其殆近于无节矣。'……甫草极言孺子故好学，则其久而不忘也。固宜作计氏思子亭记。"

按：计东子计准殇于康熙元年，可参见该年谱。逾四年，即为是年。由此文可见汪琬严守温柔敦厚之礼法。对此事，魏禧曾有过相关评论。《魏叔子文集外篇》卷十三《书计甫草思子亭卷后》云："予尝见之汪户部稿中《思子亭记》，甚爱其文而惜其苛于礼。"由此足见汪琬与魏禧二人对谨守礼法的不同态度。

清圣祖康熙六年 丁未 1667 年 魏禧四十四岁 汪琬四十四岁

是年黎川涂斯皇携其从孙涂尚嶲来访。二月十五日，魏禧同伯子魏际瑞、季子魏礼、诸子魏世杰及涂氏二子饮酒于吾庐。后魏禧随二涂赴黎川。

《魏叔子文集外篇》卷十一《吾庐饮酒记》："吾庐左瞰三巘峰，前俯石阁。开门，群山来几案，主人坐而延之，是于月夜惟良。丁未仲春月望，同新城涂宜振、家伯子、季子、诸子世杰、宜振从孙尚嶲夜饮前楹……时诸人凭阑相对，寂寥无声。彭躬庵负杖独来，攸然若游鱼出于水际……闻巘中儿啼声凄凄然，若杜宇鸣夜半，于是宜振病新愈，明日复病。雨沉沉不休，天霁，而余同二涂之新城。"

三月，魏禧授徒黎川，编成《左氏兵法》。

《魏叔子诗集》卷四有《丁未三月授徒新城，编〈左氏兵法〉，却寄门人任安世、赖韦、吴正名》。其诗略。

三月，魏禧梦见老师杨文彩指陈其缺失，醒而感涕，并作《与杨御李、进也》。

《魏叔子文集外篇》卷七《与杨御李、进也》："夜梦卧床上，先夫子呼之起，为指数禧过失六七条……既醒悚息，感念为之涕下。"

按：文后有"丁未三月廿二日，禧白"字样，可知此文作于是年三月。杨御李，即杨龙泉晟；杨进也，即杨晋。均为杨文彩子、魏禧门生。《魏叔子文集外篇》卷四《师友行辈议》云："吾以父事杨一水先生，而先生使二子晟、晋，以父执事予。及其长也乃为弟子然。"杨晟当为杨龙泉。《道光宁都直隶州志》卷二十二云："杨龙泉，字御李。文彩长子。康熙戊子岁贡。博极群书，古文诗赋骈体皆自成一家……著《亿方堂文集》二十五卷，《诗》二十卷。弟晋，字进也，康熙乙酉岁贡。性坦易，而中介如石。诗文天然秀异。著《缑山遗稿》三卷。"

春,李良年客居北京,汪琬与之结交。

李绳远《秋锦山房集序》云:"余仲弟武曾诗集凡十卷……丁未客都下抵宣府、历边徼诸诗为第二卷。"李良年《秋锦山房集》卷二《将之塞上呈汪苕文农部》云:"出塞将炎月,辞家属早春……"

按:综上材料知是年春季李良年客北京,离开北京赴塞上时应是夏天。又,李良年字武曾。与兄绳远、弟符称"三李"。少有隽才。戊午以博学宏儒被荐,入北京,试不得意。归,筑秋锦山房,坐卧其中。弟子、著录者日众。卒年六十。所著有《秋锦山房集》。《嘉兴府志》卷五十一、《浙江通志》卷一百七十九有传。

闰四月,方以智往游武夷山,路过黎川,见魏禧于天峰寺中。

《魏叔子文集外篇》卷十《送药地大师游武夷山序》:"丁未闰月,师自青原游武夷,迂路新城,招晤天峰寺中。时余以授徒闭关,窃出痛谈,一日夜不得止。余向与师相见,有犹龙之况,今别师七年,胸中新语勃勃不自遏。明日师谓涂澹庵曰:'冰叔昨与吾夜谈,烛见跋,神采益壮,声如洪钟。'余方病喉痛不能言论,辍讲席已数日。及见师谈不倦,喉且顿瘥。独恨身羁课诵,不得从武夷游。"

按:药地大师,即方以智。生平参见顺治十六年谱。

魏禧在黎川与孔鼎结交。并应孔鼎之请,作《贤溪重修孔圣庙碑记跋》。

《魏叔子文集外篇》卷十二《贤溪重修孔圣庙碑记跋》:"新城贤溪孔氏重修先圣庙成,曲阜衍圣公兴燮为之记,孔氏勒石于庙,又各为卷书之藏于家。岁丁未,易堂魏禧来新城,孔氏鼎胤桂与禧友,命书数言其后。"

按:孔鼎,字正叔。新城诸生。孔子后裔,筑室须眉峰,研探《易传》及天官地理之学,著《楷园集》八十余卷。《江西通志》卷八十四有传。

夏,魏禧与魏世杰自黎川至南丰程山,再与谢文洊相见。

《谢程山集》卷十一《己酉与易堂后进魏兴士书》云:"忆乙未冬,翠微峰一识足下,其时方髫龄,文洊已知为英物。丁未夏,随令叔父自新城取道敝邑,始得再晤。"

夏,李良年将离开北京,其友文点为之作画。北京诸友人均有诗。时汪琬亦作《题武曾灌园图五首》。李良年将友人赠诗辑成《灌园诗》一卷,请汪琬为作《〈灌园诗〉后序》。

李良年《秋锦山房集》卷二《酬别华阴王山史关中天生兄》云:"我有数尺画,长洲文点作。"

《尧峰文钞》文卷二十八《〈灌园诗〉后序》云:"李子武曾将谋灌园长水之上,乃命其友文子与也为之图。京师士大夫闻之,遂各赋诗以咏其事。武曾辑成一卷,而又命予为之序。"

另《钝翁前后类稿》卷五有《题武曾灌园图五首》,其诗略。

按:结合李绳远《秋锦山房集序》所云"丁未客都下抵宣府、历边徼诸诗为第二卷"可知,是年夏李良年将离开北京,友人文点为之作画。汪琬等北京诸友人均作诗以送。

《苏州府志》卷八十八:"文点,字与也。震孟孙。幼能诗。仲父乘殉难,家尽破,依墓田以居。肆力诗古文辞。兼纵笔为山水人物。年四十游京师……尝舍莲泾慧庆寺,卖画自给。巡抚汤斌屏车骑入寺,问为政之要……晚自号南云山樵。"

夏,汪琬妾生子穗,旋殇。

汪敬源《续修文清公年谱》"丁未"条云:"夏,生穗。旋殇。"

按:是时汪琬妻袁宜人已殇,则子穗当为妾所生。

八月,朱彝尊来北京。汪琬遇之,亟称其文,并为其父作墓志铭。

赵经达《尧峰先生年谱》:"(康熙六年)八月,朱锡鬯来京师。先生遇之,亟称其所为杂文,应其请为锡鬯尊人子薏作墓志铭。后锡鬯作书报先生。"

朱彝尊《曝书亭集》卷三十一《报汪苕文户部书》:"北来京师,平生交游恶其姓名之贱,至有患难相援、懿亲相目者,登其堂,或避匿不出。而执事无一言之介,揖诸坐客之右,有请必见。规我以道德,绳我以文章,此昔人所谓'知己'也。遂忘其势分之隔,而遽以所生之墓铭为请。执事不拒,洒洒数百言,述先人之行义甚备,且以子厚、永叔二子为喻。彝尊受而读之,始而惭,既以感,泫然不知涕泪之被面也……"

九月,户科给事中姚文然疏请下部查国储能否足支一季饷。汪琬集同官穷日夜会计,得见银二百四十万两,以复于王公曰:"兵饷可无虞,而缓征可行矣。"汪琬辑书曰《兵饷一览》,后作《兵饷一览序》。

《尧峰文钞》文卷二十五《兵饷一览序》:"康熙六年九月,户科掌印给事中姚公文然上疏,其略曰……越明年,复废左右两饷司,而王先生亦遂得罪去位矣。予自惜精力之萃此也久,姑藏弃其书于箧衍,而序之云。"

陈廷敬《午亭文编》卷四十四《翰林编修汪钝翁墓志铭》云:"及再入户部……会户科都给事中姚君文然疏言夏税以五六月,秋粮以九十月,请下部察粮项果足充一季兵饷,则缓征实便。于是先生大集诸司,穷日夜会计,得存贮银二百四十万两有奇,以复于王公曰:'兵饷可以无虞,而缓征可行矣。'退而缉其遗意,撰为《兵饷一览》。"

九月十六日,魏禧游砺园。武林谢彬为画像,黎川陈一元为补竹。后魏禧作《题像》、《砺园种竹图说》。

《魏叔子诗集》卷一《题像》:"水竹月光,于我如此。龚尚肖形,魏禧叔子。时惟丁未,九月十六。陈生一元,烟中写竹。"

《魏叔子文集外篇》卷十五《砺园种竹图说》:"砺园,李子淦也,扬之兴化人。像者,武林谢彬。新城陈一元为补竹。"结合此文及上诗可知,是年魏禧在砺园,武林谢彬为之作画,黎川陈一元为画补竹。

按：李淦，字若金，号季子。以庠生中唐王乡试。明亡后隐匿山中。淦博学，工诗文，性好山水，足迹半天下。著《砺园集》诸书。《咸丰重修兴化县志》卷八有传。谢彬，字文侯，上虞东村人。随父游学至杭，遂家焉。兼善画山水及作渔家图。清超绝尘，迥与时别。人多珍之。《浙江通志》卷一百九十六有传。陈一元事迹无考。

秋，汪琬作《代寿张母贾太恭人七十序》。

《尧峰文钞》文卷三十一《代寿张母贾太恭人七十序》："康熙六年秋，天子亲即政，推恩廷臣，俾各以所居官职封其父母。于是，蠹吾张子正甫遂用户部郎得封母贾为太恭人。太恭人适居京师，年七十矣。在位诸君子与正甫厚善者，咸羡太恭人之康宁寿考，能享正甫之报也。又羡正甫之能以爵位为太恭人荣也。群诣予乞一言序之。予与正甫同朝，又同家畿辅，又辱正甫数纳交于予，故予不敢以不文辞。"

冬十二月，李良年再至北京，与陈维崧等访汪琬并饮酒其宅。

李良年《秋锦山房集》卷二有《除夕前一日同王员外、陈检讨饮汪农部宅》。其诗略。

按：由该集卷首附李绳远《序》云："余仲弟武曾诗集凡十卷……丁未客都下抵宣府、历边徼诸诗为第二卷"，知此诗作于是年。

是年彭士望妻朱宜人卒，魏禧为之作墓志铭。

《魏叔子文集外篇》卷十八《彭母朱宜人墓志铭》："宜人姓朱氏，江西右城王府奉国中尉、洵州府通判朱公议汊长女也，年十五，归吾友彭躬庵……自丙戌躬庵旅居翠微，后以变故，数迁三巘冠石，家益贫落……宜人生癸丑，距今丁未，享年五十有五。"

是年任源祥集合宗人建成任氏大宗祠，属魏禧作《任氏大宗祠记》。

《魏叔子文集外篇》卷十六《任氏大宗祠记》："宜兴任氏族居西偏之篆里，自南宋迄今传世二十，历年几六百，代有显人，而大宗祠弗建。十六世孙明铉病革，以属其子源祥，源祥久乃得纠宗人为之，经始于壬寅，至丁未凡六年而成……祠成，源祥为文述其事。庙制、祭礼、宗法，皆井井有条，一准于古，通以今所可行者，于是再拜属禧为记以勒于石。"

是年，谢文洊多次寄书与魏禧，谈论为人为文之道。

《谢程山集》卷十《丁未与魏冰叔书》后附宋未有跋曰："易堂之学主于用，程山之学主于体。叔子欲以经世而正人心，先生欲以正人心而经世，二者均不可偏废。"

《谢程山集》卷十《丁未复魏冰叔书》云："复接手书，举温太真批钱世仪为言，谓时值危迫，不得不借用小人……"

按：由上材料可知是年谢文洊多次寄书与魏禧谈论为人为文之道。

是年，汪琬与王士禛、程可则、梁熙、董文骥、李天馥、陈廷敬、程邑等人在北京为文社，龚鼎孳为职志。时王士禛在礼部。其诗字句偶涉新异，诸人亦相仿，汪琬规之勿效。

《王士禛年谱》"康熙六年丁未"条云:"在礼部……是年与汪、程、刘、梁及董御史文骥玉虬、李翰林天馥湘北、陈翰林廷敬子端、程翰林邑翼苍辈为文社,兵部尚书合肥龚公实为职志。"

按:刘体仁当于次年春再至北京,参见次年谱。此处当为误记。

王士禛《古夫于亭杂录》卷五:"康熙丁未、戊申间,余与苕文、公勇、玉虬、周量辈在京师,为诗倡和。余诗字句或偶涉新异,诸公亦效之。苕文规之曰:'兄等勿效阮亭,渠别有西川织锦匠作局在。'又叶文敏讱庵云:'兄歌行他人不能到,只是熟得《史记》、《汉书》耳。'余深愧两兄之言。"

清圣祖康熙七年 戊申 1668 年 魏禧四十五岁 汪琬四十五岁

春,李元慈来从魏禧学。

《魏兴士文集》卷四《送李元慈归巇山叙》云:"戊申春,李元慈来从家叔父学,岁既尽,将归巇山。"

二月,魏禧授经勺庭。

《魏兴士文集》卷四《左传经世钞跋》:"戊申二月,家叔父居勺庭,授经石阁之下,门人童子侍讲席而坐。布席丈有几尺。"

春,刘体仁再居北京。汪琬作《赠刘吏部》。

《钝翁前后类稿》卷五《赠刘吏部》:"与君相逢十载前,君方梦忆苏门泉。千章云木万竿竹,拟事孙登乞地仙。与君相逢十载后,叹息容颜都老丑……"

按:刘体仁《七颂堂文集》卷二《祭周先生文》云:"戊申某再居京师。"疑汪诗即作于是年重逢时。又汪琬与刘体仁于清顺治十五年相识于慈仁寺,与诗中所云"与君相逢十载前"相合。另由后谱知,是年三月,刘体仁招汪琬等小集宣武门,则刘体仁到北京当在三月之前。

三月廿八日,刘体仁招同汪琬及梁熙、董文骥、程可则、王士禛等人小集宣武门东河楼看柳。汪琬作《河亭五首》。

《尧峰文钞》卷四十四有《河亭五首(公勇招客,与贻上、周量、子端同赋。孟夏前三日也)》,其一云:"绿波如縠柳如丝,取次莺残燕乳时。怪底老夫心事恶,当筵催赋遣春诗。"

按:孟夏前三日,即三月廿八日。又刘体仁、王士禛、陈廷敬三人均有诗可考。刘体仁《七颂堂诗集》卷八有《戊申三月廿八日小集河亭赋柳枝词八首,吴玉随、程焦麓、董易农、汪苕文、程周量、梁日缉、王阮亭、程翼苍、李湘北、陈子瑞、李苕林同作》。其诗略。王士禛《渔洋山人精华录》卷六有《三月晦日公勇招同日缉、玉虬、苕文、周量、玉随、湘北、子端集河楼得绝句五首》。陈廷敬《午亭文编》卷九有《三月廿八日刘户部公勇招同汪户部苕文、吴编修玉随、董御史玉虬、梁御史日缉、王仪部贻上、李检讨湘北集宣武门东河楼看柳三首》。

是时士人挟诗文游北京者,首谒龚鼎孳,次即谒汪琬及王士禛、刘体仁。时陈维崧

弟陈维岳初入北京，拜见汪、王、刘三人。汪琬驳之，王士禛褒之，刘体仁不置可否。此事一时被论为笑谈。

《王士禛年谱》"康熙七年戊申"条云："是时士人挟诗文游京师者，首谒龚端毅公，次即谒山人及汪、刘二公。而山人尤好奖励后学，士人多乐就之。"

王士禛《带经堂诗话》卷二十七云："阳羡陈纬云维岳，其年维崧之弟也，初入都，手写行卷三通至案上，友人问所诣，曰：'吏部刘公、户部汪公、礼部王公也。'友人曰：'吾为子预卜之。汪得卷必摘其瑕疵而驳之，王得卷必取其警策而扬之，刘则一览辄掷去，无所可否。'已而果然。予闻之笑谓公勇曰：'吾二人或驳之或扬之，皆寻常耳。唯兄此一掷最不易到。'公勇亦为之绝倒。"

三月，魏禧母坟周所植之树被人掘起。魏禧颇为愤激，作《与友人论先坟书》。

《魏叔子文集外篇》卷五《与友人论先坟书》："戊申三月日，禧死罪死罪顿首致书某足下：前往李村登先母坟，见逼墓左介所特废田栽松樟护坟之地，为尊家斫树起大坟，其中去先母坟仅尺余，不觉痛心骇魄，口悸不能言。"

五月，宋之盛病卒。秋八月十日，魏禧设位哭之，并作《戊申八月十日哭匡山宋未有先生》诗。

《魏叔子诗集》卷四《戊申八月十日哭匡山宋未有先生》诗云："林子湖东归，贻我书一纸。为言宋白石，五月中风死。"

八月九日，龚鼎孳招同汪琬、王士禛、梁熙、刘体仁、程可则、陈维崧、徐乾学等人集黑窑厂登高。十一日，诸人又集黑窑厂为董文骥送行。诸人各有诗。其时，董文骥将赴任陕西陇右道参议。

按：《钝翁前后类稿》卷五有《龚孝升先生席上分和杜子美秦州杂诗韵各二首送董御史之任陇右》（得"莽莽万重山，东柯好崖谷"二诗）。其卷首注云："自戊申岁起至己酉岁止"。知其诗作于是年或次年。又己酉年夏，汪琬选榷江宁西新关仓，并与李良年涉江渡淮（详见次年谱）。由此可推知己酉八月汪琬正在游历途中，不太可能与诸人相聚作诗，故此事当发生在戊申年。时董文骥将任官陇右，诸人相聚作诗送之。

又龚鼎孳《定山堂诗集》卷十五有《九日招集苕文贻上诸子黑窑厂登高》。同卷又有《八月十一日再同苕文诸子集黑窑厂送董玉虬侍御之陇右，分少陵秦州二韵》。可知两次聚集黑窑厂当在是年。另，徐乾学《憺园文集》卷三有《同李元仗、汪苕文、叶子吉、舍弟公肃饯送董玉虬侍御即事三首》。董文骥《微泉阁诗集》卷五也有《龚大司马招同吴玉随、汪苕文、王贻上、程周量、李湘北、陈其年、陈子端、刘公勇、梁日缉、魏子存饮饯黑窑厂，分拈杜子美秦州杂诗二十首原韵见赠，依次奉酬》。王士禛《午亭文编》卷九《大司马芝麓龚公招同刘公勇、吴玉随、梁日缉、汪苕文、程周量、王贻上、李湘北、陈其年集城南送董玉虬御史赴陇右，分用杜公秦州诗韵得强字繁字》亦云："令公开宴地，秋色翠微中。雁带边城雨，台临古木风。乡心纷远近，客望各西东。四海孤踪晚,登高几处同。"从众人诗题及诗意看,均当作于是时。

八月,魏禧给勺庭门人传授《左传经世》,并于是时编写成《左传经世钞》。

《魏兴士文集》卷四《左传经世跋》:"秋八月,命门人四五人更授《左传经世》,于是钞其精且要者凡三百有余篇。予小子杰亦庶几得手书而读之。叔父少好学,年十一出交州里与乡先生游,年二十有一而丁国变,阅世至今凡三十有余年,而天下之大变、大故、可惊、可愕之事,虽身百岁所经历未有过于此一二十年间者。故其于人之情伪,世故之变,所为博观而熟虑之者,则无不于左氏相触发,以得古人深心大略于立言之表,然后知《经世》一书,非必于左氏得之,而特于左氏发之者也。是书也,岁乙巳叔父讲之以授门人,丁未又讲之,迄今反复议论而犹若不能尽其所至者。"

按:由文意知,魏禧是年秋八月,命门人更授《左传经世》,并钞其精要之文编成《左传经世钞》。

《魏叔子文集》卷五《答汪舟次书》云:"禧二十年来殚心成《左传经世》一书,尝就正有道,谬许为二千余年所仅有。此书非数百金不克登板。"

八月,文点为王士禛画《渔洋读书图》,汪琬作《题王十一画册》。同时,文点也为汪琬、梁熙作画。汪琬作《赠文与也三首》、《题鄢陵梁日缉江邨读书图四首》、《见贻上题江村图,爱其"江鸟江花"之句,以诗识之二首》。

翁方纲《复初斋文集》卷三十四《跋渔洋读书图》云:"右渔洋先生秋林读书图,长洲文点与也为先生祝嘏作也。绢下左方有'戊申八月写为阮亭先生寿,文点'小楷十二字。是年先生年三十五,官礼部仪制,司员外郎。与汪苕文、梁熙(日缉)诸君在都下为诗文社集。"

《钝翁前后类稿》卷五《题王十一画册四首》(其四):"丹枫与鸟白,霜树共凄凄。不是桃花放,渔舟到也迷。(其三)黄柑明屋角,黄叶覆溪流。角里村前后,千家共一秋。"

按:从诗中描写内容来看,当是汪琬为王士禛《秋林读书图》而作。

王士禛《蚕尾集》卷六《御史梁晢次先生传》云:"在京师日,怀归田之思,属长洲文点画《江村读书图》以见志。"

《钝翁前后类稿》卷五有诗《题鄢陵梁日缉江村读书图四首》及《赠文与也三首(与也方为予作画)》。

按:汪集中汪琬题梁熙读书图诗与赠文点诗紧接于题王士禛画册诗之后,由其排列顺序可推知文点当是年先后为王士禛、梁熙、汪琬作画。此与《钝翁前后类稿》卷五自注"自戊申岁起至己酉岁止"合。

另,王士禛《渔洋山人精华录》卷六有《题文与也为梁日缉画江村读书图二首》,《钝翁前后类稿》卷五有《见贻上题江村图,爱其"江鸟江花"之句,以诗识之二首》。亦当作于是时。

十月,李腾蛟病卒。师友子弟私谥曰"贞惠先生"。

《魏叔子文集外篇》卷四《李咸斋私谥议》:"戊申冬十月,先生病终于三巘,诸族姻朋友弟子皆哭失声。既大殓,众相与谋曰:'后世匹夫之有令节笃行者时人多私为之谥,亦以补朝典之阙,表幽潜之德也。语曰:"盖棺始论定。"迹先生生平其可以谥……于是私谥曰"贞惠先生"。'"

是年魏禧作《答南丰李作谋书》,言平生志趣。

《魏叔子文集外篇》卷六《答南丰李作谋书》:"仆生十一二岁,即思求友,得交志行纯笃者若而人。年二十一,丁国变,则慨然愿交奇伟非常之士。嗣是友道日广,有若易堂之经术文章,程山之理学,髻峰、天峰之节义,以至四方文人奇士,仆皆得与游,以自陶淑所不及……然所以恢弘其志气,砥砺其实用者,虽不能尽变化其气质之鄙陋,而身受诸君子之教则既已多矣!……独仆生平以朋友为性命饥渴,而十余年间则尤笃意于少年卓荦之人。盖任天下难事,当天下之变,非少年血气雄刚不足胜任,而为涂日长,其才与学皆可深造,而不足量其所至……顷者髻峰宋未有先生中风暴卒,易堂李咸斋先生病九日而死,仆益用危痛,而不意少年卓荦之人,遂得之足下。仆年四十有五而无子,绝续之间,自有天命。然居常不忧身之无后,而忧后起者之无人。是以一见足下所论著不胜其拳拳也。不得已而欲有以益足下,则亦曰:'恢宏其志气,砥砺其实用'而已……仆有志未逮,言之而不能行,故欲与足下共相勉。"

按:由文中"仆年四十有五"语知此文作于是年。李作谋,魏禧门生,生平无考。

是年,魏禧为杨文彩先生及元配严孺人作合葬墓表。

《魏叔子文集外篇》卷十八《杨一水先生同元配严孺人合葬墓表》:"岁甲辰六月,先生年八十卒,子复晟、复晋既请铭于河东邱维屏。踰年九月,元配严卒,年七十有八,门人魏禧、弟礼为之志。又三年戊申,二子既得吉壤于东乡团坑,某月日,将奉父母合葬。地势隘,不足位二墓之石,于是晟、晋勒生没、家世、子孙内于圹,更再拜稽首属禧为合葬之文,表诸墓门。"

按:由文意知,杨文彩卒于康熙三年甲辰,其配严孺人卒于次年九月。又三年即是年,其子将二老合葬,并请魏禧为作墓表。

是年,屈大均将归南海,汪琬为之送行。

《钝翁前后类稿》卷二十三《送屈介子序》:"……介子将自京师过代州,挈其家以归南海。予乃祖诸寓斋,酌两尊以属介子,一以与介子别,一以庆岭南人文之盛也。"

按:赵经达《汪琬先生年谱》将此事系于是年。

是年,王崇简与其子王熙约汪琬访其私第。王崇简建有"宝翰堂",专藏顺治帝所赐御札及书画等。汪琬为其堂作记,并作《世祖章皇帝御书赞》。

《尧峰文钞》文卷二十三《宝翰堂记》:"前礼部尚书臣王崇简偕其子今工部尚书

臣熙延臣琬过其私第。第有堂三楹，颜曰'宝翰'。盖臣熙构之，以敬匮世祖章皇帝所赐御札及书若画之所也。于是，导臣琬俾与观焉……琬既毕观，则臣崇简又命之曰：'女其记之。'臣尝逮事孝陵，不敢用固陋辞。谨拜手稽首，为之记。"

按：《王崇简年谱》"戊申"条云："九月，熙转工部尚书。"又其"癸丑"条云："五月，男熙调兵部尚书。"可知王熙任工部尚书在戊申九月至癸丑五月之间，此文亦当作于此段时间之间。其具体时日无考，姑系于此。另，《尧峰文钞》文卷三十七有《世祖章皇帝御书赞》，其序云："礼部尚书臣王崇简尝出世祖章御书示臣琬于宝翰堂，臣琬退而敬为之赞。"其所记可与上文相互印证。

清圣祖康熙八年 己酉 1669 年 魏禧四十六岁 汪琬四十六岁

正月，曾畹归宁都，与魏禧聚于三巀峰。魏禧论定其所作文并为之作序。

《魏叔子文集外篇》卷八《曾庭闻文集序》："曾庭闻自万里归，己酉正月会酒于三巀，尽欢，壑风千尺，倒上吹墙屋，汹汹有声，雨雪杂下。庭闻尽出其所为古文，使余论定。"

《道光宁都直隶州志》卷二十二："曾畹，字庭闻，应遴冢子。弱冠过吴门，师事徐詹事汧……崇祯壬午乡闱两房争元，抑置副车。后游边徼，寄籍西安，中顺治甲午陕西乡试。计偕赴京，诸名公争延致之。诗文脱稿，辄传诵持去。乙卯、丙辰间，江右被寇，与弟灿省母归。未几病卒。著《金石堂文集》。"

四月，魏禧作《甘健斋轴园稿叙》。

《魏叔子文集外篇》卷八《甘健斋轴园稿叙》："己酉四月，甘子以书来，命予叙其文。予以甘子有兼人之才，固当与予平日所论议者合而致之，以振今日学道之衰，而为之叙之如此。"

按：甘健斋即甘京。生平详前谱。

五月，魏禧作《答翟韩城书》辞翟韩城出山之请。

《魏叔子文集外篇》卷六《答翟韩城书》："禧伏草土之日久矣，年少善病，二十后益困羸，遂谢场屋……顷者伏承过听，五千里遣使辱以书币，惶愧悚息。行当整毛衔辔，策其驽钝以副知己。独是贞疾不瘳，颇艰跋履，膝下无一尺之男，室有濒死之妇。比年以债食授徒新城，去家山不过四百里，亦且倏来忽逝，教事不终……"

按：此文前有"己酉五月日，禧顿首"之语，可知此书作年。由文意知，是时翟韩城以书币赠魏禧，当有请魏禧出山之意。魏禧力辞之，并作此书复之。

六月，魏禧门人黄光会母寿六十，魏禧作《黄母六十寿叙》。

《魏叔子文集外篇》卷十一《黄母六十寿叙》云："岁屠维作噩之且月，门人黄光会母夫人寿六袠，于是其同学生来乞言于予。"

按：屠维，天干中己之别称。作噩，十二支中酉的别称。且月，《尔雅·释天》言："六月为且。"故知此文作于是年六月。另，黄光会，字叔昭，别号畏严。少时游宁都魏禧门，闻经世之学。康熙己酉举于乡，除令直隶南皮，以廉能著。后擢陕西廊州知州。数月即引疾归。年八十四卒。《同治江西新城县志》卷十有传。

梁熙将归鄢陵，汪琬请文点为作《暂次斋图》，并作《题暂次斋图寄梁御史三首》。

王士禛《蚕尾集》卷六《御史梁暂次先生传》云："己酉别日缉于都下。"汪琬《说铃》云："侍御假归，余乞文与也作《暂次斋图》寄之，斋前绘一梧一石一鹤。"《钝翁前后类稿》卷五有《题暂次斋图寄梁御史三首》。诗注云："图是与也笔。"

按：结合以上材料知，是年梁熙将归鄢陵，汪琬请文点为作《暂次斋图》，并作诗寄之。

夏，汪琬选榷江宁西新关仓。赴任时偕李良年浮河涉淮、渡长江、游南京。

李元度《清朝先正事略》卷三十七《汪尧峰先生事略》："榷江宁西新仓，上献余金若干，无纤尘染指。亡何病，免归。"《钝翁前后类稿》卷二十四《别朱子锡鬯、李子武曾序》云："而武曾从予浮河涉淮、渡扬子，东至金陵，访求六代之故宫遗址，赋诗倡和如是者积四百日，故其悉予尤深。"又《秋锦山房集》卷首李绳远《序》云："余仲弟武曾诗集凡十卷……己酉年偕汪户部于金陵复如京师诸诗为第三卷。"

按：综合材料可知，是年汪琬选榷江宁西新关仓，赴任时李良年从之游南京。江宁，在今江苏南京市。

八月，魏禧客南昌，孙枝蔚来访，请魏禧作《溉堂续集叙》。时二人同访陈允衡。

《魏叔子文集外篇》卷九《溉堂续集叙》："己酉八月，予客南州，豹人忽自楚中至，相见执手劳问，既出其《溉堂续集》示余，余袖而藏之，与之过故人陈伯玑湖亭谈。伯玑，吾南州之以诗文名者也，设尊酒相款曲……予将归山中，豹人命为之叙。适予有寒疾，行且别去，不知何日复相与论文。于是力疾疾书，质之伯玑，以贻豹人。"

按：南州，即今南昌。孙豹人，即孙枝蔚。《江南通志》卷一百七十二云："孙枝蔚，字豹人，三原人。幼为诸生，遭流寇，与其乡少年奋戈逐贼，落深堑，得不死，乃走江都，从贾人游。三致千金皆散去，既而闭户攻诗、古文辞，名噪海内。康熙己未，以博学鸿辞征，授中书舍人。著《溉堂前后续集》。"另，陈允衡，字伯玑，南城人。乱后流寓鸠兹。徙旧京。晚归东湖，葺云卿苏圃故址居之。工五言诗，选《诗慰》、《国雅》诸集，一时名士多推之。所著有《爱琴馆诗》及《勤补堂遗稿》。《光绪南昌县志》卷四十三有传。

时孙枝蔚介绍杜恒焞与魏禧相识。魏禧为杜恒焞兄杜恒灿作《通判杜君墓表》。

《魏叔子文集外篇》卷十八《通判杜君墓表》："君讳恒灿，字杜若，后更号苍舒，以善诗能文章名天下……己酉八月客南州，会三原故人孙枝蔚来介恒焞相见，出其兄恒焞所撰《杜若行状》，涕泣言曰：'将以是冬葬仲兄于东原祖父之兆，请子为文表诸石。'"

《陕西通志》卷六十三："杜恒灿，字苍舒，三原人。八岁能文，年十七补弟子员……乡试中副车，遂入太学，名益噪……与中翰吴炜交相得，同订观文大社，以振兴古学为志……寻游楚、游滇,复入吴,久之归卒……一夕悉焚所著书,弟熿急起收之,得诗文如干篇,今所传《春树草堂集》也。"

魏禧于杜恒焯处知李因笃。中秋,魏禧作《与富平李天生书》,表达倾慕之意。

《魏叔子文集外篇》卷五《与富平李天生书》:"仆僻处南服之下邑,每恨不得交西北伟人。尝一再游江淮,所交东南士,率多能文章,矜尚气节,求所谓以当世自任负匡计真才者,则又绝少。顷客南州,故人孙豸人介杜公履相见,公履沉实不妄,与之深谈,询西方奇士何人,公履逡巡为举足下姓字……仆闻之,目睛注公履,定不得瞬,背汗交下,太史公所谓为之执鞭所欣慕焉者,则仆今日于足下之谓也。仆隔绝五六千里,仆不得往,足下不得来,不知何时得相见……他日能致尺寸之书为仆言之,如对足下面谈乎?"

按:该文前有"己酉中秋日,禧白"语,可知此书作于是年中秋。李因笃,字天生,又字子德。年十一为邑诸生。康熙十七年,纂修《明史》。十八年,授翰林院检讨。未两月,即疏乞终养。越五年,母殁,遂不复仕。有《文集》十五卷,《诗集》三十五卷,《广韵正》四卷行世。《陕西通志》卷六十三有传。另,文中所云杜公履当指杜恒焯。

九月,魏禧梦与伯兄论文,醒而记之。

《魏叔子日录》卷一:"己酉九月初四夜,梦与伯兄论文达旦,醒而录其记忆者。"

是年,魏禧门人黄光会将赴会试,魏禧为作《送新城黄生会试序》。

《魏叔子文集外篇》卷十《送新城黄生会试序》:"新城黄生光会,予弟子也……光会既以秀民为诸生,今又举于乡,自是举进士,积累至卿相,亦其常也。而三百余年来以八股取士,所求非所教,所用非所习,士子耳目无闻见,迂疏庸陋,不识当世之务,不知民之疾苦。其有志者,则每于释褐后始尽弃所为举业,讲经世之学。"

按:该文题下注有"己酉"字样,知此序作于是年。

十月,魏禧授徒黎川,闻门人李作谋死,遂至程山悼之。

《魏叔子文集外篇》卷十四《告李作谋墓文》:"己酉八月,予客南州,程山先生以书来曰:'李生其聪,窃愿执贽门下。少学问,不自信,以故逡巡;然亦不能久待。愿无忘斯意。'……十月,余在新城,而闻生遽死,伤悼不自胜……及余至程山,见程山先生,相与执手而泣。明日哭于生家。"

按:此文前有"南丰李生作谋既卒,庚戌二月,易堂魏禧哭其墓而告以文"语,知此文作于次年二月。

黎川重修县学宫,魏禧为作《新城县学宫重修记》。

《魏叔子文集外篇》卷十六《新城县学宫重修记》:"新城学宫圮久而不治,邑大冢宰涂公国鼎忧之……己亥闰三月,公少子斯皇携其兄子……修举之。秋九月,工成。又十一年己酉,宁都魏禧来授徒,得瞻拜堂下。"

十月,文点至南京,请汪琬为其父作墓志铭。时计东及李良年均聚于汪琬官署。汪

琬作《文文肃公传》,《文与也字说》。

《改亭文集》卷六《送文与也序》云:"文氏云与也,为文肃公孙,以己酉冬十月冒雨雪、泝大江而上崎岖至江宁,为尊甫都事君乞志铭于汪户部,与予暨李子武曾聚首户部署中。"

按:"户部署中",当指汪琬江宁西新仓官署。

《尧峰文钞》文卷三十五《文文肃公传》云:"琬谨按公行状及秉所撰《烈皇小识》,诠次为传,以授秉之子点,俾后生有考焉。"

《尧峰文钞》文卷九《文与也字说》:"同邑文子点以其字与也来请于予曰:'此先文肃公之所命字也。点少而失学,不能通知孔子与点之义。愿先生为之言,使得诵先生之训以无忘文肃公之遗命,则幸矣。'"

按:由文意知此文亦当作于此时。

冬十一月,魏禧门人孔之遴父寿六十,魏禧作《孔仲隆六十寿叙》。

《魏叔子文集外篇》卷十一《孔仲隆六十寿叙》:"贤溪孔氏仲隆君,余门人之遴之严父也。己酉仲冬,君六十初度,遴同门生涂尚箻与遴族祖尚典十许人诣余再拜言:'谋所以代之遴佐一觞,敢乞言于先生,幸先生不辞。'"

清圣祖康熙九年 庚戌 1670 年 魏禧四十七岁 汪琬四十七岁

春,汪琬命子筠卜居苏城之西郊老屋二十余间,后名之曰"城西草堂"。

《尧峰文钞》文卷二十二《苕华书屋记》:"康熙九年春,予自金陵命儿筠卜居郡城之西郊老屋二十余间,堂寝庖湢,略具俗传,以为前明正德中尚书陆公完故居云。"

按:盖因老屋在苏城西郊,故云"城西草堂"。

二月,魏禧作《告李作谋墓文》。

《魏叔子文集外篇》卷十四有《告李作谋墓文》。其文略。

按:李作谋卒于上年,魏禧是年二月乃得往哭之。参见上年谱。

二月晦日,魏禧闻黎川友人涂允恒讣。后魏禧往吊之,作《祭处士涂允恒文》、《处士涂允恒墓志铭》。

《魏叔子文集外篇》卷十八《处士涂允恒墓志铭》:"处士生万历己未十一月二十日,距其卒,享年五十有二。"

按:涂允恒生于万历己未年,享年五十二岁,可推知卒于清康熙九年。

《魏叔子文集外篇》卷十四《祭处士涂允恒文》:"旧十月,予归山中,以妇病不欲远出。犹喜今三月母夫人七袠,将担簦拜堂下,为匝月之聚。闰二月得手书,知兄有上气疾,及月晦,伯仲遣使来,而兄以讣闻矣……"

按:由文知魏禧闻涂允恒讣在"闰二月"之"月晦"。另文中有云"喜今三月母夫人七袠",可知是年三月涂母将寿七十,此亦与后谱所记魏禧往贺涂母七十寿相合。

三月,魏禧自宁都至黎川,贺涂母七十大寿。作《涂太君七十寿序》。

《魏叔子文集外篇》卷十一《涂太君七十寿序》："庚戌三月,新城涂太君七十初度,易堂魏禧自宁都来,为文以寿太君。"

按:涂太君当为涂允恒之母。参见上谱。

四月,魏禧自黎川返程山,与封禹成相谈五日夜,并作《封禹成五十寿序》。

《魏叔子文集外篇》卷十一《封禹成五十寿序》："庚戌四月,予自新城返程山,禹成幞被同止,促席而谈者五日夜,距其初度之日盖一月,而先为序以赠之。"

五月,汪琬自西新关便道还里,收拾草堂旁舍一楹寝其中,颜曰"苕华书屋"。

《尧峰文钞》文卷二十二《苕华书屋记》云:"夏五月,予还自西新关,始扫除旁舍一楹,迁几榻其中而寝处焉……予颇乐之,乃颜之曰'苕华书屋'。"

夏,汪琬见宋实颖于西郭外,并与之游。分别时,汪琬作《长歌行送宋既庭》。

《尧峰文钞》文卷三十一《宋既庭五十寿序》云:"今年夏,分司江宁。事竣,便道还里门,见先生于西郭外,与之游。"

按:是年宋既庭五十岁生日,详见后谱。

《钝翁前后类稿》卷一《长歌行送宋既庭》:"去年君上金门赋,我方放棹游华亭。今年我乞长安米,君又策蹇还江城。江南蓟北两乡隔,极望茫茫感胸臆。忆昔我当十五二十时,褐衣徒步风尘姿。众人弃我如敝屣,惟君相见还相知。"

按:"游华亭"事当指去年汪琬与李良年浮河涉淮、渡长江、游南京之事。详见上年谱。"乞长安米",指汪琬任江宁西新关事。

八月,汪琬回北京。复与李良年、朱彝尊相遇,诗酒甚欢。后汪琬以病乞归,作《别朱子锡鬯、李子武曾序》。

《钝翁前后类稿》卷二十四《别朱子锡鬯、李子武曾序》:"先是,予遇锡鬯京师,亟称其所为杂文,已复遇武曾,其称之一如锡鬯。然锡鬯方入山东巡抚幕中,不数数见。而武曾从予浮河涉淮,渡扬子,东至金陵,访求六代之故宫遗址,赋诗唱和,如是者积四百日,故其悉予尤深。岁八月,予复与两君子共集京师,酒欢甚……予既以病归,而两君子又有志四方,车轮马足,其所之殆未可以豫卜也……于斯别也,盖有遗憾焉。"

按:由文知汪琬与朱、李重逢当在与李良年浮江涉淮之后。由前谱知汪、李游江南之事发生在康熙八年,又文中云二人交游"积四百日",故与朱、李当在次年八月重遇北京。即康熙九年。又汪筠《钝翁年谱》"庚戌"条云:"秋如京师考核回部。"知汪琬回京时与李良年、朱彝尊重逢。是年汪琬以病乞归(参见后谱),临别二子时乃作此文。

时计东亦自河南抵北京,携所作《中州集》出示,汪琬作《计甫草中州集序》。

《尧峰文钞》文卷二十八《计甫草中州集序》:"予友计子甫草来京师,出其中州所作书、序、记、铭、五七言杂诗若干篇。予受而读之,而为之三叹也。"

按:赵经达《尧峰先生年谱》将此事系于是年。另河南古称中州。

九月重阳,魏禧再至南京,与友人黄大宗重登燕子矶。作《庚戌九月雨后重登燕子矶,见伯、季旧题怅然有怀》。

《魏叔子诗集》卷七《庚戌九月雨后重登燕子矶,见伯、季旧题怅然有怀》:"怪石孤亭立太虚,江山无恙独愁予。不知故国几男子,剩有乾坤一腐儒。东壁数行留雁字,西湖八月断鱼书(自注:时伯季在浙)。重阳最是多风雨,两地登临总未殊。"

按:由诗意知此诗作于是年重阳登燕子矶之时。其时友人黄大宗与魏禧同行。参见后谱。

时黄大宗登高未尽兴,乃大展重阳之会,客至天雨。再展以二十九日。三次集会皆有诗文之作。后黄大宗编刻为《登高集》。次年属魏禧作《登高集叙》。

《魏叔子文集外篇》卷九《登高集叙》:"庚戌秋,山阳黄大宗游西陵,九日为登高之会。游未畅,大宗乃仿古为展重阳,客集而天雨。大宗曰:'吾再展以日二十九,可哉?'期日,舟徒杂进,诸名士闻风来会,三会皆有诗。游既乐,于是各奏其文、启、序、书、引、说、记、纪事、赞、赋、辞、题辞、曲、乐府、操、诗余、演连珠、骚、七问、书后之体凡二十,璀璨拉杂彬彬然……予于诸子少旧,惟海盐陆冰修,已十年不相见。盐城宋射陵,仁和张儒怀,重九主人大宗,则相遭于广陵者也。大宗好友乐风雅,集其诗若文,刻之而属予序。时辛亥莫春日。"

按:由文知魏禧序文作于次年三月。

高邮黄鸣岐卒,魏禧往赴哀悼,与王孝成结识,作《赠王孝成叙》。

《魏叔子文集外篇》卷十《赠王孝成叙》:"高邮王子孝成,年少尚义概。吾门人黄之清父死而大难作,家破,几杀身,孝成以身护之,祸及而不惧,众毁归之不变其志,乃得解。吾于是叹世之朋友犹未绝也。庚戌余来哭黄山先生,造孝成庐,一面而别……故为叙以寄之。"

按:王孝成生平不详。

秋,汪琬作《题亡室袁宜人小像三首》。

《钝翁前后类稿》卷六《题亡室袁宜人小像三首》云:"露重霜浓蕙草枯,梦中相见亦模糊。镜台脂合都无了,留得梁家举案图。"

按:《钝翁前后类稿》卷六注云:"自庚戌春至仲冬请告止"。从诗意看作于是年秋季。

十月,魏禧客居扬州。吴越人传颂其文章,求之者甚众。士无识与不识,皆知宁都有魏禧。时魏禧与高佑釲相遇,高以先世手迹相示。

彭士望《耻躬堂文钞》卷七《魏叔子五十一序》云:"魏叔子庚戌间再游吴越,人传诵其文章,谓为南宋来所未见。求之者无虚日削板待之。朝成夕登,即日流布,海内所推一二耆旧大耊之老,争识面引为忘年交。士无识不识皆知有宁都魏叔子。"

《魏叔子文集外篇》卷十二《跋嘉兴高念祖先世手迹卷后》云:"庚戌十月,秀水高子佑鈲遇禧于广陵,出其高曾以下手迹相示。"

按:高佑鈲,字念祖,嘉兴人。父承埏,尝辑《自靖录》。博闻强记,尤谙隆万以来旧事。著有《怀寓堂诗》。《浙江通志》卷一百七十九有传。

时闵麟嗣来扬州访魏禧。魏禧为作《闵宾连游庐山诗叙》。

《魏叔子文集外篇》卷九《闵宾连游庐山诗叙》:"闵子宾连,歙人也,与予交十年,以诗文相得。庚戌再过予广陵,其《游庐山诗》则又工。"

按:闵麟嗣,字宾连,号橄庵,徽州岩寺镇人(安徽歙县),明末清初学者、旅行家。编撰《黄山志定本》八卷,著《庐山集》、《古国都今郡县合考》、《黄山松石谱》、《周末列国省会郡县考》、《闵宾连悟雪诗草》。

魏禧在扬州再次见到吴子远,并作《亦安乐窝说》。

《魏叔子文集外篇》卷十五《亦安乐窝说》:"丹阳吴子远好游,而与易堂魏禧善,于是好《易》,更字曰'师邵',所至名其寓室曰'亦安乐窝'。初,予善洞庭山蒋公郁,公郁为言吴子,予过之广陵,定交主人庑下,一见而别。后八年庚戌,又适在广陵相见,握手道胸中语。"

十月,宋实颖五十岁生日。汪琬作《宋既庭五十寿序》。

《尧峰文钞》文卷三十一《宋既庭五十寿序》:"先生交于予三十年矣……然先生长于予三岁,予固以兄事之。而先生亦弟畜予。盖历三十年如故也……先生今年五十,杜门息机,从事于学道久矣……故修撰将遣使往为寿,而命予以序。"

按:从文中知宋实颖长汪琬三岁,宋五十岁时,汪琬当为四十七岁,即为是年。此与《改亭文集》卷七《宋既庭五十寿序》所云"庚戌十月,我友宋子既庭五十初度"合。

十一月,汪琬以病乞归,作《使事既竣,予遂以疾请告三首》。王士禄、徐乾学均有诗赠汪琬。时梁熙亦将以病归,作《汪苕文贻诗相别时予病亦将归即用韵和送》、《苕文用前韵见赠再奉和》。汪琬作《日缉和予请告诗至因次韵答之》、《留诗奉送日缉归鄢陵三次前韵》。时汪琬子汪筠来书云草堂料理毕。汪琬作《筠儿书来云料理草堂才竟,因借前韵赋此寄之兼简日缉》。

计东《改亭文集》卷十四《钝翁生圹志》亦云:"再进户部,用才能,出视西新关仓,人人皆以清要待翁。翁独移疾乞归。"

按:《钝翁前后类稿》卷六有《使事既竣,予遂以疾请告三首》。其诗略。其卷首自注云:"自庚戌春至仲冬请告止"。可知汪琬于是年仲冬十一月以病乞归。

《尧峰文钞》文卷三十四《节孝王先生传》:"始,予以疾请告,先生趋视予疾,眷眷不忍别去。且和予遮字韵诗以相赠,至今弆其迹箧衍中。"

按:由文知王士禄当时曾有诗送汪琬。又徐乾学《憺园文集》卷五有《苕文假归次宗伯王先生韵送之四首》。亦当作于是年。

梁熙《皙次斋稿》卷二《汪苕文贻诗相别时予病亦将归即用韵和送》诗云:"长安

两鬓染霜华,归及江春弄早霞……我辈才堪鸡黍约,暮云请待片帆遮。"

按:由诗意知梁熙亦将以病乞归。汪琬后作《日缉和予请告诗至因次韵答之》(《钝翁前后类稿》卷六)。梁熙又有《苕文用前韵见赠再奉和》(梁熙《暂次斋稿》卷二)。汪琬再作有《留诗奉送日缉归鄢陵三次前韵》(《钝翁前后类稿》卷六)。

又《钝翁前后类稿》卷六有诗《筠儿书来云料理草堂才竟,因借前韵赋此寄之兼简日缉》。

按:从诗的排列顺序看,当紧承前数诗而作。另梁熙《暂次斋稿》卷二有《苕文得家书云草堂成仍用前韵见示依韵寄题》。其诗略。

汪琬将归,陈均宁来访,汪琬为作《陈均宁诗稿序》。

《钝翁续稿》卷十六《陈均宁诗稿序》:"是时,均宁馆于徐氏……康熙九年,予以曹郎谒告归。均宁来以诗见。"

按:汪琬与陈均宁结交于明崇祯十六年,可参见前谱。

王崇简作诗送汪琬。

王崇简《青箱堂诗集》卷二十五《送汪苕文假归》云:"辇下推风雅,如君才自稀。偶因称疾去,实为葬亲归。江静高帆远,天寒野火微。无情霜树叶,故向别筵飞。"

按:其卷下自注"庚戌"作。由其诗意知,汪琬此次以病乞归的真实目的是回家葬亲。

汪琬作《别武曾》。李良年作诗赠之。

《钝翁前后类稿》卷六《别武曾》云:"与子偕南北,相怜如兄弟。声名今日事,文契百年情。草草衔杯别,凄凄跋马行。何时楚江上,商略耦春耕。"

按:李良年《秋锦山房集》卷三有《送汪钝翁户部移疾葬亲归长洲》诗,亦当作于此时。但李良年《秋锦山房集》卷三之诗均为己酉年作(详参康熙八年谱),此诗收录有误。

汪琬归至淮安清江浦,时王士禛榷清江浦关,晨过舟中与饮。

《钝翁前后类稿》卷六《至清江浦贻上晨过舟中与之小饮》:"挂帆斗野亭,落帆淮南村。感君远相顾,檥棹枯楂根……我侪本不羁,所志非高轩。微官偶为累,坐困簿领烦。幸然脱尘鞅,如鸟辞笼樊。千里得良晤,一笑眉宇掀。借问平生交,零落今谁存。东西与南北,逝川日沄沄。俯视诸儿曹,琐细何足论……明发复行迈,相望青绮门。"

按:清江浦,在今江苏省淮安市。由"微官偶为累,坐困簿领烦。幸然脱尘鞅,如鸟辞笼樊"等诗句可知该诗作于汪琬乞归之后。另《王士禛年谱》记载,王士禛康熙八年始榷关清江浦,康熙九年冬还京。

汪琬至扬州,与赵恒相见,并作《赠处集序》。

《钝翁续稿》卷十六《赠处集序》云:"钱塘赵使君恒先是榷关扬州,京师诸老先生咸赋诗以赠。而予方以疾请告,未能追逐其后也。逮予告归,轻舟见君于江次,君已茸诸赠诗成秩,镌之版矣。乃命予为之序。"

汪琬作《赠孙无言归黄山一首》。

《钝翁前后类稿》卷六有《赠孙无言归黄山一首（无言乞赠诗几逾六千余首,然归山尚未有期。故葛中颇及之）》。其诗略。

按:该卷卷首注云:"自庚戌春至仲冬请告止"。

冬,汪琬归家。迁居西郭之城西草堂。作《还家检校草堂及书屋讫作此》。

汪筠《钝翁年谱》"庚戌"条:"是岁迁居西郭之芙蓉泾上,有城西草堂、苕华书屋。"

计东《改亭文集》卷十四《钝翁生圹志》云:"卜居城之西郭及尧峰之麓,葬其两先人,益读书著述于其旁。"

《钝翁前后类稿》卷六《还家检校草堂及书屋讫作此》云:"……先生倦游今几年,岁暮日斜殊可怜。但办炉熏与茗碗,濡毫真个赋归田。"

按:由此诗意可推知为归家后迁居城西草堂而作。诗题中"书屋"当指苕华书屋。

是年,汪琬将所作诗文诸稿如《毓德堂诗钞》、《玉遮山人诗稿》、《戊己集》等编为《前稿》二十四卷以授子筠。始自号"钝庵"。

《钝翁前后类稿》卷二十九《前稿小序》:"予既至江南,合前后所为《毓德堂》、《戊己》、《玉遮山人》诸集共删存二十四卷,以授儿子筠。"

按:赵经达《尧峰先生年谱》将之系于是年,并记载汪琬是年始自号"钝庵"。

十一月,魏禧自扬州归,与陈子灿同舟。陈为述大铁椎事迹,魏禧作《大铁椎传》。

《魏叔子文集外篇》卷十七《大铁椎传》序:"庚戌十一月,予自广陵归,与陈子灿同舟。子灿年二十八,好武事,予授以《左氏》、《兵谋》、《兵法》。因问数游南北,逢异人乎？子灿为述大铁椎,作《大铁椎传》。"

按:陈子灿生平无考。

十二月初,魏禧归宁都。

《魏兴士文集》卷二《答北平王昆绳书》:"庚戌除夕,宁都友弟魏世杰顿首再拜致书昆绳道兄足下:……月初家叔父再由淮上归,杰遽问近况,乃出手书相示,喜甚愧甚。"

是年,魏禧作《封环溪翁志铭》。

《魏叔子文集外篇》卷十八《封环溪翁志铭》:"翁姓封氏,讳文举,号环溪,世为南丰县人,以医名于时……戊申十二月初九日卜葬于三十八都之苦竹坪。又二年庚戌,始刻纳石于圹,而浚为状,请于易堂魏禧以为之铭。"

清圣祖康熙十年 辛亥 1671 年 魏禧四十八岁 汪琬四十八岁

正月,魏禧至浙江。访李天植于嘉兴平湖。

《魏叔子文集外篇》卷六《与周青士书》:"仆前同沉进之往乍浦观海中日出,遂因周云球交李潜夫先生。潜夫名天植,崇祯癸酉登贤书,今年八十二矣。"

按:文末云:"辛亥九月日,太湖舟中禧拜白",知此文作于是年九月。

温睿《南疆逸史》卷四十二:"辛亥元月,江西魏禧至浙,闻其名,因其里人周云球访之。时年已八十二矣,耳聩。于粉板作教,使客亦书所言相酬答。且曰:'身避海滨,无从知识天下贤豪,君来此得交几何人?'禧具疏所友姓氏及自道出处。潜夫视之而泣,出所著作示之,视其几秃笔败墨,空无有也。禧乃检箧中,得笔二管,墨一笏赠之。且以白金五星进曰:'以具十日粮。'拒不受,五反。禧曰:'是非盗跖树也。'乃受之,不能饭客。云球携酒肴往同饭,洒泣而别。"

《浙江通志》卷一百九十《李天植传》:"字因仲,平湖人。后更名确,号潜夫。性乐淡静,杜门寡交。崇祯癸酉举人,绝意仕进。日行游九山之麓,倘佯自放,足迹不入城市。安贫乐道以终其身。卒年八十二。所著有《月令诗》、《梅花百咏》、《九山游志》诸书。"

二月,魏禧舟行扬子江,作《季子文集叙》。

《魏叔子文集外篇》卷八《季子文集叙》:"吾季子诗好汉魏,文好周秦诸子。及其成也,诗类韩退之,文则近柳子厚……易堂诸子年长以倍,其早誉于天下,及季子始生者,季特起与为雁行交,而足迹渐遍南北,南北贤豪之士皆相与结交惟恐后。季性下,须张如钩子,人触其须,则怒发不可忍。前年归自华山,余夜与饮酒,读所为西行诗百十一首,引手捋其须曰:'犹记皂隶提耳而抶其股乎?今遂能如是。'相与大笑为乐。"

按:其文末有"辛亥二月叔兄禧书于扬子舟中"语,可知此序作于是年。

二月初八日,舟阻杭州三墩,魏禧作《与诸子世杰论文书》。

《魏叔子文集外篇》卷六《与诸子世杰论文书》:"吾好穷古今治乱得失,长议论,吾文集颇工论策。吾每谓文字古人格调已尽,无复更有……吾诸论亦私自谓苏氏后恐无其偶。吾策文《田制》、《封建》、《奄宦》等文不立规格,汩汩浩浩,虽文采不逮晁、贾,亦窃希贾长沙、李忠定……吾前叙宗子发,言文章要在积理,吾所见地如是,非曰能至。《日录》是吾积理之书,后辈足可玩味……吾少好《左传》、苏老泉,中年稍涉他氏,然文无专嗜,惟择吾所雅爱赏者。至于作文,则切不喜学何人,人何篇目,故文成都无专似……初八日,舟泊三墩,隔会城数百步,阻风不得上,书此寄汝。"

按:文后云:"辛亥二月叔父书。"知是文作于是年二月初八日。三墩镇,在今浙江省杭州市。

是年,汪沨母陈太君年九十,魏禧为作《汪母陈太君九十寿序》。

《魏叔子文集外篇》卷十一《汪母陈太君九十寿序》:"岁辛亥某月日,武林汪母陈太君寿九十,子澄、沄乞禧一言以奉觞。禧与澄之弟沨及沄为兄弟交者十年,微二君请,将修其不文之言以祝太君。"

是岁,汪琬居尧峰,为同门周炳文作《周文季墓志铭》。

《尧峰文钞》文卷十五《周文季墓志铭》云:"无锡周君文季讳炳文,享年五十有四。以康熙七年某月日卒于家,以十年某月日葬于军鄣山先茔之次……君举顺治十一年乡试,与予同门生……廷范实来尧峰,与相慰劳,则曰:'吾父墓木且拱。吾母倪孺人,亦相继物故久矣。'问其学,则曰:'废而挽强矣。'问其资生之策,则曰:'吾父不喜治生,遗污莱若干亩,已不足给糜粥矣。'因出其再从兄缄斋先生所撰《事状》示予,然后得君之为人。已,廷范留山中,浃辰相与征述君遗事,然后益悉其详。予泫然流涕,自悔知君晚也。乃杂取事状中语并所述者书之……"

按:由文意知,此文约作于是年前后,姑系于此。

春,归庄校正已刻及未刻《震川文集》四十卷。汪琬寓书归庄,指出其中多处错误,归庄初无应答。后汪琬听人言归庄甚为恼怒,乃再书。归庄始寓书以解释。由于言语不慎,二人皆怒,复有书信往来争辩。后琬寓书周汉绍,请周为之调解。

赵经达《归玄恭先生年谱》"康熙十年"条云:"是年春,先生校正已刻及未刻《震川文集》四十卷。钝翁……贻书相诮,渐至诟厉。可见当时意气之盛。盖先生素傲慢,不肯屈人下,而钝翁恃势骄人,亦有非是者焉。"

按:是年归庄与汪琬多有口舌之争。其争论过程如下。

《尧峰文钞》文卷三十三《与归元恭书一》:"昨读所刻《太仆先生集》,中间颇多抵牾。如'阁'字,考《宋·志》'三公黄合',《北齐书》'三公府三门当中开黄合、设内屏',皆作'合'字。此杜诗'黄合老'三字所自出也……仆所疑一也。《书张贞女死事》中有'梳'字改为'梭'字者,窃谓吴人虽富室,不闻以金为梭。若云铜铁亦金之属也,梭当以铁为之,则非一弱女子能折,明矣……仆所疑二也。《何氏先茔碑文》元有二篇,常熟本乃何焯为进士时求作者,昆山本则焯为都给事时续求者,篇中故云:'碑已具,未立。'又云:'并载前语,而铭中黄门云云',即指其为都给事也。若欲两篇俱载,则有周益公刻《庐陵文集》例在,若止载常熟本一篇,亦当照集中《周宪副行状》以小字附录昆山本全文于后,今独不然……仆所疑三也。卷中如此疑义甚多,未易枚举。昔苏文忠公有慎改窜之戒,仆生平守此……非有他也,贵在前贤遗文不致妄为后生辈所乱,庶使好学深思者抽绎而自得之耳。狂瞽之言,乞赐省览。"

归庄《归玄恭遗著·答汪苕文民部书》云:"先生谢客经年,每承破例延接,又相对必畅谈,极幸。但溷扰为不安耳。新刻《太仆集》,蒙指摘讹谬,感荷感荷,非先生见爱之至,何以有此?至垂示三条,谨以次具答……但谓从祖辈当抚掌地下,或者未至于此。疏略之罪,实不能辞……"

《尧峰文钞》文卷三十三《与归元恭书二》云:"昨足下与仆辨太仆刻集误处,指示甚悉,仆已草草作答。继而有友人至,传述一叶生之言,以为足下盛怒。仆闻之若芒刺,且惭且悔,思有以自解于足下……"

归庄《归玄恭遗著·再答汪苕文》云:"自正月二十一日连得二书……三条之

中,仆已听其一,复引咎谢教,其二条之驳者,不过剖析文义,逊辞商榷,执事乃遂以为忤而横加诟厉,此何为者？执事误听旁人之言,谓仆见前书而怒。仆答书且千言,皆虚怀平气,手书不足信而旁人之言是听,遂肆其狂詈,此何理乎？执事第二书谓仆斥之为戆,为杜撰,为取笑,且谓仆以区区一布衣,欲箝士大夫之口而咆哮抵触……"

《尧峰文钞》文卷三十三《与周汉绍书》："仆再托致元恭手札,力辨改窜《震川集》非是。彼概置不答,而辄谰词诟詈。又闻指摘最后札中'布衣'二字,谓仆简傲而轻彼。于是,诉诸同人,播诸京师士大夫之口,则元恭亦甚陋矣。仆浅见鄙儒,不能通晓古今,请举村塾所具诸书,为元恭述之。可乎？"其文后附云："此稿久弄箧衍,已不敢出示同人。今闻远近传某语以为笑。甚至从未见某原书,而酒阑烛跋,辄有增删字句,借作谈资,以献媚者。故复检此稿付梓,至于《归文辨诬录》三卷,当俟异日刻之,以示来世,知我罪我,听之而已。钝翁附记。"

按：由文知汪、归争论越演越烈,最后汪琬请门生周汉绍代为调解。

归庄《归玄恭遗著·与周汉绍》云："仆与苕文令师初本虚心请教,两次相对,见其矜己傲物之状,以为习气如此,不以为怪。及其第一书辞极亢厉,而仆犹忍之,仍虚怀听纳。及其连贻第二、第三书,诟厉弥甚,不可复耐。始有二月八日之答书,仆岂轻于绝人者哉？书中不免有已甚之语。然此乃应兵也。……但令师为人有城府,非若仆之疏直伉爽者比……"

按：此书当为周汉绍调解之后归庄所作。

寒食日,魏禧作《危习生遗诗序》。

《魏叔子文集外篇》卷九《危习生遗诗序》文末云："辛亥寒食魏禧题。"

按：危习生,《光绪南昌县志》卷四十传云："危习生,郡城人。彭躬庵即其从兄达生也。习生少读书,不售；为贾,又大折。乃挈其弟静生依躬庵于宁都。为人佣耕,或剥谷树皮为纸,种茶芋得钱以食其家……后逋债无所偿,郁郁疽发左耳三日死。"

四月,李清七十岁大寿。魏禧为之作《李映碧先生七十寿序》。

《魏叔子文集外篇》卷十一《李映碧先生七十寿序》："兴化李映碧先生举进士于崇祯辛未,历谏官,乙酉晋大理左丞,皆数有奏对言天下大事……先生七十初度,在今辛亥四月。先生之子与禧交,来征辞。"

按：该文后附有邱邦士点评："无一语不补缀天漏,无一语不深入人心,此勺庭集中别体第一之作。"李清,字心水,一字映碧。明崇祯四年进士。授宁波司理。擢刑科给事中,谪浙幕。后隐邑之枣园,四十年不窥户。史学最博,书千余卷。《咸丰重修兴化县志》卷八有传。

四月,魏禧客扬州,李淦邀其与宗元豫游金、焦二山,遇大浪不得靠岸,遂改游南山。是时,魏禧作《砺园种竹图说》。又作《进京口南山诗引》。

《魏叔子文集外篇》卷九《进京口南山诗引》:"辛亥四月,予客扬州,李砺园招游金、焦,宗子发欣然从之。既渡江,大风,江涘扬埃,白浪拍山腰,两山微茫,若被烟雨。乃游南山,经鹤林、招隐洞、夹山、八公诸胜……予欲返,李子强予终游莲花洞……山僧进樱笋。二子据案作诗,无纸,各以白磁盘起草,摘玉簪叶书之。予方倚梧下,作《砺园种竹图说》。竟,二子诗成,并工。予遂不更作,引其篇端云。"

按:李砺园,即李淦。生平参见康熙六年谱。宗元豫,字子发。隐居于兴化师古潭,后以贫返江都,著史论数十篇,杂文数十卷,另有《识小录》,记二十一史中琐事,为里人所传。《咸丰重修兴化县志》卷八有传。

魏禧游金、焦二山时,拜访"京口二家"何㮚、程世英,并作《京口二家文选序》。

《魏叔子文集外篇》卷八《京口二家文选序》:"京口二家之文,何雍南意思深厚,程千一才气英发,然其工古人格调,出入诸大家,则皆同,故能蔚然为东南之望。南北士过京口,识不识必以二子为归。辛亥夏,余自扬州渡江游金、焦,就访二子,则知名姓甚熟,盖曾得余文邹程村处,选入《文概》中,于是属予叙其二家之文。"

按:何㮚,字雍南。江苏丹徒人。诸生。以诗古文辞名。所交多一时名士。有《晴江阁集》。《光绪丹徒县志》卷三十三有传。程千一即程世英,与何㮚合称"京口二家"。生平不详。

魏禧在扬州与严沆相交,并作《书禹航三严先生崇祀录后》。

《魏叔子文集外篇》卷十三《书禹航三严先生崇祀录后》:"癸卯始游吴、越,交沈甸华、陈贞倩,则人人言给事中严公贤。又八年,游扬州而公至,乃辱临禧讲布衣之好……"

按:文中注明严公名沆,字颢亭。由文知魏禧与严沆交于癸卯之后八年,即是年。另,《浙江通志》卷一百五十八云:"严沆……字子餐,号颢亭。钱塘人。顺治乙未进士,授庶吉士,改给事中……康熙初擢吏科掌印给事中……擢副都御史。后乞养母归,卒。"

五月四日,严沆邀魏禧及孙枝蔚、程邃、汪楫、计东等十余友相聚。魏禧作《辛亥端阳宴集诗》。

《魏叔子诗集》卷四《辛亥端阳宴集诗》序:"辛亥端阳前一日,禹航严公颢亭招饮广陵寓室,同集者长安王筑夫,三原孙豹人,歙县程穆倩,休宁汪舟次,泰州邓孝威,嘉兴计甫草,吴县浦潜夫,吴江董方南,钱塘章淇上、孙嘉客,居停主人云南朱云卿。饮酒甚畅。既罢,甫草曰:'是不可无作。'于是筑夫、豹人并久侨广陵,咸谓予江右地最远,宜倡同人,人各写怀,不限格韵,先成一百六十字。"

计东《改亭诗集》卷一《广陵五日燕集作》序:"宁都魏叔子禧、长安王筑夫严、三原孙豹人枝蔚、泰州邓孝威汉、仪歙汪舟次楫皆天下骏雄魁杰之士,侨客广陵。舟车之冲,人物辐凑,诸君独拥书键户,不妄征逐,非深相知,即当世巨公,不往一见。禹航颢亭严先生自其祖父总持声教,历先生父子四世矣……辛亥五月四日,会饮绣鹤堂,先生寓也。诸君既至,先生故人程邃穆倩舆病来,孙无言往淮阴故不果来浦,潜夫以论《易》就先生……"

按:程邃,字穆倩,歙县人。侨居扬州。旷怀高尚,不与俗伍。诗文峭拔奇奥。工篆刻、善画。喜购藏古法物。《嘉庆重修扬州府志》卷五十三有传。

汪楫,字次舟,一作舟次,号悔斋,安徽休宁人,寄籍江苏江都。性伉直,意气伟然。力学不倦,日索奇文秘籍读之。岁贡生,署赣榆训导。康熙十八年,荐应"博学鸿儒",试列一等。授翰林院检讨,纂修明史。著有《崇祯长编》、《悔庵集》、《使琉球杂录》、《册封疏钞》、《中州沿革志》、《补天石传奇》、《观海集》一卷等。《清史稿》卷四百八十四有传。

立夏日,魏禧作《孙豹人像记》。

《魏叔子文集外篇》卷十六《孙豹人像记》文末有"辛亥立夏日易堂魏禧记"语。

按:孙豹人,即孙枝蔚。

五月,魏禧在扬州。作《闵氏熊太君百岁叙》。

《魏叔子文集外篇》卷十一《闵氏熊太君百岁叙》:"辛亥五月,歙县闵氏熊太君寿百岁,其孙文学本光以故交来乞言。"

六月,魏禧在扬州。张天枢、鲍夔生、程山公来见。

《魏叔子文集外篇》卷九《一石山房诗序》:"辛亥六月,客扬州,病热。下邳张天枢九度、歙州鲍子韶挟一客过予,丰仪甚美,不通名刺。坐定,天枢挥扇不已。予窃视扇上有《登焦山诗》:'沧浪如此急,乱石自中流。'予惊赏,谓:'此何人作?'天枢手指客曰:'是程山公诗也。'予取扇卒读,而揖山公曰:'吾固闻君,不谓遂至此耶!'于是恨相见晚。"

按:鲍夔生,字子韶。明亡后居江西赣县,师从宁都魏禧。游幕闽粤,名誉甚盛。著《江上集》、《红螺词》、《红楼合选》、《焦桐引》。《民国歙县志》卷十有传。另,张天枢、程山公事迹不详。

是时,鲍夔生将从扬州出发游北京,魏禧作《送歙县鲍生北游叙》。

《魏叔子文集外篇》卷十《送歙县鲍生北游叙》:"门人鲍夔生将发广陵游北京,再拜请曰:'先生其何以赠夔生?'予曰:'子姑坐,予与子言……予十一有声党序,自谓名进士弱冠可致,将崭然见风节于朝廷。廿一丁国变,好交奇士,自谓能知人,常忆而中天下之故,则又窃视公侯之赏为吾分所有。今年四十有八,益读书,久历世变,方潦倒偷活草间,数受人欺绐,始信天下事本难为,知人不易,富贵功名不可幸,而向之厚自期待者盖妄也。'"

按:广陵,在今扬州。由文中云"今年四十有八"知此文作于魏禧四十八岁时,即是年。另,此文后附曹秋岳点评云:"任事、知人、用世,大学问在此,归之智深沉勇,方无失着。使冰叔得行其志,当有大过人者,岂徒见之空言乎?然孜孜成就人才,所至必得奇士,吾谓道之行也久矣!叔子之文皆可见诸事业,故高于他人数十等,善读者必不以其文也。愚意欲合诸葛武侯、王景略等传同看,方不负此文,难得大胸次承受耳。"

是年,魏禧为求子嗣,在扬州买一婢,后亦无子。

《魏叔子文集外篇》卷六《寄门人赖韦书》:"吾去冬于扬州买一婢,身间垂一年,抱子之信殊不有,姑听之,无所庸心。知相关切,为道及。"

按:该文作于次年(参见次年谱),则买婢之事当在是年。

夏至,魏禧在常州。作《伯子文集叙》。

《魏叔子文集外篇》卷八有《伯子文集叙》,其文略。

按:其文末云:"辛亥长至日叔弟禧拜书于毗陵之客园。"毗陵,即今常州。

魏禧在常州与恽日初结为忘年交,并作《恽逊庵先生文集序》。

《魏叔子文集外篇》卷八《恽逊庵先生文集序》:"辛亥余客毗陵,先生与为忘年交,出文集示余而命之序。"

按:恽日初,字仲升,号逊庵,武进(今常州)人。崇祯癸酉副榜。明亡后祝发为浮图,后归常州。卒年七十有八。《清史稿》卷五百有传。

仲秋八月,魏禧客嘉兴。为曹溶作《曹氏金石表序》。后亦作《倦圃说》。后魏禧归宁都时,曹溶作诗以送。

《魏叔子文集外篇》卷八《曹氏金石表序》文后云:"公名溶,号秋岳,秀水县人。"又云:"宁都易堂魏禧叙,盖辛亥仲秋日。"

按:由引文知是文作于是年八月。秀水,在今浙江省嘉兴市。

《魏叔子文集外篇》卷十五《倦圃说》:"曹秋岳先生有游息之园在嘉兴城西偏,宋岳倦翁宅址也……倦翁手植梅今在墙际,名曰'倦圃'。"

按:此文作年不详,姑系于此。

《浙江通志》卷一百七十九《曹溶传》:"字洁躬,号秋岳。秀水人。崇祯丁丑进士。官御史。国朝顺治间历副都御史户部侍郎,出为广东布政使,左迁山西阳和道,裁缺归里。卒年八十三。诗与合肥龚鼎孳齐名,人称'龚曹'。晚筑室范蠡湖,名曰'倦圃'。辑《续献征录》六十卷、《崇祯五十辅臣传》五卷,外有《静惕堂诗文》三十卷。"

曹溶《静惕堂诗集》卷三十五《赠魏冰叔即送之还勺庭二首》(其一):"郁孤台下草成丘,师友情长痛莫收。事往一逢江口路,夜寒还上竹西楼。勋名满目空明镜,花鸟无心各素秋。读易山中松径密,冥鸿安得网罗求。"

按:此诗作时无考,姑系于此。

魏禧在嘉兴结交俞汝言,并作《俞右吉文集叙》。

《魏叔子文集外篇》卷十《俞右吉文集叙》:"辛亥客嘉兴,交俞子右吉,爱其人,数与言议,其于人贤不肖无所私,予以刚许之。"

按:俞汝言,字右吉。浙江秀水人。诸生。孤贫力学,具经世才。早著名于复社。出游南北各地,归而闭户著述。有《春秋平义》、《浙川集》、《京房易图》、《先儒语要》等数十种。《光绪嘉兴府志》卷五十三有传。

冬,魏禧返归至江都,与朱彝尊定交。时戴苍为朱彝尊画《烟雨归耕图》,魏禧题其图。其时,戴苍亦为魏禧画《看竹图》,魏禧亦请朱彝尊作记。魏禧亦于次年七月作《看竹图记》。

朱彝尊《曝书亭集》卷六十六《看竹图记》:"宁都魏叔子与予定交江都,时岁在辛亥。明年予将返秀水,钱塘戴苍为画《烟雨归耕图》,叔子适至,题其卷。于是叔子亦返金精之山,苍为传写《看竹图》,俾予作记。"

按:江都,在今江苏中部,西傍扬州。

《魏叔子文集外篇》卷十六《看竹图记》:"戴生名苍,字葭湄,西陵人,写人婉婉如生,笔文秀绝天下矣。辛亥冬相遇于扬州,予方毁服急装,而戴生为予写山居像……壬子秋将归勺庭,念友不能尽交,人情物务不能尽阅识,诵杜甫'在山泉水清,出山泉水浊',慨然太息,将复闭门不出……闰七月望日,易堂魏禧自记,时年四十有九。"

十二月,魏禧返扬州,作《燎衣图记》。

《魏叔子文集外篇》卷十六《燎衣图记》云:"辛亥腊月朔日易堂魏禧扬州记。"

魏禧在扬州得童奴阿邦。

《魏叔子文集外篇》卷十八《阿邦墓记》:"辛亥冬,予客扬州,有田民李氏,以饥鬻其八岁子,予得之,名曰阿邦。"

魏禧寓张九度家,又邀程山公相见。魏禧作《一石山房诗序》。

《魏叔子文集外篇》卷九《一石山房诗序》:"予去西陵,季冬返,寓九度家。夜大月,衢巷如水,思与故人谈,何之?九度曰:'非山公不可。'则相与步扣其门。山公见,大喜,命出醇醪,就地下共酌……于是叙之曰:'山公,歙人,世家子,不事家人产,而好诗,尝岸然有轻世之意,尤工五言律云。'"

按:季冬即十二月。由文中知,《一石山房诗》乃为程山公所作。另魏禧与程山公结交于是年。详见前谱。

岁暮,汪琬门人周汉绍来访。汪琬以《岁暮杂咏十二章》授之。

《钝翁前后类稿》卷七《岁暮杂咏十二首》附周汉绍序:"翁谢告以来,杜门谢客久矣。燕居之暇,所著诗文甚伙,秘不示人,人皆以持己太峻望翁,而翁处之自若也。且龄往见……手授《杂咏》十二章。顾谓曰:'未能免俗,聊以代辛亥除夕、壬子元旦之作尔。'"

按:周旦龄即周汉绍,生平不详。

方以智卒。

任道斌《方以智年谱》卷七记载其卒于清康熙十年辛亥冬。

吴伟业卒。

《梅村家藏稿》附录《梅村先生年谱》云:"(康熙)十年辛亥六十三岁,十二月二十四日先生卒。"

清圣祖康熙十一年 壬子 1672 年 魏禧四十九岁 汪琬四十九岁

汪琬于苕华书屋后葺小阁而居,作《予于苕华书屋后葺一小阁子居之》诗及《苕华书屋闲居二首》。

《钝翁前后类稿》卷八《予于苕华书屋后葺一小阁子居之》:"泥壁苫茅了,悠然燕寝中。梦应游蚁穴,幻似入鹅笼。髹几容双肘,苔除受半弓。犹惭病居士,丈室出神通。"

按:《钝翁前后类稿》卷八有自注云:"尽壬子一岁止"。可知此诗作于是年。另该卷还有《苕华书屋闲居二首》,亦当作于是时。其诗略。

春,魏禧至常州武进。与任源祥同客陈玉璪家,相与论文。

《魏叔子文集外篇》卷八《任王谷文集序》:"壬子春,予同客毗陵陈椒峰家,日夕论古文,各出所作相劘切,予甚好之,而王谷乃言:'吾平生好侯朝宗文,今观子殆胜之也。'"

《魏叔子文集外篇》卷六《答友人论选文统书》亦云:"旧秋仆自浙过毗陵,与椒峰谈相得,会须为家兄弟刻集,椒峰遂授馆舍,至淹旬时,日夜有校雠。"

按:陈玉璪,字赓明,号椒峰。常州武进人。康熙丁未进士,官中书舍人。《皇朝文献通考》卷二百三十二记载其著有《学文堂集》四十三卷。

魏禧在武进与杨珅友善。并为杨父作《明云南右参议杨公墓表》。

《魏叔子文集外篇》卷十八《明》:"公讳惟寅,字亮儒,更号浴泉,常州武进人也……公生万历丁丑,卒崇祯戊寅,云南右参议杨公墓表享年六十有二。明年冬,公子琛、珅、玗祔葬公于洋溪祖墓之穆。公葬既三十三年,宁都魏禧客武进,与珅友善,珅乃捧公状乞首言曰……"

按:由文中可知,杨公葬于崇祯十一年之次年,即崇祯十二年。又此文作于杨公葬后三十三年,推知为是年。《湖广通志》卷四十四云:"杨惟寅,武进举人。怀宗时分榷荆关,慈惠清正,商民戴之如父母。时有贩木者税已报而木尽漂,将鬻其妻,寅闻立免之,且给以资斧,使归。"杨珅事迹无考。

时魏禧作《蒋君墓志》、《重兴延陵书院记》。

《魏叔子文集外篇》卷十八《蒋君墓志》:"蒋君既没之九年,予游武进,其仲子登贤奉状请志……甲辰春以疾终,享年六十有七。"

按:由文中知蒋君卒于康熙三年甲辰春,此文作于蒋君既没之九年,魏禧游武进之时,即康熙十一年。

《魏叔子文集外篇》卷十六《重兴延陵书院记》:"常州为古延陵地,吴季子所封邑,故郡县季子祠庙最多……禧来客兹土,得交常之贤人君子,而不以禧为不文,命为记勒诸石。"

按：此文与上《明云南右参议杨公墓表》当同作于客常州武进之时。

三月，李天植卒。

《魏叔子文集外篇》卷六《与周青士书》附壬子七月自记："先生亦于今三月弃人间矣。"

三月，魏禧客苏州，与姜垛日夕往来，作《敬亭山房记》。

姜垛《敬亭集》附录《府君贞毅先生年谱续编》"壬子"条云："（是年三月）时宁都魏冰叔、和公兄弟客吴门，晨夕过从，情文款洽。"

《魏叔子文集外篇》卷十八《阿邠墓记》云："壬子予客吴门，莱阳姜给事亦侨吴，与予交笃。"

《敬亭集》卷三《晤魏冰叔、和公兄弟》诗云："兄弟才名大，荒台落日逢。苍茫浮海意，憔悴过湘容。金石谐曹植，珊瑚盛李邕。纤缔幸自得，坐久暮云重。"

按：姜垛字如农，莱阳人。崇祯四年进士。授密云知县，调仪征，迁礼部主事。十五年擢礼科给事中。后谪戍宣州卫，会国变，未赴。寓吴城西二十年，颜其室曰"敬亭山房"。著《敬亭集》。《明史》卷二百五十八、《江南通志》卷一百七十二有传。

又按：苏州，古称吴门。

时魏禧亦与归庄定交。

《魏叔子文集外篇》卷十一《归元公六十叙》："壬子夏，侨吴门，元公闻之，趣过予。予方畏署未之报，元公则四五至不为嫌。每至，挟其文，予亦出新旧文，二人者相攻谪其不足。"

赵经达《归玄恭先生年谱》"康熙十一年"条亦云："至吴门晤姜学在实节、王勤中武及魏冰叔禧。"

是时，魏禧、姜垛、归庄三人把酒论文，交往甚密。

《魏叔子文集外篇》卷十四《哭莱阳姜公昆山归君文》："禧客吴、越，先达高门亦不自通名纸，闻公贤，桐城方密之先生与禧笃，相别青原山曰：'子之吴门，不可不见姜公也。'处寸纸书坊屋，属勿忘。禧乃先到公门，公欣然躧履接之。每过，必具馔……每酒具，必招元公，三人者谈竟日去。"

是时，姜垛子姜实节请魏禧为其母作《姜母王少君墓志铭》。

《魏叔子文集外篇》卷十八《姜母王少君墓志铭》："（少君）年十五，以侧室归莱阳姜公垛，生子一实节……丙午正月以病卒吴门之寓园，距其生年四十。越七年壬子，予客吴门，交姜公父子，实节其仲也。实节尝泣涕道：'少君劳苦，生不得尽养。今将以某年月日卜葬某地，敢乞君为幽室之文，传诸子孙。'"

夏，魏禧因刻诗寓居苏州。作《剞氏刘永日六十序》。

《魏叔子文集外篇》卷十一《剞氏刘永日六十序》："岁壬子，予刻诗吴门，旌德刘永日实承事焉。永日私于陈生集武而告予曰：'吾行年今六十矣……其肯宠我以一言乎？'"

按：剞氏，又称剞劂氏，指刻板印书的经营人。另，《魏叔子文集外篇》卷十一《归元公六十叙》有云："壬子夏，侨吴门"知是年夏魏禧到苏州刻诗。

夏，魏禧谒见李清，得见其所藏洪武四年《会试录》。

《魏叔子文集外篇》卷十六《洪武四年会试录记》："是录崇祯时兴化李公为吏科给事，得于垣中。壬子夏，禧谒李公，伏出见示……李公名清，字映碧。"

按：李清，字心水，一字映碧，号碧水翁，晚号天一居士。清兴化人。崇祯四年进士。明崇祯朝及南明弘光朝曾官刑、吏、工科。生平潜心史学，著作宏富，主要有《南北史合注》、《诸史同异录》、《不知姓名录》等。《明史》列传第八十一《李春芳传》附传。

魏禧在苏州与申勖庵先生交，后为作《蘧园双鹤记》。

《魏叔子文集外篇》卷十六《蘧园双鹤记》："吴门申勖庵先生家有阁曰来青阁……岁戊申，有大鸟翩然降于南除，群笑而哗曰：'鹤也！鹤也！'明年己酉，先生八十初度，月在仲春，阁之后复一鹤来，止而不去，盖一雌而一雄。客共惊曰：'此寿征也，天命之矣。'又三年壬子，宁都魏禧来吴门，闻斯事，既得交于先生……"

按：申勖庵事迹无考。

在苏州，魏禧得交李模。并为作《碧幢铭》。

《魏叔子文集外篇》卷十七《明右副都御史忠襄蔡公传》："岁壬子，禧客吴门，得交李公模，言往巡按北直时，公为井陉道，凡事咨决于公。"

《魏叔子诗集》卷一《碧幢铭》序云："吴门李灌溪先生名其燕私之居曰'碧幢'，盖古树扶苏，交荫若幢然。仰而视之，湛湛深碧，若不见天。先生以碧幢为毡车者三十年。"

《广东通志》卷四十："李模，字灌溪，吴县人。天启乙丑进士。"《江南通志》卷一百四十云："李模，字子木。吴县人。天启乙丑进士，授东莞知县。以政最擢御史。慷慨论时事，有《慎狱》、《详刑》诸疏……谪南京国子监典籍。其后潜居著书，以寿终。"

时吴参从易堂来访魏禧。

《魏叔子文集外篇》卷十四《哭吴秉季文》序："岁壬子，予客吴门，吴子秉季自易堂来过予，信宿遂别，之杭州。"

按：吴秉季即吴参，参见顺治五年谱。

魏禧在苏州与薛长卿望衡而居，常与其父子游。

《魏叔子文集外篇》卷十《赠薛艺复姓仲氏叙》："薛君长卿以文雅居吴市，恂恂君子也。其子艺亦谨饬好学。壬子，余乔吴门，与薛氏望衡而居，乐与其父子游。"

时魏禧与朱时洽定交，作《朱太母八十寿叙》。

《魏叔子文集外篇》卷十一《朱太母八十寿叙》："岁壬子，余客吴门，蔡生元宪介其舅氏朱君时洽以交。朱君醇厚称于庠序，事母孝。时母夫人年七十七矣，朱君谬好吾文,以予将还山而不出也,奉母行略,命蔡生属余为文寿母之八十。"

　　按:蔡元宪、朱时洽生平不详。

魏禧在苏州与徐晟结交,作《徐祯起诗序》。

　　《魏叔子文集外篇》卷十二《跋归庄黄孝子传后》:"今年客吴门,交徐祯起晟。"

　　按:文末云:"时壬子十月朔日。"知魏禧交徐晟当在是年十月之前。

　　《魏叔子文集外篇》卷九《徐祯起诗序》云:"徐子祯起,名晟,吴门之隐君子也。少以制举文名海内。既谢去,攻古文辞、诗歌,诗尤工。徐子好吾文,则出其诗属予序之。"

　　徐鼒《小腆纪传》卷五十八:"徐晟,字祯起,一字损之。长洲诸生……魏禧曾称为'吴门隐君子',谓其诗'顿挫沉郁,即辞有未工必不稍有矫饰以自害其性情。'"

时曾灿昵一娼,魏禧曾有非份之念。曾灿弟庭闻为禧述淫猪奇梦,禧乃自警。

　　《魏叔子文集外篇》卷二十二《述梦》:"予壬子客吴门,晨起,曾庭闻使人来请速。至则迎门而嘆曰:'吾得奇梦,梦足下与吾弟青藜共舆一猪淫之。又人言魏氏先征君生平无淫行,故为鬼神所敬。吾忽梦如此,岂足下近有遗行耶?'余闻之汗下。时青藜昵一娼,予常与笑语,颇欲狎之,既以为不可,而念不能绝。盖庭闻未之知也。因并记此自警,且示子弟知神明之道至近不远云。"

是时,魏禧作《袁君泰征同配吴节母合葬志铭》。

　　《魏叔子文集外篇》卷十八《袁君泰征同配吴节母合葬志铭》:"壬子,予客吴门,骏来言曰:'吾母之丧及小祥矣,贫不得葬……是冬也,将合葬于吴县九龙坞先君子之穴。先君子有隐德。骏三岁而孤,矿石之文阙焉弗备。人知吾母而不知吾父,请子合铭之以传,吾子孙世世之德也,愿子弗辞。乃奉考妣状再拜属禧。'"

六月,宗人石园请吴中王忘庵画猫,魏禧作《画猫记》。

　　《魏叔子文集外篇》卷十六《画猫记》:"壬子六月宿与日并直危。俗传二危合,画猫,鼠辄避去。吴中王忘庵故工是,宗人石园自昆山买舟来乞画,画成予适至,属记之。"

秋,魏禧《日录》三卷撰成。唐景宋来访,魏禧出《日录》以示。

　　《魏叔子日录》卷首唐景宋《日录序》:"康熙壬子秋,于西城里见宁都魏叔子先生,其人粹然圭璧也。读其文,莹然冰雪也。交甚合,出其《日录》三卷示余,余受而卒业。"

　　《魏叔子日录·引》云:"余幼承父兄之教有日,长而师友诲之有日,早涉世事,读古人嘉言懿行有日……有得于心则言之,已而录之,是曰《日录》。或以自志警,或语诸门人子弟,不讳其不文,取易通也。意所偶至,或文言之体杂不相附,一曰《里言》,二曰《杂说》,三曰《史论》。"

　　按:吴景宋生平无考。

秋,魏禧卧病苏州。病十三日后至常州就医。与当地名医石瑞章交,并为作《脉学

正传叙》。

《魏叔子文集外篇》卷八《脉学正传叙》："壬子岁,予在吴门卧疾十三日,试诸医不效,还客毗陵,询此地高手为谁,皆曰石君瑞章精脉理,著书甚多,且其人,有德君子也。予延至,见之辄喜……石君乃出所辑《脉学正传》属叙之以行。"

后魏禧回苏州就医刘元稷,乃得愈。在刘元稷家魏禧得交僧顿修。

《魏叔子文集外篇》卷十三《书全冲堂卷后》云："壬子秋,禧客吴门。病,饮世医紫谷君之药而愈。紫谷姓刘氏,名元稷,吴中号为博雅。"

按:是年秋,魏禧卧病苏州,先到常州就医,后又回苏州就医于刘元稷,乃得愈。

《魏叔子文集外篇》卷十《赠顿修上人序》："壬子岁,余在吴门,遇僧顿修于刘紫谷家,勿识也。既知予姓氏,则追而反予曰:'予方慕子二十年,尝欲走宁都,登翠微峰易堂求见子者也。'盖顿修往学道庐山,与南康高士宋未有善,因知予。"

秋七月,魏禧至扬州,浙江巡抚范承谟屡招魏禧,均不至。后范公属魏际瑞谎称病,乃召魏禧至其府。

《魏叔子文集外篇》卷十二《东房奏对大意跋》："壬子秋七月,予客扬州,浙抚君范公数招予未赴,而属伯子以疾病召。比至,乃相与大笑。"

陈玉璂《学文堂文集》卷五《送魏冰叔归宁都序》："冰叔兄善伯应聘浙抚范中丞数年矣。忽以书招冰叔,述病且笃。冰叔戒舟疾趋至,兄固未尝病也。善伯曰:'中丞重弟名,知弟素不肯见贵客,故属予作书如是。'冰叔曰:'吾当急还金精山。'"

按:范中丞即范承谟。《大清一统志》卷四十一:"范承谟,汉军镶黄旗人。文程子也。康熙七年巡抚浙江,有惠政。十一年总督福建,会耿精忠反,欲胁承谟降。承谟不屈,遂囚之,骂不绝口,卒为所杀。事闻,赠兵部尚书加太子少保,谥忠贞。"

七月,魏禧到山中探访徐枋。

《魏叔子文集外篇》卷六《与周青士书》后附壬子七月自记云："余访徐昭法山中,索示近作,见此书。昭法曰:'君意良厚,恐李先生不食他食。君子爱人以德,君力所不及,听其饿死可也。'顷沈进之来,云周云球致予此意,李先生坚谢之,而先生亦于今三月弃人间矣。"

《乾隆长洲县志》卷二十五:"徐枋,字昭法,号俟斋。詹事汧子。弱冠通《十三经》,年十九中崇祯壬午举人。乙酉国变,詹事家居殉节,枋脱身亡命,栖息土室,又为逻者所得,逃东渚……终身不入城市,不通宾客,卖字画以给……年七十殁,著者有《居易堂集》。"

闰七月望日,魏禧作《看竹图记》。

按:魏禧作《看竹图记》事详见上年谱。

七月,魏禧寄书门人赖韦具道归计。

《魏叔子文集外篇》卷六《寄门人赖韦书》："壬子七月禧白:前得韦来札,具悉规爱吾体孱欲省思虑少作文,啬养精神为生子计,甚善。吾于作文窃有嗜好,而客外方,属笔墨者日众,势不得却,故甚欲归山中自息也……吾在外不通干谒,客扬州、吴门几二年,不能束装归。然笃行奇伟之士,交颇不乏人,他日足为山中人道者,此耳……小春和畅,当得到家,为一一道此二年间事也。"

是年,魏禧作《明知分宜县黄公墓表》。

《魏叔子文集外篇》卷十八《明知分宜县黄公墓表》:"公讳学思,字子述,更号中吴……公之卒也,距今壬子盖五十有二年,曾孙世琼奉公状再拜乞表公墓。"

黄洪元父为同里虞庠所害,是年四月,洪元与弟䜣庠死。汪琬作《黄孝子事略》。

《尧峰文钞》文卷三十六《黄孝子事略》:"孝子名洪元,丹阳人。其父国相以武断豪于里中。有虞庠者……与国相同里不相能,遂发国相阴事,欲致之罪。国相行贿,得不坐。庠反以诬受杖。乃伪引谢具,酒食交欢,而私遣恶少年诇国相。会国相被酒夜行,从其后捽项反接之,负以石,沈诸河里。人皆心知庠所为也,莫敢问……母死,既合葬,兄弟哭拜墓上……遂怀斧往……两斧并下,庠遂死于是……翼日,诣县自陈状,有司义之,免其弟,颂系孝子于狱。康熙十一年四月某日也。"

汪琬得知颜中和事,叹曰:"又一孝子也。"作《颜中和事略》。

《尧峰文钞》文卷三十六《颜中和事略》:"予既叙黄孝子事,宗人昭兹因从容言颜生中和尝复父雠,其始末甚具。予叹曰:是又一孝子也,不可使无闻焉。"

七月,汪琬在横山购卢氏别业,命子筠更新之,名曰"尧峰山庄"。庄有阁三楹,阁中所见皆山,故以"皆山"名之。是时作《尧峰山庄记》、《皆山阁记》、《皆山阁》诗。

《尧峰文钞》文卷二十二《尧峰山庄记》:"尧峰山庄在横山之麓,距先大夫所卜墓道仅一里,故为卢氏别业。秋七月,予介友人卢子定三评其屋直,偿以白金四十五两而命子筠更新之……始讫工,予从朋旧置酒群游于此。酒半辄仰屋而叹。盖叹夫得之之难与葺而治之之尤难也。"

《钝翁前后类稿》卷三十三《皆山阁记》:"康熙九年冬,始以病乞归。逾二年始置一庄于横山麓。庄有阁三楹,其阳尧峰,其阴姑苏之台。灵岩据其西,北穹窿峙其西南……凡阁中之所见皆山也。"

按:由康熙九年后推二年即为是年。

《尧峰文钞》卷四十六《皆山阁》诗云:"竟日不出户,冯高兴自长。溪山供画本,烟霭润琴床。药草烹为馔,松肪艺作香。儿童报奇事,邻笋欲捎墙。"

是岁,汪琬始隐居尧峰山庄,闭户著书。后王士禛作诗赠之。

李元度《清朝先正事略》卷三十七《汪尧峰先生事略》:"结庐尧峰,居九年,益闭户著书……所居尧峰,擅山水之胜,萧然野服,手一编矻矻穷年,曰:'吾老犹冀有所得也。'尝语学者曰:'学问不可无师承,议论不可无根据,出家不可无本末。'"

王士禛《精华录》卷八《寄汪苕文尧峰隐居四首》:"卜筑何峰好,尧峰近太湖。莼鲈供客馔,橘柚足官租。泥饮从田父,题诗付獠奴。萧然山泽里,真有列仙儒。(其一)……欲访天随子,来过甪里村。五湖正秋色,一棹到闲门。林屋探仙迹,咸池问水源。嗒然白云外,相对坐闻猿。(其四)"

八月十二日,苏州丁观夏卒。其子请魏禧作《太学丁君墓志铭》。

《魏叔子文集外篇》卷十八《太学丁君墓志铭》:"君姓丁氏,讳观夏,字又兼,苏州人。壬子八月十二日卒于家。将葬,蔡君德烈介其二子起、越奉状谒禧乞铭。"

八月,魏禧拟归,宗元豫从扬州来送,并约于虎丘观灯听度曲。是时张永铨、许葵园、沈白、吴懋谦、姜实节、朱轩、张远等人陆续至。

《魏叔子文集外篇》卷九《虎丘中秋宴集诗序》:"壬子八月,余客吴门,将归翠微峰,宗子发自广陵独身持幞被来送,以十三日至,十四夜观灯、听度曲于虎丘。云间张带三、越九许葵园扁舟来,与同郡沉贲园相遇于石上。明日夜,吴六益、朱雪田、张梅岩亦自云间至……"

张永铨《闲存堂诗集·赠魏叔子》诗序云:"壬子八月,与余相遇虎阜,作歌赠之。"该集另有诗《中秋夜弘轩叔移尊干人坐,招集江右魏叔子、广陵宗子发、莱阳姜学在、松陵丁会公、同郡朱雪田、家梅岩、沈贲园、端臣家思咸即席次和》。

按:疑张永铨即魏文中所提及之张带三。张永铨,字宾门。江苏上海人。康熙三十二年举人。官徐州学正。文章雅饬,志传多有可采,诗亦颇工。有《闲存堂文集》、《蓟门游草》、《豫章游草》等。《江苏诗征》有传。许葵园无考。

沈白,字涛思,一作思涛,号贲园,又号天佣(一作庸)子,华亭(今松江,属上海市)布衣。沈荃弟。工诗歌,有《贲园文存》,工具、行、草书。卒年约八十。《青浦县志》、《嘉定县志》有传。

吴懋谦,字六益,江苏华亭人。早年与陈子龙、李雯诸人游。与北地申鳬盟齐名,时称"南吴北申"。晚归里,筑独树园,自号独树老夫。懋谦论诗,以汉、魏、盛唐为宗。著有《华苹初集》及《苎庵二集》十二卷。

朱轩,字韶九,号雪田,华亭(今松江,属上海市)人。明末清初画家,在画史评价甚高。《江南通志》有传。

张远,字梅岩,华亭(今上海松江)人。明清之际画家。

九月,魏禧至常熟访毛扆,观其汲古阁藏书。作《汲古阁元人标点五经记》。

《魏叔子文集外篇》卷十六《汲古阁元人标点五经记》:"常熟毛君扆承其家学,好搜辑古椠本,考订讨论,正世本之失……壬子九月,禧从虞山访扆,出藏书相示,自盥手捧《五经》置几上曰:'扆不肖,不能继先人志,独得此,藉手报先人,若有神焉相之者,顾子属笔记之。'"

按:毛扆,字斧季。江苏常熟人。毛晋子。工小学,尤精校勘,为时推重。有《汲古阁秘本书目》。《清史列传》卷七十一有传。

九月,魏禧作《莱阳姜公偕继室傅孺人合葬墓表》。

《魏叔子文集外篇》卷十八《莱阳姜公偕继室傅孺人合葬墓表》:"壬子九月,寓节来言曰:'寓节不幸丧父母早,多外侮。勉学举子业,今以诸生升国学矣。负吾母言,尝自痛……敢奉状再拜以请,赐之大文,镌诸墓门之石。'"

按:文中云:"公讳垓,字如须,山东莱阳人。"知此文乃为姜垓及其继室而作。姜垓,字如须,姜埰之弟。明朝为行人。明亡后随兄寓吴。《江南通志》卷一百七十二有传。

九月重阳,魏禧同吴锺峦子吴公及至江阴访李逊之,为李逊之父李应升年谱作序。

《魏叔子文集外篇》卷十六《落落斋记》:"江阴李忠毅公有贤子曰肤公,尝刻公文行于世,题曰《落落斋集》,盖公所自名其读书之室以见志者也……予生晚,不获见公,幸因肤公请,叙公年谱。壬子九日,又同吴霞舟先生之季子公及访肤公赤岸,得信宿此斋,肃然如临神明焉。"

按:赤岸,今属江阴市。在江苏省东南部的常(常熟)、阴(江阴)、沙(沙洲)、锡(无锡)交汇处。

《江南通志》卷一百六十三云:"吴锺峦,字峦穉,武进人。崇祯甲戌进士。少从高攀龙、顾宪成讲学,门下士数百人。江阴李应升为最。初令长兴……谪绍兴府照磨,量移桂林推官。国亡自焚死。所著有《周易卦说》、《大学衍义》、《霞舟语录》诸书。"

按:吴霞舟,即吴锺峦。李应升,字仲达,号次见。明朝南直隶江阴人。万历丙辰进士,官御史,遭阉党魏忠贤所害。后平反,赠太仆寺卿,谥忠毅。子逊之,字肤公,明亡后,自称"江左遗民",专心治史。辑录成《三朝野纪》,编有《落落斋遗稿》十卷。

九月,刘叙寰寿七十。汪琬为作《刘叙寰七十寿序》。

《尧峰文钞》文卷三十一《刘叙寰七十寿序》:"今吾故人刘翁叙寰年七十矣……叙寰与予交久矣。予既仕宦,摧折归而杜门养疴,方欲守先王之遗经以自娱其老。而叙寰亦遂以余年归……九月某日,里人将往为寿,来征予一言以赠。"

按:康熙元年刘叙寰年六十(详见该年谱),其寿七十当在是年。

秋,汪琬得钞本《东都事略》,其中脱讹甚多,汪琬予以校正考释,撰成《东都事略跋》三卷,并作《校正东都事略前序》、《东都事略跋序》。

《尧峰文钞》文卷二十五《校正东都事略前序》:"今年秋,始购此本于吴山吴氏,其人邨夫子,不达文义。遇所不解,辄以私臆奋笔改窜。又仍袭既久,败纸故墨,脱讹甚多,乌焉亥豕,开卷丛杂。于是掇拾其有可据依者,粗加是正。其余则姑付诸阙如,以俟后之博识君子。"

按:《尧峰文钞》文卷二十五有《东都事略跋序》,《钝翁前后类稿》收有《东都事略跋》三卷。其文略。遵赵经达《尧峰先生年谱》将之系于是年。

十月初一,魏禧作《跋归庄〈黄孝子传〉后》。

《魏叔子文集外篇》卷十二《跋归庄〈黄孝子传〉后》文末云:"时壬子十月朔日。"

十月,魏禧寄《又与汪户部书》,希望汪琬能删定其文。

《魏叔子文集外篇》卷六《又与汪户部书》："壬子十月日禧顿首。仆于当世文章少所推服，独见阁下文而喜。往者冒昧奉书欲有所商略，阁下顾不以未同之言为罪，两次相见益得闻所未闻……仆尝语人：'汪钝翁得古人之简，用能俯视一切。而碑版叙事之文，则阁下尤工。'……往仆在山中，成一文，必遍视兄弟朋友，攻刺既毕，屡易其稿，逾年而后缮录入集。今客外既远畏友，一二知交又不肯尽言。主人请属文者往往欲附集中，便为流布，是以今日脱稿，而明日登木，荒谬苟且，阁下心知其非矣……仆束装届行矣，倘得请间半日，琐细推驳，加以删定，则先贤之幸也，仆亦附有荣焉。"

按：由文中"往者冒昧奉书欲有所商略"可知，魏禧之前曾与汪琬有过书信来往，但其书信今魏禧集中不存。又由"两次相见益得闻所未闻"知魏禧与汪琬曾两次相见，惜其具体时间无考。

魏禧将归，来访求文者众，魏禧请华坡来佐笔墨。及行，华坡送魏禧至舟中，时魏禧作诗以赠，并作《华子三诗叙》。

《魏叔子文集外篇》卷九《华子三诗叙》："吴门华子三，其人重气谊可交……予至吴……将归翠微峰，请子三来佐笔墨。予时寓红板桥南楼，宾客早暮至不绝，每夜断灯火上，始得从客盥漱者几二月，率未作诗酬答人，独作诗赠子三。子三乃捧诗而泣……及行，送予舟中，相与拜，子三哭不能起。"

按：华坡，字子三（又作山）。江苏无锡人。工诗善画，与顾贞观、杜诏等结诗社。有诗集、《华氏文献集》。《国朝耆献类征初编》卷四百二十九有传。

十一月，魏禧自苏州治装而归。时刘毅可来访，并相随在舟中谈二十日。舟至芜湖，刘毅可乃辞归，魏禧作《赠刘毅可叙》。

《魏叔子文集外篇》卷十《赠刘毅可叙》："壬子仲冬，予在吴门，治装归，而毅可忽款门来相见，握手甚欢。毅可好古名人墨迹器玩，善鉴别。方与友人期观唐、宋、明法书，遽辞之而同予溯舟上。舟大风不前，自吴门达芜湖迁延凡二十日，予同毅可益相知，虽怀归急，不觉其行之迟也……舟至芜湖，毅可将摄衣辞而归其家也，予不能已于言，于是率尔为叙以赠之。"

按：刘毅可生平不详。

十一月，汪琬寄书梁熙，邀其来吴删定其文。后梁熙因寇事不得行。

梁熙《晳次斋稿》卷三《江云集序》："前岁冬月，苕文寄书云：'弟归来杜门，诗文稍多，寓心三礼，颇有成书，惜无明眼如先生者执以就正。又镌刻未成，无能远寄邮筒也。'……当庚戌分袂时，曾有就医吴门之约，不意事会相左已迟三冬。无端寇起，遂致军兴江关皆设汛防矣。布帆欲挂，将何日乎？"

按：由文意推知，上文作于庚戌后三年，即康熙十二年。梁文中所说寇事当指三藩之乱，参见次年谱。又文中云汪琬寄书在"前岁冬月"，即是年十一月。

是岁，汪琬作《寄武曾贵州兼示沈周诸君四首》。

《钝翁前后类稿》卷八有《寄武曾贵州兼示沈周诸君四首》。其诗略。

按:该卷首自注云:"尽壬子一岁止",知此诗作于是年。

是岁,同郡朱某为汪琬作捉笔图小像。汪琬作《题捉笔图小像二首》,并作像赞。

《尧峰文钞》文卷三十七《小像自赞(并序)》:"同郡朱君某为予作小像。予既题两绝句于后,复作赞八韵涂其隙处云云。"其赞云:"吏事幸直,文材迂疏。仕学俱拙,愧君子儒。晚而勇退,山泽之臞。穿穴经传,辟彼蠹鱼。舒纸濡墨,敢曰著书。信心与手,聊用自娱。风雨晦冥,键户以居。人或不堪,我心则愉。"

《钝翁前后类稿》卷八《题捉笔图小像二首》:"墨池清泚砚山苍,独拥深衣倚隐囊。牛蚁任渠床下斗,先生只是著书忙。(其一)东涂西抹偶然闲,得失妍媸等是间。文冢不妨随地筑,让他儿辈占名山。(其二)"

按:该卷首自注:"尽壬子一岁止。"

汪琬第五女以心疾夭。时年十七。

《尧峰文钞》文卷二十《第五女墓志》:"当予诸生时,予妻袁宜人举四女,后先皆殇。既第进士归,宜人复举第五女。年十七,以心疾夭。盖距宜人殁十有四年矣。"

按:汪敬源《续修文清公年谱》记其女卒于是年。

是年,董文骥寿五十,汪琬作《董玉虬五十寿序》。

《钝翁前后类稿》卷三十一《董玉虬五十寿序》:"玉虬长于予一岁,今年始五十。"

按:由文意知作此文时汪琬当为四十九岁。

清圣祖康熙十二年 癸丑 1673 年 魏禧五十岁 汪琬五十岁

三藩之乱起。三月,尚可喜告老辽东。吴三桂、耿精忠亦请撤藩以探朝旨。清廷皆从之。吴三桂遂于十一月举兵反,以明年为周元年。

正月,魏禧回宁都翠微峰。

《魏叔子文集外篇》卷十八《阿邠墓记》:"癸丑正月,阿邠从予还宁都,家人上下皆喜。"

按:彭士望《耻躬堂文钞》卷七《魏叔子五十一序》云:"壬子腊暮始还山。"所记时间稍有差别。

正月,汪琬寿五十,作《五十生辰放歌》。孙福康为汪琬绘五十岁像,门人薛熙为作像赞。

《尧峰文钞》卷四十二《五十生辰放歌》:"有耳何必洗,尘埃不到先生耳。有齿何必砺,利名不挂先生齿。先生比来更事多,肯爱轩冕嫌烟萝。前春屏居吴市侧,去秋誓墓吴山阿。相羊鸡豚村,阑入东西舍篮舆。但要诸生扶藤杖,每从释子借自信。前生是地仙,来游人世亦偶然。洞中丹灶定无恙,苔锁云封五十年。"

按:《钝翁前后类稿》卷首有钝翁五十岁像及薛熙像赞。赵经达《尧峰先生年谱》及汪敬源《续修文清公年谱》均记其像为孙福康先生绘。

四月，魏禧客桂山，与孔鼎过前溪访友。

《魏叔子诗集》卷四《癸丑四月住桂山，时薄暑乍消，风微日静，遂同孔正叔先生过前溪访友，出画题此》："高梧密阴垂，悬泉乱流注。借问二高士，欲向何方去。茅亭转山椒，佳树藏深坞。日落山苍苍，应在前溪住。"

按：孔正叔即孔鼎。

夏，汪琬次妾司马氏生子，名之曰征兰，小字延年。秋，长妾张氏亦生子，名之曰有榖，小字诒女。后字迎年。汪琬作诗贺之。

汪筠《钝翁年谱》"癸丑"条云："夏，子征兰生。秋，子榖诒生。"

《钝翁前后类稿》卷九有诗《今岁连举两男口占五首以有子万事足为韵》。

按：可参见《汪琬传略》。

是年，汪琬著《古今五服考异》八卷。凡八阅月、九易稿而成。

《尧峰文钞》文卷二十五《古今五服考异后序》："右所作《古今五服考异》八卷，凡八阅月，九易稿而始成。"

按：《钝翁前后类稿》卷九有《古今五服考异成志感》。其卷首注云："自癸丑岁止至乙卯夏止。"该诗后有《今岁连举两男口占五首以有子万事足为韵》诗，从排列顺序看此二诗约作于同时。又汪琬于是年连举二子，故《古今五服考异》当于是年编成。

七月二十日，王士禄卒。后汪琬为作传。

《尧峰文钞》文卷三十四《节孝王先生传》："康熙十二年七月，前吏部考功、清吏司员外郎节孝王先生卒于家。"

《考功年谱》"康熙十二年"条云："君以七月二十日酉时终于正寝。"

按：汪琬《节孝王先生传》当作于王士禄卒后，具体时间无考，姑系于此。

中秋，吴荣第母五十初度，请魏禧作《吴母五十序》。

《魏叔子文集外篇》卷十一《吴母五十序》："癸丑中秋，吴母罗夫人五十初度，吾乡涂子山介其子荣第来乞言于予。"

按：涂子山即涂酉，参见前谱。吴荣第事迹无考。

八月，魏禧病伤寒，十月头风病发。十二月再发。病中先后闻姜埰、归庄讣。

《魏叔子文集外篇》卷十四《哭莱阳姜公昆山归君文》序云："癸丑八月病伤寒，十月骤头风发欲死。十二月又发。枕上得姜勉中学在讣，始知尊先生死矣。泪微下辄头痛，不敢哭。既又得归子元公凶信。明年甲寅三月，水庄拥曝轩落成，乃为位，白衣冠以哭。"

冬，汪琬葬先父、徐宜人及袁宜人于尧峰，葬季弟汪珮于姑苏台之西麓。后汪琬自营生圹于其父墓石之右，并请计东为作生圹志。

《尧峰文钞》文卷二十《亡弟南赆墓志铭》："此吾季南赆之墓……父元御府君，前明丁卯举人，皇赠刑部郎中。母徐宜人。娶王氏，无子，与南赆相次殁。以仲兄摺九子涵质为后。摺九又无子,涵质复归其父。于是,距南赆殁十七年,而其兄琬葬诸姑苏台之西麓……"

按:汪珮卒于顺治十三年,文中云"距南赆殁十七年,而其兄琬葬诸姑苏台之西麓",知汪琬葬汪珮于是年。

汪筠《钝翁年谱》"癸丑"条云:"是岁葬刑部府君暨袁宜人于新阡。"《尧峰文钞》文卷三十七《沼泉铭(并序)》云:"予葬先大夫于尧峰之麓。"

计东《改亭文集》卷十四《钝翁生圹志》云:"钝翁生圹成,属东使为志……圹在尧峰赠刑部公墓穴之右。志将成,或曰:'何不遂铭之?'予曰:'天其或者,使翁大用于世,有功名于天下,不可仅以文人之事铭翁也。姑俟之。'"

按:汪琬自营生圹时间无考,姑系于此。

汪琬葬父毕,于墓南穿沼得泉。数十里外有崇报禅院浮图,其影印于泉中,汪琬以为祥,作《沼泉铭(并序)》并刻之石,置之泉左。

《尧峰文钞》文卷三十七《沼泉铭(并序)》:"予葬先大夫于尧峰之麓。既讫事,从形家者言,命工穿沼墓南,畚土逾七尺,得原泉焉。鉴之而清,饮之而甘。且有崇报禅院浮图相距十余里,独时时寓影泉中,予以为祥,乃作铭而刻之于石,置之斯泉之左。"

是年,魏禧作《文学杨君同配曾孺人墓志铭》。

《魏叔子文集外篇》卷十八《文学杨君同配曾孺人墓志铭》:"君卒四年,良肱得吉壤于某地,乃诹日奉父母以葬,在癸丑十有二月,而良肱于予为门人,次其父母状,稽首顿首而请铭。"

是年,汪琬族母卒,汪琬为作《闵宜人墓志铭》。

《尧峰文钞》卷十九《闵宜人墓志铭》:"公将卜某年某月葬宜人于某乡某原,顾语从子琬曰:'汝宜先期志之。'于是诠次始末上诸公。公复之曰:'汝措词何恻然刺吾心也。吾将诵诸帷次,每出声辄泪涔涔下,不能终篇也。奈何?'于是又为之铭,既以慰宜人且解沂州公之悲云。"

按:汪敬源《续修文清公年谱》将此事系于是年。

是年,有人劝汪琬复出,汪琬作《反招隐辞》以言志。

《尧峰文钞》文卷一《反招隐辞》序云:"予居尧峰二年矣。客有劝予出者,应之曰:'仆病,未能也。'因作此辞以见志。"其辞云:"……邻猨猱兮友麇鹿,叹凤皇之在笯兮,与骐麟之受轭。曾不如山中之闃寂兮,又何羡乎组绂。攀桂树兮幽复,幽聊延伫兮杂嬉游。吁嗟乎山中兮,孰云不可以久留。"

按:汪琬于上年迁居尧峰(参见上年谱),则此文作于是年。

姜埰卒。

《魏叔子文集》卷十七《明遗臣姜公传》云:"癸丑夏,公疾病……呕血数升而殁,时年六十有七。"

龚鼎孳卒。

姜亮夫《历代名人年里碑传总表》记载其卒于康熙十二年。
清圣祖康熙十三年 甲寅 1674 年 魏禧五十一岁 汪琬五十一岁
吴三桂兵于二月攻下长沙、岳州等地,后又进袭江西。三月,耿精忠以福建反,遣兵攻掠江西、浙江等地。郑经于六月取泉州、漳州,次月克潮州。是年,福建、浙江、江西诸地民众乘机起事者甚众。

三月,水庄拥曝轩落成,魏禧始设位遥哭莱阳姜公、昆山归君。

参见上年谱所引《哭莱阳姜公昆山归君文》。

是年,汪琬瘗第五女于姑苏台。

《尧峰文钞》文卷二十《第五女墓志》云:"予于女之夭,不敢忽也,为之服期,凡衰麻经带,皆如礼。康熙十三年某月日,葬诸姑苏台麓,实附予季弟南贶之次。"

汪琬长子筠卒,汪琬作《哭筠儿四首》。后汪琬更其字曰伯子,将幼子有谷改名縠诒,权为筠后。并作《告祖庙文》及《告亡男筠文》。后阎若璩认为汪琬以幼子为长子之后颇为不妥,汪琬作《为后或问》以答。

《尧峰文钞》文卷三十《伯子遗稿小序》:"伯子名筠,字禹吹,吴江附学生。年止三十二,凡病咯血十余年,竟以是殁。殁而父钝翁始更其字曰'伯子'。"

按:汪筠生于明崇祯十六年,享年三十二岁,推知卒于是年。

《钝翁前后类稿》卷九《哭筠儿四首》:"迩来筋力渐摧颓,消受惟须土一杯。叹息暮年无壮子,异时谁送纸钱灰?(其一)"

《钝翁前后类稿》卷四十九《告祖庙文》云:"琬不孝获罪幽冥蒙降之罚,俾冢男筠夭死无后,宗祧三世不绝如缕,琬抚心饮泣,惧殄贻谋万不获已权以幼男有谷改名縠诒,承筠之后。"

同卷《告亡男筠文》亦云:"伤哉!女既夭而无子,吾又老矣……使幼男有谷,改名縠诒,权为女后。"

阎若璩《潜邱札记》卷六《与江辰六书》云:"承面问钝翁:以长子筠卒,以幼子谷诒为之后,名之曰权。是说也,于礼安乎?否乎?弟以钝翁长于礼学,而又身为士夫,不应当哀悼荒惑之余,任情黩礼,若世俗人所为者,其亦必有所恃乎?"

按:从文意看,阎若璩认为汪琬以幼子为长子之后颇为不妥。另《尧峰文钞》卷九有《为后或问》一文,从文意看当是专为此事而作。

八月,汪琬始刻《钝翁前后类稿》。

赵经达《钝翁先生年谱》"康熙十三年"条云:"八月,始刻《钝翁前后类稿》。"

秋,縠诒晬日,汪琬作诗一首。

按:晬日,即满周岁。縠诒生于上年秋,则是年满周岁。该诗文集未存,汪敬源《续修文清公年谱》"甲寅"条载其诗:"我生固多艰,颇受忧患压。飘零竟何之,辟若风中叶……比来吴门衰,需汝光旧阀。虎儿雄顾盼,骥子快驰突。早希岩廊人,勋业攀鳞甲。"

九月,魏禧作《祭亡女文》。

《魏叔子文集外篇》卷十四《祭亡女文》:"维甲寅九月日,勺庭老人谨以牲礼香楮陈于亡女静言之灵……"

九月,魏禧童奴阿邦死。

《魏叔子文集外篇》卷十四《哭莱阳姜公昆山归君文》:"甲寅九月,阿邦死,禧甚伤之。"《魏叔子文集外篇》卷十八《阿邦墓记》云:"今六月病……九月死,予哀之数出涕。"

十二月,魏际瑞出所藏泰西画示魏禧,魏禧作《跋伯兄泰西画记》。

《魏叔子文集外篇》卷十二《跋伯兄泰西画记》云:"甲寅嘉平,伯兄出示泰西画,叹其神奇,甚欲得之。"

按:嘉平,腊月之别称。

是岁,《汪氏族谱》编成,汪琬为作《汪氏族谱序》、《族谱后序》。

汪敬源《续修文清公年谱》"甲寅"条云:"族谱于是岁告成,公有前后序。"

按:《尧峰文钞》文卷二十六收有《汪氏族谱序》及《族谱后序》,其文略。

清圣祖康熙十四年 乙卯 1675年 魏禧五十二岁 汪琬五十二岁

正月,汪琬作《跋周氏血书贴黄》。

《蕉轩随录》卷二"钝翁周氏血书贴黄跋"条云:"汪钝翁先生《跋周氏血书贴黄》,具附载《碧血录》后。今阅《尧峰文钞》,于前跋小有改窜,较初作更极轩朗。原跋云:'右血书(改作"疏")贴黄一百四十四字……康熙乙卯春正月,长洲汪琬敬跋于尧峰之皆山阁。'可见前辈作文,不肯一字放松,正古人所谓三易稿而成者。"

按:《钝翁前后类稿》卷四十八有《跋周氏血书贴黄》。其文略。

三月,魏世杰三十一岁。魏禧作《诸子世杰三十初度叙》。

按:魏世杰生年详见《魏禧传略》。《魏叔子文集外篇》卷十一有《诸子世杰三十初度叙》。

三月,魏禧因祀事进城。温匡云邀禧至借一亭赏牡丹。

《魏叔子文集外篇》卷九《借一亭赏牡丹诗序》:"乙卯暮春,予以祀事入城。温子匡云曰:'吾欲洁新尊,来子兄弟于借一之亭,而寒雨不解,亭际牡丹仅蓓蕾,子能待乎?'予谢不能。温子乃为期二日。"

按:温匡云生平不详。

四月,魏禧寄书与王乃明论《三国志》。

《魏叔子文集外篇》卷七《与王乃明》:"弟消夏山中,读《三国志》,叹此时人才,诸葛君以外,断推鲁子敬为第一……"

按:由文末"乙卯四月日"知此简作于是年四月。

闰五月,魏禧门人曾庠为魏际瑞选《四此堂摘钞》,魏禧为作叙。

《魏叔子文集外篇》卷八《四此堂摘钞叙》:"门人曾庠请选王文成公《阳明别录》

竟,复请选《四此堂稿》。《四此堂》者,吾伯子东房所为浙江幕府奏记、告谕、公移之文也……世杰退以告伯子,伯子闻而是之,遂敬书以为叙。时乙卯闰五月。"

六月,魏禧作《答陈元孝书》与陈恭尹论出处之道。

《魏叔子文集外篇》卷七《答陈元孝书》:"吾辈断无优游以消白日之理,如此不出户庭,即何愧重茧万里也。士君子生际今日,欲全身致用,必不能遗世独立……"

按:文末有"乙卯六月日"语,知是简作于是年六月。陈恭尹,字元孝,初号半峰,晚号独漉子,又号罗浮布衣,广东顺德县(今佛山顺德区)龙山乡人。清初诗人,与屈大均、梁佩兰同称岭南三大家。著《独漉堂全集》。《清史稿》卷四百八十四有传。

六月,魏禧兄弟商定卒后葬于勺庭,魏禧作《书伯子示杰、俶等疏后》。

《魏叔子文集外篇》卷十三《书伯子示杰、俶等疏后》:"吾兄弟既定葬勺庭,便欣然有'夕死可矣'之意……乙卯六月十八日勺庭叔子禧书。"

夏,汪琬病作。

汪敬源《续修文清公年谱》"乙卯"条云:"夏,公以病屡作,命家人置寿榇。"

六月,施闰章来访汪琬,半日后去。

尤侗《西堂文集·西堂杂组三集》卷四《施愚山薄游草序》云:"乙卯六月,施愚山先生自宛陵至吴门。"

赵经达《尧峰先生年谱》"康熙十四年"条云:"宣城施愚山知无锡过吴门,相访山庄,坐半日去。"

七月初一,魏禧为门人曾庠作《阳明别录选序》。

《魏叔子文集外篇》卷八《阳明别录选序》云:"乙卯七月朔,魏禧敬序。"

七月,《类稿》编讫,汪琬自为凡例六则。后请计东、李良年作序。

计东《改亭文集》卷一《钝翁类稿序》云:"我郡有汪苕文者出,其始亦仅志乎古人之文,习其矩镬而已。既乃知文之不可苟作,必根柢于六经而出之,然尤未得夫经之指归也。"李良年《秋锦山房集》卷十五《钝翁类稿序》云:"吴中作者,五六百年来称极盛。然其人其文两无所愧。吾终欲位置先生于两公(震川、石湖)之间,不问其同不同也。若《五服考异》、《东都事略》诸跋,作书者其有忧患乎?此则两公所不逮也。"

按:《钝翁前后类稿》卷首附凡例六则。凡例后有"皇清康熙十四年秋七月几望钝翁自记"字样。由此知是年七月,《类稿》将编讫,汪琬乃自为凡例六则。其后汪琬请友人计东、李良年作序。

八月,魏禧妻谢氏病重,魏禧祷于果樝寺。

《魏叔子文集外篇》卷二十二《述梦》:"乙卯予将复游吴,以妇病,惧其死,去翠微峰二里有果樝山,斋宿往卜,辞皆大凶,八月二十七日也。"

九月初三日,魏禧头风病又发。初五日同弟魏礼入城就医。及山蹬,魏禧失右足,

险坠山谷。魏礼拽之,乃得救。

《魏叔子文集外篇》卷二十二《述梦》:"又六日为九月初三,齿痛头风大发,右臂患转剧……又二日同和公入城就医,及山蹬或失右足,坠蹬数极,左足悬空,身偏侧崖外,而右臂故痛不能用,左手四指急撮石壁小凸处,作势向内,和公走下拽之得不坠。"

是年周左军待魏禧兄弟甚厚,魏禧作《答周左军书》谢之。十一月周左军生日,魏禧为作《周左军寿叙》。

《魏叔子文集外篇》卷六《答周左军书》:"明公以文武之才藩屏下郡,某兄弟并被容接,又于鲍、王二生处数垂注问……顷者王生来山,尺书先临,温厚谦款,情文斐然。更复赐以青童,俾应门有人,不致米中妇声唐突宾客。拜德之厚,如何可言!……乙卯月日。"

《魏叔子文集外篇》卷十一《周左军寿叙》:"乙卯十有一月既望为公生日,爱公者皆愿公寿考蕃祉方长而未有艾也。门人鲍子韶、王羽左先后来请曰:'周左军生同先生甲子,某诸子是敢乞先生言以为觞,且此左军之志也。'"

按:周左军姓名无考。

是年,魏际瑞妻邱孺人卒。十二月,魏禧为作《先嫂邱孺人墓表》。

《魏叔子文集外篇》卷十八《先嫂邱孺人墓表》:"乙卯十二月之朔,日未出,兄子世杰絰冠苴带泣而拜伏于勺庭,稽颡言曰:'吾母捐弃不孝杰八月矣,杰自痛无以报称母。吾父既质言以铭诸圹,然弗得使子孙见也。墓门之石,敢表以叔父之文,敢请'。"

是年,魏禧作书与友人论省刑。

按:《魏叔子文集外篇》卷五《与友人论省刑书》文末有"乙卯月日禧白"之语,可知作于是年。

是年,汪琬为王士禛从父王与胤作《御史王公传(并赞)》。

《尧峰文钞》文卷三十四《御史王公传(并赞)》:"公讳与胤,字百斯,山东新城人。浙江右布政使象晋次子也……予友王子贻上痛从父之不得闻于朝也,以其事寓予。予读绝命辞尤为之潸然出涕,故备载之,乃系之以赞。"

《尧峰文钞》文卷十九《诰封王母张宜人墓志铭》云:"予既请告归,吾友王子贻上命予传其伯兄考功府君。越二年,又传其从父御史府君。"

按:汪琬为王与胤作传之时间,当在为王士禄作传后二年。又汪琬作《节孝王先生传》之时间为康熙十二年(参见该年谱),后推二年知其作《御史王公传(并赞)》当在是年。

是年处士金俊明卒。后汪琬为作《金孝章墓志铭》。

叶燮《已畦集》卷十四《处士金孝章先生墓表》云:"康熙岁乙卯,有吴处士金孝章先生卒,其门弟子金谓先生至行潜德,法当得易,名爰集议,私谥曰'贞孝先生'。"

《尧峰文钞》文卷十五《金孝章墓志铭》:"某年月日,其孤葬先生长洲县瓜山之万字圩,以状来乞铭。"

按:金俊明,字孝章,少从其父宦宁夏。后归里,补县学生。明亡后谢诸生,杜门以庸书自给。幼善书小楷,师曹娥碑;行草师圣教序。晚益自名一家,兼工诗古文词。年七十四卒。《苏州府志》卷八十二有传。

是年,汪琬作《金正希先生遗稿序》。

《尧峰文钞》文卷二十九《金正希先生遗稿序》:"正希先生讳声,休宁人。正希,其字也。中崇祯戊辰进士,选翰林院庶吉士,历官修撰,至兵部右侍郎,殉难死。死三十年,而先生从子贲与其兄敦澄汇刻先生时文稿若干首,而命予序之。"

按:金声卒于清顺治二年(详见该年谱),故此文当作于是年。

是岁,汪琬幼子景苏生。

赵经达《尧峰先生年谱》"康熙十四年"条云:"幼子景苏生。"

清圣祖康熙十五年 丙辰 1676年 魏禧五十三岁 汪琬五十三岁

正月初七日,朱彝尊相访尧峰山庄不值,填《临江仙》词赠汪琬。

赵经达《尧峰先生年谱》"康熙十五年"条云:"人日,朱锡鬯相访尧峰山庄不值,乃填《临江仙》词赠先生,有句云:'尧峰春最好,人日酒先挑。'"

按:人日,即正月初七日。

春,魏禧再次出游。时魏世效负笈以从,临行前请魏禧为选八大家文藏于行笥。魏禧作《八大家文钞选序》。

《魏昭士文集》卷三《八大家摘抄序》云:"丙辰春,效将负笈从勺庭伯父南游。先是,请于伯父为选《八大家文钞》、《方舆纪要》、《阳明别录》、东房伯父《四此堂稿》共若干本,装潢之以藏于笥。"

《魏叔子文集外篇》卷八《八大家文钞选序》:"诸子世傚将负笈从游,请曰:'茅氏《八大家文钞》卷帙多,惟伯父择其尤者,俾抄而读之。'于是得若干首以命效。"

五月,魏禧寄文邱维屏,询问兄魏际瑞之平安。

《魏叔子文集外篇》卷七《与邱邦士》云:"东方传闻大异,不知家兄平安若何?"

按:简末有"丙辰五月日白"语,知此简作于是年五月。

立秋日,魏禧在赣州,遇姨孙杨都人卖茶。杨乃出扇索魏禧书。

《魏叔子诗集》卷四《书杨都人扇》序:"丙辰立秋日,姨孙杨都人卖茶赣州,出扇索书,时舟子解维待发,信笔口号。"

秋,魏禧将游三吴,暂宿西郊僧舍中。万令军闻之,深夜出城来视。

《魏叔子文集外篇》卷十《赠万令军罢官序》:"予三四十年以病不交州府,丙辰之秋,将游三吴,治装于西郊僧舍。君夜闻之,启关而出城。兵二百许人,闻令君夜出,皆佩弓刀先后走护君。已而知为就视予也,皆大惊。予乃与君为往返礼。"

秋,魏禧至泰和,与萧从泓、萧小翮定交。

《魏叔子文集外篇》卷十一《萧小翮五十叙》："泰和萧氏,以仕宦文物为邑望。予往交孟昉君,多快概,交游满天下。丙辰秋,孟昉诸子从泓执贽见予画秋阁上,因交泓尊人小翮君,盖孟昉母弟也……泓因请间曰:'泓父五十初度三年矣,诸君子多赠言,愿先生益之。'"

按:萧伯升,字孟昉。性豪侠,所交多名士。《同治泰和县志》卷十八有传。由文意知,萧小翮当为萧孟昉之弟,萧从泓之父。魏禧与萧孟昉定交时间无考。

《魏叔子文集外篇》卷十一《龙令君夫妇六十叙》："丙辰秋,予客萧生从泓之画秋阁,夜与论诗。"

秋,魏禧与魏世效阻兵于吉安山中。

《魏季子文集》卷十二《长儿世效三十一岁乙丑腊月示记》:"效之二十有一年,予命习奔走,更兵戈危疑之地,改岁而返。其明年,从吾叔子下江南,阻兵于吉安山中。"

按:魏世效生于清顺治十二年(参见顺治十二年谱),其二十一岁时当为清康熙十四年。文中言其次年,魏禧下江南,阻兵于吉安山中。其时当为康熙十四年之次年,即是年。

魏禧在吉安山中,闻吴参讣,因乱不能往吊。

《魏叔子文集外篇》卷十四《哭吴秉季文》序:"丙辰,予在山中得秉季讣,乱作不能往,而孤正名亦遂葬其父于杭之河渚。"

《江西通志》卷九十六云:"吴参,字竟鲁……乙卯卒于杭。"

按:吴参于上年卒于杭,魏禧是年始闻其讣。

秋,魏禧寓富田五日。欲拜谒欧阳文忠信国祠墓,因阻兵未果。

《魏叔子文集外篇》卷十一《欧阳介庵七十寿叙》:"丙辰寓富田五日,询文氏子孙,无闻者,又值有兵事,不获展拜信国祠墓以为恨。"

按:富田,在今吉安市。

时魏禧与彭士望在富田相见。后又与王竹亭相见,并同避兵云坞,后魏禧作《王竹亭文集序》。

《魏叔子文集外篇》卷八《王竹亭文集序》:"泰和王子竹亭,以能古文名于时,天下非常之士,则独称其志识。丙辰秋,予与吾友彭躬庵相见于富田,曰:'吾往言王竹亭,今为湖西一人无疑,吾今而后,其可以死矣夫。'予惊叹,欲急见之,而竹亭且来,中道病作,已,诣余金莲山,又同避兵于云坞,所言皆天下伟人大事,并恨相得晚……时郡中大攻战,炮声彻左右耳,而予方叙竹亭之文,与竹亭上下古今,意气益激昂闲暇。"

《同治泰和县志》卷十八:"王愈扩,字若先。梅冈人。康熙庚戌进士。以古文名。彭士望见于富田,推为湖西一人。尝游金莲山,与宁都魏禧避兵云坞。著有《竹亭集》,禧为之序。"

九月，魏禧避兵过亦庵，于爪发塔见药地大师方以智。

《魏叔子诗集》卷四有《丙辰九月避兵过亦庵，礼药地大师发塔有作，呈中公兼寄令子素北》："仓皇过亦庵，炮声彻两耳。逡巡忆旧游，仿佛如梦里。绿苔沿堂阶，接迹交兵子。信步转迴廊，遗塔俨然在。惊视再拜兴，泪落滴阶阯。可惜双眼睛，未及见斯事。高天飞群鸟，瞻屋于谁止。惟师良有言，因风扬秕粗。我闻志气人，苍天莫能死。谁云松柏下，潜寐永不起。灯传千古心，溪流万里水。令子同高坐，昔送水中沚。家食岂无安，年岁不我似。愿以高秋风，殷勤寄行奇。"

九月，王士禛妻张氏卒。汪琬为作《诰封王母张宜人墓志铭》。

《王士禛年谱》"康熙十五年"条云："九月，张恭人卒于家。"

《尧峰文钞》文卷十九《诰封王母张宜人墓志铭》："予既请告归，吾友王子贻上命予传其伯兄考功府君。越二年，又传其从父御史府君。已，又以书来告曰：'某用文辞累吾子者凡两世矣。今吾妻张宜人年甫四十而殁，某感悼不已。愿复以累吾子。吾子其亦怜我而惠之铭，以慰吾亡者而损吾悲乎？'予于是发书往唁之，且读贻上所撰行状……其状生卒子姓曰：'前明崇祯十年六月某日，今康熙十五年九月某日，宜人之生卒年月日也。'"

十月，耿精忠兵败降清。至此，浙、闽、陕西渐次解决，江西各地亦多收复。

是年，王咸中与宋实颖来访，汪琬作《老友既庭暨王子咸中连许过予山庄》。王咸中构椽于尧峰之麓，曰"石坞山房"。汪琬为作《石坞山房记》。二人日与烹茗歌宴，诗酒酬唱。

《钝翁续稿》卷一《老友既庭暨王子咸中连许过予山庄》："湖山数曲接横塘，间有佳宾款草堂。稚子僛能供洒扫，小妻犹足任排当。"

按：卷首注云："尽壬辰一岁止。"知此诗作于是年。

汤斌《潜庵先生遗稿》卷一《〈石坞山房图〉记》："王子咸中，旧家吴市，有亭台池馆之胜，一旦携家卜邻，构数椽于尧峰之麓，曰石坞山房。日与钝翁扫叶烹茗，啸歌晏息，钝翁亦乐其恬旷，数赋诗以赠之，称相得也。"

《尧峰文钞》文卷二十三《石坞山房记》云："石坞在尧峰之麓，居人不及数家……王子咸中爱之。遂筑别业，读书其间。暇即探泉源、穷石脉，极其登览所至而休焉。"

《尧峰文钞》诗卷八有《过石坞山房》："不惜扶衰病，频于此地游。贴波低乳燕，绕径蔓牵牛。翠霭千重合，青山四面收。瓷瓶试新茗，竟日小淹留。"

同卷有《题石坞山房》："共住尧山坞，山房更觉清。笋从砖罅进，蕈占石根生。不雨涧长溢，无风松自鸣。惭君频乞记，境绝语难成。"

是年，汪琬作《汪姓缘起考》。

《尧峰文钞》文卷一有《汪姓缘起考》，其文略。

按：姑据汪敬源《续修文清公年谱》系于此。

是岁,《钝翁前后类稿》六十二卷刻成,藏之尧峰皆山阁。

《清诗纪事初编》卷三"汪琬"条云:"《类稿》刻于康熙十五年丙辰。凡《诗稿》十二卷,《文稿》二十二卷,《别稿》二十六卷。"

《钝翁续稿总目》周公贽跋云:"翁先是刻《类稿》六十二卷,藏之尧峰皆山阁矣。"

清圣祖康熙十六年 丁巳 1677年 魏禧五十四岁 汪琬五十四岁

清军屡攻吉安,不克。三月,吴三桂将韩大任从吉安突围,江西略定。

始设南书房,选文学之士入直。

初春,魏禧避兵回龙庵,其庵有鼓无钟,魏禧为作募钟诗。

《魏叔子诗集》卷八《为回龙庵僧募钟》序云:"石壁回龙庵在万山中,山僧以耕凿之余,手剪荆棘独建此,有鼓而无钟。余避兵是庵,丁巳初春大雪,与山僧煨榾柮,因以为请。"

二月,魏世效归家省亲。不旬日又从魏禧游。后闻其母病而归。

《魏敬士文集》卷三《送长兄下江南序》云:"二月归家省亲,出入皆由虎豹之窟,犯锋刃扳斗绝猿猱之径,不旬日往从仲父,及闻母病复归,而今又束装南行。"

三月,魏禧将赴南京,魏世效送之赣江。魏禧为作《耕庑文稿引》。

《魏叔子文集外篇》卷八《耕庑文稿引》:"诸子世效从予学古文十年,得可观者四十余篇。丁巳暮春,予之秣陵,效送予赣江,欲以其文请正于世之大人先生,予更为删定若干首。"

按:由前谱知,当时魏世效因母病将归,遂不得随魏禧出游。秣陵,即今南京。

三月,魏禧居吉安山中,作《寄兄弟书》询问家中近况。

《魏叔子文集外篇》卷六《寄兄弟书》:"别兄岁又八月,弟亦十月不相见。此间并八九月不得家信,未晓兄弟行止及家中人安善。念兄岭外尤兀兀。世效归,过期不至,恐属有何事……丁巳暮春日,庐陵山中,禧白,并示儿辈及勺庭门人。"

按:庐陵,即今江西省吉安市。

三月十一日,魏禧在吉安山中作《梦故人》、《甲乙问》。

《魏叔子诗集》卷四《梦故人》题下注云:"丁巳三月十一日庐陵山中作。"

《魏叔子文集外篇》卷二十二《甲乙问》序云:"丁巳暮春,独居庐陵山中,门人遣奴献酒,夜饮尽一杯则醉,不反而寐,梦甲乙造语,纷纶可听,鸡鸣觉寤,追书所折衷,作《甲乙问》。"

四月,魏禧溯赣江省兄。

《魏叔子文集外篇》卷十四《祭伯兄文》:"旧年四月,伯子从广州出,禧溯赣省兄。兄见我来鼓掌大笑,拍肩执手,面目及背周身抚摸,若慈母之护爱子。连床四夜,而后南行。"

按:上文作于康熙十七年(详见次年谱),由文意知,魏禧溯赣江省兄当在是年四月。

四月，魏禧访萧孟昉于白渡。五月九日，与萧孟昉及其二子萧从淯、萧从沛、弟子萧从泓、妹婿陈则象、僧寂闻泛舟江上。

《魏叔子文集外篇》卷十六《白渡泛舟记》："丁巳四月，予访萧子孟昉于白渡，舍龙眠陈子之室。门临清溪，平坡曼衍，绿草延缘，洲渚回间……五月八日，晴天无云，江水倒入，浸灌坡陀，绿顶微出。明日大涨，东西弥漫，势合大江……孟昉方营膝寓，予薄莫过之，登黛横楼以观，涨水周虎落，楼在中央。孟昉曰：'月出风微，与子泛舟乎？'予大喜。于是牵野航、悬蹑板而坐，浮乎中流……时同泛者孟舫二子从淯、从沛，弟子从泓，妹婿陈子则象，白水僧寂闻。"

按：白渡，在今广东梅县，当为广东与江西交界之处。时魏际瑞从广州出，魏禧乃溯赣前往广东省兄（见前谱），盖在此时顺路到白渡拜访萧孟昉。

时魏禧准备去苏州，四月作《华子三诗叙》以寄华坡。

《魏叔子文集外篇》卷九《华子三诗叙》："予将买舟来吴门，遂与子三相见，而先叙其诗寄之，终前诺，且以问子三。丁巳孟夏日。"

按：由文意知是时魏禧将游苏州，乃于孟夏四月序华坡诗以寄。

五月，尚之信迎清兵入广州。

五月，魏世效再次来从魏禧游江南。魏禧在吴城待之。世效至吴城，病重，随同外兄归里。

《魏昭士文集》卷三《奉辞父母往江南序》云："丁巳五月，世效将束装从勺庭伯父于江南，承父志也……"

《魏季子文集》卷十二《长儿世效三十一岁乙丑腊月示记》："效之二十三年始下江南，附盐艘抵昌邑……吾叔子先待诸吴城。效至吴城疾甚，狂奋欲踊身湖水中，众掖之登岸。适其外兄贾将归里，叔子垂涕语效曰：'汝病亟矣。谁无父母妻子，盍速附汝外兄归，毋往江南。'"

按：吴城，在今江西樟树市。

六月，魏禧作《墓表志铭引》。

《魏叔子文集外篇》卷十八《墓表志铭引》文末云："丁巳仲夏日。"

按：仲夏，即六月。

魏禧与叶藩在南昌重遇，魏禧作《题叶桐初白云图》。

《魏叔子文集外篇》卷十二《题叶桐初白云图》："余往遇叶子桐初于吴门，年少，才英多而绝意仕进。丁巳，南昌再遇之，出王廉州所写《白云图》及诸题跋。"

按：魏禧与叶藩结交之具体时间无考。叶藩，字桐初，与曹寅友善。生平不详。

夏，汪琬于怡老园中访王勤中。

《钝翁续稿》卷二有《怡老园访王子勤中留赠》诗："君家第宅百季遗，雅与炎天物色宜。杨柳小桥通窄径，芙蓉曲岸枕平池……"

按：其卷首自注云："尽丁巳一岁止。"从诗中所描写的景物来看，当在夏季。

七月，魏世效再出宁都，随魏禧到扬州。八月魏禧探访李清，作《南北史合注序》。

《魏昭士文集》卷三《孙无言归黄山诗文跋》云："今丁巳秋，予从勺庭伯父客广陵。"

《魏叔子文集外篇》卷八《南北史合注序》："丁巳七月，禧自江右来扬。闻公疾，往省，再读《合注》，竟日夜而为之序。"

《魏叔子文集外篇》卷十《赠黄书思北游序》云："前八月，予之兴化省李廷尉疾，舟百里行田中，茫洋若大海无畔。"

吴参子吴正名闻魏禧来扬州，特自河渚来侯。时魏禧病，遂与之相约冬春之交再去拜祭其父。

《魏叔子文集外篇》卷十四《哭吴秉季文》序："丁巳，予客扬州，正名自河渚来侯予。适病，见正名，执手大恸，期以冬春之交趋河渚拜墓道。"

《魏昭士文集》卷三《送吴子政归河渚序》亦云："丁巳秋，予客广陵。吴子子政自浙之河渚来。"

按：魏禧于康熙十五年闻吴参秉季讣，时因兵乱未能前往凭吊。可参见康熙十五年谱。是年吴参子吴正名闻魏禧来扬州，特前来相见，魏禧与之约在冬春之交前去拜祭其父。

是时，京口冷士湄同宗元豫渡江来扬州访魏禧，两日后去。逾月，冷士湄寄信魏禧，致倾慕之意。魏禧作《冷又湄江冷阁集叙》。

《魏叔子文集外篇》卷八《冷又湄江冷阁集叙》："丁巳秋，又湄同宗子发渡江访予扬州，予适卧病不能谈，留两日去。既而读赠予诗，病已，读《江冷集》，逾月则又湄以书来，洒洒千余言，道向往之意，吾读之不知其所以异于古人者何在。"

按：冷又湄，即冷士湄。《四库全书总目》卷一百八十二云："《江冷阁诗集》十四卷，国朝冷士嵋撰。士嵋字又湄，丹徒人。居傍大江，其读书之阁曰'江冷'，故以名集。其诗刻意学杜，多为激壮之音。晚年节饔飱之费自梓。"

是时，扬州黄清持之子黄书思将于次年春就学成均，魏禧为作《赠黄书思北游序》。

《魏叔子文集外篇》卷十《赠黄书思北游序》："丁巳之秋，予自江西来扬州。黄君清持之仲子书思以高才不录，明年春，将就学于成均以试。黄子冲然而质，好学问，请一言赠其行。"

按：成均，指官设的最高学府。另由文中云："前八月，予之兴化省李廷尉疾"知此事应在探访李清之后。

魏禧寄信请陆悬圃来扬州相会，并作《陆悬圃文叙》。

《魏叔子文集外篇》卷八《陆悬圃文叙》："兴化宗子发、陆悬圃，以高节能文章名于江北，四方士称曰'宗陆'。予与子发为莫逆交，叙其文。又尝读悬圃文，慕之。两过兴化皆不值，留书予之而去。丁巳客扬州，悬圃得书，自泰州来会，于是益读其文矣。"

按：陆廷抡，字悬圃，扬州兴化人。少负异才，博闻强记，以古文知名。著有《酪酊堂集》。《咸丰重修兴化县志》卷八有传。

河渚徐坚亦来扬州访魏禧。

《魏叔子文集外篇》卷十四《哭吴秉季文》："丁巳秋，河渚高士徐孝先访予扬州。"

按：徐坚，字孝先，号友竹，晚号溧雪老人。以居光福，自署邓尉山人。江苏吴县人。贡生。山水笔墨苍厚，工隶书，精篆刻。有《纲园诗钞》、《西京职官印谱》、《烟墨著录》等。

时阎若璩来访，请魏禧为其父阎修龄作寿叙。

《魏叔子文集外篇》卷十一《阎再彭六十叙》："淮安阎子再彭寿六十有一，子若璩闻宁都魏禧来广陵，奉书币乞言以佐觞。"

按：《魏昭士文集》卷三《阎再彭七十序》云："先生之六十也，岁丙辰也，先仲父为文寿先生也。"但康熙十五年丙辰，江西兵乱，魏禧未得出游吴越，不可能客扬州，故其文中时间乃误记。另，由魏禧文知，康熙十六年，阎修龄六十一岁，时魏禧客扬州，其子阎若璩方来请魏禧之文。阎若璩，字百诗。淹贯经史，学博而思精，最长于考订。多阐先儒所未发。著有《尚书疏证》、《四书释地》、《困学纪闻》。《江南通志》卷一百六十三有传。

时阎修龄亦来访，请魏禧为其《本支录》作序。

《魏叔子文集外篇》卷八《阎氏本支录叙》："岁丁巳，禧客扬州，阎君再彭修龄自淮安奉其《本支录》谒禧为叙。"《魏昭士文集》卷三《阎再彭七十序》亦云："岁丁巳，宁都魏世效客京口，再彭先生就吾仲父于广陵，未见。"

按：阎修龄，阎若璩之父。

是时，魏禧作《歙县吴君墓志铭》。

《魏叔子文集外篇》卷十八《歙县吴君墓志铭》："丙辰九月九日，歙县吴君孟明卒于扬州……明年，宁都魏禧客扬州，君之子荣芝将谋葬君，率其诸弟奉君状拜稽首来乞铭。"

按：由文意知，歙县吴孟明卒于康熙十五年丙辰，此文作于其次年，即康熙十六年。

王源来见魏禧，并请魏禧作《信芳斋文叙》。

《魏叔子文集外篇》卷八《信芳斋文叙》："吾友王君克承之仲子源，字昆绳，与其兄汲公，以文学名于时……丁巳秋，昆绳谒余广陵，颔下须已长四寸，目光闪闪逼人，比著书高二三寸，而昆绳年亦已三十矣。"

王源《居业堂文集》卷六《复陆紫宸书》云："源生平服膺者，惟易堂魏叔子先生。丁巳谒先生，邗上一见未他语，辄曰：'有东南第一人，子愿识乎？'问之，顾景范也。"

按：王源，字昆绳，顺天大兴人。随父寓高邮，从魏禧治古文。好《春秋左传》。年四十余，始游北京，遂以古文名。著《或庵文集》及评订《孟子》、《春秋三传》。《大清一统志》卷九有传。

八月，扬州观察金镇来访魏禧，请魏禧为作《重建平山堂记》。

《魏叔子文集外篇》卷十六《重建平山堂记》："平山堂距扬州城西北五里许……今观察金公前守斯郡……与乡大夫汪君蛟门廓然新作之，不以一钱会诸民……公名镇，字长真，浙之山阴人。丁巳仲秋，余客扬州，公适自江南来摄盐法，乃停车骑，步趾委巷而揖余，以记见属。"

按：《江南通志》卷一百零八《职官志》记金镇于康熙十二年始任扬州府知府。平山堂当在其任扬州知府时重建。

魏禧在扬州与徐乾学定交。

《魏叔子文集外篇》卷十《徐健庵春坊五十叙》："往丁巳予客扬州，公先顾予于委巷者再。既相见握手，四顿首而起，欢然如少旧之交。"

是年，汪琬作《广西布政使司左参政分守桂平道徐先生墓志铭》。

《尧峰文钞》文卷十二《广西布政使司左参政分守桂平道徐先生墓志铭》："康熙十有六年三月，贵阳徐宁庵先生卒于江宁之寓舍。讣至，吴门门人沈某、汪某既各为位以哭。其年九月，将卜葬蔡家山之先茔。诸门人前期会葬江宁。孤时成拜且泣曰：'襄事有日矣。维是墓隧之石既具，而其辞未立，其何以不朽先君，而释诸孤之罪戾于无穷乎？'既又告琬曰：'吾子尤以文学为先君所知，是吾子之责也。'琬固让不获，始敢序先生族里、官次、治行之实为志，而继之以铭。"

按：由文意知此文作于是年三月后九月前，姑系于此。

九月，汪琬与周公赟、李恪臣、俞无殊、李柱玄等人游洞庭西山，作诗若干，编为《洞庭游稿》。后吴公绅索读汪琬《洞庭游稿》，汪琬作诗赋之。后王士禛亦读汪琬诗稿并相与酬唱。

《钝翁续稿》卷三《洞庭游稿》序云："同里周子觐侯本籍洞庭西山，觐侯妹婿李子恪臣又西山世族也。岁之暮秋，湖中水落石出，觐侯订予往游，予遂拉俞先生无殊与觐侯及周子孙云泛舟入可盘湾，主恪臣家……同游者为无殊、觐侯、孙云、李翁柱玄、释同、岑含贞凡六人……是岁十月日记。"

《苏州府志》卷八十二："周公赟，字觐侯，居林屋山中，读书嗜古，放情高蹈，而诗名籍甚。汪琬、叶燮皆重之。松江周金然卜居石公山，相与赓和，其诗疏放曲畅似眉山，清婉流逸似石湖。晚年自作风格，亦时有见道语。"

《钝翁续稿》卷七《蒙吴公绅索洞庭游稿赋此寄》诗云："平生爱山看不足，支颐远望西山麓。今年身似不羁鹤，竟理飞帆挈行襥。山中佳处推石公，仰视群峰皆婢仆……明春约君共长往，拂石更题招隐曲。"

王士禛《精华录》卷八《题汪钝翁洞庭诗后》云："蒲帆十幅逐沙禽，罨画湖山次第寻。香稻炊来鲈切玉,高林霜后橘悬金。且招龙伯闲投钓,却笑鸱夷苦用心。两洞庭前三万顷,不能同上上头吟。"

按:后汪琬作有《阮亭先生赐读洞庭游稿长句一章谨依韵奉答》,其诗见《尧峰文钞》诗卷九。

十月五日,魏禧在扬州与泰州黄云会饮,谈及甲申之事。其时,魏世效、黄云子黄交三亦在。

《魏叔子文集外篇》卷十六《陈澹仙先生像记》:"丁巳十月五日夜,禧与泰州黄云会饮,追及甲申三月十九日事。因道闻报时,禧与先征君痛哭几气绝。云乃喟然长叹,泪流被面,哭哽咽不能止。合座唏嘘,谓黄子天性忠孝,久而不忘若此。"

《魏昭士文集》卷三《黄仙裳先生六十序》云:"予忆岁丁巳,与先生聚首广陵。"其同卷《黄交三诗序》云:"黄子交三,泰州仙裳先生之仲子也。丁巳冬,予三至广陵,交三亦以试事来相见。"

按:黄云,字仙裳,泰州人。自号樵青,著有《樵青集》、《桐引楼集》、《悠然堂稿》。《嘉庆重修扬州府志》卷五十三有传。

是时,魏禧饮于扬州黄荩臣家。时闵世璋带程休如来会,魏禧与之定交,为作《程翁七十寿叙》。

《魏叔子文集外篇》卷十一《程翁七十寿叙》:"丁巳冬,予饮黄君荩臣家,时闵君象南同一客至,髭须皤然,温然而恭,神明清而强。二君顾谓予曰:'此程翁休如也……'"

按:黄荩臣事迹无考。

十月十四日,魏际瑞遇难。

《魏叔子文集》卷十八《先伯兄墓志铭》:"丁巳四月,吉安韩大任溃围走,凡两窜宁都之上乡。兵冠十万还至,蹂躏甚。邑馈饷不支,当事议招抚久未就,而大任自言'非魏伯子吾不信也'。当事以属伯。伯既痛桑梓之祸无有穷期,又所闻大任颇为当世豪杰,亦欲有以全之,遂慨然行。八月甫至,江西兵遽从东路逼大任营,大任遂疑伯卖己,辞不见。又有奸人欲牵大任降闽军以自成功名者,遂日夜构于大任。大任既败,十月十四日拔营走降闽,伯遂遇害。年五十有八。时禧方客维扬。"

按:维扬,即扬州。

十月,魏禧将自扬州赴苏州,于实庭前来送行,并请魏禧作《树德堂诗叙》、《于母七十寿叙》。

《魏叔子文集外篇》卷九《树德堂诗叙》:"丁巳孟冬,予将自广陵之吴门。于子实庭挈尊酒,招予为别。"

按:于实庭生平无考。

《魏叔子文集外篇》卷十一《于母七十寿叙》云:"母姓薛氏,十九而归羹粥翁,十八年而翁没,在甲申之五月……仲冬日二十有五,为母七十初度,正子介二君操名纸诣予,再拜奉母夫人之行述而乞言。"

按:此文当与是上文作于同时。

十一月初五日,魏世杰殉父难。魏礼忧伤成疾。

《魏叔子文集》卷十八《兄子世杰墓志铭》:"岁丁巳十月十四日,伯兄既为韩大任所害。时予客广陵,世杰从季父夜奔上乡,奉遗体以归,殓于翠微山麓,其初讻言不一,及细验私处皆合,世杰于是长号诵而呼曰:'天乎!天乎!'拔佩刀自刭。人强之者再,遂握拳捣其胸,死血入少腹,腹痛偻不能立,呼号二十日死。盖十一月初五日也。距其生年三十三。"

《魏昭士文集》卷六《享堂记》云:"越三年而伯父死于兵乱,从兄世杰以痛父椎胸呕血二十日而死。时则世效奉大人命从仲父于金陵。而大人以伯父故忧伤成疾。"

十一月十五日,魏禧同友人过扬州育婴社。作《善德纪闻录叙》。

《魏叔子文集外篇》卷十《善德纪闻录叙》:"予游扬州,闻善人闵君象南力善数十年不倦,无几微近名之意。闵君称素封,余愿见之,以嫌未尝怀刺及门。……余感闵君行善与先征君类,爰诠次所闻条于左,持归山中训家子弟,风厉吾乡人。"

按:文后附云:"扬州育婴社者,收道路弃子女而乳之……丁巳十一月望日,偶同友人过其社,则妇人之襁乳婴儿以来者百数十。"知是文作于是年十一月十五日。

另,闵世璋,字象南,号淮海。安徽歙县人,侨居扬州。资财巨万,慷慨好义。曾倡建育婴堂,成活者以万计。又设药局、修学宫、架桥铺路,凡有益于地方者,皆尽力而为。时有善人之誉。卒年八十余。《碑传集补》卷五十五有传。

十二月,魏禧从扬州出发抵达无锡,始得魏际瑞凶信,遂返归。

《魏叔子文集外篇》卷十四《哭吴秉季文》序云:"十二月发扬州,抵无锡,得先伯兄凶问,遂归。"

是年,汪琬作《诰封奉直大夫翰林院修撰加二级乡饮大宾缪公墓志铭》。

《尧峰文钞》文卷十二《诰封奉直大夫翰林院修撰加二级乡饮大宾缪公墓志铭》云:"宜人之葬也,墓在吴县邓尉山之麓。至是,奉公柩往合焉,实康熙十六年十二月某日也。予自病假归里,杜门无宾客。公独再诣予苔华书屋,握手劳问如平生欢,且辱有奖借之语,故侍讲属予铭,予不敢辞。"

李镜来访汪琬,带来李良年书信一封。汪琬作《李明远过予归来阁》、《袭紫楼文集序》。

《钝翁续稿》卷二《李明远过予归来阁》:"好事谁相访,扁舟只见君。入门惊老态,促席话新闻。山色迷青霭,松声绕白云。村居多简略,幸勿责仪文。"

李良年《秋锦山房外集》卷二《与汪钝翁》云:"家叔明远向访杖履于山中,仰荷知爱。兹挐舟再过,附侯百福,余绪非一俟面布不宣。"

按:《钝翁续稿》卷二注云:"尽丁巳一岁止",知汪诗作于是年。且从汪诗及李良年文字可知,李镜之前应与汪琬相识。二人结交具体时间无考。另,《尧峰文钞》文卷二十九有《袭紫楼文集序》。其文略。

《嘉兴府志》卷五十一:"李镜,字无尘。少肆力于诗古文词。晚岁潜心学易,于《列》、《史》多发明。尝与长洲汪琬论文契合。琬为序其集。著有《周易参义》、《史论》、《袭紫楼集》。"

叶阳生来书劝汪琬出山,汪琬作诗答之。

《钝翁续稿》卷二《叶子阳生劝予出山以此答之》:"事不理,问伯始,济世安人亦徒尔。事不谐,诣文开,杜门却轨何为哉?北路鱼、南路徐,朱轮锦障塞通衢。江千万、蔡五百,铜山金坞无遗策。势焰炙手手可热,往往古今齐一辙。尧峰野叟独怡然,常栖茅屋耕石田。新知惟恃壁闲杖,旧物剩有床头毡。比来鬓秃齿都豁,但守垄亩终余年。君不见大鹏小鷃各有慕,世人未必知其故。功名富贵能几时,久矣掉头不复顾。"

按:由《钝翁续稿》卷二自注云"尽丁巳一岁止"可知此诗作于是年。

陆心源《仪顾堂续跋》卷十二《宋椠浣花集跋》:"(叶)阳生,苏州人。天士之父,与汪钝翁酬唱,工诗能医。"

是年,江南布政使司参议分守苏松常道方国栋卒于位。后汪琬为撰墓志铭。

《尧峰文钞》文卷十二《朝议大夫江南布政使司参议分守苏松常道加三级方公墓志铭》:"康熙十六年冬,分守苏松常道参议方公以疾殁于位……及明年春,丧行遮道、号呼拜送者,数十里不绝……其明年,公子复至,聚观如初,其泣下者亦如初……公讳国栋,字干霄,别自号艾贤。"

《江南通志》卷一百十二云:"方国栋,字干霄,宛平人。康熙十二年分守苏松常道。律己甚严,莫敢干以私。"

计东卒。汪琬闻凶问,为位以哭。明日,作四绝句寓哀。

《钝翁前后类稿》卷十二有《闻甫草凶问予既为位以哭,明日作四绝句寓哀》。其一云:"从来才誉冠群伦,骨相谁知晚最屯。太息东南风土薄,江湖不复有斯人。"其二云:"皋复难招已逝魂,只留书札数行存。交情最与时贤别,敢惜麻衣恸寝门。"

按:计东《改亭文集》卷首附宋荦《序》云:"《改亭集》者,亡友计东甫草所为古文辞也……会今上举博学鸿词科,天下才艺之士皆征诣阙,而君不幸先一年殁矣。"康熙开博学鸿词科在康熙十七年,由文意知计东卒于其前一年,即是年。另,尤侗《艮斋倦稿文集》卷十三曰:"计子卒后三年,天子开博学鸿词科"云云,与宋荦所云不合。姑且存疑。

清圣祖康熙十七年 戊午 1678年 魏禧五十五岁 汪琬五十五岁

春正月二十三日,诏征博学鸿儒。

早春,汪琬作《答顾宁人先生书》。

《尧峰文钞》文卷三十三《答顾宁人先生书》:"与天生相见,语次知长者比来动履清吉,著述益多,殊慰仰止。继又得手教,所以奖励鄙拙过,实万不敢当。礼教废坏久矣。傥蒙先生斟酌今古,原本《礼经》,而又上不倍……琓山居读书九年,差觉自愧,此番进退狼狈,当不免有识掩口。不审先生何以诲之。时节严寒,伏惟为道,自爱不宣。"

　　按:汪琬自康熙九年开始隐居尧峰,文中言"琓山居读书九年",推知此文作于是年。

正月,魏禧归山,知魏世杰殉父难。遂哭魏际瑞、魏世杰于翠微山下。

　　《魏叔子文集外篇》卷十四《哭吴秉季文》序:"明年春到山,乃知兄子世杰义以父死非命,哀逾节,距二十日而死。又三孤孙幼稚,乃留身教之。"

　　《魏叔子文集外篇》卷十四《哭涂宜振文》云:"岁正月,吾自京口奔还,哭吾兄、吾兄子于山下。"

二月初六日,魏禧作《祭伯兄文》、《祭兄子世杰文》。

　　《魏叔子文集外篇》卷十四《祭伯兄文》:"维戊午二月朔有五日,叔弟禧叩首稽颡,痛苦陈哀于吾伯兄之灵……"

　　同卷《祭兄子世杰文》:"维戊午二月朔有五日,勺庭叔父禧谨以卮酒酹于诸子世杰之灵。"

四月,汪琬作《烈妇周氏墓表》。

　　《尧峰文钞》文卷二十《烈妇周氏墓表》云:"康熙十七年四月己丑钝翁记。"

五月初一,魏禧作《跋桂山先生手札》,时孔鼎已卒。后孔鼎讣至,魏禧因病未能前往祭吊。

　　魏禧《跋桂山先生手札》:"先生名鼎,字正叔……年几七十而交禧。先生每私谓人曰:'吾得魏叔子,吾于世不虚生矣。吾乃知吾七十年学皆谬也。'……先生长禧二十有五,禧以昆兄礼严事先生,而先生退然执谦,自燕居至酬酢宾友,未尝偶一字禧也……戊午五月朔日弟魏禧谨盥手涤砚端肃拜识。"

　　《魏叔子文集外篇》卷十四《祭孔正叔先生文》:"戊午四月二十有四日,新城高士孔正叔先生以八十寿终于桂山。踰月,子兴鹏讣至。禧捧书痛哭,以病,盛暑不得往。易堂先后辈咸相悼叹。"

是年,魏禧门人杨晟倡重修金精山碑。五月,请魏禧作《重修金精山碑记》。

　　《魏叔子文集外篇》卷十六《重修金精山碑记》:"岁戊午,吾门人杨御李授徒洞中,慨然感之,与主僧倡众修举,加丹臒焉,请记于予。"

　　按:其文后注云:"戊午五月"。杨御李即杨晟,生平参见康熙六年谱。

六月,闵本贞母七十初度,魏禧为作《闵母七十寿叙》。

　　《魏叔子文集外篇》卷十一《闵母七十寿叙》:"予交歙县闵君本贞,年甫壮,醇厚有长者之德,不事制举业,而斐然温文,好诗书,由国子生授职……戊午六月,母七十初度,本贞袤母行述,再拜乞言于禧,禧返袤再拜而谢……"

《江南通志》卷一百三十七《选举志》云:"闵本贞,歙县人,尤溪知县。"

六月,吴子政将归河渚省墓,魏禧因拜吴参墓无期,遂作《哭吴秉季文》。

《魏敬士文集》卷三《送吴子之浙江省墓序》云:"戊午六月,吴子子政将省墓河渚,过诸父夜语。"

《魏叔子文集外篇》卷十四《哭吴秉季文》序:"……哀痛之余,精神沮丧,心贸乱,不复意人世事。出游无时,展拜秉季墓未知期日,而正名又自山中省墓河渚,于是为文遥哭之。"

按:魏禧上年曾与吴子政相约冬春之交去河渚祭拜其父吴参,盖因兄魏际瑞、兄子魏世杰死难事而不得前往。

六月,魏世俨从魏禧授经。魏禧为言吴祖锡事。

《魏敬士文集》卷六《遥哭吴稽田先生文》:"戊午六月,俨从勺庭仲父授经。闻仲父言稽田吴先生之义,心期慕之。欲往拜其墓,而山川阻隔不能至,于是为文而遥哭之。"

按:吴祖锡,字佩远,吴江人。徐枋姐夫。崇祯壬午副贡。明亡后,改名鉏,字稽田。尝从陈子龙、徐孚远谋恢复。后事败返吴。怀宗忌日,恸哭呕血死,年六十有二。《清史列传》卷二百八十七有传。

夏秋之交,尤侗、宋实颖应诏至北京。

按:王崇简《青箱堂诗集》卷三十三(戊午)有《喜尤展成宋既庭钱宫声应召来都门》诗。又陈维崧《湖海楼诗集》卷六(己未)有诗《宋既庭孝廉余三十年老友也。客岁夏秋间,与余先后被召入都,又同下榻广平夫子寓庐几一载矣。秋日南归,赋五言古诗二十八韵送之》。由上材料知宋实颖是年应诏来北京,次年秋南归。

七月,林时益卒于冠石,享年六十一岁。

《魏叔子文集》卷十七《朱中尉传》:"戊午七月复病呕血死,年六十一。"

《魏敬士文集》卷六《哭丽公文》云:"戊午七月,确斋先生卒于冠石。"

七月,魏禧友涂斯皇卒。

《魏叔子文集外篇》卷十八《中书涂君墓志铭》:"君讳斯皇,字宜振,南吏部尚书谿如公次子也……与南昌林时益,宁都魏禧为兄弟交。所著书史论最名,常与禧著论同板行,禧兄祥合而序之……戊午七月,以足疾终于寓室。"

是年,汪琬应王咸中之请作《尧峰十咏》。

《钝翁续稿》卷四《尧峰十咏》序云:"王子咸中谓予曰:'尧峰奇丽,甲于吴下,吾子居此六季,凡过胜绝地不能一一吟咏,其何以慰山灵乎?'予唯唯。因疏十题,命予各赋五言绝句。予矢口而就,愧其非工,聊用为来游者前导尔。"

按:卷首自注:"自戊午春至秋七月止",知《十咏》诗作于是年汪琬应诏北上之前。

汪琬患臂疾,不得亲笔墨。偶有所得,辄口占,命门人录之。七月,成诗一卷,名曰

《病间乱稿》。

《钝翁续稿》卷四《病间乱稿》序："予自患臂以来不复亲笔砚,偶有所得辄口占命诸门人以片纸缮录。"

按:《钝翁续稿》卷四注云:"自戊午春至秋七月止。"可知作于是年。

是岁魏禧被荐举博学鸿辞科。魏禧以疾辞。

《魏季子文集》卷十五《先叔兄纪略》云:"戊午用严公沆(侍郎)、余公国柱(给事中)、李公宗孔(给事中)荐举博学鸿辞,累征以病辞未就。"

王先谦《东华录》康熙二十二卷记载云:"康熙十七年秋七月庚申吏部题,各省题荐人员原令其作速起程,今陕西李容、王宏撰……江西魏禧,并以疾辞。"

左都御史宋德宜、翰林学士陈廷敬荐举汪琬应博学鸿词科。汪琬作《闻荐举诏言志》诗六首。

陈廷敬《午亭文编》卷四十四《翰林编修汪钝翁墓志铭》云:"诏举博学鸿儒,廷敬遂奏疏荐先生。兵部尚书宋公德宜亦别为疏,同日以荐。而余以母夫人忧去京师,有司敦迫先生以来,实康熙十七年也。"

张维屏《国朝诗人征略》卷四云:"上召见,问朝臣谁最能诗,先生(陈廷敬)举王贻上。诏求博学鸿儒,先生举汪苕文。之两人者,一为诗伯,一为文宗。而吹嘘上送名达天衢,实由先生一言推毂,诚得以人事君之道者矣。"

按:汪琬闻诏举后,作《闻荐举诏言志六首》。收入《钝翁续稿》卷四。其一云:"菟园册子在床头,自分迂疏不足收。董贾高文姑拨置,可能词赋类俳优。"其二云:"久忘笺传语云何,蚕谱农书记忆多。腰了一镰肩一笠,只应赴个力田科。"

八月,汪琬应诏北上,集途中所作诗为《北游诗》。

按:《钝翁续稿》卷五有《北游诗》。其卷首自注云:"自戊午秋八月至辛酉二月止。"知其《北游诗》始作于是年八月北上北京之时。

汪琬抵京,寓汪楫家,与乔莱定交。

《尧峰文钞》文卷十八《赠乔母潘孺人墓志铭》:"予往以荐举抵京师,尝介家舟次,与宝应乔子石林定交。"

按:乔莱,字石林,宝应人。康熙六年进士,授内阁中书,乞养归。康熙十八年,试博学鸿词,授编修,与修明史。典广西乡试,充实录馆纂修官,迁侍读。康熙二十六年罢归。《清史稿》卷四百八十四有传。

阎潜丘至北京应博学鸿词科,始与汪琬定交。二人因观点不同,多次辨难。

《阎潜丘先生年谱》"康熙十九年庚申"条云:"十七年应博学鸿词科,不第,在都门与汪编修琬交。汪著《五服考异》成,先生纠其缪数条。汪意不怿。"

同年谱附阎潜丘《札记》云:"余戊午己未间在京师,见汪苕文《缪封公墓志》载及高祖,谓之曰:'古人叙人家世,皆自曾祖以下,无及高祖也。间及高祖亦必名其事足书,非空空仅及其名讳而已云云。时苕文怒甚。'"

按：由上材料知是年汪琬与阎若璩定交并因观点不合而多有辩难。另，阎若璩《潜丘札记》卷六《与陶紫司书》、《又与陶紫司书》、《与陆翼王书》等文详细记载了二人辩论之事。

是年李良年也来京应征博学鸿词科。其时，汪琬、李良年、施闰章、乔莱、汪楫等齐聚北京，诗酒甚欢。

李良年《秋锦山房集》卷六《饮施愚山观察寓斋同汪、乔诸公》云："茗香几净北风止，眼中作者联乡邦。尧峰（钝翁）语决昆仑渠，乔（石林）汪（舟次）侧注翻淮江……"

按：李绳远《秋锦山房集序》云："余仲弟武曾诗集凡十卷……戊午之夏被荐征入京师至己未诸诗为第六卷。"知上诗作于李良年进京应诏博学鸿词科之时。又由诗题及诗意知，当时汪琬、李良年、施闰章、乔莱、汪楫等人相聚北京，言谈甚欢。

中秋，魏禧头风病作，卧床数日。八月十八日，闻涂斯皇讣告。因病重不得前往祭吊。后作《哭涂宜振文》。

《魏叔子文集》卷十四《哭涂宜振文》："中秋之夕予头风大作，转床席方三日夜，而兄之讣又至也。予拊膺椎枕席，竟不能一哭。方拟稍瘥力疾来新城哭孔先生与兄，而病以日增……"

九月，魏禧为魏世杰文集作《梓室遗稿序》。

《魏叔子文集外篇》卷八《梓室遗稿序》云："戊午九月，勺庭叔父禧抆泪书。"

九月，魏禧往吊孔鼎，作《祭孔正叔之文》。

《魏叔子文集外篇》卷十四《祭孔正叔先生之文》云："九月禧行，易堂诸子各致生刍之奠，附书吊兴鹏，而禧为文以哭先生。"

按：孔鼎卒于是年四月，五月魏禧闻其讣，当时因病未能前去吊祭。由文意知是年九月乃得前往祭奠，并作文以哭。

是年，魏禧为阎修龄妻丁孺人作墓表。

《魏叔子文集外篇》卷十八《阎母丁孺人墓表》："甲寅八月，孺人以微疾卒，再彭为之不食者踰日……孺人一子若璩，诸生，名于时……余与再彭、若璩皆有交，于是孺人葬四年矣，乃请予为文表其墓门。"

按：由文意知，丁孺人乃阎修龄之妻，阎若璩之母。丁孺人卒于康熙十三年甲寅，此文作于其后四年，即清康熙十七年。

十月，汪琬拜见陆陇其。

《陆稼书先生年谱定本》"戊午十有七年"条云："（十月）汪公苕文来会。"

按：陆陇其，字稼书，浙江平湖人。康熙九年进士。十四年，授江南嘉定知县。康熙十七年，举博学鸿儒，未及试，丁父忧归。后授四川道监察御史。康熙三十一年卒。著有《困勉录》、《松阳讲义》、《三鱼堂文集》。《清史稿》卷二百六十五、《苏州府志》卷一百十二有传。

十二月，宋荦将榷关赣州。临行，汪琬为之饯行并作《送宋牧仲榷赣州关序》。

《尧峰文钞》文卷二十四《送宋牧仲榷赣州关序》："康熙十七年仲冬之吉，刑部宋子牧仲方以才能简任关使者于赣州。濒行，京师诸相识率皆往而饯之，又以诗赠之。牧仲意犹未已，复命予序其端。"

宋荦《漫堂年谱》卷一"（康熙）十七年戊午"条亦云："十一月，堂官保举才能，奉命视榷赣关……十二月……出都时，博学鸿词诸公集阙下，以诗文相送者甚伙。"

冬，陈廷敬请汪琬为其母张淑人作墓志铭。

《尧峰文钞》文卷十八《诰封陈母张淑人墓志铭》："康熙十七年冬，翰林院掌院学士子端陈先生将奔其母张淑人之丧。所司以闻，天子为之恻然……先生擗踊号呼，几绝者数矣。及奉上谕，然后哭有常节。积五六日，然后能蒲伏踸宫传大学士高阳公之门，乞铭淑人隧道之碑。公既许诺，顾又属琬志其圹。"

冬，魏禧门人吴子政自河渚归，持顾祖禹书至。

《魏叔子文集外篇》卷十一《孙容也七十叙》："戊午冬，门人吴子政自河渚归，持吾友顾景范书至。"

按：由前谱知，吴子政是年六月回河渚拜其父吴参墓。是时始回宁都。顾祖禹，字复初，一字景范。《清史稿》卷五百一传云："撰《读史方舆纪要》一百三十卷，凡职方、广舆诸书，承讹袭谬，皆为矫正。详於山川险易，及古今战守成败之迹，而景物名胜皆在所略。创稿时年二十九，及成书，年五十矣。宁都魏禧见之，叹曰：'此数千百年绝无仅有之书也。'以其书与梅文鼎《历算全书》、李清《南北史合钞》称三大奇书。祖禹与禧为金石交，禧客死，祖禹经纪其丧。徐乾学奉敕修《一统志》，延致祖禹，将荐起之，力辞罢。后终於家。"由文意知，魏禧之前已与顾祖禹结识，具体时间无考。

是年，魏禧以病辞征，宁都州尹不听。仲冬十一月，强舆至南昌就医。时萧孟昉以蜚语羁旅南昌，将寿六十，其侄萧从泓来请文。魏禧作《萧孟昉六十叙》。

《魏叔子文集外篇》卷十一《萧孟昉六十叙》："戊午仲冬，予辞征，舆疾章门，吾友研邻子会以蜚语羁郡舍。踰月，六十初度，研邻诸子从泓，予门人也，来乞言。"

《啁啾漫记》云："魏禧被征，以疾辞，宁都州尹不听，强舁至南昌。赣抚疑其诈，以板扉舁之入署。禧絮被蒙头卧，称疾笃，乃放归。"

按：由上引材料知，是年魏禧以疾辞征，被迫舆至章门（今南昌）就医。

《魏季子文集》卷七《萧孟昉六十序》云："戊午冬，予从家叔子辞征来会城。而萧子研邻亦以凿空之诬久羁旅于此，时腊月六十初度。"

《魏昭士文集》卷五《跋萧研邻先生六十序》亦云："泰和萧研邻先生以贤豪名海内，今年忽婴蜚语客羁南昌郡舍。予父侍匀庭伯父疾，腊月同客会城，见先生左图右书，日夕又手吟诵，泮然若无事。伯父、父益叹服。四方人士见且闻者，皆以为患难中无此人也。先生之名因是以益起。而月十有二日适先生六十初度，伯父、父皆为文祝先生。"

魏禧在南昌与方西城结交。

《魏叔子文集外篇》卷十《赠别方西城叙》:"往戊午冬,予舆疾寓章门,与西城仅隔一壁。西城夜咏诵不辍如今时,间出其诗示余,颇有吾伯子风气。"

按:方西城生平无考。

十一月,王崇简卒。

徐乾学《憺园全集》卷三十二《光禄大夫太子太保礼部尚书、诰赠太子太傅保和殿大学士谥文贞王公合葬墓表》:"公薨于康熙十七年十一月某日。"

十二月,魏禧被放归山中。归时作《汪秋浦诗引》、《口占答杨友石》。

《魏叔子文集》卷九《汪秋浦诗引》:"歙汪子秋浦好为诗,诗凡二百余首,盖得于清气者多焉。予卧疾章门每令门人唱叹之,如泛木兰于百尺之溪,林花篱落,亭舍映衬左右,自此疏为百川,汇为湖,弥漫为江海,则皆其所必至也。予得放还山,已舆疾上船,秋浦索数言于册,为倚枕口授秋浦自书之。"

《魏叔子诗集》卷五《口占答杨友石》云:"天寒作客殊草草,水雪堂中寒正好。自笑虚名累此身,无端风雪章门道。"

按:该诗题下注云:"时戊午十二月。"结合诗意知,此诗作于魏禧被放归之时。

魏禧与魏礼归山途中,道经南丰,再与谢文洊聚谈。

《谢程山集》卷十五《宁都魏季子五十一序》云:"戊子岁寒,从叔子自豫章辞征归,道由南丰,聚谈竟夕⋯⋯"

按:豫章即南昌。

清圣祖康熙十八年 己未 1679 年 魏禧五十六岁 汪琬五十六岁

是年,清廷始修《明史》。以学士徐元文、叶方霭、庶子张玉书为总裁。元文等聘顾炎武、黄宗羲,不就。万斯同以布衣参史局。

正月,汪琬作《昆山选佛场性空臻禅师塔铭》。

《尧峰文钞》文卷二十《昆山选佛场性空臻禅师塔铭》:"康熙十七年冬,临济宗三十二世性空臻禅师告寂于京师之龙泉寺。越明年正月,门人超晓等用其法,阇维火烬之余,四齿不坏,得五色舍利子凡三百余颗⋯⋯超晓将函其骨南归,乃持道安静公所撰行状乞铭。"

是年吴雯至北京应征博学鸿词。早春,与汪琬、汪楫、毛奇龄等人相聚。

吴雯《别本莲洋集》卷首附《莲洋吴征君年谱》云:"(康熙十八年己未)荐举博学鸿词科,至京师。"

吴雯《别本莲洋集》卷五《早春同苕文先生及舟次、大可、天生夜集王昆良大参寓斋》诗云:"御河冰始开,御柳莺未啭。鄂杜同羁栖,春宵得良燕。知交倾四海,何必共乡县。玉壶腊酒酾,华烛罗屏颤。王公负奇气,刚肠经百炼。学诗似常侍,一为即高狖。忘年谬推挹,虚怀世希见。胜侣尽招携,清言夜忘倦。说士甘于肉,况复洁羹馔。嗟余缝袜材,难添补衮线。早岁罹凶闵,中年困贫贱。近更慕无为,理欲日交战。妄就承明庐,终谢芙蓉殿。还山构草堂,柴门俯春涧。芦笋过沙鸥,杨花掠飞燕。梦结昆仑顶,闲编高隐传。(余尝拟为《道隐录》,扩《高士传》之不备也)远望周与召,声华在天半。"

按:从诗意看,此诗当作于是岁。姑系于此。

是时王士禛置酒邀汪琬共饮。

王士禛《带经堂诗话》卷二十七云:"予昔与梁侍御熙日缉、刘吏部体仁公勇、汪太史琬苕文以同年同官曹郎,好为谑语,以资嗢噱。康熙己未,诏征博学鸿儒,苕文与焉。既至京师,予喜其来,置酒邀之。"

春,魏禧门人梁份再到翠微峰。

《魏敬士文集》卷三《送梁质人归南丰序》:"己未春,梁君再至翠微。"

按:梁份初到翠微峰之时间无考。另《清史列传》卷七十云:"梁份,字质人。江西南丰人。少从彭士望、魏禧游,讲经世之学,工古文辞。尝支身游万里,西尽武威、张掖,南极黔、滇,遍历燕、赵、秦、晋、齐、魏之墟,览山川形势,访古今成败得失、遗荒轶事,一发之于文,方苞、王源皆重之……为人朴挚强毅,守穷约至老不少挫。卒年八十九。著有《怀葛堂文集》十五卷、《西陲今略》八卷。"

三月初一日,康熙于体仁阁亲试博学鸿儒。时魏禧不至。

《圣祖仁皇帝实录》卷八十"丙申日"云:"试内外诸臣荐举博学鸿儒一百四十三人,于体仁阁赐宴。试题《璿玑玉衡赋》、《省耕诗》五言排律二十韵。"

《清史纪事本末》卷二十一"鸿博经学诸特科"条:"……十八年,春三月。集被举博学弘儒者于体仁阁,试以诗赋。先是,十七年诏旨既下,胜国遗老,帅皆蝉脱鸿冥,网罗无致。而平时以逸民自居者,争趋辇毂,惟恐不与。于是内外诸臣疏荐一百四十三人送部。其不至者,仅直隶杜越、浙江应撝谦、江西魏禧、山西范鄗鼎傅山、陕西李颙六人而已。"

时汪琬奉诏应试博学鸿词科,名列一等。授编修,与修《明史》。时毛奇龄、施闰章、乔莱、朱彝尊、李因笃、潘耒、汪楫、陈维崧等人皆在翰林院。

《西征随笔》"熊文端明史"条记载云:"康熙十八年,开馆修《明史》。京官自郎中以上,外官自监司以上,皆得举所知,不论已仕未仕者,约荐举数百人,召试体仁阁下……上亲定其高下,得五十人,谓之博学鸿儒。"

《国朝先正事略》卷五《宋文恪公事略》云:"十八年,典会试。先是,诏举博学鸿儒,公荐主事汪琬、生员陈维崧及廷试并列一等。琬、维崧授编修、检讨有差。"

邵长蘅《青门旅稿》卷一《五月十七日喜闻诸公同官翰林赋赠五十韵》序云:"康熙十八年诏举博学鸿词,海内之士应诏,集阙下者百余人。上亲试之,得五十人,悉命官翰林,纂修《明史》,盖异数也。与余雅故者,施愚山闰章、汪钝翁琬……乔石林莱、李子德因笃、陈其年维崧、毛大可奇龄、朱竹垞彝尊、汪舟次楫、严荪友绳孙、徐胜力嘉炎、潘次耕未……"

三月，汪琬门人鲍声来来北京，请为其父作寿序。

《钝翁续稿》卷十七《鲍翁八十寿序》："平湖鲍生声来游吾门有年矣……岁之季春，予方应诏留都门，声来赢粮菲履来省予于旅次……"

按：文中所云"应诏留都门"当指汪琬是年应诏博学鸿词之事。鲍声来生平无考。

是时，汤斌嘱汪琬为其母作《睢州节烈祠碑》。

《尧峰文钞》文卷十《睢州节烈祠碑》："丽牲之碑既伐既具，久犹无辞以刻。会斌与琬偕奉荐举之诏来集京师，斌遂以属琬。琬自分文学驽下，固让不获命，始腼颜执笔为之辞。"

按：汤斌字孔伯，睢州人。顺治壬辰进士，由翰林出为陕西按察司副使，备兵潼关。升岭北道参政，治赣郡。所至皆有治绩。以亲老乞归。康熙十七年，以博学宏词荐，授翰林院侍讲，超擢内阁学士，巡抚江苏。后任礼部尚书、工部尚书，卒于官。著《潜庵集》。《大清一统志》卷一百五十五有传。

汪琬在史馆六十日，撰史稿一百七十五篇。

《国朝先正事略补编》卷一云："汪琬……康熙时试博学宏词甲等，授翰林院编修。甫两月即告归。"

陈廷敬《午亭文编》卷四十四《翰林编修汪钝翁墓志铭》："在史馆六十日，撰史稿百七十五篇。"

汪琬在词馆日，尝谑言曰苏州土产，一为梨园子弟，一为状元。

《觚剩续编》卷四《物觚》之"苏州土产"条云："长洲汪钝翁在词馆日，玉署之友，各夸乡土所产，南粤象犀，西秦裘厨……侈举备陈，以为欢笑，唯钝翁嘿无一言。众共挪揄之，曰：'苏州自号名邦，公是苏人，宁不知苏产乎？'钝翁曰：'苏产绝少，唯有二物耳。'众问：'二者谓何？'钝翁曰：'一为梨园子弟。'众皆抚掌称是，钝翁遂止不语。众复坚问其一，钝翁徐曰：'状元也。'众因结舌而散。"

时彭孙遹、朱彝尊、毛奇龄、汪琬等因才学被同馆人所忌，被诋称为"野翰林"。阎若璩与人论翰林院中人物，尝云："汪琬私造典礼，毛大可割裂经文。"

《啁啾漫记》云："彭孙遹、朱彝尊、毛奇龄、汪琬等，皆以绩学雄文，负海内重望，虎视蛟腾，傲睨一世。每逢校艺论文之会，同馆以科目进者，率面内惭，噤不能发一语。遂怀忌嫉，诋之为'野翰林'。故五十人者，时有'野翰林'之目。"

阎若璩《潜邱札记》卷四云："忆五十人初授翰林官讫，有问此中人物云何者。余答以若吴任臣之博览，徐嘉炎之强记，可称二妙；若李因笃之杜撰故事，汪琬之私造典礼，恐亦未必有三焉。一时流传，以为口实。"

按：阎若璩曾撰《汪文摘谬》，专陈汪文之误。

汪琬往迎两妾，皆不行，遂别纳小妾。王士禛有诗戏之。

徐珂《清稗类钞·讥讽类》云："长洲汪琬，字钝翁，以应康熙己未博学宏词科入翰林。居京师，遣人南归迎其两妾。两妾皆不行，曰：'此老宦兴方浓，妾等却愿守西山之节。'同年诸名士为别纳一妾。"

王士禛《精华录》卷八《花烛词二首戏为钝翁赋》云："碧玉回身奈此宵，汝南鸡唤夜迢迢。从今倦听兰台鼓，莫更熏衣事早朝。（其一）嬴女吹箫引凤雏，莫将缣素怨狂夫。似闻一语分明寄，我见犹怜况老奴。（其二）"

按：诗题注云："钝翁既改官翰林，往迎两如夫人，皆不行。而为别纳小姬，因赋是诗。"

乔莱请汪琬为其母潘孺人作墓志铭，并请汪作《乔石林赋草序》。

《尧峰文钞》文卷十八《敕赠乔母潘孺人墓志铭》："舟次落笔妙天下，于人少所许可，顾独推服石林才学，不去口。且谓石林之成名也，实其母先孺人教之。于是，石林亦介舟次属予铭其母墓。盖距孺人之殁二十余年矣……孺人封安人，以子贵复赠今称。卒于顺治十有四年，享年四十有九。生子女各一。子即莱也，字石林，康熙六年进士。今官翰林院编修。"

按：从文意知此文作于乔莱与汪琬同任翰林院编修之时。又文中云乔母卒于顺治十四年，距汪琬作文时已殁二十余年，照此推算应在是年前后，姑系于此。

《尧峰文钞》文卷二十九《乔石林赋草序》："先是，天子既下荐举之诏，四方搢绅、降及山林韦素之士，咸集阙下。诸以才艺相炫耀者甚众，而中书乔子石林尤能绝出其辈行。当御试文赋之日，侍卫、诸近臣列左右，他人方濡墨属稿，作嗫嚅瑟缩状，石林则已展卷疾书，千余言立成。起顾日晷，犹未是也。琬与同试者旁睨其所为，未尝不太息折服。既而石林名在第五，琬亦滥厕五十人之列，奉旨授翰林院官，将共入史馆有日矣。于是石林尽出平时所拟赋草示琬，凡如干篇。"

按：由文意知此文与上文作于同时。

惠周惕留北京，与汪琬日相交往。将归，请汪琬作《惠母陈太君七十寿序》。

《钝翁续稿》卷十七《惠母陈太君七十寿序》："元龙留京师，日夕往还于予之门，相与讲道术、勖文谊甚欢也。既而念其母太君年七十，将南归为寿，乞予序以一言。"

汤斌《汤子遗书》卷三《惠母陈太君七十寿序》云："余与长洲汪钝翁先生同直史馆，因得见其所与游者。而惠元龙称最贤云。元龙博学高才，为文章有榘度，交游多名公卿。顾独时时过余邸舍论文，常至日昃不倦。将南归，持钝翁所为母陈太君寿文示余……"

按：汤文记载之事可与汪文相互佐证。又，汪琬于今年入史馆，且在馆仅二月。惠母寿序当作于是年。另，惠周惕，字元龙，世居东渚。少从徐枋游，又曾受业于汪琬。康熙十八年，举博学鸿儒科，丁忧，不与试。康熙三十年成进士，选翰林院庶吉士。改授密云知县。有善政，卒于官。著有《易传》、《春秋三礼问》及《砚溪诗文集》。《苏州府志》卷八十二、《清史稿》卷四百八十一有传。

汪琬为同年薛大武之母王宜人作墓志铭。

《尧峰文钞》文卷十八《诰封薛母王宜人墓志铭》:"……从大武宦京师遇疾而殁,享年五十有四。康熙十八年某月日也。大武既遣其丧,还诣予言曰:'将葬,愿有铭。'予惟与大武偕举进士,称同年者,凡二十有六年。中间偕授户曹,称同寮者三年。虽出处睽合匪一,而垂老复得过从于此。予交游渐以衰落,惟大武遇之如昔,于相知为深。铭宜人者,当莫宜,予遂序而归之。"

按:由文意知汪琬与薛大武为同年进士。

汪琬作《睢州汤烈妇旌门颂》。

《尧峰文钞》文卷三十七《睢州汤烈妇旌门颂》:"顺治十七年,巡按河南监察御史臣粹然言睢州诸生汤祖契妻赵氏,值明末李自成之乱,贼入祖契家,挺刃劫氏,将驱之出,氏厉声呵曰……越康熙十八年,氏子侍讲某暨琬俱职禁林,具述其母节死始末……琬忝史官,幸得厕某之后,以文字为职,不揣固陋,敢造《旌门颂》一章,授某镌诸乐石,垂示永永。"

按:由文中"琬忝史官"一语,知此文作于康熙十八年汪琬任翰林院编修之后。

四月,魏禧作《赠谢约斋六十有四叙》。

《魏叔子文集外篇》卷十一《赠谢约斋六十有四叙》:"乙卯四月,程山先生六十初度……及己未,东南既定,烟火千里,行李数往还。予以《易》、《姤》之义追叙五君子五十,而始忆先生六十之寿。盖先生已六十有四矣,予更请以《易》论。"

按:由文意知,谢文洊乙卯四月六十岁,此文作于其六十四岁之时,即是年四月前后。姑系于此。

五月,魏禧居翠微山中,与施愚山谈论为文之道,并作《愚山堂诗文合叙》。

《魏叔子文集外篇》卷六《答施愚山侍读书》:"愚尝以谓为文之道欲卓然自立于天下,在于积理而炼识。积理之说见禧叙宗子发文。所谓炼识者,博学于文而知理之要,炼于物务识时之所宜。理得其要则言而不烦,而躬行可践。识时宜则不为高论,见诸行事而有功。是故好奇异以为文非真奇也,至平至实之中狂生小儒者皆有所不能道,是则天下之至奇也。故炼识如炼金,金百炼则杂气尽而精光发。善力文者有所不必命之题,有不屑言之理。譬犹治水者沮洳去则波流大,爇火者秽杂除而光明盛也。是故至醇而不流于溺,至睛而不流于薄也。"

按:文前有"己未五月朔日,禧伏枕山中"语,知是书作于是年五月。

《魏叔子文集外篇》卷八《愚山堂诗文合叙》:"岁己未,施先生自京师以书来,邮其诗及传记诸作,属予论定而叙之。予于先生旧为部民,未尝一请见,今定先生文,盖吾意所欲道,若吾于易堂诸子侪辈相晨夕者之所为……予病废三十余年,不敢怀一刺一启事干贵人,独往好户部文,欲有所商榷,先之以书。而世不察也,以为相誉议。然颇寻绎是书,纵横凌厉,有求胜于人之气。自恨生不学道,不能自克其名胜之私,以五十无闻之年,蹈少年喜事之习。今将破焚其板,然而悔已不可追矣……予既甲乙先生文以归,因道所私见质先生,若夫弁诸集首则何敢。"

按:由文中"予既甲乙先生文以归,因道所私见质先生,若夫弁诸集首则何敢"一语知此文与《答施愚山侍读书》作于同时。

七月,魏禧与赵巘见于泰和萧孟昉园馆。

《宁都三魏全集》卷首赵巘《魏季子三家文集序》云:"巘与善伯交浅,冰叔交且云深。两人之文皆在未锓板之先,善伯于章贡出示稿,匆匆未甚读;冰叔于南昌出示其稿,得揭其要者深读之。其后己未七月晤冰叔于泰和萧氏园馆。"

按:由文意知是年七月,魏禧与赵巘相见于泰和萧氏园馆。疑即萧孟昉园馆。另,赵巘与魏禧见于南昌之时间暂无考。

八月,吴子政将归河渚。魏禧作《孙容也七十序》,托吴子政代送。

《魏叔子文集外篇》卷十一《孙容也七十叙》:"己未八月,吴生复自山中之河渚,因为叙,寄景范以追贻君云。"

按:孙容也生平无考。

九月,魏禧头风病作,赴泰和就医,过赣州时结交宋荦,并作《赠宋员外榷关赣州叙》。

《魏叔子文集外篇》卷十《赠宋员外榷关赣州叙》:"己未九月,予头风作,就医泰和,舟阻兵于赣,君闻而就交焉。先是君甫至,寓书山中数百言,以官守不得至,且迎予,予病辞。及见,甚相得也。"

宋荦《漫堂年谱》卷一"康熙十八年"条云:"二月,莅赣关……宁都魏征君禧、和公礼、彭躬庵士望先后过访。"

魏禧借宿赣州贾将军季子重仪住所。贾重仪以崇祯皇帝御书示之,并带魏禧往拜清江杨廷麟墓。魏禧作《崇祯皇帝御书记》、《拜杨文正公墓》。

《魏叔子文集外篇》卷十六《崇祯皇帝御书记》:"己未九月,禧就医泰和。过赣,会捉船,不得行,卧故贾将军季公子重仪所,偶论古帝王工书法,实天纵,非人力也。重仪因言'吾家藏有崇祯皇帝御书,盖先将军举葬杨文正公,公子以是报',云公官翰林院时所赐。禧敬请瞻仰,免冠叩头展视。"

《魏叔子诗集》卷七《拜杨文正公墓》序云:"清江杨文正公廷麟以并蓄殉义赣州,辽东贾将军收葬之,事详《崇祯御书记》。往昔求公葬处不获,己未九月就医泰和过赣,得从贾公子从公墓而拜之,因遂有诗。"

九月,邱维屏卒。

《魏叔子文集》卷十七《邱维屏传》:"己未九月病噎,不食死。年六十六。"

十月,魏禧信宿蜀江,与门人欧阳士杰祖父欧阳介庵谈论古今,兼及诗歌。并与之同游半山,作《半山寺记》。

《魏叔子诗集》卷首欧阳士杰《叙》:"己未孟冬,勺庭夫子信宿蜀江,与家大父谈论古今,旁及诗歌。士杰侍侧,亲承德音,虽不知何者为工,而心戚戚若有所动。"

按:由文意知,欧阳介庵乃魏禧门人欧阳士杰祖父。

《魏叔子文集外篇》卷十六《半山寺记》云:"予己未冬客介庵所,同游半山,因为予道本末而属之记,以示后人。"

十月,魏禧将归易堂。欧阳介庵孙欧阳士杰请魏禧为其师欧阳期伊作五十寿序。

魏禧《欧阳期伊五十序》:"欧阳介庵翁常为予道其族子期伊君贤且能文,因得交之。介庵孙士杰,予门人也。方师期伊为制举业。己未十月,予将归易堂,士杰请曰:'月之十二日,师期伊五十初度,杰敢乞先生之言为寿。'"

十一月十八日,魏礼五十一岁生日,魏禧作《季弟五十述》。感叹天下无济世之人。

《魏叔子文集外篇》卷十一《季弟五十述》:"岁己未之仲冬十八日,予季礼年五十有一。子效、俨、侃将觞诸宾,乞言焉。效生晚,二子尤幼,于季平生事弗详。渊明曰:'今我不述,后生何闻哉!'作《季弟五十述》……吾季五十有一,吾又加五年,聊以桑榆自解,日久情移,不能不谋所自适终余年,是用苟活。"

《魏敬士文集》卷三《彭躬庵先生七十序》云:"己未仲冬吾父五十一之辰,先生往翠微旬有三日。俨侍奉左右。每晨起辄至先生所。先生或未起,俨同友人坐他室,忽闻先生唏嘘太息。俨趋至床侧,见先生伏枕将起。予小子疑而不敢遽问。明晨又如是。小子乃屏息而前曰:'先生何为?'方起而叹也。先生沉吟不言,俨退不敢复问。少顷,勺庭伯父至,先生乃顾伯父而谓俨曰:'吾之所以屡唏嘘者,盖思天下大矣,何其无济世之人也?'吾于是而乃知先生之心也。"

十二月,梁份辞别魏禧归乡。

《魏昭士文集》卷三《送梁质人归南丰序》云:"己未季冬,南丰梁子质人谢教授而归,明年将存江南。"

是年,汪琬以病请告,作《请告》诗六首。其时亦与梁熙、陈廷敬作诗唱和。

《尧峰文钞》诗卷九有《请告六首》。其一云:"筋力蹉跎肺气衰,膏肓竖子去还来。行年自分无官禄,冯仗东归厌此灾。"

按:由前谱知汪琬在史馆仅六十日,当于是年请告归。又按:《钝翁续稿》卷五有《十季前请告与梁日缉先生唱和遮字韵诗凡数十首,今日再次》。其诗略。由诗题知,汪琬请告时当与梁熙作诗唱和。陈廷敬《午亭文编》卷十二亦有《得苕文请急还长洲书却寄六首》,其诗略。

清圣祖康熙十九年 庚申 1680年 魏禧五十七岁 汪琬五十七岁

清军于正月取成都,次月又取夔州、重庆等地。

正月,魏礼命魏世侃为魏禧嗣子。

《魏昭士文集》卷六《享堂记》:"越二年春正月,大人命季弟世侃为仲父后,而是冬仲父复以疾卒真州,命世效扶丧归葬。"

按:由文意知魏礼将魏世侃过继给魏禧为嗣子当在魏禧卒年之正月,即是时。

二月,魏禧作《罗母六十序》。

《魏叔子文集外篇》卷十一《罗母六十序》:"己未十月,歙县罗母叶太君六十初度,友人黄仙裳、陆悬圃、王正子并寓书山中,敢藉手三君以复三令子。"

是年,魏禧为门人鲍畿生、梁份、吴正名作《鲍生四十叙》、《梁份、吴正名四十序》。

《魏叔子文集外篇》卷十一《鲍生四十叙》:"往生北游,吾为文送之……今九年矣。"

按:鲍生,指魏禧门人鲍畿生。康熙十年其北游北京时,魏禧曾作《送歙县鲍生北游叙》(详见康熙十年谱)。由文意知,此文作于其后九年,即为是年。

《魏叔子文集外篇》卷十一《梁份、吴正名四十序》:"岁庚申,门人南丰梁份、贵池吴正名并四十。"

是年,魏禧作《许秀才传》。

《魏叔子文集外篇》卷十七《许秀才传》云:"今庚申年七十有三"。

三月,魏禧拟出游三吴。

《魏敬士文集》卷六《哭勺庭仲父文》:"忆当庚申季春,仲父将游三吴,俨请奉行李以从。仲父曰:'汝稚齿,未知任远,行否。我不二年即归,归即不复出,当教汝辈山中……'"

三月,魏禧拟赴双林治臂病。途中病,寓樟树,见熊见可,为作《熊见可七十有一序》。后至南昌,熊颐亲为诊治,乃愈。

《魏叔子文集外篇》卷十《赠别方西城叙》:"庚申三月,予就医双林,中道病作,力疾下章门,使门人清江熊颐主医药。"

按:《魏叔子文集外篇》卷十《赠万令军罢官序》有"今余以病臂就针师于双林"语,知魏禧此番出游江南主要是医治臂病。双林,在今浙江省湖州市。章门,即今南昌。其地汉时属豫章郡,故称。

《魏叔子文集外篇》卷十一《熊见可七十有一序》:"庚申,余就医双林,道病,寓樟树,招见可至舟中,须发尽白,气尚犹昔也,而见可旧年已七十。至南州,则颐先在,朝夕为余切脉和药,病竟以瘳。余病益善遗忘,问颐:'年当四十有几耶?'颐曰:'正五十矣。'"

按:魏禧与熊颐、熊见可父子定交于康熙八年(可参见该年谱)。是年魏禧就医双林,中途病,寓樟树,再与熊见可相见。后至南昌,熊颐亲自为他诊治。

魏禧卧病南昌时,朱国祚来访,魏禧为之口授《书赎难妇纪略后》。

《魏叔子文集外篇》卷十三《书赎难妇纪略后》:"钱塘朱君修龄倡义以赎浙东之女妇……庚申春,余卧病南州,朱君俨然过余,余见君,欲下拜君,不胜,然口犹可以言也,于是口授门人书《纪略后》贻君。"

按:朱国祚,字兆隆,号养淳。万历十一年进士。授修撰,进谕德。二十六年擢礼部右侍郎。天启三年,乞休归。卒谥文恪。有《介石斋集》。邹漪《启祯野乘》卷七有传。

时郑闱庆来访,禧见郑于榻前并作《郑礼部集序》。

《魏叔子文集外篇》卷八《郑礼部集序》:"余庚申卧疾章门,郑子闱庆以名纸款户。禧闻郑子好古学,而才力能自济于难,士之有用者也。亟延见于榻前,郑子则手奉其所刻先人礼部君遗集,呜咽以授禧而属之叙。"又云:"夫君子立言,必取其关于世道民生,虽伏处岩穴,犹将任天下之责,而况其为士大夫者乎?呜呼!士之大夫以诗文名天下,而忧乐不出户庭之内,语不及于民生,吾未知其心术为何如也!"另文附熊颐点评曰:"感慨文章及民生处,无限低徊。"

按:郑闱庆生平无考。

其时方西城接魏禧至其家,居十五日。魏禧别时作《赠别方西城叙》。

《魏叔子文集外篇》卷十《赠别方西城叙》:"故人方子西城舆至其寓室,日用毕具,旬有五日而起。夜寝,常朗朗闻西城读书声,因念西城处鱼盐市,倏然自修洁,又乐交文章学问士,不悻然诺于朋友,其过予厚,非偶然也。"

按:魏禧与方西城交于康熙十七年,可参见康熙十七年谱。

四月,魏禧作文以自勉。

《魏叔子日录》卷一:"能知足者,天不能贫;能无求者,天不能贱,能外形骸者天不能病,能不贪者天不能死,能随遇而安者天不能困,能造就人才者天不能孤,能以身任天下后世者,天不能绝。"

按:该段文字后有"庚申四月卧病南昌,感而书此"一语,知作于是时。

是时,魏禧为项志发之母作《项节母传》。

《魏叔子文集外篇》卷十七《项节母传》:"节母姓吴氏,歙县人,嫁同县项君德辅……庚申四月,志发谒余南州,请传母苦节,言至此,泪下如雨不能止。"

按:项志发生平不详。

夏,魏禧在南昌蓼洲,胡在恪来访,魏禧作《胡太夫人八十序》。

《魏叔子文集外篇》卷十一《胡太夫人八十序》:"荆州胡公在恪以观察驻节南昌,既告养归里,庚申复以公事至,而禧将南下,适忧采薪,卧蓼洲之上,公乃枉车骑临禧于床帏曰:'吾见子寿吴氏程母之文,甚悦之,其辞可举也。'公于是口诵其百余言。既而曰:'吾亦有母,年且八十,愿得子之一言。'"

按:蓼洲,在今江西省南昌境内。胡在恪,号念蒿,湖北人。清顺治十二年进士,历官江西盐道、江南学政。著有《真懒园集》。

夏,魏禧与门人梁份到达江苏。在南京结交梅文鼎,并与甘京、丁炜泛舟秦淮河。

梅文鼎《续学堂文钞》卷三《梁质人四十寿序》:"庚申夏,梁质人从其师勺庭先生来江南。余并获交焉。"

《魏叔子文集外篇》卷八《历法通考叙》:"余养疴金陵,与宣城梅子定九相见于王子璞庵之南楼,定九不以余为不知,出示历算诸书,算书将次刊行,而《历法通考》,世未之知也。"

梅文鼎《续学堂诗钞》卷二《喜魏冰叔征君来白门,即送之吴兴,用王璞庵韵》诗云:"思君拟上翠微游,何幸相逢江上舟。雅望四方归霁月,高文一字即阳秋。楼窗夜午占朱鸟,酒玑天清对白鸥。不尽连床旬日意,迟迟应为埜人留。"

按:该诗自注"庚申"作,从诗意看,亦当作于是时。此外,梅文鼎《续学堂诗钞》卷二有《午日同诸公泛舟秦淮》,亦注曰"庚申"作,诗题下注云时甘楗斋、梁质人、魏叔子、丁雁水等人均在焉。可知是时魏禧当与甘京、梁份、丁炜同泛舟秦淮河。又按:梅文鼎,字定九,宣城人。贡生。博雅善属文,尤耽精历算,兼通中西之学。自制揆日测算诸器皆独出新意。著《历算八十八种》。《江南通志》卷一百六十四有传。

五月,魏禧在南京遇丁炜,二人相与谈论政事及诗文,魏禧作《问山诗集叙》。

《魏叔子文集外篇》卷九《问山诗集叙》:"庚申五月,雁水丁公以分守岭北,路出金陵,部民魏禧将就医桑林,亦暂停于此。公闻之,枉车骑临客舍,不值。明日报谒,公首询地方利弊,继谈诗,因出示《问山诗集》而命以序。"

按:桑林,疑即双林。丁公,即丁炜。《江西通志》卷五十八云:"丁炜,字澹汝,福建晋江人。分巡南赣⋯⋯雅善诗,著有《问山》、《涉江》诸集。于使院构覆园,致嘉树石,与一时名流唱和。"

魏禧到达常州武进,过访万令军不遇。作《赠万令军罢官序》。

《魏叔子文集外篇》卷十《赠万令军罢官序》:"今余以病臂就针师于双林,道出武进,将游君里,与君姻旧为吾故人者相谈燕,而君尚不得归。予过君寓室,见君服御起处,未尝不慨然太息,叹廉吏之不可为也。"

按:万令军生平无考。

夏,魏禧与魏世效到苏州邓尉山探访曾灿。

《魏昭士文集》卷三《曾若思二十序》云:"庚申夏,予从仲父过曾止山先生于邓尉。时妹婿彭子务从其尊先生至。曾子幼行弟学鉏来省亲。幼行之同祖弟若思则居此二年矣。故乡亲旧聚处于三千里之外,未有若此之盛也。"

彭士望《耻躬堂文钞》卷七《门人梁份四十序》:"庚申伏日同勺庭及次儿厚本客邓尉山。"

按:邓尉山,在今苏州市吴中区。

秋,魏禧就医苏州。作《金石录补题词》、《陈仪卿六十序》、《朱太宜人墓志铭》。

《魏叔子文集外篇》卷九《金石录补题词》:"⋯⋯今再见昆山叶子九来之《金石录补遗》⋯⋯予与九来交九年,庚申秋就医吴门,九来棹舟访余者数反。因出示此书,起夏禹《衡山碑》,终宋《周处庙像记》,凡若干种,皆汉、唐旧碣,为赵氏所未录者。"

《魏叔子文集外篇》卷十《陈仪卿六十序》:"陈君仪卿籍泉州石湖岛,以积著业侨家吴门之南濠……庚申七月,仪卿六十初度,诸亲姻友欲为仪卿寿,仪卿以除服未久,去而之邓尉山中。诸姻友相与谋曰:'吾辈即不获登堂举觞,君之令德其可无闻乎?'于是介袁子随安乞言于余。"

按:由文意知,此文亦作于客寓苏州之时。

《魏叔子文集外篇》卷十八《朱太宜人墓志铭》:"岁己未之八月,新安朱氏程太宜人年七十有五,告终于吴门之寓室……越六年庚申,禧就医吴门,昌周、昌绪介其宗人之赤以状来乞铭,禧辞不获。"

七月,魏禧在苏州编次文集,并作《二集自序》。

《魏叔子文集外篇》卷八《二集自序》:"予以文章谬为海内所知,然博学长才深思之士成一家言者,缙绅布衣不胜指数,自顾荒陋,无能为役。而就正有道,与疾没世而名不称,二者未能释然于怀,是以妄灾梨枣,实繁篇章。今初集目录已定,继此所作别为二集……今自视二集,与初集了无进境,大约少壮学疏,又衰老多病,不能博览穷思,鲜所新得,鄙犹自知,况海内名儒巨公乎?予费日月已五十有七年,自矢得邀天幸,逢七十四甲子之正月,六十既周,彼此并属余年,便当焚弃笔砚,萧闲颐适,待天年之尽,无为劳扰岁月,自戕寿命矣。庚申七月望,易堂魏禧识于吴门。"

时徐坚前来苏州探视魏禧。魏禧为作《徐孝先诗序》。

《魏叔子文集外篇》卷十《徐孝先诗序》:"孝先不轻出闾里,前年买舟特访予扬州,今年又来吴门视予疾。疾平,因属予序其诗,而予并道其为人如此。"

按:徐坚于康熙十六年到扬州访魏禧(参见康熙十六年谱)。又文中言其时为"前年",推知其是年来苏州探视魏禧。

八月初一,魏禧在苏州。作《寄儿子世侃书》。

《魏叔子文集外篇》卷六《寄儿子世侃书》:"自出门后,三次大病,参药之费,计五十金。七月光福一病,仅存皮骨,揽镜自照,陡然心惊……吾垂六十无子,立汝为后,吾弟、吾弟妇,阴驱显率,使汝为吾子……吾先代来称素封者八世,至征君家声益大。吾兄弟以文学为当路所礼,又肯出力气为人,故门第虽小,在僻邑中,尝若气焰。族里婚友,于汝兄弟辈,多礼貌,优容其失……庚申八月朔日,力疾书于吴门之桃花坞。"

按:魏禧无子,是年正月乃立魏礼之子世侃为嗣子,详见前谱。

八月,王汾仲寿六十。时魏禧在苏州,不能亲往祝觞,作《王汾仲六十序》。

《魏叔子文集外篇》卷十一《王汾仲六十叙》:"庚申八月,王子六十初度,余适自金陵之吴门,不能为王子举一觞,于是为叙,遣儿辈登堂拜手以进之。"

魏禧在苏州,作《处士俞君墓表》。

《魏叔子文集外篇》卷十八《处士俞君墓表》:"岁己未之七月,嘉兴俞君右吉年六十有六,以病卒。其十二月,君子炳奉君葬于庆丰桥之左。明年,予客吴门,炳以通家子奉状来乞表君墓门。往予客嘉兴曹侍郎所,君日日过从,相与博论古今治乱人物甚合。"

按：此文作于康熙十八年之"明年"，即是年。另，文中俞君即俞汝言。魏禧与之定交于康熙十年。参见康熙十年谱。

八月，徐乾学五十初度，其子徐树毂来访，请魏禧作寿序。

《魏叔子文集外篇》卷十《徐健庵春坊五十叙》："往丁巳予客扬州，公先顾予于委巷者再。既相见握手，四顿首而起，欢然如少旧之交……越三年，公初度，适予客吴门，公子孝廉树毂炯以公与禧有故，奉书币来乞言。"

彭士望《耻躬堂文钞》卷七《徐健庵春坊五十寿序》："庚申八月，予在吴门。昆山徐子艺初、章仲二孝廉遣书使因顾子景范迎予居其家。月望日，艺初、章仲肃衣冠作礼言曰：'……今先生与魏叔子先生并客吴门，适介家大人寿，亦一时之遭。'"

按：徐乾学，字原一，号健庵。昆山人。康熙庚戌殿试第三人，授编修。壬子主顺天乡试，所拔皆凤学。后直南书房，擢内阁学士，充《大清会典》、《一统志》副总裁，教习庶吉士。后丁母忧归。服阕，起故官。充《明史》总裁官，累迁侍讲学士。著《读礼通考》百二十卷。《江南通志》卷一百六十五、《清史稿》卷二百七十一有传。

是年，魏禧作《程楚臣六十叙》。

《魏叔子文集外篇》卷十一《程楚臣六十叙》："休宁程君楚臣以庚申嘉平登六袤，其子兆麟介友人洪君亭玉来乞言。"

按：嘉平，即腊月。是年十二月程楚臣六十寿辰，此文当作于之前。

十一月，魏禧返归，客居无锡，作《处士华君墓志铭》。

《魏叔子文集外篇》卷十八《处士华君墓志铭》："庚申十一月日，章志等将启兆奉君柩合葬于大通桥之莲蕖。禧适客无锡。章志奉状四顿首，涕泣请铭君墓石。禧往客吴门，君与章志皆有交，不获辞。"

按：由前谱知，是年魏禧前赴湖州双林医治臂病，考其是年行踪，知此番客无锡当在赴双林就医之后，即在回归宁都途中。

魏禧从无锡往赴扬州故人约，时门人梁份留无锡为之校雠文集。十一月十七日，魏禧卒于仪征。友人顾祖禹最先赶至祭奠。

《魏季子文集》卷十五《先叔兄纪略》云："庚申十一月十七日，从无锡赴故人约，舟至仪真一夕卒。时门人梁份从行。远近友人咸走哭于殡所，而常熟顾祖禹景范独先至。祖禹少先生七岁，先生与为兄弟，交比易堂。其未能至者，则于先生昔经游处设位以祭，海内士识与不识莫不惋惜焉。"

梁份《怀葛堂文集·哭魏勺庭夫子文》云："门人梁份奉新刻夫子诗文集陈柩前，蹯踊而哭曰：份奉命校雠有成功矣，乃夫子遽至是耶。夫子固善病，昨仆夫自真州至，暮叩门，心动，从门间问夫子安，然后启而纳之。书中亦言体大健，是以份留数日待此集之成。恶知二日内而病，病而如是哉！"

十二月二十三日，魏禧讣至山中。魏禧妻谢氏绝食十三日死。

彭士望《耻躬堂文钞》卷二《与门人梁份书》:"庚申腊月廿三日,周士传冰叔先生于十一月十七日病卒仪真。"

《魏季子文集》卷十五《先叔兄纪略》云:"嫂谢氏闻丧,勺饮不入口,绝食十三日死。"

按:谢氏逝世具体时日可参看次年谱。

是年汪琬与王士禛、施闰章、彭孙遹、陈维崧皆在翰林。李天馥为阁学,陈廷敬、叶方蔼相继为掌院,沈荃为掌詹。诸人互相酬倡,一时传为盛事。

《王士禛年谱》"康熙十九年庚申"条云:"是年李湘北为阁学,陈子端、叶子吉相继为掌院,沈贞蕤为掌詹。山人及愚山、羡门、钝庵、其年诸公,皆在翰林。互相酬倡,一时传为盛事。"

按:由上文知汪琬虽于上年请告,然此时尚未获批,故是时仍在京城,与诸文人酬唱往来。可参照下谱。另陈廷敬《午亭文编》卷四十四《翰林编修汪钝翁墓志铭》云:"在史馆六十日,撰史稿百七十五篇,杜门称疾者一年,以病免而归。"亦可为之佐证。

是岁冬,汪琬得旨放归,作《请告后作》。

郑方坤《清朝名家诗钞小传》卷二《尧峰诗钞小传》云:"入馆仅六十日,撰史传百七十篇,遽以疾陈情。总裁者难之再三,请不已。年余竟予告。时年未六十。"

《尧峰文钞》文卷三十《拟明史列传自序》云:"计入史馆才六十日,杜门请告者殆逾一年,始得放归。"

邓之诚《清诗纪事初编》卷三"汪琬"条亦云:"十八年,举鸿博,授编修。翌年冬告归。"

《尧峰文钞》卷四十九《请告后作》:"河上冰融草复斑,此身犹滞旅亭间。药无可染衰余鬓,酒不能回病后颜。家业渐随花并落,客心先逐燕双还。云泥分与诸贤隔,喜有音书念闭关。"

按:从诗意看,当作于请告获准之时。

汪琬将归,施闰章作诗送之。后汪琬作《和施愚山见寄去岁赠别口号次韵四首》。

施闰章《学余堂诗集》卷五十《同馆汪钝翁编修假归》云:"悠悠相聚别相怜,不浅论文二十年。头白何时重执手,忽惊双泪落君前。(其一)金门兴懒梦云沙,幞被风轻二月槎。妒杀长年相约定,到时犹及牡丹花。(其三)尧峰别自五湖东,竹径茅堂画舫通。云壑逢迎猿鹤喜,少微星果照吴中。(其四)"

按:从诗意看,当作于汪琬请告将归之时。另《尧峰文钞》诗卷十有《和施愚山见寄去岁赠别口号次韵四首》。其诗略。

时尤侗、魏象枢均作诗赠汪琬。

尤侗《西堂诗集·于京集》卷四《送汪钝翁南归(其一)》云:"汪生此去若登仙,恰趁春江下水船。今早趋朝出左掖,谁人马上不扬鞭。"

按：卷首自注云："自庚申十二月至壬戌三月止共诗八十八首。"又，汪琬于是年冬始得旨南归，此诗当作于是年十二月汪琬南归之时。

魏象枢《寒松堂全集》卷七《怀汪钝庵编修》云："应召身犹健，归田志已坚。时清容闭户，道大在编年。松菊双蓬鬓，乾坤一钓船。名山千载事，岁月正悠然。"

按：诗中"应召"当指康熙十七年汪琬进京应诏博学鸿词科之事。"归田志已坚"，当指汪琬以病乞归。又该卷首自注云："自壬子至庚申。"可知此诗作于是年汪琬南归之后。

清圣祖康熙二十年 辛酉 1681年 汪琬五十八岁

三藩之乱结束。清廷统治渐趋巩固。

正月初六日，魏禧妻谢氏卒。

彭士望《耻躬堂文钞》卷二《与门人梁份书》云："叔内闻讣，昼夜号呼，勺水不入口者旬余，矢志饿殉，戚友内外劝之不得……延至辛酉春正月六日饿卒内寝。"

正月，魏礼命子魏世效、魏禧门人赖韦迎魏禧之榇归。将魏禧与妻谢氏合葬于邑南郊下罗坪始祖墓旁。

《魏季子文集》卷十二《长儿世效三十一岁乙丑腊月示记》云："效之二十七年辛酉，吾叔子变于仪真，予闻遂得疾，正月命效往迎榇，赖子弦与往。"

《魏季子文集》卷十五《先叔兄纪略》云："礼闻讣号恸病几殆，乃遣长儿世效、先生之门人赖韦偕行扶榇归，合葬于邑南郊下罗坪始祖墓旁。"

按：此处"合葬"，当指魏禧与妻谢氏合葬。

二月，汪琬南归。将抵家，汪琬心情颇为失落，作《将抵家三首》。后汪琬将南归后所作诗编为《南归诗稿》。

《钝翁续稿》卷六《将抵家三首》（其一）云："一别云山已有季，旧游重到辄凄然。霜颅雪颔归来客，自是陈人不是仙。"其二云："几多朝士擅文雄，谁复留情记此翁。老夫去官君勿讶，时贤方重黑头公。"其三云："知识相逢话旧余，数行清泪落衣裾。不须惜我头衔小，已被虚名暗折除。"

按：《钝翁续稿》卷五为《北游诗》，其卷首自注云"自戊午秋八月至辛酉二月止。"卷六为《南归诗稿》。可知《南归诗稿》收录的应是辛酉二月后归乡时的诗作。

汪琬归家逾月，妾马氏卒。甫期季妾张氏亦卒。

《钝翁续稿》卷八《归田残稿》序："予自南归仅逾月而丧次妾马，甫期季而丧长妾张。"

是年，汪琬将所撰史稿汇为《别稿》，分二十四卷，并作《拟明史列传自序》。

《钝翁续稿总目》附周公赟跋云："在馆所拟《明史列传》一百七十五首，汇为二十四卷。即今赟所刻《别稿》是也。"

《尧峰文钞》文卷三十《拟明史列传自序》云："琬又衰老，且病蹉跎，一出几丧廉耻……故所撰止于如此。然而舛错迭见，缺略时有，欲无得罪于古人，盖其难矣。

既已录上史馆,及归,而犹不能不藏弆此稿者,非敢望名山其人,如史迁所说也。孤位苟禄迁延岁月,亦聊以志愧云尔。"

按:上文作于南归之后,具体时间无考,姑系于此。

九月末,汪琬省七叔父于东山。十月,汪琬与周公贽、汪又蘅游西山。友文点失约未至。诸人先后访严公弈、姜自宸、李恪臣,汪琬作诗若干,后合编为《洞庭后游稿》。

《钝翁续稿》卷七《洞庭后游稿》序:"予期以九月末定省七叔父于东山。于是周子觐侯复有西山之约。晦前一日,与觐侯及文子与也订行十月朔。庚辰从子又蘅先从予至山庄,翌日辛巳雨,觐侯如期至,与也失期。壬午又雨,候与也不至。癸未天稍霁,遂偕觐侯、又蘅行。既至东山,寓严翁公弈拙圃。越三日丙辰,侍叔父过寒山,主姜自宸家。自宸为叔父女夫,予再从妹婿也,具宾主甚肃。翌日丁亥,乘姜氏舟入西山,再主李恪臣家。往返凡十一日,遇雨者一日,得诗若干首。觐侯及释同岑诗附录如故事。是岁康熙二十季也。距前游五岁矣。"

该卷附曹基《书洞庭游稿后》云:"辛酉冬十月,先生复往游,从者为觐侯及先生之从子又蘅也。先生得诗则益伙……"

按:汪琬将第一次游洞庭的诗作编为《洞庭游稿》,参见康熙十六年谱。

是年,汪琬作《周宏叔墓志铭》。

《尧峰文钞》文卷十六《周宏叔墓志铭》:"君卒于顺治二年某月日,春秋三十六。孺人卒于康熙十九年某月日,春秋六十八。相距逾三十五年。先是,廷旦卜葬君于大池之新原。及免孺人丧之次年,遂启君圹,以某月日奉孺人柩往祔。其去君之葬亦逾三十年矣。君有弟文季,予乡试同门生也。故廷旦介文季子某来乞予铭,予不得辞。因按状中所载次第,韵之为铭,以授之廷旦。"

按:孺人丧于康熙十九年,从文意知本文作于其卒之次年,即是年。

清圣祖康熙二十一年 壬戌 1682 年 汪琬五十九岁

正月,耿精忠被凌迟处死。

是年,汪琬作《仲翁墓志铭》、《乡饮宾席翁墓志铭》、《李母顾孺人墓志铭》。

《尧峰文钞》文卷十六《仲翁墓志铭》:"翁善生殖,喜读书,好客不厌。遣其两子棣、枢挈舟过尧峰之麓,数从予游……翁殁将葬,棣来乞铭……翁讳某,字文涛,其系出先贤季路。世居山东济宁州……卒以康熙二十年某月日,葬以明年某月日。"

按:由文意知,仲翁卒于康熙二十年,此文当作于卒之次年,即是年。

《尧峰文钞》文卷十五《乡饮宾席翁墓志铭》文末云:"是为康熙二十一年某月某日。"

《尧峰文钞》文卷十八《李母顾孺人墓志铭》:"李氏诸子,次第巍然成立。伯曰绳远,字斯年;仲曰良年,字武曾;叔曰符,字分虎,率皆器识雄迈,论议卓荦,所学则迆演淹贯,悉达于用……武曾北游京师,举朝士大夫熟习其氏名,而予尤与之相得……孺人顾氏……与诀曰：'吾期至矣。'康熙二十一年某月日也。享年六十有九。诸子卜以明年某月日合葬先生之墓。"

是年，汪琬作《募修长洲县学序》、《重修报恩寺记》、《广福院藐庵谷禅师塔铭》。

《尧峰文钞》文卷二十七《募修长洲县学序》："吾苏长洲学舍创建于前明嘉靖，而重修于万历之中叶。类皆有硕德重臣与夫有司之良者，出赎锾、捐官俸，为邑人倡，率见于学志班班可考也。及今将百五十年矣……教谕姚君、训导王君、始进乡进士陆子蔚文及诸生辈谋更新之……将遍求助于邑人，而以序属予。"

《乾隆长洲县志》卷五《学宫》云："康熙二十一年，邑人侍讲彭定求力谋兴复。自巡抚以下各捐俸委教谕姚文焱、训导王玢、诸生钮希文重建。"

按：结合上引材料知，长洲县学重修于是年，则汪琬文亦当作于此时。

《尧峰文钞》文卷二十三《重修报恩寺记》："报恩寺，直府治卧龙街之北，俗但谓之北寺……康熙五年，太傅金文通公归老于家，偕其仲子侍卫君顾而叹息，促延剖石壁公主之首，茸不染尘……文通公及璧公相次即世，嗣法席者一源闻公即璧公大弟子也，甫莅事，慨然引为己任。尽哀衣盂所储倡之，复集社友凡十辈醵金左右之，闻公喜曰：'役可兴矣。'遂鸠材召匠，诹日从事。起十二年冬，阅九年而始溃于成……文通公璧公之素愿至此方大慰，而闻公又示疾矣。临化，召门人曰：'吾精力尽殚此殿，苟无文述之，将何以示诸方垂来者乎？'门人某等既承遗命，乃介侍卫君属文于琬。"

按：从上文知报恩寺于康熙十二年始重修，阅九年而成，当为是年。

《尧峰文钞》文卷二十《广福院藐庵谷禅师塔铭》："师讳秉谷，字风遇，别自号藐庵。俗姓任氏，扬之通州人……含笑而逝，康熙十九年闰八月某日也。世寿五十有四，僧腊三十有八，受度弟子若干人。越二年，建塔于院后之隙地，遵遗命也。"

按：此文当作于藐庵谷禅师之塔建成之后。据文意知，禅师卒于康熙十九年，塔建成于其后二年，即为是年。

是年，汪琬与徐喈凤重逢，汪琬为徐作《愿息斋集序》。

《尧峰文钞》文卷二十九《愿息斋集序》："徐子与予……尝聚首都下。既而释褐永昌推官，别去逾二十年始复相见于吴门，出其著述凡若干卷。予受而读之，其诗歌甚工也。古文辞又工。至如酒阑游戏，屈其体格以见于小词，则又工古人之所难……予与徐子皆老矣。予年五十有九，而徐子又过之。"

按：文中明言作此文时汪琬年五十九，即为是年。由文意知汪琬与徐喈凤约相识于二十年之前，其具体时间无考。

《四库全书总目》卷一百八十二《荆南墨农全集》提要："国朝徐喈凤撰……是编首曰《滇游诗集》，官永昌府时所作；次曰《愿息斋诗文集》，里居后所作。"

秋八月，汪楫出使琉球，汪琬作《送宗人舟次出使流求》诗及《送宗人舟次出使流求序》以赠。

朱彝尊《曝书亭集》卷四十一《送汪检讨使琉球序》云："康熙二十有一年春,有诏命公卿择廷臣之可使琉球者,众以翰林院检讨江都汪君对……天子复集公卿议于廷,终允君所请。秋八月,亲洒宸翰,缥囊钿函,俾君赍以往。"

《尧峰文钞》文卷二十四《送宗人舟次出使流求序》："今吾舟次才高而学赡,器博而志雄,天子拔诸学官之中,超授史职。知遇不可谓不隆也。会有诏集廷臣慎简、出使流求者,争首推舟次应命……予与舟次同祖越国,又尝同官翰林。于其行也,义不能无言。既深嘉舟次父子间之贤,而又推本天子所以宠待舟次者,为之追述前闻以赠。"

另《钝翁续稿》卷八有《送宗人舟次出使流求》,其诗略。

是年,汪琬门人张壎将赴任南宁,汪琬作《送张牖如之任南宁序》。

《尧峰文钞》卷二十四《送张牖如之任南宁序》："吾门张子牖如,为人慷爽强力,素以才名著闻……张子既用卓异举是,宜备台谏之选,顾仅得通守,且远在西南荒徼,人皆疑张子有不豫色,而张子怡然自适。濒行,乞子一言为赠。"

按:由文意知,此序乃汪琬门人张牖如赴任南宁之际,汪琬送之而作。又《苏州府志》卷八十八(长洲县)云:"张壎,字牖如……康熙二十一年,自春徂夏不雨,壎囚服系颈,暴烈日中……俄而雨大注。以卓异荐迁广西南宁通判。"可知此序作于是年。

顾炎武卒。

张穆《顾亭林先生年谱》卷四云:"(康熙)二十一年壬戌,七十岁。正月……初九日丑刻捐馆。"

陈维崧卒。

姜亮夫《历代名人年里碑传总表》记其卒于清康熙二十一年。

清圣祖康熙二十二年 癸亥 1683 年 汪琬六十岁

正月,汪琬寿六十。友人汤斌、王士禛咸作诗以赠。

按:《汤子遗书》卷十有《汪钝翁六十初度》,王士禛《精华录》卷九亦有《汪钝翁六十》。其诗略。

是年,陈仁锡祠堂迁建于虎丘,汪琬为作祠堂碑文。

《尧峰文钞》文卷十《陈文庄公祠堂碑》："前明南京国子祭酒赠詹事陈文庄公之殁也,是为崇祯七年。阅十年,其长君济生献公所著书于朝,始予赠谥,追录其子一人。又一年为弘光元年,复许建专祠以祀。于是偕其弟济桢卜地,建祠于府治卧龙街关壮缪庙之右……祠成于康熙十九年。又三年,某始为之文。"

按:康熙十九年之又三年,即为是年。

《江南通志》卷一百六十五云:"陈仁锡,字明卿。长洲人……天启壬戌殿试第三人,入翰林。每进讲多所规正。会魏珰给铁券,欲仁锡作诰词。坚不属草,削籍归。崇祯初起原官,终南京国子祭酒。好古博洽,著书甚富。卒,谥文庄。"

汪琬作《江南布政使司参议分守苏松常道方公祠堂碑》、《中峰晓庵了法师塔铭》。

《尧峰文钞》文卷十《江南布政使司参议分守苏松常道方公祠堂碑》："康熙二十有二年，吴中士民合辞言于长吴两县官曰：'故分守苏松常道参议方公讳某之治吴也，以勤莅官，以方廉倡僚吏，以严毅约束胥史，而以慈爱拊循闾阎诸士庶，惠威并著，有年于此……请遂度地创为专祠，庶几有以揭虔妥灵，昭示来世。'……升主之日，士民胥大和会，俎豆既设，笙歌既登，蹲蹲肃肃，俨公在堂。事竣而退。各少休于庭庑，顾瞻丽牲之石，慨其不当无文，且曰：'如是则犹未足以报公也。'复相率诣予，乞其辞。"

《尧峰文钞》文卷二十《中峰晓庵了法师塔铭》："师讳觉了，字晓庵。长洲朱氏子……世寿五十二，僧腊三十二。将入龛，缁白哭送者数百人。康熙二十一年某月日也……越明年，将奉龛入塔。公绅、觐侯又代为速铭。"

是年，汪琬为广西巡抚右副都御史郝浴作墓志铭。

《尧峰文钞》文卷十四《广西巡抚右副都御史加四级郝公墓志铭》："康熙二十二年某月日也，诸孤以公丧归，择某年月日卜葬州之某乡某原，具行状及公疏稿寓书尧峰山中，属铭其隧道之石。按状公讳浴，字冰涤，又字雪海，复自号复阳。"

按：郝浴，字雪海，山东定州人。顺治己丑进士。曾任四川巡按；后谪戍铁岭。注《周易解》，士人宗之，称为复阳先生。康熙十四年特旨取还录用。后仕至广西巡抚，崇祀名宦。《钦定盛京通志》卷九十有传。

汪琬幼子景苏殇。

《钝翁续稿》卷八《归田残稿（自壬午岁起至甲子冬止）》序云："予自南归仅逾月而丧次姜马……不二载而又有幼子景苏之变。"

按：汪琬于康熙二十年请告南归，同年丧妾马氏。文中云"不二载而又有幼子景苏之变"，则知景苏当殇于是年。

汪琬以古文自矜，对后进恒面斥之。时尤侗亦告归，喜奖掖后进。故时人畏汪琬而乐尤侗之和易也。

陈康祺《郎潜纪闻二笔》卷十五："汪钝翁编修居尧峰，以古文自矜……见俗子议文章者，恒面斥之。同时尤西堂以检讨告归家居，距尧峰不百里，延接后进，以诗文缣素请者盈庭户，有求必满其意，年少略能弄翰，奖饰不倦。故人咸畏缩尧峰，而乐西堂之和易也，然而尧峰之道尊矣。"

按：尤侗于康熙十八年授翰林院编修，康熙二十二年致仕返乡，归隐苏州亦园。则上文所记之事当发生在是年前后。姑系于此。

施闰章卒。

彭绍升《二林居集》卷二十《良史述上·施闰章》云："康熙二十二年卒于官。"

清圣祖康熙二十三年 甲子 1684年 汪琬六十一岁

是年，以汤斌为江宁巡抚。其在任时，曾禁止刻印小说，取缔苏州五通祠。

正月，汪琬偕周公贽复游西山洞庭，得诗九首，名《三游稿》。

按：《钝翁续稿》卷七附有《三游稿》，有诗九首，注云："甲子春正月"。同卷《包山书屋》诗后附周公贽《次韵》诗云："青帘白舫似堪留，谷口名声地最幽。高阁入云连洞府，好花带雪满林丘。诗文已卒名山业，冠服尤推隐者流。二老相逢成一笑，十季三度得同游。"由此可知，是时周觐侯当再与汪琬游。又按：汪琬与周觐侯初游洞庭时在康熙十六年，再游洞庭时在康熙二十年。是年为第三次游洞庭，故其诗命名为《三游稿》。

是年，汪琬作《顾徐赤墓志铭》、《席舍人墓志铭》、《文林郎岑溪知县刘公墓表》。

《尧峰文钞》文卷十四《顾徐赤墓志铭》："君讳埴，字徐赤，姓顾氏……享年五十有八，实康熙二十二年某月日也……君殁之明年，诸子奉其柩往合焉。"

按：由文意知，此文作于顾植卒后一年，即为是年。

《尧峰文钞》文卷十五《席舍人墓志铭》："问舍人为谁，盖讳启图，字文舆。岁贡生，候补内阁中书舍人，未授官而卒……卒于康熙十有九年某月日，葬于二十有三年某月日。"

《尧峰文钞》文卷二十《文林郎岑溪知县刘公墓表》："其殁以康熙十一年某月日，葬以十三年某月日。芝麓龚先生亦既志而铭之矣。阅十年，吏部君至吴，复命予文其墓道之石。"

按：文中云刘公葬于康熙十三年，此文作于其葬后十年，即为是年。

秋，汪琬大病。逾月始愈。十月，汪琬嘱周公贽觐侯及诸门人开始编刻《钝翁前后类稿》。

《钝翁续稿总目》附周公贽跋云："翁先是刻《类稿》六十二卷，藏之尧峰皆山阁矣。请告以来，复时时发为述作者几十有三年。得诗五百二十首，经解、古文辞二百六十首，汇为三十卷。即今贽所校诗稿、文稿是也。中间曾应博学鸿儒之选，入史馆者六十日，杜门称疾者一年，然后南归。在馆所拟《明史列传》一百七十五首，汇为二十四卷。即今贽所刻《别稿》是也。而《汪氏族谱》、《先府君事略》二卷附焉。合前刻《类稿》凡一百十有八卷……康熙二十二年，贽与诸同门醵金谋刻于城西草堂，翁迁延不许。越明年秋大病，再逾月始愈。遂出原本缮写。盖始于甲子十月至乙丑七月告成。呈之于翁，翁始犹怏怏不自足也。必欲合此诸稿，严加涂沫，而存十之三四，则贽请竢之异日震泽后学。"

九月，康熙帝南巡，十月到苏州。次月到江宁。十二月还京。

十月，康熙南巡至无锡，汪琬至浒墅迎驾。后汪琬作有《书恭迎大驾始末》及《甲子冬十月纪事诗》五首。康熙又召抚臣汤斌谕曰："汪琬久在翰林院，文名甚著。近又闻其居乡，不与闻外事。可嘉。"赠琬御书一轴。汪琬乃易皆山阁为御书阁而藏之，并作《御书阁记》。

《尧峰文钞》卷三十六《书恭迎大驾始末》："康熙二十三年冬十月，皇上南巡，将抵苏。二十四日丙辰,臣琬偕在籍坊院诸臣具舟往迎于望亭。是夕,御舟至无锡,臣等还宿浒墅。明日丁巳,夜方半,前驱传呼御舟将至,诸臣皆具朝服露坐民家檐下以待。戊午既旦,御舟逾关,恭迎于南新桥岸次。皇上传谕使前臣等竭蹶前趋数十步,御舟始泊。臣等列跪岸侧。皇上遍询诸臣姓名讫,独不及臣琬。琬因自通姓名,蒙谕曰:'晓得。'随询臣琬行年几何,琬谨对臣犬马齿六十有一。复询吴中秋成何若,琬又对今岁歉收,夏大水,秋不雨。皇上若微颔者,因彻御前饼饵二盘以赐,且传谕曰:'舟中无他所有,今以此慰劳若等。'御舟将发,遂遣侍卫送臣等归舟而后行……"

按:《钝翁续稿》卷八有《甲子冬十月纪事诗(五首)》。其诗后有注云:"右与坊院诸臣恭迎御舟于浒墅。"其诗略。汪琬受赐御书一事,《清朝先正事略》卷三十七《汪尧峰先生事略》、《词林典故》卷四、《熙朝新语》卷七均有记载。

又《尧峰文钞》文卷二十三《御书阁记》云:"皇帝践阼之二十有三年冬十月戊午,东巡至苏、越。二日庚申,御舟还次无锡,驻跸惠山之麓,召巡抚都御史臣斌谕曰:'编修汪琬久在翰院,文名甚著。近又闻其居乡,不与闻外事。是诚可嘉,特赐御书一轴。汝宜传示,不必令彼前来谢恩,亦不必具疏陈谢。许其从私家祗受。'……臣琬闻知,出具朝服,跪迎于大门之外。继又九拜三叩首,受书堂中。既竣事,然后敢启重封,敬览数四。"

《钝翁续稿》卷二十九《跋御书阁记》云:"臣琬僻居尧峰岁月已十有三,易茅茨数椽,安之久矣。既拜辱御书之赐,谋构一室以庋而赉,力弗能逮也。先是,草堂之后有阁曰皆山,敢彻故扁,稍加涂垩,恭匿镂御笔于中。及记,既登石则,又陷置壁间,而更其颜曰:'御书阁'。"

陈廷敬劝汪琬出山,汪琬作诗拒辞。

陈廷敬《午亭文编》卷三十九《与汪钝翁书》:"与足下别久矣。昔别壮也,今发苍苍齿摇摇矣。以吾念足下,知足下之德不进修名,不立窃禄于朝。欲如足下托迹丘园,不受当时之责,乌可得哉……足下所乐者,孔子、孟子之道。孔子、孟子所遇之时,如彼栖栖皇皇,游于列国诸侯、卿大夫之间。未尝一日不欲行其道,不敢于山林泉石偃然俯仰,与世遂绝也。今足下所为乃异于孔子、孟子矣。且主上亲拔足下于侪流,迭有恩礼,视众人为独厚。或未宜如此而遂已也。足下竟何以自解耶?久不通书问,因风略及。惟裁择而教之。幸甚。"

按:从陈廷敬文意知,陈极力劝汪琬出山。此事当在汪琬隐居尧峰山之后。汪敬源《续修文清公年谱》将此事系于是年。

另,《尧峰文钞》诗卷十《答友人出山之问》诗云:"不嫌野父便交欢,讳说头衔是史官。车为久悬羞再驾,冠宜长挂怕重弹。丛祠散社分余肉,僧钵逢斋寄一餐。此段风流那易得,肯驰险阻涉波澜。"

按:从汪琬此诗内容来看,疑为答陈敬廷而作。

清圣祖康熙二十四年 乙丑 1685 年 汪琬六十二岁

江苏巡抚汤斌捐俸金重修至德庙，六月朔竣工。属汪琬作《新修至德庙碑》。

《尧峰文钞》文卷十《新修至德庙碑》："巡抚都御史汤公甫莅政，即涓吉谒庙，顾瞻徘徊，不胜叹息。乃下令撤巫祠之淫者，以其余材鸠工而改为之。有不足则捐俸金若干两佐之，又不足则布政使章君复捐金若干两，且遣县丞涂某、董其役，凡三阅月而讫……公以书抵尧峰，属琬志其修葺颠末，再辞不获命，因并书前言以复公云。公讳某，字某，河南睢州人。顺治壬辰进士。由某官擢今官。章君讳某，字某，顺天宛平人，由某官擢今官，于例当附书。"

《江南通志》卷三十八云："至德庙，在阊门内，祀吴泰伯。汉永兴二年，建于阊门外雁宕村南。吴越钱氏移建于此。明宣德中，郡守况钟修。国朝康熙二十四年，巡抚汤斌修。"

按：汪敬源《续修文清公年谱》将汤斌修至德庙事系于康熙二十三年，当为误记。

是年长洲县重建尊美堂碑，汪琬为之作记。

《尧峰文钞》文卷十《重建长洲县尊美堂碑》："某侯莅政之初，即以清心省事自矢于神。甫期而政孚人洽，麦禾有年，疫疠不作，士民争相谓曰：'候，吾父母也。吾侪小人，其可使父母殆于露处乎？'……予载与侯友善，每述士民之志，乞书其始末于石，侯亦继以书至，且曰："石具矣，故予不得辞。""

按：文中有"予请告以来逾十有五年"语，由前谱知汪琬于康熙九年请告南归，此文当作于其后十五年即是年。

汪琬第五子榖诒应童子试，补长洲附学生。

汪敬源《续修文清公年谱》"乙丑"条云："子榖诒入长洲学，为附学生。"

七月，汪琬《钝翁续稿》刻成。凡诗文稿及经解三十卷，《明史列传》二十四卷，而《汪氏族谱》、《府君事略》等均附焉。

详见上年谱所引《钝翁续稿总目》附周公赞跋。

八月十五日，李镜卒。

李良年《秋锦山房集》卷二十《族父明远府君行状》云："是夕正容而逝，康熙乙丑八月十五日也。"

清圣祖康熙二十五年 丙寅 1686 年 汪琬六十三岁

徐乾学以礼部侍郎充《一统志》、《会典》副总裁及《明史》总裁官。

汪琬为徐必远之妻刘孺人作墓志铭。

《尧峰文钞》文卷十八《敕封徐母刘孺人墓志铭》："孺人贵阳刘氏，族大而代有显人，为前明威州知州讳管之女。年十七，归于徐，为四川右参议讳卿伯之妇，广西左参政宁庵先生讳必远之配。享年七十有一，距先生殁，逾四年矣。又五年，祔葬先生之兆。是岁实康熙二十五年某月日也。"

按：徐必远，字宁庵，为汪琬会试时考官，参见顺治十二年谱。

陆在新被擢吉安县令。将行，汪琬为作《送陆蔚文序》。

《尧峰文钞》文卷二十四《送陆蔚文序》："吾友陆子蔚文，其人耿介而有立，明敏而多闻，以文行知名吴中。故当莅官松学也，举诸生脯修贽具，他师所苛责不已者，悉蠲除之；贫乏不具膏火者，加赒恤之；其学行过人，可为诸生法者，又加奖劳而劝勉之。岁时又大课其文艺，月必一举，既次第其甲乙，而遴择其尤秀异者，从容分别，备陈于学使者之前……今方擢令庐陵行有日矣……予故于蔚文之行也，赠斯言以竢。"

《江西通志》卷六十一云："陆在新，字文蔚，长洲人。举人。康熙二十五年令庐陵。"

汪琬作《前明兵科右给事中吴公墓志铭》。

《尧峰文钞》文卷十三《前明兵科右给事中吴公墓志铭》："故兵科给事中吴公既殁之十有一年，诸子卜葬于长洲金鹅乡之诚字圩。又十有一年，其配顾孺人卒。越明年，诸子将奉其柩与公合兆。公之葬也，未及具石以铭，至是持某所撰行状问铭于琬……公讳适，字幼洪。晚值明亡，自称南国废人……皇清顺治三年，巡按御史用地方人材荐，非公志也。不得已迁延，行至中途而返。凡杜门却埽者十有七年。太孺人寿终，哀毁骨立，以不胜丧卒。享年五十。"

按：由文意知，吴适顺治三年返家，杜门却扫十七年后卒，则知其卒于康熙二年。其卒后十一年即康熙十三年葬于长洲金鹅乡。又十一年即康熙二十四年，其妻顾孺人卒。次年即康熙二十五年，其子将二人合葬，葬时请汪琬作墓志铭。

《乾隆长洲县志》卷二十四云："吴适，字幼洪……少颖异，稍长从杨廷枢受学，中崇祯十年进士。释谒衢州司李，决狱多所平反……以卓异征授户科给事中……归西园读书。年四十筑不动轩，自谓有契于孟子之旨。又十年卒于家。"

时江西李振裕督学江南，将其《白石山房稿》寄至汪琬，请琬为之作序。

《尧峰文钞》文卷二十九《白石山房稿序》云："……其岿然以宿德重望冠冕江右者，莫如侍郎石园李公。今文饶先生则侍郎公之次君也……以高第拣入翰林，读书玉堂之中，扈跸交戟之内，其才益高、学益博，见闻益雄阔宏肆。每著作一篇出，士大夫必相传颂以熟……去年春，天子特简先生视学东南。先生课士之暇，哀其所为《白石山房文稿》，凡若干卷，邮书示琬，且曰：'吾子宜为之序。'"

按：由文中云"去年春，天子特简先生视学东南"语知汪琬为李振裕作序在其督学江南之次年。又《江南通志》卷一百五"提督学政"条记载云："李振裕，吉水人，进士。康熙二十四年任。"由此推知，此文作于康熙二十五年。

清圣祖康熙二十六年 丁卯 1687 年 汪琬六十四岁

是年，清廷以"败坏风俗，蛊惑人心"为罪状，禁"淫词小说"。

汪琬作《布政使司参政丘公墓志铭》、《袁氏六俊小传》。

《尧峰文钞》文卷十一《布政使司参政丘公墓志铭》："康熙二十四年,予既里居,府君适年八十。寺副先生以书属予叙其寿。予病,不果为。明年秋,府君遽捐馆舍,寺副衰经踊门,又以志铭见属,予遂不敢复辞。又明年来速铭曰:'葬有期矣。'乃为次其世系、官爵、事行及其生卒、子女之始末志而铭之。"

按:从文意知,此文作于康熙二十四年后二年,即是年。

《尧峰文钞》文卷三十五《袁氏六俊小传》："前史官汪琬曰:琬尝阅《袁氏世谱》,明成弘间有隐君子讳敬,别号介隐公者,生三子。长教谕公鼎,次赠礼部公鼐,次封刑部公鼏……独志山公有孙麟振之及其子士俊、令推,力持门户,喜收拾先世遗迹,又请于上官,乞以乡贤祀谷虚先生。又倡族人请建六俊祠,以琬妻宜人为胥台先生四世女孙,故命琬撰《六俊小传》。"

按:汪敬源《续修文清公年谱》"丁卯"条云:"公为袁氏六俊公作小传并序其后。"

十月,汤斌卒。次年汪琬为作《工部尚书充经筵讲官汤公墓志铭》。

《尧峰文钞》文卷十四《工部尚书充经筵讲官汤公墓志铭》："康熙二十六年冬十月某日,工部尚书睢州汤公斌薨于位,年六十有一……越明年,诸孤将卜葬州东南黄冈之阡。先期,遣使以书及行状来请铭。琬尝与公同为史官,又辱知交最深,乃核其世次官阀事行之实,序而铭之。"

汤斌《汤子遗书》卷首王廷灿《汤子遗书序》云:"丁卯冬,先生薨于位。"《有怀堂文稿》卷十四《经筵讲官工部尚书汤公睢州祠堂碑记》记载同。

按:由汪琬文意知汤斌墓志铭作于其卒之次年。

孙枝蔚卒。

姜亮夫《历代名人年里碑传总表》记其卒于康熙二十六年。

魏象枢卒。

姜亮夫《历代名人年里碑传总表》记其卒于康熙二十六年。

宋德宜卒。

《苏州府志》卷八《宋德宜传》云:"(康熙)二十六年,以疾卒于官。"

清圣祖康熙二十七年 戊辰 1688 年 汪琬六十五岁

春,林佶自闽游吴。四月来从学汪琬。汪琬将《钝翁前后类稿》授其编录。

《尧峰文钞》后附林佶跋云:"右《尧峰文钞》五十卷,先生所手定以授佶编录者也。佶戊辰春自闽游吴,及先生之门,授《前后类稿》归。"

是年,宋荦任江苏布政使。汪琬就其署,与之樽酒论文,并为宋荦次子山言作《纬萧集》。

宋荦《漫堂年谱》卷二"二十六年丁卯"云:"十月奉特旨升江苏布政使……十二月,抵苏州。"宋荦《尧峰文钞序》云:"岁戊辰,予行省江南,先生昵就予署中,尊酒论文,略如京邸时。"

按：由上引文知，宋荦于上年十二月到达苏州任所，是年汪琬多次至其官署拜访。

《尧峰文钞》文卷三十《纬萧集序》："予夙昔师友，率四方贤豪长者。而所最厚善者，必推宋中如牧仲先生其一已。先生之次君山言，胚胎前光，濡染庭训，齿发甫燥，即有闻于中原……自先生开省吾吴，与山言相见，署中尽读其诗稿，所谓《纬萧集》者，往往清丽雄伟，备兼众体，间出新意，愈奇而愈高古，至于联句之作，用韵妥贴，使事变化，尤类牧仲先生。"

按：由"自先生开省吾吴，与山言相见，署中尽读其诗稿，所谓《纬萧集》者"语知，此文作于宋荦任江苏布政使，汪琬到其官署拜访之时。

其时，汪琬为宋荦祖父作墓志铭。

《尧峰文钞》文卷十一《诰赠文华殿大学士兼吏部尚书宋公墓志铭》："孤孙某等卜于康熙二十七年某月日，奉公柩与夫人合，其地在陈公乡金泾堰之原。来谒志铭。琬与文恪公同年进士，又尝辱荐举。在史馆，许排缵公事行为传而不果。故文恪公虽殁，琬不敢忘夙诺。既志其大略，复拟大招之词以招公。"

按：由文意知，此文亦作于是年。

四月，宋荦擢都察院右副都御史，巡抚江西。临别，请汪琬作《绵津山人诗集序》。

宋荦《漫堂年谱》卷二"二十七年戊辰"条云："四月……奉特旨升授都察院右副都御史，巡抚江西等处地方兼理军务。"

宋荦《尧峰文钞序》云："岁戊辰……临别序予所为《绵津诗集》，别年余而殁。"

《尧峰文钞》文卷三十《绵津山人诗集序》："《绵津山人集》者，牧仲宋先生自名其前后所为诗也……当其莅吴仅四阅月耳，裁决簿书，勾稽金榖，往往至丙夜……昔文康公以渔阳开府，进登宰辅。今先生继之，复开府江右，出为股肱之臣，入必为心膂密勿之佐，遭时遇主，绍扬前休……先生出此集，命予序之。予衰朽无似，岂能窥见著作之原委。姑述其梗概云尔。"

按：结合以上引文知，是年四月宋荦擢都察院右副都御史，将巡抚江西，临别时，汪琬为其《绵津山人诗集》作序。

是年，汪琬作《资政大夫世袭一等阿达哈哈番又一拖沙喇哈番驻防京口协领加二级祖公墓志铭》、《中大夫湖广湖南粮储道布政使司参政秦公墓志铭》。

《尧峰文钞》文卷十一《资政大夫世袭一等阿达哈哈番又一拖沙喇哈番驻防京口协领加二级祖公墓志铭》云："府君讳光玺，字白玉……康熙二十七年某月日遘疾卒……府君之葬有日，其孤介其友宋子声求来乞铭。"

《尧峰文钞》文卷十一《中大夫湖广湖南粮储道布政使司参政秦公墓志铭》："先是，顺治十有二年，国家临轩策士之典，凡五举矣……诸孤卜葬归山之阡，以公族孙对岩先生所撰行状来请铭……卒于康熙二十有六年某月某日，以明年某月日葬。"

按：由文意知，以上二文均当作于是年，具体时间无考。

汪琬子榖诒补廪膳生，后为仪征训导。

赵经达《尧峰先生年谱》"康熙二十七年"条云："五子榖诒补廪膳生，后为仪征训导。"

清圣祖康熙二十八年 己巳 1689 年 汪琬六十六岁

正月，康熙帝二次南巡。三月还京。

春，汪琬作《敕封征仕郎翰林院庶吉士刘太翁墓志铭》。

《尧峰文钞》文卷十七《敕封征仕郎翰林院庶吉士刘太翁墓志铭》："太翁姓刘氏，士壮，名也；稚公，字也；石庵，其别号也……（康熙）二十八年春，翁葬有日矣。给事君邮所撰事略介其外舅侍读君以书请铭。"

二月初三，康熙再次南巡至苏州，汪琬再次接驾。

钱泳《履园丛话·丛话一·旧闻》记云："第二次南巡是二十八年己巳。二月初三日，御舟抵浒墅关。苏州在籍诸臣汪琬……缪彤等接驾。"

是年，汪琬作《彭贻令先生墓志铭》、《张府君墓志铭》。

《尧峰文钞》文卷十三《彭贻令先生墓志铭》："吾吴有隐逸之君子三人焉。曰彭先生，讳行先，字务敏，一字贻令。与其友郑举人士敬、金秀才俊明年齿略相若，虽未及从宦顾，皆以巨人长德见推于士大夫……康熙二十八年某月日以疾终于家。是岁某月日将葬，诸孤以祭酒所撰事状授琬曰：'愿为铭。'"

按：彭行先，字务敏，少补诸生。明季用拔贡考授知县，见国事不支，遂绝意仕进，隐居教授。晚岁与郑敷教、金俊明称"吴中三老"。年九十二卒。《苏州府志》卷八十八有传。

《尧峰文钞》文卷十七《张府君墓志铭》："康熙二十八年某月日，葬于吴县十九都长山乡之先茔。予少习府君，而遇恩之室则又予中表女弟也。故遂采掇《事略》中语，序而铭之。府君讳明勋，字符卿，晚自号介庵。"

六月二日，周嘉申卒。七月，其孙周荣、周珩请汪琬作《乡饮大宾周翁墓志铭》。

《尧峰文钞》文卷十六《乡饮大宾周翁墓志铭》："予既以衰疾屏居虎丘东麓，尝有无锡周翁贞兹者相遇于半塘。因遂造予草庐，且命其长孙标，次孙荣、珩从予游……今年秋七月，两生衰绖踵予门，哭告翁捐馆舍已逾月矣。享年七十有一，将卜葬……祖茔之次，乃征予铭。予为之潸然出涕，不敢用衰疾辞。姑掇两生所缵事实，序而铭诸。翁讳嘉申，贞兹其字……翁三举乡饮宾。卒于康熙二十八年六月二日，葬于是年十一月某日。"

秋，汪琬寄书邀请林佶至苏州商谈编录《尧峰文钞》事宜。

《尧峰文钞》附林佶跋云："明年秋，先生有书来，招佶复至吴。相从丘南四阅月，弥得闻著述大指。先生因叹曰：'当吾世，谁定吾文者乎？吾将仿欧阳公《居士集》例，删订吾文，且授子编录矣。'佶逡巡拜诺。"

按：文中所谓"明年秋"乃承接康熙二十七年而言（参见上年谱所引林佶跋），则知汪琬当于是年秋寄书林佶。

十二月,林佶至苏州。除夕,与汪琬及众门人相聚端清堂。

林佶《朴学斋诗稿》卷五《己巳除夜侍汪尧峰夫子端清堂宴》云:"迢迢岭外自闽川,立雪吴门远沂沿。破腊迎春还昨日,嫩寒清景欲除年。同堂师友天涯聚,结穗灯花座上悬。料得金阊千万户,应输此夕话尊前。"

按:《尧峰文钞》诗卷三《送林吉人归闽》有"去年腊月君复至"语,知林佶于是年腊月到达苏州。可参见次年谱。

清圣祖康熙二十九年 庚午 1690 年 汪琬六十七岁

正月,汪琬门人高柽请汪琬为其族曾祖高攀龙作《重刻高子遗书后序》。

《尧峰文钞》文卷二十七《重刻高子遗书后序》:"右高先生《遗书》十有二卷,几亭陈氏所葺以行者也。洊经兵灾,版毁不存。琬尝购求其本,逾岁始获,以示四方。诸门人咸欣叹,以为未及睹也。有高生柽者,字象姚,来从琬游。因语次告之曰:先生是书决不湮没者也,盍谋重镌诸高生敬诺。生盖先生之族曾孙也……岁之正月,生复过琬门,请为之序……"

按:此文作年无考。据赵经达《尧峰先生年谱》将之系于是年。

另,文中高先生即高攀龙,明代文学家、政治家。初字云从,更字存之,别号景逸。南直隶无锡(今属江苏)人。明万历十七年进士,授行人,谪为广东揭阳县典史。后卸职归里,与顾宪成修复东林书院,讲学其中,世称"高顾",为东林学派的代表人物。天启元年,入朝为光禄寺少卿,后因弹劾宦官魏忠贤,削籍为民。天启六年因锦衣卫追捕东林党人,从容赴水而死。崇祯初年得以昭雪。著有《高子遗书》十二卷。

春三月,林佶告归。汪琬为其父立轩先生作寿序并作诗以送。

《尧峰文钞》文卷三十一《林立轩寿序》:"先生有次君吉人,尝奉先生之命来游吴中。诚好学有志之君子也。别逾一载,而吉人复为予至馆,于予舍者三阅月……岁之五月,年七十有二矣。吉人称其翁步趋甚健,肤革甚腴,饮啖笑语如壮男子,诚得之于天者厚,而享其子若孙之报者殊未有艾也。于是吉人担簦蹑屩,言旋故里,欲及初度之辰,奉觞拜寿起居。予因引诗之言曰……"

按:此文后附林佶跋:"康熙庚午春三月,佶侍丘南将告归。先生作此序,畀佶以娱亲。佶并乞草稿以归。其秋,先生增删《文钞》成。"

《尧峰文钞》诗卷三《送林吉人归闽》诗云:"君家意气殊磊落,儒术尤能绍家学。相逢握手各欣然,不分今朝完宿诺。前年四月君初来,梧桐叶放阴侵苔。子规声中趣归棹,匆匆仅把云岩杯。去年腊月君复至,枇杷花残雪覆地。与君共对五辛盘,掀髯不惜通宵醉。鸡笼山前鸟径多,垞南垞北纷烟萝。笋舆竹杖游未了,其奈梦中乡思何。老夫耄矣抛残禄,惟抱遗经守空谷。区区朴学待君传,还乡勿厌专耕读。青山一发东南陬,遥望征帆不可留。欲知后夜思君处,人在山光塔影楼。"

按:诗中所云"前年四月君初来",当指林佶于康熙二十七年四月初来吴游学之事。"去年腊月君复至",当指上年秋汪琬寓书邀请林佶,林佶腊月至吴之事。

宋骏业服阕,将北上。汪琬作文送之。

《尧峰文钞》文卷二十四《送宋声求序》:"声求之丁文恪公艰而归也,三年于此矣……于其服阕而北上也,遂赠是言勉之云。"

按:宋声求,宋德宜子。《苏州府志》卷八《宋德宜传》云:"长子骏业,字声求。轻财好施,善书画。由副榜累官兵部右侍郎。"由文意知此文作于宋骏业为其父宋德宜守丧期满,汪琬送之北上之时。又宋德宜卒于康熙二十六年,则此文当作于其后三年即是年。

秋,汪琬自删《前后类稿》及《续稿》为《尧峰诗钞》十卷、《文钞》四十卷。并作诗《删校尧峰诗文钞了有感》。

惠周惕《尧峰文钞序》(《尧峰文钞》卷首附)云:"《尧峰文钞》五十卷,侯官林佶所手录以镂版者也。先是,先生之文有《类稿》、《续稿》一百十八卷,皆门人编次,未敢有所去取。而传写失真、讹误多有,先生病之。尝语周惕曰:'古人文章皆系晚年删定,或手自编辑,或门人校雠,然后镂板行世。今吾前后稿去取未定,将属之子。子盍为我序而藏之?'周惕蹙然不敢承。时适有京师之役,辞先生北去。其年冬十二月,先生卒于丘南。凶问至京师,周惕设位于盘石庵,率诸门人聚哭。已即致书先生嗣君,首及先生文集事。嗣君是穮、穀诒复书曰:'先君之文,已经删定。属侯官林君手录成帙,次第付梓矣。惟待吾子之序以识之。'逾年,先生门人顾希喆、董文琛、宋成业寓余《尧峰文钞》五十卷,字画精楷,装潢灿然,所谓林君手录者也。因取前后稿互相参订,盖去前者十之二三,而益以晚年文字数十篇。其篇目先后与类稿或未相吻合,然而先生之文于是乎无遗漏、无讹误矣……"

按:由前谱所引《尧峰文钞》文卷三十一《林立轩寿序》后附林佶跋可知《尧峰文钞》于是年秋删定。又汪琬卒于是年冬十二月,参见后谱。故结合惠周惕序文知,是年汪琬欲属门人惠周惕为其删定文稿,周惕未敢应承。适逢惠有事北上北京,遂离汪琬去。后汪琬乃亲自删定其文,并嘱门人林佶抄写。

《尧峰文钞》诗卷十《删校尧峰诗文钞了有感》云:"纷纷轻薄共沉沦,力障狂流仗一身。举世岂容无定论,异时方解忆斯人。文章自可让余子,学术要须趋大醇。灯火青荧人迹绝,夜窗独与圣贤亲。"

冬十月,汪琬将《尧峰文钞》邮至林佶,嘱其抄写。

《尧峰文钞》后附林佶跋云:"既告归,冬十月,先生乃邮入闽。未几,先生病遂殁。距书来时未四十日也。"

按:由文意知林佶尚未抄完《尧峰文钞》,汪琬即已病卒。

震钧《国朝书人辑略》卷三《林佶》云:"佶工于楷书,文师汪琬,诗师陈廷敬、王士正,琬之《尧峰文钞》、廷敬之《午亭文编》、士正之《精华录》,皆其手书付雕,廷敬、士正之集皆刻于名位煊赫之时,而琬集则缮写于身后,故世以此称之。"

十二月,汪琬卒。享年六十七。士友门人私谥曰文清。叶燮曾与汪琬论文不合,相互讥嘲。琬殁,叶燮慨然曰:"吾失一诤友矣。"遂取所摘汪文短处尽焚之。阎若璩也有"冥冥中负此良友"之叹。

  王士禛《居易录》卷九云:"同年长洲汪钝翁琬以庚午十二月十三日卒。"

  按:陈廷敬《午亭文编》卷四十四《翰林编修汪钝翁墓志铭》云:"康熙二十九年十二月十日,翰林编修汪先生琬卒。"所记与上稍有不合。姑录此存疑。

  赵经达《尧峰先生年谱》"康熙二十九年"条云:"先生卒于丘南,葬尧峰生圹。士友门人私谥曰文清。"

  张维屏《国朝诗人征略》卷八《叶燮》云:"既归,时汪编修钝翁教授学者,与先生持论凿枘,两家门下士各持师说不相下。钝翁没,先生曰:'吾失一诤友矣。'因取向所摘汪文短处悉焚之。"李元度《国朝先正事略》卷三八《叶横山先生事略》亦云:"汪编修琬居尧峰,说经硁硁,与先生持论凿枘,门下士亦互相诋諆。汪殇,先生曰:'吾向不满汪氏文,亦谓其名太高,意气太盛,故麻列其失以规之,非谓其谬于圣人也。且汪殇,谁讥弹吾文者?'乃取向所摘汪文短处悉燔之。"

  阎若璩《潜邱札记》卷四云:"汪氏琬临殁,删其稿为《尧峰文钞》。戴晟西洮购以示我。读之,颇有幽冥之中负此良友之感。"

清圣祖康熙三十年 辛未 1691年

门人顾希喆为汪琬作行状,并乞陈廷敬为汪琬作墓志铭。

  陈廷敬《午亭文编》卷四十四《翰林编修汪钝翁墓志铭》云:"明年,其学者为状,以其孤书币走京师,乞铭于其友人陈廷敬曰:'先生治命也,公毋辞。'予是以不辞而铭。"又云:"其学者顾君希喆实为状,贤而有文者也。"

汪琬别业丘南小隐改为尧峰先生祠。

  赵经达《尧峰先生年谱》"康熙三十年"条云:"先生别业'丘南小隐'改为尧峰先生祠,祀先生久之始废。"

清圣祖康熙三十二年 癸酉 1693年

宋荦为汪琬作《尧峰文钞序》。

  宋荦《漫堂年谱》卷二"三十二年癸酉三月"云:"是月为亡友汪编修琬作《尧峰文钞序》。"

清圣祖康熙三十三年 甲戌 1694年

是年,宋荦编选《国朝三家文钞》成,并为之作序。"国朝三家"之名即始于此。

  宋荦《漫堂年谱》卷二"三十三年甲戌六月"条云:"余选《三家文钞》,刻成,为之序。徐时庵汝霖、邵子湘长蘅各有序。三家者,侯朝宗方域、魏叔子禧、汪钝翁琬也。"

魏礼卒。

  参见《魏禧传略》。

参考文献

A

《爱日精庐藏书志》，[清]张金吉，《续修四库全书》，第 925 册，上海古籍出版社，1995 年。

B

《拜经楼藏书题跋记》，[清]吴寿旸，《续修四库全书》，第 930 册，上海古籍出版社，1995 年。

《白田杂著》，[清]王懋竑，上海古籍出版社，1992 年。

《半庐文稿》，[清]李腾蛟，《新丛书集成续编》，第 152 册，台湾新文丰出版公司，1989 年。

《板桥杂记》，[清]余怀，《续修四库全书》，第 1272 册，上海古籍出版社，1995 年。

《半岩庐遗集》，[清]邵懿臣，《续修四库全书》，第 1536 册，上海古籍出版社，1995 年。

《抱真堂诗稿》，[明]宋征璧，清顺治九年(1652)刻本。

《碑传选集》，钱仪吉，《台湾文献史料丛刊》，第 4 辑，台湾大通书局，1984 年。

《本事诗》，[清]徐釚，《续修四库全书》，第 1699 册，上海古籍出版社，1995 年。

《别本莲洋集》，[清]吴雯，《四库全书存目丛书补编》，集部第 5 册，齐鲁书社，2001 年。

C

《草亭文集》，[清]彭任，《四库全书存目丛书》，集部第 236 册，齐鲁书社，1995 年。

《茶余客话》，[清]阮葵生，《续修四库全书》，第 1138 册，上海古籍出版社，1995 年。

《蚕尾集》，[清]王士禛，《四库全书存目丛书》，集部第 227 册，齐鲁书社，1995 年。

《陈迦陵文集》，[清]陈维崧，四部丛刊本。

《宸垣识略》，[清]吴长元，《续修四库全书》，第 730 册，上海古籍出版社，

1995年。

《陈子龙集》,[明]陈子龙,清嘉庆八年刊本。

《池北偶谈》,[清]王士禛,中华书局,1982年。

《耻躬堂文钞》,[清]彭士望,《四库禁毁书丛刊》,集部第52册,北京出版社,2000年。

《重刊宜兴县旧志》,[清]阮升基等修,[清]宁楷纂,清光绪八年(1882)刻本。

《初月楼古文绪论》,[清]吴德旋,人民文学出版社,1959年。

《词林典故》,文渊阁四库全书本,第599册。

《词林辑略》,朱汝珍辑,见《清代传记丛刊》,第16册,明文书局,1985年。

《词苑丛谈》,[清]徐釚,上海古籍出版社,1981年。

《词苑萃编》,[清]冯金伯,《续修四库全书》,第1733册,上海古籍出版社,1995年。

《从〈汪文摘谬〉看叶燮与汪琬文学观之冲突》,潘少瑜,"国立编译馆"馆刊,1999年 第2期。

《从野堂存稿》,[明]缪昌期,《续修四库全书》,第1373册,上海古籍出版社,1995年。

《存砚楼文集》,[清]储大文,文渊阁四库全书本,第1327册。

D

《大清一统志》,文渊阁四库全书本,第474-483册。

《大云山房文稿》,[清]恽敬,《续修四库全书》,第1482册,上海古籍出版社,1995年。

《带经堂诗话》,[清]王士禛,人民文学出版社,1982年。

《憺园文集》,[清]徐乾学,《续修四库全书》,第1412册,上海古籍出版社,1995年。

《道古堂文集》,[清]杭世骏,《续修四库全书》,第1426-1427册,上海古籍出版社,1995年。

《道光济南府志》,中国地方志集成·山东府县志辑,第1-3册,凤凰出版社,2004年。

《道光宁都直隶州志》,[清]黄永纶,中国地方志集成·江西府县志辑,第80册,江苏古籍出版社,1996年。

《雕菰集》,[清]焦循,《续修四库全书》,第1489册,上海古籍出版社,1995年。

《定山堂诗集》,[清]龚鼎孳,《续修四库全书》,第1402-1403册,上海古籍出版社,1995年。

《东华录》,[清]王先谦,《续修四库全书》,第369-370册,上海古籍出版社,1995年。

《东林列传》,[清]陈鼎,明文书局,1991年。

《读史方舆纪要》,[清]顾祖禹,《续修四库全书》,第595-597册,上海古籍出版社,1995年。

《读书脞录》,[清]孙志祖,《续修四库全书》,第1152册,上海古籍出版社,1995年。

《读书偶记》,[清]雷鋐,文渊阁四库全书本,第725册。

《读书堂西征随笔》,[清]汪景祺,《续修四库全书》,第1177册,上海古籍出版社,1995年。

《钝翁年谱》,[清]汪筠,清康熙间刻本,见北京图书馆藏珍本年谱丛刊,第76册,北京图书馆出版社,1999年。

《钝翁前后类稿》,[清]汪琬,《四库全书存目丛书》,集部第227-228册,齐鲁书社,1995年。

E

《二林居集》,[清]彭绍升,《续修四库全书》,第1461册,上海古籍出版社,1995年。

《二楼纪略》,[清]佟赋伟,《续修四库全书》,第1176册,上海古籍出版社,1995年。

F

《樊山集》,樊增祥,《续修四库全书》,第1574册,上海古籍出版社,1995年。

《方以智年谱》,任道斌,安徽教育出版社,1983年。

《分甘余话》,[清]王士禛,中华书局,1989年。

《凤倒梧桐记》,何是非,《台湾文献史料丛刊》,第6辑,台湾大通书局,1987年。

《复初斋文集》,[清]翁方纲,《续修四库全书》,第1455册,上海古籍出版社,1995年。

《福建通志列传选》,陈衍,《台湾文献史料丛刊》,第9辑,台湾大通书局,1987年。

《浮山文集后编》,[清]方以智,《续修四库全书》,第1398册,上海古籍出版社,1995年。

G

《溉堂集》,[清]孙枝蔚,《续修四库全书》,第1407册,上海古籍出版社,1995年。

《改亭文集》,[清]计东,《续修四库全书》,第1408册,上海古籍出版社,1995年。

《稿本清代人物史料三编》,朱彭寿,北京图书馆出版社,2002年。

《古夫于亭杂录》,[清]王士禛,文渊阁四库全书本,第870册。

《古欢堂集》,[清]田雯,文渊阁四库全书本,第1324册。

《觚賸续编》,[清]钮琇,《续修四库全书》,第1177册,上海古籍出版社,1995年。

《顾亭林先生年谱》,[清]张穆,《续修四库全书》,第553册,上海古籍出版社,1995年。

《广东通志》,上海古籍出版社,1990年。

《光绪重修奉贤县志》,中国地方志集成·上海府县志辑,第9册,上海书店,1991年。

《光绪重修华亭县志》,中国地方志集成·上海府县志辑,第4册,上海书店,1991年。

《光绪丹徒县志》,中国地方志集成·江苏府县志辑,第29册,江苏古籍出版社,1991年。

《光绪嘉兴府志》,中国地方志集成·浙江省专辑,第13册,上海书店,1993年。

《光绪南昌县志》,中国地方志集成·江西府县志辑,第4册,江苏古籍出版社,1996年。

《光绪无锡金匮县志》,中国地方志集成·江苏府县志辑,第24册,江苏古籍出版社,1991年。

《光绪永城县志》,[清]岳廷楷,清光绪二十七至二十九年(1901—1903)刻本。

《归德府志》,清乾隆十九年刻本,河南省商丘地区地方志编纂委员会编,中州古籍出版社,1994年。

《癸巳存稿》,[清]俞正燮,《续修四库全书》,第1159-1160册,上海古籍出版社,1995年。

《归玄恭先生年谱》,赵经达,《新丛书集成续编》,第259册,台湾新文丰出版公司,1989年。

《归玄恭遗著》,[清]归庄,《续修四库全书》,第1401册,上海古籍出版社,1995年。

《国朝臣工言行记》,[清]梁章钜,《清代传记丛刊》,第54册,明文书局,1985年。

《国朝画识》,[清]冯金伯,《续修四库全书》,第1081册,上海古籍出版社,1995年。

《国朝骈体正宗》,[清]曾燠,《续修四库全书》,第1668册,上海古籍出版社,1995年。

《国朝耆献类征初编》,[清]李桓,《清代传记丛刊》,第181册,明文书局,

1985年。

《国朝三家文钞》，[清]宋荦、许汝霖编，清康熙三十三年写刻本。

《国朝诗人征略》，[清]张维屏，陈永正点校，苏展鸿审定，中山大学出版社，2004年。

《国朝书人辑略》，[清]震钧，《续修四库全书》，第1089册，上海古籍出版社，1995年。

《国朝文汇》，[清]沈粹芬，《续修四库全书》，第1672-1676册，上海古籍出版社，1995年。

《国朝文录》，[清]李祖陶，《续修四库全书》，第1669-1670册，上海古籍出版社，1995年。

《国史文苑传稿》，[清]阮元等，《清代传记丛刊》，第13册，明文书局，1985年。

《国朝先正事略补编》，[清]李元度，《续修四库全书》，第538册，上海古籍出版社，1995年。

H

《海外恸哭记》，[清]黄宗羲，《台湾文献史料丛刊》，第6辑，台湾大通书局，1987年。

《寒支初集》，[清]李世熊，《四库禁毁书丛刊》，集部第89册，北京出版社，2000年。

《寒松堂全集》，[清]魏象枢，《四库全书存目丛书》，集部第213册，齐鲁书社，1995年。

《蒿庵集》，[清]张尔岐，《四库全书存目丛书》，集部第207册，齐鲁书社，1995年。

《河南通志》，文渊阁四库全书本，第535-538册。

《鹤征前录》，[清]李集，《清代传记丛刊》，第13册，明文书局，1985年。

《弘光朝伪东宫伪后及党祸纪略》，[清]戴名世，江苏广陵古籍刻印社，1990年。

《洪昇年谱》，章培恒，上海古籍出版社，1979年。

《侯方域反阉党阮大铖事迹考实》，扈耕田，学术论坛，2000年第2期。

《侯方域和他的诗文创作》，谢军宽，商丘师范学院学报，2002年第4期。

《侯方域集校笺》，上册，何法周主编、王树林校笺，中州古籍出版社，1992年。

《侯方域民族气节重议》，王树林，南通师范学院学报（社会科学版），2002年第2期。

《侯方域年谱》，谢桂荣、吴玲，载《侯方域集校笺（上册）》，何法周主编、王树林校笺，中州古籍出版社，1992年。

《侯方域事迹考辨》，扈耕田，湖南科技学院学报，2005年第7期。

《侯方域诗文研究(硕士论文)》,黄玉琰著,张兵指导,中国古代文学,西北师范大学,2003年。

《侯方域与〈壮悔堂集〉》,宋云斌,艺林丛录(第九编),商务印书馆香港分馆,1973年。

《侯方域应试并非被迫》,兰客,艺林丛录(第九编),商务印书馆香港分馆,1973年。

《湖广通志》,文渊阁四库全书本,第531-534册。

《湖海诗传》,[清]王昶,《续修四库全书》,第1625-1626册,上海古籍出版社,1995年。

《怀葛堂文集》,[清]梁份,《四库全书存目丛书》,第236册,齐鲁书社,1995年。

《怀陵流寇始终录》,[清]吴殳、戴笠,《续修四库全书》,第441册,上海古籍出版社,1995年。

《槐厅载笔》,[清]法式善,《续修四库全书》,第1178册,上海古籍出版社,1995年。

《皇朝文献通考》,文渊阁四库全书本,第632-638册。

《黄姍余话》,[清]陈锡路,《续修四库全书》,第1138册,上海古籍出版社,1995年。

《黄黎洲先生年谱》,[清]黄炳垕,清同治十二年刻本,见北京图书馆藏珍本年谱丛刊,第69册,书目文献出版社,1999年。

《皇清书史》,李放纂辑,《清代传记丛刊》,第84册,明文书局,1985年。

J

《髻山文钞》,[清]宋惕,丛书集成续编,第187册,新文丰出版公司,1994年。

《嘉庆重修扬州府志》,中国地方志集成·江苏府县志辑,第41册,江苏古籍出版社,1991年。

《嘉庆松江府志》,中国地方志集成·上海府县志辑,第1-3册,上海书店,1991年。

《嘉庆增修宜兴县旧志》,中国地方志集成·江苏府县志辑,第39册,江苏古籍出版社,1991年。

《江南通志》,华文书局,1993年。

《江苏诗征》,[清]王豫,清道光元年(1821)刻本。

《江西通志》,成文出版社,1989年。

《爝火录》,[清]李天根,1934年影印本。

《蕉轩随录》,[清]方濬师撰,《续修四库全书》,第1141册,上海古籍出版社,1995年。

《蕉轩续录》，[清]方濬师撰，《续修四库全书》，第1141册，上海古籍出版社，1995年。

《鲒埼亭集》，[清]全祖望，《续修四库全书》，第2428-2429册，上海古籍出版社，1995年。

《金壶七墨》，[清]黄钧宰，《续修四库全书》，第1183册，上海古籍出版社，1995年。

《今世说》，[清]王晫撰，《清代传记丛刊》，第18册，明文书局，1985年。

《金正希先生年谱》，刘洪烈，见北京图书馆藏珍本年谱丛刊，第62册，书目文献出版社，1999年。

《精华录》，[清]王士禛撰，文渊阁四库全书本，第1315册。

《静惕堂诗集》，[清]曹溶，《四库全书存目丛书》，集部第198册，齐鲁书社，1995年。

《敬亭集》，[明]姜埰，《四库全书存目丛书》，集部第193册，齐鲁书社，1995年。

《静志居诗话》，[清]朱彝尊，《续修四库全书》，第1698册，上海古籍出版社，1995年。

《居士传》，[清]彭绍升，《续修四库全书》，第1286册，上海古籍出版社，1995年。

《剧说》，[清]焦循，古典文学出版社，1957年。

《居业堂文集》，[清]王源，商务印书馆，1936年。

《居易录》，[清]王士禛，文渊阁四库全书本，第869册。

《居易堂集》，[清]徐枋，《续修四库全书》，第1404册，上海古籍出版社，1995年。

K

《孔尚任年谱》，袁世硕，山东人民出版社，1962年。

《窥园留草》，许南英，《台湾文献史料丛刊》，第8辑，台湾大通书局，1987年。

L

《郎潜纪闻》，[清]陈康祺撰，中华书局，1984年。

《老生常谈》，[清]延君寿，《丛书集成续编》，第124册，上海书店出版社，1994年。

《冷庐杂识》，[清]陆以湉撰，《续修四库全书》，第1140册，上海古籍出版社，1995年。

《历代名人年里碑传总表》，姜亮夫，台湾商务印书馆，1993年。

《历代名人年谱》，[清]吴荣光，北京图书馆出版社，2002年。

《历代名人生卒录》，[清]钱保塘编，北京图书馆出版社，2002年。

《莲坡诗话》,[清]查为仁,《续修四库全书》,第 1701 册,上海古籍出版社,1995 年。
《莲洋诗钞》,[清]吴雯,文渊阁四库全书本,第 1322 册。
《莲子居词话》,[清]吴衡照,《续修四库全书》,第 1734 册,上海古籍出版社,1995 年。
《两浙輶轩录》,[清]阮元,《续修四库全书》,第 1683-1684 册,上海古籍出版社,1995 年。
《柳南随笔》,[清]王应奎,《续修四库全书》,第 1147 册,上海古籍出版社,1995 年。
《柳如是别传》,陈寅恪,上海古籍出版社,1980 年。
《六松堂集》,[清]曾灿,《四库未收书辑刊》,第 7 辑第 25 册,北京出版社,1998 年。
《六松堂诗集》,[清]曾灿,《新丛书集成续编》,第 152 册,台湾新文丰出版公司,1989 年。
《刘宗周年谱》,姚名达,商务印书馆,1934 年。
《楼山堂集》,[明]吴应箕,商务印书馆,1935 年。
《陆稼书先生年谱定本》,[清]吴光酉,《续修四库全书》,第 554 册,上海古籍出版社,1995 年。
《履园丛话》,[清]钱泳,中华书局,1979 年。
《略论侯方域的文学历程》,王树林,商丘师范学院学报,2002 年第 1 期。
《论侯方域的诗歌理论和诗歌创作》,何法周,周口师范学院学报,1995 年第 3 期。
《论侯方域的诗歌理论和诗歌创作(续)》,何法周,周口师范学院学报,1995 年第 4 期。
《论侯方域其人其文》,廖玉蕙,中正岭学术研究集刊,1997 年第 6 期。
《论清初散文大家侯方域》,邹自振,中州学刊,2000 年第 6 期。
《论魏禧的文学理论与文学批评实践》,周书文等,赣南师专学报,1982 年第 2 期。

M

《漫堂年谱》,[清]宋荦,《续修四库全书》,第 554 册,上海古籍出版社,1995 年。
《漫堂说诗》,[清]宋荦,《续修四库全书》,第 1699 册,上海古籍出版社,1995 年。
《冒巢民先生年谱》,[清]冒广生,见北京图书馆藏珍本年谱丛刊,第 70 册,书目文献出版社,1999 年。

《梅村集》，[清]吴伟业，文渊阁四库全书本，第 1312 册。

《梅村家藏稿》，[清]吴伟业，《续修四库全书》，第 1396 册，上海古籍出版社，1995 年。

《勉行堂文集》，[清]程晋芳，《续修四库全书》，第 1433 册，上海古籍出版社，1995 年。

《民国歙县志》，中国地方志集成·安徽府县志辑，第 51 册，江苏古籍出版社，1998 年。

《绵津山人诗集》，[清]宋荦，《四库全书存目丛书》，集部第 225 册，齐鲁书社，1995 年。

《明词综》，[清]朱彝尊，《续修四库全书》，第 1730 册，上海古籍出版社，1995 年。

《明季南略》，[清]计六奇，中华书局，1984 年。

《鸣鹤堂诗集》，[清]任源祥，清光绪十六年(1890)刻本。

《鸣鹤堂文集》，[清]任源祥，清光绪十六年(1890)刻本。

《明清易代与明遗民的心理氛围》，孔定芳，历史档案，2004 年第 4 期。

《明清之际党社运动考》，谢国桢，上海书店出版社，2004 年。

《明清之际士人的豪杰向慕与理想人格追寻——以易堂诸子为例》，赵园，甘肃社会科学，2004 年第 6 期。

《明清之际士人游幕及有关的经验表述——以易堂诸子为例(上)》，赵园，黄河科技大学学报，2004 年第 2 期。

《明清之际士人游幕及有关的经验表述——以易堂诸子为例(下)》，赵园，黄河科技大学学报，2004 年第 3 期。

《明史》，[清]张廷玉，中华书局，1974 年。

《明通鉴》，下册，夏燮撰，岳麓书社，1999 年。

《明遗民录》，孙静庵，浙江古籍出版社，1985 年。

《明遗民所知传》，见《思复堂文集》，[清]邵廷采，浙江古籍出版社，1987 年。

《名人轶事》，葛虚存编，上海会文堂书局，1928 年。

《明亡述略》，锁绿山人，《台湾文献史料丛刊》，第 5 辑，台湾大通书局，1987 年。

《穆堂初稿》，[清]李绂，《续修四库全书》，第 1421-1422 册，上海古籍出版社，1995 年。

《牧斋初学集》，[清]钱谦益，《续修四库全书》，第 1390 册，上海古籍出版社，1995 年。

《牧斋有学集》，[清]钱牧斋，上海古籍出版社，1996 年。

N

《南渡录》,[清]李清,浙江古籍出版社,1988年。
《南疆逸史》,[清]温睿临,中华书局,1959年。
《南雷诗历》,[清]黄宗羲,《续修四库全书》,第1397册,上海古籍出版社,1995年。
《南雷文定》,[清]黄宗羲,《续修四库全书》,第1397册,上海古籍出版社,1995年。
《南雷学案》,[清]黄宗羲,《清代传记丛刊》,第26册,明文书局,1985年。
《南天痕》,凌雪,《台湾文献史料丛刊》,第6辑,台湾大通书局,1987年。
《南畇文稿》,[清]彭定求,《四库全书存目丛书》,集部第246册,齐鲁书社,1995年。
《南州草堂集》,[清]徐釚,《续修四库全书》,第1415册,上海古籍出版社,1995年。
《倪元璐年谱》,[清]倪会鼎撰,李尚英点校,中华书局,1994年。
《宁都三魏全集》,[清]林时益,《四库禁毁书丛刊》,集部第4-6册,北京出版社,2000年。
《宁都县志》,中国方志丛书(华中地方),第881册,成文出版社,1989年。

O

《偶更堂集》,[清]徐作肃,上海古籍出版社,1982年。

P

《桦湖文集》,[清]吴敏树,《续修四库全书》,第1534册,上海古籍出版社,1995年。
《片刻余闲集》,[清]刘埥,《续修四库全书》,第1137册,上海古籍出版社,1995年。
《蒲柳泉先生年谱》,路大荒,见北京图书馆藏珍本年谱丛刊,第84册,书目文献出版社,1999年。
《曝书亭集》,[清]朱彝尊,世界书局,1937年。
《曝书杂记》,[清]钱泰吉,《续修四库全书》,第926册,上海古籍出版社,1995年。

Q

《芑山文集》,[清]张自烈,《四库禁毁书丛书》,集部第166册,北京出版社,2000年。
《七颂堂识小录》,[清]刘体仁,文渊阁四库全书本,第872册。
《栖霞阁野乘》,《中国野史集成》,第49册,缪钺等主编,巴蜀书社,1993年。
《耆余诗话》,[清]周春,《续修四库全书》,第1700册,上海古籍出版社,

1995年。

《启祯野乘》,[清]邹漪,明文书局,1991年。

《乾隆长洲县志》,中国地方志集成·江苏府县志辑,第13册,江苏古籍出版社,1991年。

《乾隆镇江府志》,中国地方志集成·江苏府县志辑,第27册,江苏古籍出版社,1991年。

《钱牧翁先生年谱》,[清]彭城退士,见陈祖武先生选《清初名儒年谱》,第1册,北京图书馆出版社,2006年。

《千顷堂书目》,[清]黄虞稷,上海古籍出版社,1990年。

《潜庵先生遗稿》,[清]汤斌撰,清康熙年间刊本。

《潜邱札记》,[清]阎若璩撰,上海古籍出版社,1992年。

《潜研堂集》,[清]钱大昕,上海古籍出版社,1989年。

《钦定八旗通志》,文渊阁四库全书本,第664-671册。

《钦定盛京通志》,文渊阁四库全书本,第501-503册。

《清稗类钞》,徐珂编撰,中华书局,1984—1986年。

《清朝名家诗钞小传》,[清]郑方坤,《清代传记丛刊》,第24册,明文书局,1985年。

《清朝先正事略》,[清]李元度纂,《清代传记丛刊》,第193册,明文书局,1985年。

《清初古文三大家与明清之际文风的转变(硕士论文)》,庄慎之,华南师范大学,1995年。

《清初散文三大家研究(博士论文)》,张云龙,山东大学,1999年。

《清初十作家传记文研究(硕士论文)》,赵向南,苏州大学,2002年。

《清代七百名人传》,蔡冠洛,明文书局,1985年。

《清代人物大事纪年》,朱彭寿,北京图书馆出版社,2005年。

《清代学术思想的变迁与文学》,马积高,湖南人民出版社,2002年。

《清代文学批评史》,王镇远、邬国平著,上海古籍出版社,1995年。

《清初诗文与士人交游考》,谢正光,南京大学出版社,2001年。

《清芬楼遗稿》,[清]任启运,《续修四库全书》,第1424册,上海古籍出版社,1995年。

《青门剩稿》,[清]邵长蘅,《四库全书存目丛书》,集部274-278册,齐鲁书社,1995年。

《青门旅稿》,[清]邵长蘅,《四库全书存目丛书》,集部274-278册,齐鲁书社,1995年。

《青箱堂诗集》,[清]王崇简,《四库全书存目丛书》,集部203册,齐鲁书社,

1995年。
《清人诗集叙录》,袁行云,文化艺术出版社,1994年。
《清儒得失论》,刘师培,中国人民大学出版社,2004年。
《清儒学案小传》,[清]徐世昌,《清代传记丛刊》,第5册,明文书局,1985年。
《清史编年》,第1-3卷,中国人民大学出版社,1985年。
《清史稿》,赵尔巽等撰,中华书局,1977年。
《清史稿台湾资料集辑》,《台湾文献史料丛刊》,第4辑,台湾大通书局,1984年。
《清诗纪事》,钱仲联,江苏古籍出版社,1987年。
《清史纪事本末》,黄鸿寿,上海书店,1986年。
《清诗纪事初编》,邓之诚,上海古籍出版社,1984年。
《清史列传》,王钟翰点校,中华书局,1987年。
《邱邦士文集》,[清]邱维屏,《四库禁毁书丛刊》,集部第52册,北京出版社,2000年。
《秋锦山房集》,[清]李良年,《四库全书存目丛书》,集部251册,齐鲁书社,1995年。
《秋室集》,[清]杨凤苞,《续修四库全书》,第1476册,上海古籍出版社,1995年。
《屈翁山先生年谱》,邬庆时编,民国间抄本。
《全闽诗话》,[清]郑方坤,文渊阁四库全书本,第1486册。
《全浙诗话》,[清]陶元藻,《续修四库全书》,第1703册,上海古籍出版社,1995年。

R

《日知录集释》,[清]黄汝成,上海古籍出版社,1985年。
《榕村集》,[清]李光地,文渊阁四库全书本,第1324册。
《儒林传稿》,[清]阮元,《续修四库全书》,第537册,上海古籍出版社,1995年。
《儒林琐记》,[清]朱克敬撰,清代传记丛刊,第13册,明文书局,1985年。
《阮大铖与侯方域》,玉言,艺林丛录(第九编),商务印书馆香港分馆,1973年。

S

《三松堂集》,[清]潘奕隽,《续修四库全书》,第1460-1461册,上海古籍出版社,1995年。
《三鱼堂剩言》,[清]陆陇其,文渊阁四库全书本,第725册。
《三鱼堂文集》,[清]陆陇其,文渊阁四库全书本,第1325册。
《善本书室藏书志》,[清]丁丙,《续修四库全书》,第927册,上海古籍出版社,

1995年。

《珊瑚舌雕谈初笔》,[清]许起,《续修四库全书》,第1263册,上海古籍出版社,1995年。

《陕西通志》,文渊阁四库全书本,第551-556册。

《山志》,[清]王宏撰,《续修四库全书》,第1136册,上海古籍出版社,1995年。

《商丘县志》,商丘县志编纂委员会整理,中州古籍出版社,1989年。

《射鹰楼诗话》,[清]林昌彝,《续修四库全书》,第1706册,上海古籍出版社,1995年。

《圣祖仁皇帝实录》,见《清实录》,第四册,中华书局,1985年。

《试论魏禧"积理、练识"说的思想实质》,万陆,江西社会科学,1982年第5期。

《石渠随笔》,[清]阮元,中华书局,1991年。

《史外》,[清]汪有典,明文书局,1991年。

《石遗室诗集》,陈衍,《续修四库全书》,第1576册,上海古籍出版社,1995年。

《石遗室文集》,陈衍,《续修四库全书》,第1576册,上海古籍出版社,1995年。

《世宗宪皇帝朱批谕旨》,文渊阁四库全书本,第416-425册。

《施愚山先生年谱》,[清]施念曾,清末木活字本,见北京图书馆藏珍本年谱丛刊,第74册,书目文献出版社,1999年。

《树经堂文集》,[清]谢启昆,《续修四库全书》,第1458册,上海古籍出版社,1995年。

《书林清话》,叶德辉,中华书局,1957年。

《书事七则》,[清]陈贞慧,《丛书集成续编》,史部第26册。

《双桂堂稿》,[清]纪大奎,《续修四库全书》,第1470册,上海古籍出版社,1995年。

《水曹清暇录》,[清]汪启淑,《续修四库全书》,第1138册,上海古籍出版社,1995年。

《思复堂文集》,[清]邵廷采著,祝鸿杰校点,浙江古籍出版社,1987年。

《思旧录》,[清]黄宗羲撰,《清代传记丛刊》,第26册,明文书局,1985年。

《四忆堂诗集》,[清]侯方域,《四库禁毁书丛刊》,集部第51册,北京出版社,2000年。

《松龛先生文集》,[清]徐继畬,《续修四库全书》,第1523册,上海古籍出版社,1995年。

《松龛先生诗集》,[清]徐继畬,《续修四库全书》,第1523册,上海古籍出版社,1995年。

《宋元旧本书经眼录》,[清]莫友芝,《续修四库全书》,第926册,上海古籍出版社,1995年。

《遂初堂诗集》,[清]潘耒,《续修四库全书》,第1417-1418册,上海古籍出版社,1995年。

《遂初堂文集》,[清]潘耒,《续修四库全书》,第1417-1418册,上海古籍出版社,1995年。

《绥寇纪略》,[清]吴伟业,商务印书馆,1937年。

《随园诗话》,[清]袁枚,人民文学出版社,1960年。

《孙衣言、孙诒让父子年谱》,孙延钊撰,徐和雍、周立人整理,上海社会科学院出版社,2003年。

《遡园诗集》,[清]贾开宗,清道光八年(1828)刊本。

《遡园文集》,[清]贾开宗,清道光八年(1828)刊本。

T

《太常续考》,文渊阁四库全书本,第599册。

《汤文正公年谱定本》,[清]方苞考订,杨椿重编,清乾隆八年重刻本,见北京图书馆藏珍本年谱丛刊,第77册,书目文献出版社,1999年。

《汤子遗书》,[清]汤斌,文渊阁四库全书本,第1312册。

《陶庐杂录》,[清]法式善,中华书局,1959年。

《铁立文起》,[清]王之绩,《续修四库全书》,第1714册,上海古籍出版社,1995年。

《庭立记闻》,[清]梁学昌,《续修四库全书》,第1157册,上海古籍出版社,1995年。

《顾亭林诗文集》,[清]顾炎武,中华书局,1983年。

《退庵随笔》,[清]梁章钜,《续修四库全书》,第1197册,上海古籍出版社,1995年。

《桐城文学渊源考》,刘声木,《清代传记丛刊》,第17册,明文书局,1985年。

《通鉴辑览明季编年》,王汝南、杨陆荣,台湾文献史料丛刊,第5辑,台湾大通书局,1987年。

《同人集》,[清]冒襄,《四库全书存目丛书》,集部第385册,齐鲁书社,1995年。

《同治江西新城县志》,中国地方志集成·江西府县志辑,第57册,江苏古籍出版社,1996年。

《同治苏州府志》,[清]李铭皖、谭钧培修,[清]冯桂芬纂,中国地方志集成·江苏府县志辑,第9册,江苏古籍出版社,1991年。

《同治泰和县志》,中国地方志集成·江西府县志辑,第64册,江苏古籍出版社,1996年。

W

《晚晴簃诗汇》，[清]徐世昌，《续修四库全书》，第 1629 册，上海古籍出版社，1995 年。

《王船山先生年谱》，[清]刘毓崧，清光绪十二年刻本，见北京图书馆藏珍本年谱丛刊，第 74 册，书目文献出版社，1999 年。

《王崇简年谱》，[清]王崇简，见北京图书馆藏珍本年谱丛刊，第 67 册，北京图书馆出版社，1999 年。

《王士禛年谱（附王士禄年谱）》[清]王士禛撰，孙言诚点校，中华书局，1992 年。

《汪琬隐逸思想探寻》，袁美勤，常熟高专学报，2003 年第 5 期。

《汪尧峰先生年谱》，赵经达，民国间刻本，见北京图书馆藏珍本年谱丛刊，第 76 册，北京图书馆出版社，1999 年。

《王艮斋文集》，[清]王峻，《四库全书存目丛书》，集部第 274 册，齐鲁书社，1995 年。

《王渔洋事迹征略》，蒋寅著，人民文学出版社，2001 年。

《微泉阁诗集》，[清]董文骥，《丛书集成续编》，集部第 124 册。

《魏叔子年谱》，温聚民，商务印书馆，1936 年。

《魏叔子文集》，[清]魏禧，中华书局，2003 年。

《魏禧的散文理论及散文创作》，万陆，争鸣，1983 年第 4 期。

《魏禧的杂记文评述》，郭春林，赣南师范学院学报，2005 年第 2 期。

《魏禧伦理思想初探》，黄明娣，赣南师范学院学报，2003 年第 2 期。

《魏禧美学思想探微》，万陆，江西社会科学，1984 年第 3 期。

《魏禧社会启蒙思想初探》，黄明娣、朱昌彻，赣南师范学院学报，2001 年第 2 期。

《魏禧文论选注》，周书文等，江西人民出版社，1984 年。

《魏禧文艺美学思想初探》，钟俊昆、刘信波，江西社会科学，2003 年第 10 期。

《文端集》，[清]张英，文渊阁四库全书本，第 1319 册。

《文史通义》，[清]章学诚，上海书店出版社，1988 年。

《文献征存录》，[清]钱林，《清代传记丛刊》，第 11 册，明文书局，1985 年。

《吴梅村先生年谱》，[清]顾师轼，清光绪三年重刻本，见陈祖武先生选《清初名儒年谱》，第 3 册，北京图书馆出版社，2006 年。

《屈大均全集》，[清]屈大均，人民文学出版社，1996 年。

《五百石洞天挥麈》，[清]邱炜萲，《续修四库全书》，第 1708 册，上海古籍出版社，1995 年。

《吾悔集》，[清]黄宗羲，四部丛刊本。

《梧门诗话》，[清]法式善，凤凰出版社，2005 年。

《五石脂》，陈去病，江苏古籍出版社，1985年。
《午亭文编》，[清]陈廷敬，文渊阁四库全书本，第1316册。
《吴先生年谱》，[清]刘世珩，见北京图书馆藏珍本年谱丛刊，第61册，书目文献出版社，1999年。
《无邪堂答问》，[清]朱一新，中华书局，2000年。

X

《熙朝新语》，[清]余金，上海古籍出版社，1983年。
《晳次斋稿》，[清]梁熙，《四库未收书辑刊》，第5辑第28册，北京出版社，1998年。
《希古堂集》，[清]谭宗浚，《续修四库全书》，第1564册，上海古籍出版社，1995年。
《西河文集》，[清]毛奇龄，商务印书馆，1937年。
《西江诗话》，[清]裘君宏，《续修四库全书》，第1699册，上海古籍出版社，1995年。
《西陂类稿》，[清]宋荦撰，文渊阁四库全书本，第1323册。
《西圃文说》，[清]田同之，《续修四库全书》，第1714册，上海古籍出版社，1995年。
《西堂文集》，[清]尤侗，《续修四库全书》，第1406-1407册，上海古籍出版社，1995年。
《西庄始存稿》，[清]王鸣盛，《续修四库全书》，第1434册，上海古籍出版社，1995年。
《夏邑县志》，[清]尚崇震，清康熙间刻本(1662-1722)。
《咸丰重修兴化县志》，中国地方志集成·江苏府县志辑，第48册，江苏古籍出版社，1991年。
《闲存堂诗集》，[清]张永铨，《四库未收书辑刊》，第8辑第21册，北京出版社，1998年。
《先公田间府君年谱》，[清]钱撝禄，清宣统三年铅印本，见北京图书馆藏珍本年谱丛刊，第71册，书目文献出版社，1999年。
《祥符县志》，[清]沈傅义，清光绪24年(1898)刻本。
《湘真阁稿》，[明]陈子龙，辽宁教育出版社，2001年。
《香祖笔记》，[清]王士禛，上海古籍出版社，1982年。
《小匏庵诗话》，[清]吴仰贤，《续修四库全书》，第1707册，上海古籍出版社，1995年。
《小仓山房诗文集》，[清]袁枚，上海古籍出版社，1988年。
《校礼堂文集》，[清]凌廷堪，中华书局，1998年。

《小腆纪传》,[清]徐鼒,中华书局,1958年。

《小岘山人诗文集》,[清]秦瀛,《续修四库全书》,第1464-1465册,上海古籍出版社,1995年。

《小酉腴山馆主人自著年谱》,吴大廷,台湾文献史料丛刊,第9辑,台湾大通书局,1987年。

《筱园诗话》,[清]朱珍庭,《续修四库全书》,第1708册,上海古籍出版社,1995年。

《谢程山集》,[清]谢文洊,《四库全书存目丛书》,集部第209册,齐鲁书社,1995年。

《新世说》,易宗夔,清代传记丛刊,第18册,明文书局,1985年。

《续明纪事本末》,倪在田,《台湾文献史料丛刊》,第5辑,台湾大通书局,1987年。

《续修文清公年谱》,汪敬源,见北京图书馆藏珍本年谱丛刊,第76册,北京图书馆出版社,1999年。

《续学堂诗钞》,[清]梅文鼎,《续修四库全书》,第1413册,上海古籍出版社,1995年。

《虚直堂文集》,[清]刘榛,《四库未收书辑刊》,第7辑第25册,北京出版社,1998年。

《学余堂文集》,[清]施闰章,文渊阁四库全书本,第1313册。

《学文堂文集》,[清]陈玉璂,《丛书集成续编》,第126册。

《寻壑外言》,(清)李绳远,《四库全书存目丛书》,集部第237册,齐鲁书社,1995年。

Y

《阎潜丘先生年谱》,[清]张穆,《续修四库全书》,第554册,上海古籍出版社,1995年。

《颜氏家藏尺牍姓氏考》,颜光敏,丛书集成初编本,中华书局,1985年。

《檐醉杂记》,何圣生,《云在山房丛书三种》,山西古籍出版社,1996年。

《养吉斋丛录》,[清]吴振棫,北京古籍出版社,1983年。

《养一斋集》,[清]潘德舆,《续修四库全书》,第1510-1511册,上海古籍出版社,1995年。

《扬州画舫录》,[清]李光斗,《续修四库全书》,第733册,上海古籍出版社,1995年。

《尧峰文钞》,[清]汪琬,四部丛刊本。

《仪顾堂集》,[清]陆心源,《续修四库全书》,第1560册,上海古籍出版社,1995年。

《仪顾堂续跋》，[清]陆心源，《续修四库全书》，第 930 册，上海古籍出版社，1995 年。

《疑年录集成》，贾贵荣、殷梦霞辑，北京图书馆出版社，2002 年。

《已畦集》，叶燮，《四库全书存目丛书》，集部第 244 册，齐鲁书社，1995 年。

《倚声初集》，[清]邹祗谟、王士禛，《续修四库全书》，第 1729 册，上海古籍出版社，1995 年。

《乙未词科录》，[清]秦瀛，《清代传记丛刊》，第 14 册，明文书局，1985 年。

《艺舟双楫》，[清]包世臣，《续修四库全书》，第 1089 册，上海古籍出版社，1995 年。

《艮斋倦稿文集》，[清]尤侗，清康熙间刻本。

《艮斋杂说》，[清]尤侗，中华书局，1992 年。

《荥阳县志》，[清]李煦，清乾隆十二年(1747)刻本。

《庸闲斋笔记》，[清]陈其元，中华书局，1989 年。

《有怀堂文稿》，[清]韩菼，《四库全书存目丛书》，集部第 245 册，齐鲁书社，1995 年。

《尤太史西堂全集三种》，[清]尤侗，《四库禁毁书丛刊》，集部第 129-130 册，北京出版社，2000 年。

《愚庵小集》，[清]朱鹤龄，上海古籍出版社，1979 年。

《渔洋山人自撰年谱注补》，[清]惠栋，《续修四库全书》，第 554 册，上海古籍出版社，1995 年。

《渔洋诗话》，[清]王士禛，文渊阁四库全书本，第 1483 册。

《缘督庐日记抄》，[清]叶昌炽，《续修四库全书》，第 576 册，上海古籍出版社，1995 年。

《渊雅堂全集》，[清]王芑孙，《续修四库全书》，第 1480-1481 册，上海古籍出版社，1995 年。

《月满楼诗集》，[清]顾宗泰，《续修四库全书》，第 1459 册，上海古籍出版社，1995 年。

Z

《昭代名人尺牍小传》，[清]吴修，《清代传记丛刊》，第 30 册，明文书局，1985 年。

《浙江通志》，中华书局，2001 年。

《征君孙先生年谱》，[清]汤斌，见陈祖武先生选《清初名儒年谱》，第 1 册，北京图书馆出版社，2006 年。

《郑堂读书记》，[清]周中孚，商务印书馆，1940 年。

《郑堂札记》，[清]周中孚，《续修四库全书》，第 1158 册，上海古籍出版社，

1995 年。

《制艺丛话》，[清]梁章钜，《续修四库全书》，第 1718 册，上海古籍出版社，1995 年。

《忠节吴次尾先生年谱》，[清]夏燮，《续修四库全书》，第 553 册，上海古籍出版社，1995 年。

《中国古代名人生卒、历史大事年谱》，[清]吴荣光，北京图书馆出版社，2002 年。

《中国古今地名大词典》，臧励和等编，商务印书馆，1982 年。

《中国历代年谱总录》，杨殿珣，书目文献出版社，1980 年。

《中国历代文论选》，第 3 册，郭绍虞，上海古籍出版社，1980 年。

《中国历史大事年表》，古代卷，沈起炜编著，上海辞书出版社，2001 年。

《中国历史地图集》，明、清分册，谭其骧主编，中国地图出版社，1996 年。

《中国年谱辞典》，黄秀文，百家出版社，1997 年。

《中国人名大辞典》，臧励和等编，上海书店，1937 年。

《中国散文史（下）》，郭预衡，上海古籍出版社，1999 年。

《中国思想史》，葛兆光，复旦大学出版社，2001 年。

《中国文学编年史》，明末清初卷，陈文新主编，湖南人民出版社，2006 年。

《中国文学发展史》，刘大杰，上海古籍出版社，1982 年。

《中国文学批评史》，郭绍虞，上海古籍出版社，1979 年。

《中国文学史大事年表》，下册，吴文治，黄山书社，1993 年。

《中山诗文》，[清]汪楫，《四库全书存目丛书》，史部第 163 册，齐鲁书社，1995 年。

《中州人物考》，[清]孙奇逢，明文书局，1991 年。

《中州先哲传》，李敏修撰，见李时灿等编，《中州文献汇编四种》，经川图书馆，民国间刻本。

《啁啾漫记》，《中国野史集成》，第 50 册，缪钺等主编，巴蜀书社，1993 年。

《朱中尉诗集》，[清]朱议霶，《丛书集成续编》，第 171 册，新文丰出版公司，1994 年。

《壮悔堂年谱》，[清]侯洵，1933 年乌丝栏抄本，见北京图书馆藏珍本年谱丛刊，第 73 册，北京图书馆出版社，1999 年。

《壮悔堂文集》，[清]侯方域，《四库禁毁书丛刊》，集部第 51 册，北京出版社，2000 年。

《檇李诗系》，[清]沈季友，文渊阁四库全书本，第 1475 册。

后　记

　　本书是我的博士论文。付梓在即，修订书稿，感慨万千。
　　我的本科是新闻学专业，出于对古代文学浓厚的兴趣，硕士期间转攻古代文学唐宋文学方向。2004年秋，我幸运地考入中山大学中文系，师从吴承学教授研治古代诗文与诗文批评。记得初次见面时，导师曾对我说，我的知识结构和学术基础存在着一些先天性的缺陷，特别是在古代文献方面要下苦功。他还送给我几本文献学方面的书籍，希望我能认真弥补自己的不足。接过书的一刹那，我忽地意识到学术研究的严谨与规范，也深深地明白，治学道路上更应该具备的是勤奋与坚定，而绝不仅是星点兴趣和灵感。
　　忝列"吴门"，在博识宏通的导师和饱学多才的学长面前，我总有一种诚惶诚恐、如履薄冰的感觉。叩学三年，导师的宽容与鼓励使才疏学浅的我摒弃了徬徨与胆怯，渐渐步入学术殿堂。可以说，我在学术上的点滴进步与成长，都离不开老师的悉心教导。特别是在博士论文的撰写过程中，无论是论题的选择、结构的安排，还是材料的取舍、文字的斟酌，导师均一一耳提面命，令我受惠良多。这本书稿虽与最初的构想相差甚远，距离老师的要求尚有一定距离，但它让我在古典文献研究方面打下了一定的基础，也使我认识到明清之际文学研究的种种魅力与乐趣，更重要的是，它使我因找到今后努力的方向而多了一份坚持。
　　时间是有重量的。在中山大学求学三年，我不仅领会到读书的快乐，更深深体味到师生之情、同窗之谊。导师秉承师训，既教书亦育人。他对学术的执着与严谨，使我明白了学者的内涵；他为人处世的儒雅与通达，让我领略到君子的风范；他对我在生活上的帮助与关怀，只言片语实难尽诉，唯有铭记终生。同门学友间的赤诚相对与浓厚情谊是我又一份沉甸甸的收获。我们曾在高山之巅、绿水之畔畅快欢笑；也曾在康乐园中、古籍室里切磋问难。感谢何诗海师兄、刘湘兰师姐和白建忠、张澜、王富鹏、林少琴、成娟阳、马将伟、李松荣、翁晓蔓、李晓红等学友，他们对我的论文写作提出过很多中肯的意见，在生活上也给了我亲人般的温情与勉励。
　　我的硕士导师徐安琪教授也一直给予我鼓励和支持。在我选择治学之路时，她曾勉励我说："此路走去会很艰辛，但你要拥有一种'也无风雨也无晴'的大度与疏朗。你的选择是清苦的，但我相信会是幸福的。"老师的话语重情深，支撑着我充满苦趣的求学生涯,也支撑着我清贫而又富足的精神家园。

论文撰写的最后几个月,是我有生以来最艰辛、也最幸福的一段时光。因为,与论文完稿的同时,我可爱的儿子也降临人世。感谢我听话的宝宝小乐子,是他给了妈妈新的希望与动力。感谢我的先生周秋洋,他在忙碌的工作之余,给予我细心的照顾和支持,也给了我精神上莫大的安慰与鼓励。这段相濡以沫的岁月值得我珍藏一生。感谢我的父母,他们给了我人世间最无私的温情与理解。特别是我亲爱的母亲,不顾羸弱的身体,专程从千里之外赶来照顾我,使我得以如期完成论文。

感谢中山大学的彭玉平老师、张海鸥老师、孙立老师和暨南大学的邓乔彬教授、华南师范大学的左鹏军教授,他们在我博士论文的开题和答辩过程中,提出了宝贵的意见,使我的论文得以进一步完善。感谢佛山科学技术学院文学院的李克和教授、莫运平教授,他们为本书的出版提供了诸多便利和帮助。感谢世界图书出版公司的编辑老师们,他们为本书的出版付出了辛勤的劳动。

曾国藩曾云:"吾辈读书,只有两事:一者进德之事,讲求乎诚正修齐之道,以图无忝所生;一者修业之事,操习乎记诵词章之术,以图自卫其身。"此二者于我而言,尚远远不够。毕业工作已整整四年,终日为俗事所缠,进步甚微,惭愧甚重。所幸的是,读书治学之兴趣,丝毫未减。

夜深了,遥望窗外,风正轻,月正圆。满天星光,照亮了苍穹。

李婵娟
辛卯年仲秋夜于禅城拂尘斋